HERMANN BECKH

BUDDHA UND SEINE LEHRE

HERMANN BECKH

BUDDHA
UND SEINE LEHRE

Vorwort von Heimo Rau

VERLAG FREIES GEISTESLEBEN

Einband: Walter Krafft

Das Foto stellt einen Buddha aus Chunar-Sandstein, 5. Jahrhundert n. Chr., dar (Archäologisches Museum Sarnath, Indien) und wurde dem Buch von H. Rau, Die Kunst Indiens, entnommen.

5. Auflage 1980

Herstellung: Greiserdruck Rastatt
ISBN: 3 7725 0465 5

INHALT

Vorwort zur Neuauflage 9
Einleitung 15

I. TEIL: DER BUDDHA 23–131

Allgemeine Gesichtspunkte 25

Bedeutung des Buddha für die Buddhareligion – Mahāyāna und Hīnayāna – Der Buddha in Geschichte und Legende – Bedeutung der Legende.

A. Der Buddha der Legende 29–84

a) Die Quellen der Legende 29

Die Legende in ihren zwölf Hauptereignissen – Geschichte des werdenden Buddha – Die einzelnen Legendentexte: Lalitavistara, Abhiniṣkramaṇasūtra, Mahāvastu, Texte des Palikanons, Nidānakathā – Das Mahāparinibbānasutta

b) Die Geschichte des werdenden Buddha (nach Lalitavistara) 34

Herabstieg von den Göttern – Eingehen in den Mutterleib – Geburt – Jugend – Der Bogenschuß. Vermählung und Leben im Frauengemach – Das große Scheiden – Die Zeit der Askese – Eintritt in den Bodhikreis – Kampf mit Māra – Die Erleuchtung *(bodhi)*

c) Die Verkündung der Lehre 68

Das Bewegen des Rades der Norm

d) Buddhas Nirvana (nach dem Mahāparinibbānasutta) 72

Das große Parinirvana – Der letzte Wanderzug – Buddhas Tod und Bestattung.

B. Der geschichtliche Buddha 85–131

a) Der Lebenslauf 85

Buddhas historische Persönlichkeit und die Forschung – Zeit und Ort der Geburt – Die Eltern – Jugend – Vermählung – Askese – Predigt von Benares – Tod

b) Buddha als Mensch und geistiger Lehrer 100
Macht der Rede – Wesen der Buddhabelehrung und Buddhaerkenntnis – Form der Buddhabelehrung – Buddhas Schweigen – Buddha als Lehrer eines Pfades, sein Verhältnis zur Philosophie, zur Theologie und zum Yoga – Verhältnis zu den Jüngern.

II. TEIL: DIE LEHRE 133–233

A. Allgemeine Gesichtspunkte. Die Leidenswahrheit und der Pfad 135–147
Verhältnis des Pfades zum Satz vom Leiden – Der Pfad der Meditation – Buddhismus und Yoga – Der indische Yoga und seine geschichtliche Entwicklung – Das Yogasystem des Patañjali – Die Formel des achtgliedrigen Pfades und ihr Verhältnis zum „Abschnitt vom Pfade“.

B. Die einzelnen Stufen des Pfades 149–233

a) Glaube *(saddhā)* als Vorstufe des Pfades 149

b) Erste Stufe des Pfades: rechtes Verhalten *(sīla)* 151
Allgemeine Bedeutung der buddhistischen Ethik – Die einzelnen Hauptgebote – Verehrung – Askese – Besonnene Bewußtheit

c) Zweite Stufe des Pfades: Meditation *(samādhi)* 162
Bedeutung der Meditation im Buddhismus – Die Vorstufen der Meditation – Seelische Läuterung – Die vier Stufen des Dhyāna *(jhāna)* – Die höheren Bewußtseinsstufen *(āyatana)* – Verhältnis der Bewußtseinsstufen zu den Weltsphären – Die einzelnen Göttersphären – Die Errungenschaften der Meditation

d) Dritte Stufe des Pfades: Erkenntnis *(paññā)* 192
Wesen der buddhistischen Erkenntnis – Die drei Haupterkenntnisse: Erinnerung an frühere Leben. Erkenntnis von Karma und Saṃsāra. Wiederverkörperung. Erkenntnis vom Leiden und seiner Überwindung

e) Vierte Stufe des Pfades: Befreiung *(vimutti)* 216
Nirvana und Parinirvana – Das Problem des Seins und des Nichts in seinem Verhältnis zum Problem des Nirvana – Arhatschaft und Buddhaschaft – Befreiung des Herzens in der Liebe.

Abkürzungen 234

Literaturübersicht 235

Register **241**

Zur Aussprache indischer Worte (Sanskrit und Pali)

Lange einfache Vokale tragen den Längestrich (ā, ī, ū), sie sind sehr langgezogen zu sprechen. e und o gelten als zusammengezogene Vokale und sind als solche immer lang (nur in Paliwörtern werden sie vor einer Doppelkonsonanz verkürzt). Alle anderen Vokale sind kurz und werden sehr kurz und dumpf gesprochen (a ähnlich wie u in engl. but). ṛ ist vokalisches r und wird heute annähernd wie ri (r mit kurzem, dumpfem vokalischem Nachklang) gesprochen. Das Wort Ṛṣi *(ṛṣi)* ist also etwa wie Rischi auszusprechen.

kh, gh usw. sind sog. aspirierte Konsonanten, das mit Konsonanten verbundene h wird also als selbständiger Hauch gehört. (th ist daher nicht wie im Englischen, sondern als t-h, ph nicht wie f, sondern als p-h zu sprechen.)

c ist der aus dem Italienischen bekannte Palatal, also etwa wie tsch zu sprechen. ch ist der gleiche, durch Aspiration verstärkte Laut (also nicht wie deutsches ch zu sprechen), j ist die entsprechende Media (ein weiches dsch), also wie j im Englischen, nicht wie deutsches j zu sprechen. Dem deutschen j entspricht in indischen Wörtern y (wie y im Englischen). v ist tönendes w.

ṭ, ḍ, ṇ (sog. Zerebrale oder Linguale) unterscheiden sich von den Dentalen t, d, n dadurch, daß sie mehr oben am Gaumen (t, d, n mehr vorn an den Zähnen) gesprochen werden. ṅ ist gutturales n (wie n in Anker), ñ die entsprechende sich vor Palatalen ergebende Nuance des n. In Paliwörtern wird ñ wie mouilliertes n (etwa nj) gesprochen, jñ in Sanskritwörtern wie dnj.

s ist scharf zu sprechen, ś und ṣ sind sch-Laute (ś palatal, ṣ zerebral zu sprechen).

ṃ (sog. Anusvāra) bewirkt die Nasalierung eines vorausgehenden Vokals, am Wortende ist die Aussprache gewöhnlich wie die von m.

h gilt als tönend, hingegen ist ḥ (Visarga) in Sanskritwörtern ein tonloser Hauch.

Die Betonung indischer Worte ergibt sich unter Berücksichtigung der Länge und Kürze der Vokale (bzw. Silben) und des im Eingang über die Bezeichnung der Vokallänge und das große Übergewicht der langen über die kurzen Vokale im Indischen Bemerkten von selbst. Wo die vorletzte Silbe eines Wortes durch langen Vokal oder Doppelkonsonanz (sog. prosodische oder Positionslänge) lang ist, trägt sie den Ton, im anderen Falle wird der Ton auf die drittletzte Silbe zurückgezogen, es sei denn, daß sich aus der Quantität der Vokale eine andere Betonung ergibt, z. B. *bhagavā́*.

Einzelne Betonungsbeispiele wichtigerer Wörter: Mahāyā́na, Lálitavístara, Mahā́-parinibbā́na-sútta, Śuddhódana, Kapilavástu, Lúmbinī, Mahāprajā́pati, Ásita, Rúdraka, Nairáñjanā, Rāja-gṛ́ha, *ámṛta*, Tathā́gata, Hiráṇyavatī (hier der Ton auf der viertletzten Silbe).

Vorwort zur Neuauflage

Die Begegnung des Abendlandes mit dem Buddhismus und der Weisheit des Ostens überhaupt vollzieht sich unter dem Vorzeichen des Unbehagens im eigenen Hause, das sich zuerst im ausgehenden 19. Jahrhundert rührt, nach dem ersten Weltkrieg steigert und in der Atomangst der Gegenwart einen Gipfel erreicht. Was heute jeden Gebildeten angeht, begann im engen Kreise weniger Fachgelehrter. In entsagungsvoller Arbeit studierten einige Generationen von Philologen die asiatischen Sprachen, gaben die Texte heraus, übersetzten und kommentierten sie. Erst seit anderthalb Jahrhunderten kann sich der Europäer ein Urteil über die Persönlichkeit des Buddha und die Grundzüge seiner Lehre bilden. Was zuvor an Meinungen geäußert wurde, besitzt beschränkte Gültigkeit, da zuverlässige Informationsmöglichkeiten fehlten. Einem Leibniz erschien am Anfang des 18. Jahrhunderts der „Quietismus" des Buddha, der gelehrt habe, alles sei auf das Nichts als das erste Prinzip aller Dinge zurückzuführen, als „unhaltbare, ja ungereimte" Gottlosigkeit. Herder, der weltoffene, für das Fremdeste verständnisbereite, erblickte in ihm mehr ahnend als wissend „die erste Dämmerung einer reinen Sittenlehre, den ersten Kindestraum einer weltumfassenden Wahrheit." In Kants „Physischer Geographie" dagegen figuriert der Buddhismus als völkerkundliche Kuriosität. Kein Wunder, denn zur Orientierung lagen nur Reiseberichte vor, denen manche wesentliche Beobachtung, aber nichts Zusammenhängendes über die Grundlagen zu entnehmen war. So gewann auch Friedrich Schlegel keine klaren Vorstellungen vom Buddhismus, und Hegel war auf die „indische Verwirrung" schlecht zu sprechen.

Im Jahre 1844 erschien das Werk von Eugène Burnouf „Introduction à l'histoire du Bouddhisme Indien." Es ist das erste in der Reihe sachkundiger Darstellungen mit ausführlichen Textzitaten, die von nun an nicht mehr abreißt. Eigentümlich war der Gebrauch, den einige deutsche Philosophen von den neuerschlossenen Quellen machten. Schopenhauer nahm Buddha als Kronzeugen dafür in Anspruch, daß ein glückliches Leben unmöglich und das höchste, was der Mensch erlangen könne, ein heroischer

Lebenslauf sei. Für den Nietzsche des „Antichrist" ist der Buddhismus „hundertmal realistischer als das Christentum", er „hat die Selbstbetrügerei der Moralbegriffe bereits hinter sich – er steht . . . jenseits von Gut und Böse." Bei beiden erscheint der räumlich und zeitlich ferne indische Weise als Gesinnungsgenosse zur Bekräftigung der eigenen Thesen.

Indessen brachten englische, französische und deutsche Orientalisten mit unbestechlicher Gründlichkeit Text um Text heraus und teilten ihre Forschungsergebnisse in umfassenden Werken mit. Hermann Beckh verfolgt in seiner Einleitung diesen Stammbaum der Buddhologie. Auch sein eigenes Bemühen ist in diese wissenschaftliche Pioniertätigkeit der Zeit bis zum ersten Weltkrieg einzuordnen. In jahrzehntelanger geduldiger Schreibtischarbeit eröffnete sich immer deutlicher überschaubar das unvergleichliche Panorama einer Weltreligion, die als die stärkste geistige Macht Asiens bezeichnet werden muß. Sie gab ganzen Völkern und Epochen Form und Antlitz und ist als noch immer lebendige Kraft legitimiert, das Morgenland gegenüber dem Westen zu vertreten. Die Nichtachtung nationaler, sozialer und wie immer gearteter Schranken begründete ihren universalen Charakter. Ihre Toleranz kennt weder Heiden noch Ketzer als Menschen minderen Wertes. Diese umfassende geistige Welt tat sich auf, als weite Kreise im Abendland von Kulturmüdigkeit und dem Gefühl der Unsicherheit gegenüber den eigenen Grundlagen ergriffen waren oder in der Abwendung vom Materialismus neuen Ankergrund suchten. Und der Eindruck war tief, mit Hermann Hesses Worten ausgesprochen: „Alles in deiner Lehre ist vollkommen klar, ist bewiesen; als eine vollkommene, als eine nie und nirgends unterbrochene Kette zeigst du die Welt . . . der Zusammenhang alles Geschehens, das Umschlossensein alles Großen und Kleinen vom selben Strome, vom selben Gesetz der Ursachen, des Werdens und Sterbens, dies leuchtet hell aus deiner erhabenen Lehre, Vollendeter."

Hermann Beckh wurde von einem unwiderstehlichen Drang zum Studium der Orientalistik und zur Erforschung der Weisheitsgüter des Ostens getrieben. Darauf deutet seine ungewöhnliche Biographie. An ihr ist abzulesen, wie es Forschungs- und Erkenntnisziele sind, die sein Leben bestimmen. Ihnen verschreibt er sich ganz, ohne je an die Befriedigung persönlichen Ehrgeizes oder an eine bürgerliche „Laufbahn" zu denken. Im Jahre 1875 in Nürnberg geboren, wurde er auf Grund eines hervorragenden Abiturs ins Münchener Maximilianeum aufgenommen, wo er auf Staatskosten ein juristisches Studium betrieb und die entsprechenden Prüfungen ablegte. In dieser Berufsrichtung aber fand er seine Befriedigung nicht. So entschloß er sich umzusatteln und widmete sich dem Sanskritstudium an der Universität Berlin. Dort bestand er 1907 die philosophische Doktorprüfung. Seine Dissertation war ein „Beitrag zur Textkritik an Kālidāsas Meghadūta." Ein Jahr später bereits erfolgte die Habilitation an derselben Universität mit einer Schrift, die er „Beiträge zur tibetischen Grammatik, Lexikographie, Stilistik und Metrik" nannte und die programmatisch für seine weiteren Forschungsziele wurde. Es folgten Jahre intensivster Arbeit, in denen ihn die selbstgewählten Aufgaben voll ausfüllten. Er hatte bereits die tibetische Übersetzung von Kālidāsas Meghadūta herausgegeben und ins Deutsche übertragen. Nun arbeitete er an dem Verzeichnis der tibetischen Handschriften der Preußischen Staatsbibliothek, dessen erste Abteilung 1914 im Druck erschien.

Das Buch „Buddha und seine Lehre" bot Beckh zum ersten Male Gelegenheit, die Fülle seiner Quellenstudien in zusammenfassender Darstellung vorzulegen. Sie war für eine breitere Öffentlichkeit bestimmt, erschien erstmals 1916 in zwei Bändchen der Sammlung Göschen unter dem Obertitel „Buddhismus" und erlebte bis zum Jahre 1928 drei Auflagen. Die vorliegende Neuausgabe ist der zweite unveränderte Nachdruck. Die Aufgabe gewährte dem Sprachforscher und Religionshistoriker besondere Befriedigung. Ging es ihm doch darum, Buddha und seine Lehre so zu charakterisieren, daß die Lektüre dem deutschen Leser als Grundlage für die eigene fruchtbare Auseinandersetzung mit der bedeutendsten Erscheinung der Geistesgeschichte Asiens dienen konnte. Was er unternahm, geschah aus ganzem Herzen. Und so ist ihm eine Darstellung gelungen, die das zuverlässig erarbeitete wissenschaftliche Material mit Leben und Wärme erfüllt, ohne daß die Sachlichkeit leidet. Er wählte den Weg, sich eng an die Originalschriften zu halten und brachte die poetische Schönheit der Buddhalegende voll zur Geltung. Schilderungen solcher Art stehen in belebendem Wechsel mit den wissenschaftlichen Betrachtungen. Sein Sinn für das dichterische Wort und die Rhythmik und Musikalität der Sprache, der sich später auch in eigenen künstlerischen Schöpfungen äußerte, war ihm dabei eine wesentliche Hilfe. Die Begeisterungsfähigkeit und das innere Feuer, mit dem Hermann Beckh seine Gedanken vortrug, wird denen, die ihn gekannt haben, unvergeßlich bleiben. Sie wirken auch in den gedruckten Zeilen. In dieser durch Gründlichkeit und Darstellungskunst ausgezeichneten Form fesselt das Werk den Leser immer von neuem und bleibt auch davor bewahrt, „überholt" zu werden.

Nach dem ersten Weltkrieg vollzog sich in Beckhs Leben ein neuer Umschwung, der nicht minder dramatisch wirkt wie der erste. Sein nie ruhendes Erkenntnisstreben brachte ihn mit Rudolf Steiner in Berührung, er fand in der Anthroposophie die Weisheit, die er jahrzehntelang gesucht hatte. Gewohnt, sein Leben ohne Rückhalt nach den Forderungen einzurichten, die er als notwendig empfand, gab er seine Professur an der Berliner Universität auf und stellte sich der religiösen Erneuerungsbewegung der Christengemeinschaft, die sich in den ersten Nachkriegsjahren um Friedrich Rittelmeyer konzentrierte, als Priester zur Verfügung. Im Dienste der religiösen Verkündung konnte vieles aus seiner Forschertätigkeit Weiterbildung erfahren, bis ihn der Tod im Jahre 1937 abrief. Seine kleine Schrift „Von Buddha zu Christus", Stuttgart 1925, und die ihm zum Angedenken 1938 zusammengestellte Folge von Aufsätzen unter dem Titel „Indische Weisheit und Christentum" kennzeichnen das Thema, das die Arbeiten seines letzten Lebensdrittels beherrschte.

„Eine Meinung, die im Buddhismus etwa die Zukunftsreligion des Westens erblicken wollte, bedarf heute kaum noch ernstlicher Zurückweisung. Der Buddhismus ist nicht zu trennen von den zeitlichen und örtlichen Verhältnissen seiner Entstehung und Ausbreitung." So schrieb Beckh im Jahre 1916. Und er befindet sich damit im Einklang mit allen wirklichen Kennern des Buddhismus im Abendland. Er würde seine Worte heute vielleicht eindringlicher formulieren. Denn es fehlt nicht an Stimmen, die in einem, dem westlichen Denken naheliegenden, kurzschlüssigen Begriffsvergleich den Buddhismus als die der Atomphysik adäquate Weltanschauung empfehlen. Solche Empfehlungen beruhen auf einer irrtümlichen Auffassung von Buddhas Lehre: Sie leugne sowohl die Existenz Gottes als auch die Existenz der menschlichen Seele. Aus der Diskussion über diese Fragen, die in der Wissenschaft seit Jahrzehnten andauert, ergibt sich mit Klarheit, daß es sich nicht um ein Ableugnen, sondern um ein Nichtbeachten und daher Nichterwähnen handelt. Buddhas Predigt war so sehr auf die Analyse des Vergänglich-Leidvollen und Transitorischen konzentriert, daß für ihn das Bleibende, der göttliche Urgrund der Welt und die ewige menschliche Individualität in den Hintergrund trat.

Beckhs Darstellung, die ebenso verständnisvoll auf den Buddhismus eingeht wie sie die andersartigen Wurzeln der abendländischen Kultur bewußt macht, kann hier lehrreich sein. Auch auf dem Höhepunkte des Unbehagens im eigenen Hause besteht für den Europäer keine Veranlassung, die Grundlagen seines Wesens und Werdens zu verleugnen und im Austausch gegen die materiellen Güter, die Asien von ihm erwartet, dessen Weltanschauungen zu importieren. Das Kennenlernen aber kann ihm die Selbstbesinnung erleichtern. Ja, er bedarf einer Erweiterung seines Bewußtseins, um in dem Gespräch mit dem Osten, das begonnen hat, bestehen zu können. Der Bildungsgehalt der griechisch-römischen Antike, der dem christlichen Abendland ein Jahrtausend lang als unerschöpfliche Quelle für sein Denken, künstlerisches Gestalten und politisches Handeln zur Verfügung stand, reicht dazu nicht aus. Wir sind unter ein größeres Gesetz getreten, seit sich der Blick aus nationaler Enge und europäischer Selbstzufriedenheit in die Welt öffnet, in der neben der abendländischen auch andere Kulturen gleichen Ranges wirksam sind. Nicht nur die Lehre des Kleinen Fahrzeuges (Hīnayāna) hat das Abendland angezogen, deren Verkündigung aus dem Munde des Erleuchteten selbst den Mönchen den strengen achtfachen Schulungsweg wies. Auch das Große Fahrzeug des Mahāyāna, das als Erlösungsreligion für alle Gläubigen seinen Weg über ganz Asien hin bis nach Japan und Indonesien fand, verfehlte seinen Eindruck auf westliche Sucher nicht. So entspricht es der Zeitlage, wenn abendländische Wissenschaft und nicht zuletzt auch katholische Priester den Zenbuddhismus und seine Meditationstechniken studieren, eine Spätform des Buddhismus, die von dem indischen Mönch Bodhidharma 520 n. Chr. in China entwickelt wurde und im 13. Jahrhundert nach Japan gelangte (Versenkung = sanskrit *dhyāna* = japanisch *zen).*

Auch die jüngste Zeitgeschichte sorgte für einen ungewöhnlichen Aufschwung des Interesses und entsprechende Erweiterung des Wissens durch die Emigration von ungezählten Buddhisten aus Tibet, als die bislang von keiner äußeren Gewalt angetastete Hochburg des Lamaismus von den Chinesen besetzt wurde. Freilich wurde damit ebenfalls eine späte Entwicklungsstufe des Buddhismus populär, die sich von der ursprünglichen Lehre des Gründers weit entfernt und auf der Grundlage der heimischen Bonreligion mit hinduistischen und tantrischen Strömungen verbunden hatte. Um so mehr regte sich in weiten Kreisen das Bedürfnis, die reine Lehre des Anfangs tiefer zu erschließen. Bei Hermann Beckh läßt sie sich studieren, und so schließt auch das Vorwort zur fünften Auflage dieses Buches mit dem Wunsch, daß es zu dem gegenwärtigen Gespräch zwischen West und Ost, das die Grundlage für das Verstehen der Menschheit untereinander bringen muß, einen nicht unbedeutenden Beitrag leisten möge.

Heimo Rau

Einleitung

Einem vornehmen Geschlecht der kriegerischen Adelskaste *(kṣatriya)* entstammt der größte Heilige Indiens in geschichtlicher Zeit und Begründer der heute noch verbreitetsten Religion des Ostens, den die Welt unter dem Namen des Buddha kennt. Im Norden Indiens, unweit der Schneeberge, wurde er im 6. Jahrhundert v. Chr. geboren. Das Erdenglück, zu dem Geburt ihn zu bestimmen schien, von sich weisend, tat er, jung an Jahren, den Schritt, den in Indien damals viele getan haben: er verließ die Heimat, um sich in der Einsamkeit den Übungen geistiger Versenkung hinzugeben. Manches erzählt die fromme Überlieferung von der Zeit seines einsamen Ringens, was mit den Mitteln geschichtlicher Forschung im einzelnen nicht nachgeprüft werden kann. Aber so viel steht fest, daß er nach Jahren angespannter Versenkung und innerer Kämpfe geistige Erlebnisse hatte, die er als den entscheidenden Wendepunkt seines Lebens ansah. Er nannte sich von nun an den Buddha, d. h. den „Erleuchteten" oder „Erwachten", den, der nicht mehr schläft, der ein Wissen, ein Bewußtsein erlangt hat, gegen welches die Alltagserkenntnis, das Bewußtsein der gewöhnlichen Menschen, nur ein Träumen, ein Schlaf des Irrtums, des „Nichtwissens" ist.

Wenn auch die Natur jenes Buddhaerlebnisses äußerer Erkenntnis und Forschung nicht zugänglich sein kann, so steht doch eine Tatsache sicher vor uns, und das ist die einzigartige Macht, die Herzen anderer zu bewegen, die Buddha seit jenem Erlebnisse eigen war. Selten sind so starke Wirkungen von eines Menschen Persönlichkeit ausgegangen, so daß es in gewissem Sinne nicht ganz und gar ein Märchen ist, wenn die Legende erzählt, wie Zeichendeuter aus den Körpermerkmalen des Buddhakindes weissagen, wer diese Zeichen eines Weltheros, einer „großen Persönlichkeit" *(mahāpuruṣa)* an sich trage, für den gebe es nur zwei Wege: bleibt er in seinem Stande, so wird er ein erdbeherrschender König, entsagt er dem Irdischen, so wird er ein welterlösender Buddha, ein Führer und Erleuchter anderer Seelen. Jenes im Begriffe *mahāpuruṣa* liegende Etwas, das eine Persönlichkeit wie Buddha mit denjenigen gemeinsam hat, die die Weltgeschichte die Großen nennt, das ist jene Seelenkraft, jener eigenartige Einfluß, den sie auf ihre Mitmenschen gehabt haben. Aber nicht im Dienste irdischen Strebens, wie Alexander und andere Große der Weltgeschichte, hat Buddha diesen Einfluß geübt, sondern in tiefster Selbstentäußerung, einzig darauf bedacht, andere zum Lichte der Erkenntnis, und durch die Erkenntnis zum Heile, zum Frieden, zur Befreiung von allem, was die Seele in die niederen Regionen des Seins herabzieht, zu führen, indem er ihnen geistige, außerhalb der Sphäre materieller persönlicher Interessen liegende Ziele wies, von Liebe und Mitleid beseelt, jenem Mitleid mit allem Lebendigen, das ihm aus einem Herzen floß, das sonst von allem Irdischen abgeschieden war.

Die Wirkung der Verkündigung Buddhas blieb nicht auf die Zeitgenossen und Indien beschränkt, sondern hat in der Folgezeit weite Gebiete Asiens ergriffen und so die kulturelle Entwicklung eines ganzen Erdteiles in entscheidender Weise beeinflußt. Aus dem um den Meister gescharten Kreise von Schülern und Anhängern ist nach dem Tode Buddhas eine umfassende Kirche, eine der großen Weltreligionen hervorgegangen, und bis ins Abendland hinein hat sich in neuerer Zeit der Einfluß des Buddhagedankens geltend gemacht.

Wenn wir, in diesem Sinne eine dreifache Wirkung des Buddhismus auf Indien, das übrige Asien und das Abendland unterscheidend, zunächst Indien ins Auge fassen, so finden wir dort den Buddhismus auf dem Höhepunkte seiner äußeren Ausbreitung und Macht im 3. Jahrhundert v. Chr. unter dem großen Kaiser Aśoka, dem Konstantin des Buddhismus, der fast ganz Indien (auch Gebiete des heutigen Afghanistan, Belutschistan, Kaschmir und Nepal) unter seinem Szepter vereinigte. Von weitgehender, echt buddhistischer Duldsamkeit gegen Anhänger aller Glaubensrichtungen und Sekten beseelt – einer Duldsamkeit, die in seinen Felseninschriften und Säulenedikten einen charakteristischen Ausdruck gefunden hat – war er doch ein glühender Verehrer des „Heiligen aus dem Śākya-Geschlecht", und der Buddhismus ist durch ihn nicht allein zu einer Art von Staatsreligion erhoben worden, sondern die ganze innere und äußere Kultur Indiens wurde damals unter Aśoka von buddhistischen Impulsen durchdrungen und durchseelt. Dabei bleibt die Tatsache bemerkenswert, daß kein Herrscher indischen Geblütes jemals ein so weites Gebiet beherrscht und sein Reich zu solcher äußeren Macht erhoben hat wie dieser „Mönch auf dem Throne".

Diese Stellung einer geistigen Vormacht in Indien hat der Buddhismus nicht auf die Dauer behaupten können. Wir finden in den folgenden Jahrhunderten wieder ein Vordringen des Brahmanentums, und schon seit langer Zeit hat der Buddhismus als *äußere Religion* für Indien keine Bedeutung mehr (wenn auch in neuerer Zeit Bewegungen existieren, die ihm wieder eine solche Geltung zu verschaffen suchen). Aber deswegen ist die buddhistische Zeit doch nicht spurlos für Indien vorübergegangen. Es steht diese Zeit in der Mitte zwischen der älteren vedischen und der späteren hinduistischen Kultur, und vieles im geistigen und religiösen Leben Indiens ist eben mit auf den Impuls zurückzuführen, der durch Buddha in die indische Kulturentwicklung eingeflossen ist. Wenn der Buddhismus auch außerhalb Indiens zu einer dauernden Geltung gekommen ist, so darf doch sein ganzer Zusammenhang mit dem indischen Geistesleben, die Art und Weise, wie er sich in dieses indische Geistesleben hineinstellt, niemals übersehen werden. Ungeachtet aller Gegensätzlichkeit, die er heute in kirchenpolitischer Hinsicht den indischen Religionen gegenüber einnimmt, stellt der Buddhismus seinem ursprünglichen Wesen nach doch nur ein Glied, eine Phase der indischen Geistesentwicklung dar, aus der er herausgeboren ist, und die wiederum durch ihn befruchtet wurde und neue Einschläge empfangen hat. Dabei ist der Buddhismus diejenige Form des indischen Gedankens, in der dieser indische Gedanke über die Grenzen Indiens hinausgetragen werden, eine Kulturmission außerhalb Indiens erfüllen konnte. Der Brahmanismus als solcher konnte und wollte niemals Weltreligion werden, weil er, selbst ganz und gar auf indisches Leben und indische Kastenordnung zugeschnitten, sich zu allen Zeiten gegen jede Anpassung an außerindische Verhältnisse ablehnend verhalten hat. Was uns als das eigentlich Große an der Verkündigung des Buddha erscheint, nämlich daß in ihr zum ersten Male in der geschichtlichen Entwicklung der Menschheitsgedanke zum Durchbruch gekommen ist, daß uns hier zum ersten Male eine Religion entgegentritt, die nicht bloße Volksreligion ist, gerade dieser Umstand läßt uns die Tatsache verstehen, daß der Buddhismus als äußere Religion seine Geltung in Indien nicht hat behaupten können, daß er nicht allein gegen das Brahmanentum im Laufe der Zeit zurückgetreten ist, sondern daß einer andern Geistesrichtung, der Sekte der Jaina, die mit derjenigen der Buddhisten ungefähr gleichzeitig ins Leben getreten ist, ein dauernderes Bestehen in ihrem Heimatlande beschieden war als dem Buddhismus.

Wie Palästina um den Beginn unserer Zeitrechnung ein Schauplatz des geistigen Suchens der Menschen war, so finden wir auch in Indien jenes

Sehnen und Suchen, das dort zu allen Zeiten heimisch gewesen ist, besonders stark und lebendig in der Zeit des Buddha, und weite Kreise waren damals davon ergriffen. Einzelne Persönlichkeiten wirkten durch ihren Einfluß, sie versammelten Schüler um sich und gewannen als geistige Lehrer Zulauf. Es ist eine Siebenzahl von Lehrern, die uns als die Vertreter von sieben verschiedenen Richtungen in den buddhistischen Texten entgegentreten. Der berühmteste und einflußreichste, ohne allen Zweifel bedeutendste unter ihnen war der Buddha. Die Namen der anderen (die von den Buddhisten als die „Sechs Irrlehrer" bezeichnet werden) nennen uns die Texte wie folgt: Purāṇa Kassapa, Makkhali Gosāla, Ajita Kesakambalī, Pakudha Kaccāyana, Sañjaya Belaṭṭhiputta (d. h. Sohn des Belaṭṭhi), Nigaṇṭha Nātaputta. Der Letztgenannte, auch Vardhamāna Mahāvīra oder kurz Jina (Sieger) genannt, ist der Stifter jener Jaina-Sekte, die heute noch in Indien zahlreiche und glaubenseifrige Anhänger hat. Im einzelnen haben Buddhismus und Jainismus viele Ähnlichkeiten und Berührungspunkte, doch steht der Jainismus den orthodoxen philosophischen Systemen der Hindus näher als der Buddhismus, auch kommt er dem Hange der Inder zur Askese mehr entgegen, und Äußerlichkeiten aller Art spielen in ihm – wie im Brahmanismus – eine größere Rolle als in dem für indische Begriffe unerhört freigeistigen Buddhismus. So können wir gerade aus einer Betrachtung des Wesens dieser beiden Geistesrichtungen verstehen, warum der Buddhismus seine äußere Macht in Indien nicht hat behaupten können und die Jainasekte in dieser Hinsicht glücklicher gewesen ist.

Seine eigentliche Mission hat der Buddhismus außerhalb seines Ursprungslandes, bei den Völkern Asiens erfüllt. Auf Ceylon, in Birma und Siam, in den Himalaya-Ländern, in Tibet und der Mongolei ist er zur herrschenden Religion geworden, weit hinein in das nördliche Asien hat er seinen Einfluß erstreckt, auch in China und Japan hat er zahlreiche Anhänger. Besonders in China hat der Buddhismus frühzeitig – wohl im 1. Jahrhundert n. Chr. – Eingang gefunden, und wenn er dort auch infolge schwerer Verfolgungen den Höhepunkt äußerer Macht längst überschritten hat, so steht doch auch heute noch alles wirkliche religiöse Leben in China unter dem Zeichen des Buddhismus, und nach dem Urteile eines berufenen Fachmannes (J. J. M. de Groot) ist religiöse Frömmigkeit, wirkliches religiöses Leben in China nur in buddhistischen Kreisen zu finden. Eine besondere Anziehungskraft hat der Buddhismus vermöge des ihm innewohnenden mystischen Elementes auf Völker ausgeübt, bei denen gewisse in menschlicher Urzeit wurzelnde mystische Neigungen in stärkerem

Maße lebendig waren. So erklärt sich die eigenartige Ausgestaltung und Macht, die der Buddhismus vor allem in Tibet erlangt hat. Aus dem Zustande wilder Barbarei sind jene Länder durch die Buddhaverkündigung des Mitleids mit allen Wesen zu milderer Gesittung und höherem geistigem Leben erhoben worden. Wie der Buddhismus auf der einen Seite in dem erwähnten mystischen Elemente etwas in sich hat, was in eine ferne Vergangenheit des Menschengeschlechts zurückweist, so erscheint er andererseits in seiner Eigenschaft als „Evangelium des Mitleids und der Liebe" wie ein Vorbote des Christentums.

Den Einfluß des Buddhismus im Abendlande zeigt zuerst in einer sehr bemerkenswerten Weise der im Mittelalter vielgelesene Roman von Barlaam und Josaphat (Joasaph), der nichts anderes als eine verchristlichte Darstellung der Buddhalegende enthält. In „Josaphat", dem Namen des indischen Prinzen, der sich dann zum Christentum bekehrt, steckt das indische „Bodhisattva". Wenn bei all dem auch in der unverkennbarsten Weise an buddhistische Motive angeknüpft wird, so darf nicht übersehen werden, daß die Absicht dabei nicht dahin ging, etwa den Buddhismus im Abendlande zur Geltung zu bringen oder zu verherrlichen, sondern das Christentum als die siegreiche Macht hinzustellen, die gleichsam auch die indische Heilsverkündigung in sich aufzunehmen, in christlichem Sinne zu verklären, mit ihrem höheren Lichte zu durchleuchten vermag. Von einer eigentlichen buddhistischen Strömung in der abendländischen Kultur kann daher bei diesem Romane noch nicht die Rede sein. Eine solche Strömung finden wir erst viel später, im 19. Jahrhundert. Schopenhauer, der vor allen anderen abendländischen Denkern eine eigentümliche, wie Seelenverwandtschaft anmutende Hinneigung zum indischen Gedanken bekundet, stellt Brahmanismus und Buddhismus immer nebeneinander, ohne dem letzteren einen eigentlichen Vorzug einzuräumen. Seine Aussprüche über den Buddhismus sind trotz ihrer Einseitigkeit vielfach bemerkenswert. Das gilt vor allem auch von der Bedeutung, die er einer Kenntnis des Brahmanismus und Buddhismus für die Vertiefung des Verständnisses des Christentums beimißt (Parerga II § 179). Eine Persönlichkeit, die durch ihr Kunstschaffen das Kulturleben der neueren Zeit in nachhaltiger Weise beeinflußt hat, Richard Wagner, der Schopenhauers philosophischer Anregung in vielem gefolgt ist, nennt die Lehre Buddhas „eine Weltansicht, gegen die wohl jedes andere Dogma kleinlich und borniert erscheinen muß" (an Mathilde Wesendonk), und spricht von dem tiefen Eindruck, den, wie altindisches Leben überhaupt, so insbesondere die Gestalt des Buddha und des buddhistischen Bettlers ihm erwecke. Sein nicht mehr zur

Vollendung gekommenes Werk „Der Sieger“ behandelt einen buddhistischen Stoff, die Legende von Ānanda und Prakṛti (bei Wagner: „Sawitri“). In dem eigentlichen Abschluß seiner Lebensarbeit, im Parsifal, wo Wagner das ihm vorschwebende Bild einer vergeistigten Menschheits-Zukunftsreligion entwirft, bildet nicht der Buddhismus, sondern das Christentum – freilich nicht das Christentum irgendeiner Konfession, sondern der esoterisch-christliche Vorstellungskreis der Gralslegende – den geistigen Hintergrund. Dabei ist es aber bemerkenswert, wie Wagner das indische (auch im Buddhismus wichtige und ihm von dorther vorzugsweise bekannte) Motiv der Wiederverkörperung in jenen Vorstellungskreis mit hat einfließen lassen.

Was in neuerer und neuester Zeit an Propaganda für den Buddhismus im Abendlande hervorgetreten ist, betrachtet, soweit es nicht mit theosophischen oder verwandten Bestrebungen in Zusammenhang steht, den Buddhismus zumeist als ein rationalistisches System, eine „atheistische Moralphilosophie“ (vgl. über diese Richtung bei Lehmann, Buddhismus S. 263 f.), die mit herrschenden modernen Weltanschauungen ohne weiteres in Einklang gebracht und in diesem Sinne als eine Art von Religionsersatz der abendländischen Geistesentwicklung aufgepfropft werden könne. In dieser Auffassung liegt wohl die tiefste Verkennung des Wesens des Buddhismus, die überhaupt möglich ist, und die folgende Darstellung wird zur Genüge ergeben, daß der Buddhismus weder in unserem Sinne Atheismus, noch auch bloßer philosophischer Rationalismus, ja daß er überhaupt seinem Wesen nach etwas völlig anderes als eine Philosophie ist, und daß er mit modernem Materialismus nicht das Geringste zu tun hat. Ebensowenig kann wirklicher Buddhismus, wie er sich einer unbefangenen wissenschaftlichen Forschung darstellt, mit modernen theosophischen Bestrebungen identifiziert werden, von denen er, trotz gewisser Berührungspunkte, im Wesen verschieden ist. Hier hat besonders der Titel des Buches von Sinnet ‚Esoteric Buddhism‘ eine Verwirrung der Begriffe geschaffen. Heute ist die Bezeichnung „esoterischer Buddhismus“ für die in jenem Buche vertretene Geistesrichtung auch bei ihren Anhängern wohl so gut wie außer Gebrauch gekommen.

Eine Meinung, die im Buddhismus etwa die Zukunftsreligion des Westens erblicken wollte, bedarf heute kaum noch ernstlicher Zurückweisung. Der Buddhismus ist nicht zu trennen von den zeitlichen und örtlichen Verhältnissen seiner Entstehung und Ausbreitung. Hingewiesen wurde auf die Kulturaufgabe, die er in Asien zu erfüllen hatte. Ihm eine ähnliche Mission für das Abendland zuzutrauen, wäre eine völlige Verkennung seiner geschichtlichen Voraussetzungen. Unter buddhistischen Impulsen wäre die westliche Kulturentwicklung gar nicht denkbar gewesen. Diese fußt ihrem innersten Wesen nach auf der Zuversicht, daß dem Menschen von den Daseinsmächten, die ihn in dieses Erdenleben gestellt haben, damit auch die Erfüllung irdischer Aufgaben zugewiesen sei. Zu einer solchen wurde er aber in ganz anderer Weise erzogen durch die Religion, die ihn ermahnt, das Kreuz auf sich zu nehmen, das Leiden des Irdischen zu tragen und zu verklären, als durch eine Lehre, die, wie der Buddhismus, nur die Abkehr vom Leiden und vom Irdischen predigt. Das christliche „Selig, die da Leid tragen" konnte im Buddhismus noch nicht gedacht, noch nicht empfunden werden. Etwas ganz anderes als für den Asiaten bedeutet für den Angehörigen der westlichen Kultur die Entwickelung der individuellen Persönlichkeit, des Ich: so ist auch das Christentum in einem ganz anderen Sinne Persönlichkeitsreligion als der Buddhismus, der das Ich, das individuelle Selbst als etwas Wesenloses oder doch Unerfaßbares ansieht. – Endlich muß gesagt werden, daß die Form, in die der Buddhismus seine „Wahrheiten" geprägt hat, eine solche ist, daß sie heute im Westen in weiteren Kreisen nicht mehr verstanden werden könnten. Sie haben ein Denken und Empfinden zur Voraussetzung, das von unserem abendländischen Denken durch Weltenweiten geschieden ist. Man nehme nur jene berühmte zwölfgliedrige Formel der ursächlichen Entstehung (Pratītyasamutpāda), die selbst für Gelehrte die schwierigsten und umstrittensten Probleme enthält. Viele der technischen Ausdrücke und Begriffe lassen sich gar nicht in europäische Sprachen übersetzen. Jene Sätze, die einst im Munde ihrer ersten Verkünder einen so tiefen, überwältigenden Eindruck auf zahllose Gemüter hervorbrachten, würden heute in unseren Seelen einen gleichen Widerhall nicht erwecken können. Auch was heute noch von dem oder jenem im Buddhismus als richtig empfunden, als wahr erlebt werden kann, wird für unser Verständnis viel eindringlicher und in einer viel mehr zu unserem Herzen sprechenden Weise als durch alle Formeln und Sätze des Buddhismus ausgedrückt durch ein Wort wie dasjenige von Goethe (in dem Fragment „Die Geheimnisse"): „Von der Gewalt, die alle Wesen bindet, befreit der Mensch sich, der sich überwindet." So nahe übrigens dieses Wort dem Gedankengehalte buddhistischer „Wahrheiten" steht (als deren Quintessenz es gewissermaßen angesehen werden könnte), so grundverschieden von allem Buddhistischen – das darf nicht übersehen werden – ist die darin liegende Empfindungsnuance.

Wenn also auch von einer buddhistischen Strömung, von einer Einwirkung des Buddhismus auch im Abendlande in einem ganz berechtigten Sinne gesprochen wird, so kann es sich dabei doch keinesfalls darum handeln, sei es von rationalistisch-materialistischen, sei es von theosophischen Gesichtspunkten aus, irgend einen mißverstandenen Buddhismus zu einer Zukunftsreligion zu erheben – die Schaffung oder Adoption neuer Bekenntnisreligionen dürfte ohnehin der Vergangenheit angehören –, sondern unsere Aufgabe in dieser Zeit kann nur sein, den Buddhismus in seinem Wesen zu erkennen und aus dieser Einsicht eine Vertiefung der religiösen Erkenntnis und des religiösen Lebens überhaupt zu gewinnen. Wie jede Arbeit auf dem Felde der vergleichenden Religionswissenschaft wird nicht zum wenigsten eine wirklich wissenschaftliche Erforschung des Buddhismus uns zu einer vertieften Auffassung aller Religion, und gerade auch des Christentums, führen können.

Die alte, wohl auf den Buddha selbst zurückgehende Formel, durch welche die Aufnahme in die Gemeinde erfolgte, lautet: „Ich nehme meine Zuflucht zum Buddha. Ich nehme meine Zuflucht zur Norm *(dharma)*.[1] Ich nehme meine Zuflucht zur Gemeinde *(saṅgha)*." Buddha, Dharma und Saṅgha sind gewissermaßen die Eckpfeiler, auf denen das ganze Gebäude der Buddhareligion ruht. Mit dieser „heiligen Dreiheit", den „drei Kleinodien", wie sie im Buddhismus auch genannt werden, ist zugleich der nächstliegende Einteilungsgesichtspunkt für eine Darstellung des Buddhismus gegeben. Er soll auch hier insoweit zugrunde gelegt werden, als die Erörterung über „Buddha" den Inhalt des ersten, die Darstellung der „Norm" oder Lehre den Inhalt des zweiten Teiles bilden wird, während ein näheres Eingehen auf die „Gemeinde" ein Einbeziehen des Kirchengeschichtlichen nahelegt, das selbständiger Darstellung vorbehalten bleiben muß.

[1] Das Wort *dharma* (Pali *dhamma*), gewöhnlich mit „Gesetz", „Lehre", „Religion" usw. übersetzt, hat in dem Sinne, wie es im Buddhismus gebraucht wird, in den abendländischen Sprachen keine Entsprechung. Es bedeutet die von Buddha in ihrer universalen kosmischen Gesetzlichkeit erkannte Natur der Dinge, eine Gesetzlichkeit, in der unsere Begriffe von Naturgesetz einerseits, Moralgesetz andererseits durchaus in e i n e n Begriff zusammenfließen, dessen Nuance dem abendländischen Denken fremd ist. Der *dharma* ist die wahre, hinter den Dingen (von denen als etwas Wesenhaftem im Buddhismus gar nicht gesprochen wird) verborgene geistige Realität, wie sie sich dem Geistesauge *(dharmacakṣus)* des Buddha oder Heiligen offenbart, die höchste geistige Wesenheit, wie Buddha sie geschaut hat, und zu deren Erfassung man im Wege der Meditation gelangt.

I. TEIL

DER BUDDHA

Allgemeine Gesichtspunkte

Es ist gesagt worden (Oldenberg, Buddha, S. 379 der 5. Auflage), daß die buddhistische Lehre in allem Wesentlichen das sein könnte, was sie in der Tat ist, und sich doch der Begriff des Buddha aus ihr fortdenken ließe. Und gewiß ist es richtig, daß die Bedeutung, die der Persönlichkeit des Buddha für die Buddhareligion, besonders deren ältere und ursprünglichere Phasen eigen ist, nicht etwa unmittelbar gleichkommt der Bedeutung, die die Persönlichkeit und das Leben Jesu für das Christentum hat. Im Mittelpunkte des Buddhismus steht eine Lehre, die Lehre vom Leiden und vom Pfade der befreienden Erkenntnis. Im Mittelpunkte der christlichen Religion steht die Gestalt des Erlösers als des Vollbringers einer Tat, der Erlösungstat von Golgatha. Christus spricht zu den Jüngern: „Siehe, ich bin bei euch alle Tage bis ans Ende der Äonen“ (Matth. 28, 20) und „Ich will euch nicht Waisen lassen; ich komme zu euch.“ (Joh. 14, 18). Hingegen spricht Buddha vor seinem Hinscheiden ins Nirvana zu seinen Jüngern: „Die Norm, die ich euch gelehrt habe, die ist euer Meister, wenn ich hingegangen bin“ (Mahāparinibbānasutta). Einer theoretischen Betrachtung, die nur die älteren Phasen des Buddhismus ins Auge faßt, kann es also in der Tat so erscheinen, als ob die Lehre im Buddhismus alles sei, und die Person des Buddha daraus fortgedacht werden könnte. Und doch ist es andererseits eine selbstverständliche Tatsache, daß eine buddhistische Lehre, ein Buddhismus gar nicht existieren würde, wenn es keinen Buddha gegeben hätte. Auch wenn sich alle Einzelheiten jener Lehre in anderen indischen Systemen aufzeigen ließen, so wäre damit doch noch nichts gegen diese Tatsache bewiesen. Denn die Kraft, die jene Lehren befähigte, der geistigen Entwicklung eines ganzen Erdteiles jenen großen Anstoß zu geben, zur Weltreligion zu werden, verdanken sie allein der Verkündigung durch den Buddha, dem Einflusse seiner überragenden Persönlichkeit. Das Besondere des Buddhismus gegenüber anderen indischen Geistesrichtungen besteht gar nicht in der Schaffung eigentlicher neuer Begriffe und Sätze, sondern darin, daß „Wahrheiten“, die bis dahin als ihr spezielles Wissensgut von engbegrenzten und sich absondernden Gemeinschaften in Anspruch genommen wurden – es gilt das insbesondere vom Yoga – durch den Buddha und seine Jünger unter Durchbrechung aller Schranken der Kasten- und Volkszugehörigkeit als eine Gabe für die Allgemeinheit in die Welt hinausgetragen wurden.

Immerhin ist dasjenige, was über das Zurücktreten der Person des Buddha gegenüber seiner Lehre gesagt wurde, in gewissem Sinne zutreffend besonders für jene älteren Richtungen, auf denen der Buddhismus in den südlichen Ländern Asiens, auf Ceylon und in Hinterindien, beruht. Im Laufe der Zeit haben sich aber Richtungen entwickelt, die auch der Persönlichkeit des Buddha grundsätzlich eine höhere Bedeutung einräumen. Man bezeichnet jene Richtungen als Mahāyāna („großes Fahrzeug" oder „große Laufbahn"), im Gegensatz zur anderen Richtung, die Hīnayāna („kleines Fahrzeug", „niedere Laufbahn") genannt wird. Der Mahāyāna-Buddhismus ist in den weiten Ländergebieten von Zentral- und Ostasien zur Herrschaft gelangt, die überwiegende Mehrzahl aller Buddhisten gehört also – wenigstens nominell – dem Mahāyāna an. Während der Anhänger des „niederen Pfades" nur für sich selbst die Stufe des Heiligen oder Arhat erstrebt, nur für die eigene „Befreiung" arbeitet, gilt im Mahāyāna das höhere Ideal der Nachfolge Buddhas, das Gebot, das Leiden der ganzen Welt auf sich zu nehmen, für die Vervollkommnung und Erlösung aller Wesen zu arbeiten, so wie auch Buddha sich nicht damit begnügt hat, für sich allein die befreiende Erkenntnis zu finden, sondern in Seelenkämpfen sich den Entschluß abgerungen hat, sie der Welt zu offenbaren und sein ganzes Leben der Erfüllung dieser Aufgabe zu opfern. Hier ist der Buddha darum nicht nur der Verkünder einer Lehre, die auch ohne ihn da sein könnte, sondern er ist ein wesentlicher Faktor innerhalb dieser Lehre selbst, er ist das Vorbild, dem nachzustreben das höchste Ideal des Jüngers der Lehre sein soll. Unrichtig ist es, wie vielfach noch immer geschieht, in dieser Mahāyāna-Lehre eine Entstellung des „alten und ursprünglichen" Buddhismus zu erblicken. Sie hat sich vielmehr aus Keimen entwickelt, die im ursprünglichen Buddhismus durchaus schon vorhanden gewesen und in den als Hīnayāna bezeichneten Richtungen nur zurückgetreten sind. So enthält den Hauptgedanken des Mahāyāna, den des Wirkens zum Heile der Welt und aller Wesen, jene schon in alten Palitexten häufig begegnende Formel, die nicht nur vom Wirken Buddhas, sondern auch dem der Jünger gebraucht wird: „zum Heile vieler Menschen, zum Glücke vieler Menschen, aus Mitleid mit der Welt, zum Wohle, zum Heile, zum Glücke der Götter und Menschen" *(bahujanahitāya bahujanasukhāya lokānukampāya atthāya hitāya sukhāya devamanussānaṃ).* Schon im Palikanon (z. B. Mahāparinibbānasutta p. 37 ed.

Childers) wird ausdrücklich gesagt, daß auch der heilige Wandel der Jünger nicht nur dem eigenen Heile, der eigenen Vervollkommnung, sondern – im Sinne jener Formel – der Welt, dem Heile vieler Wesen diene.

Aus dem über das Wesen der Mahāyāna-Lehre Gesagten ist es ohne weiteres zu verstehen, daß die wichtigsten Texte, die das Buddhaleben, insbesondere die Geschichte des werdenden Buddha behandeln, aus jener Mahāyāna-Richtung geflossen sind oder ihr wenigstens nahestehen. Diese Texte erzählen das Leben des Meisters in Bildern des Mythus und der Mystik, sie sind also weit entfernt von dem, was wir unter einem historischen Bericht verstehen. Es ist daher im folgenden die geschichtliche Erörterung scharf zu trennen von dem, was die Legende in solchen mythisch-mystischen Bildern über die Persönlichkeit und die Lebensgeschichte des Buddha zu sagen hat. Für die abendländische Betrachtungsweise liegt es dabei nahe, das historische Problem in den Vordergrund zu stellen. Aber abgesehen davon, daß sich allzuviele historische Einzelheiten über jenes Leben mit wissenschaftlicher Sicherheit nicht feststellen lassen, kommt es doch vor allem darauf an, ein Gesamtbild von dem Buddhismus als einer Religion zu gewinnen, und in diesem Gesamtbilde stellt jene mythisch-mystische Erzählung des Buddhalebens einen wesentlichen Bestandteil dar. Auch ist, wie ein um buddhistische Probleme verdienter Forscher (Windisch in „Buddhas Geburt" S. 4) gerade im Hinblick auf die Buddhalegende mit Recht hervorhebt, das Mythische oft die Hülle tiefer Gedanken. In jener „Legende" hat das, was der Buddhismus in seinem innersten Wesen ist, vielleicht den tiefsten Ausdruck gefunden. Aus ihr hat die buddhistische Kunst, deren Darstellungen für die Erforschung der buddhistischen Religion in vieler Hinsicht wichtig sind, ihre hauptsächlichsten Anregungen geschöpft.[1] Auf zweierlei Weise, so können wir sagen, spricht der Buddhismus zu uns über sein Wesen: einmal in der abstrakten Blässe des Gedankens in den die Lehren und Begriffsschemen enthaltenden Texten, und sodann lebendig und konkret in den farbenreichen Bildern der Legende. Daß die abstrakten Lehren des Buddhismus schon durch die Sprache und die fremdartigen technischen Ausdrücke uns heute ferner liegen, daß sie uns leicht kalt und nüchtern erscheinen können und heute nicht mehr die Wirkung ausüben, die sie einstmals im Munde Buddhas gehabt haben, wurde schon hervorgehoben. Ganz anders vermag auch heute

[1] Es ist wichtig, diese Anregung, die die „Legende" der Kunst gegeben hat, im Auge zu behalten. Fein und treffend spricht Kern (Buddhismus, Band I, S. 304) von dem „nicht geringen Kunstsinn, der überhaupt in der ganzen Legende stets durchblickt."

noch die Buddhalegende, das Buddha**leben**, wie es in den heiligen Texten erzählt wird, auf uns zu wirken. Diese Geschichte, die zu den schönsten und tiefsten Erzeugnissen der Weltliteratur gehört, enthält nicht nur eine Fülle menschlich und dichterisch ergreifender Züge, sondern sie stellt auch, in äußere Begebenheiten eingekleidet, die Quintessenz der Buddha**lehre**, das, was der Buddhismus in seinem innersten Wesen ist, in einer viel großartigeren, unmittelbarer zu unserem Verständnis und Gemüt sprechenden Weise vor uns hin, als dies bei den bloßen Lehrtexten der Fall ist. Es soll daher im folgenden zunächst der wesentlichste Inhalt der Legende nach den Quellen mitgeteilt werden; das historische Problem wird im Anschluß daran seine selbständige Erörterung finden.

A. Der Buddha der Legende

a) Die Quellen der Legende

Nach den heiligen Texten verfließt der Lebenslauf des Buddha – der nach buddhistischer Lehre im wesentlichen zugleich der typische Lebenslauf eines jeden Buddha ist – in zwölf Hauptereignissen. Lalitavistara hat (im 5. Kapitel, p. 44 ed. Lefm.) folgende Aufzählung: 1. Herabstieg von den Göttern; 2. Eingehen in den Mutterschoß; 3. Geburt; 4. Jugend (andere Texte heben hier als das Hauptereignis den Wettkampf um die Braut hervor); 5. Vermählung und Leben im Frauengemach; 6. das große Scheiden; 7. die Askese; 8. Eintritt in den Kreis der Erleuchtung (Bodhi); 9. Kampf mit Māra, dem Versucher; 10. Erwachen zur Buddhaerleuchtung; 11. Inbewegungsetzen des Rades der Norm (d. i. erste Verkündung der Lehre); 12. Parinirvana. (Andere Quellen lassen den „Eintritt in den Bodhikreis" bei der Aufzählung weg und erwähnen dafür als das 12. Hauptereignis nach dem Parinirvana die Beisetzung der irdischen Überreste.) Zwischen dem elften und dem zwölften dieser Ereignisse liegt dann die jahrzehntelange Zeit des öffentlichen Wirkens des Buddha als geistiger Lehrer. Auch über diese Zeit existieren in den verschiedensten Texten zahlreiche Erzählungen und Legenden (die im einzelnen auch manche historische Wahrheit enthalten mögen). Unter der eigentlichen Buddhalegende aber, der „Legende" κατ' ἐξοχήν, verstehen wir die jene zwölf Ereignisse umfassende Haupterzählung. Gewisse alte Texte, die, wie es scheint, die Erzählung des ganzen Buddhalebens enthalten haben, sind nur in den Bruchstücken gelegentlicher Zitate auf uns gekommen. Der einer viel späteren Zeit angehörige Lalitavistara, der, wie hervorgehoben, an einer Stelle die zwölf Ereignisse als in ihrer Zusammengehörigkeit den Lebenslauf des Buddha darstellend nennt, führt selbst die Erzählung nur bis zum elften dieser Ereignisse, der Verkündigung der Norm. Eine Ergänzung bilden dann andere Texte (besonders des Palikanons), die ausschließlich der Erzählung des zwölften Hauptereignisses, des Parinirvana, gewidmet sind. Diese Texte haben nicht den rein mythisch-legendären Charakter, wie die Jugendgeschichte des Buddha, sondern scheinen viel Historisches zu enthalten. Wir können daher auch die Erzählung der ersten elf Ereignisse, wie sie uns in Lalitavistara und anderwärts gegeben wird, die Geschichte vom Buddhawerden des Bodhisattva, als die „Legende im engsten Sinne" bezeichnen.

Wenn für diese Legende im engsten Sinne Texte das Mahāyāna (oder wenigstens dem Mahāyāna nahestehende nördliche Texte), für das Nirvana hingegen ältere Palitexte unsere Hauptquelle sind, so liegt der natürliche Grund dieser Erscheinung in dem, was über die Verschiedenheit der beiden Hauptrichtungen des Buddhismus bereits gesagt worden ist. Denn für die Richtung des „großen Pfades", des Pfades, der zur Buddhaschaft führt, mußte die Erzählung, wie der jüngsterschienene Buddha selbst diesen Pfad gegangen, vom Bodhisattva zum Buddha aufgestiegen ist, von besonderer Wichtigkeit sein, gewissermaßen das Hauptevangelium bilden, während für den Anhänger des Hīnayāna, des niederen Pfades, der nur die Arhatschaft, die persönliche Abkehr vom Irdischen, das individuelle Nirvana erstrebt, sich das Interesse naturgemäß mehr der Lehre als dem Lebenslaufe des Meisters zuwendet und, soweit der Lebenslauf in Frage kommt, das elfte und zwölfte der Ereignisse (erste Verkündung der Lehre und Nirvana) im Vordergrunde stehen. Wie für das Mahāyāna die Legende im engsten Sinne, die Geschichte vom Buddhawerden des Bodhisattva, so ist für das Hīnayāna neben den Lehrtexten die Hauptsache das Todesevangelium. Es ist daher durchaus sachgemäß und geeignet, ein richtiges Gesamtbild vom Buddhismus zu geben, wenn im folgenden die „Legende" nach Mahāyāna-, das „Todesevangelium" nach Pali-Quellen erzählt wird. Es wird also im ersten Teil der Mahāyāna-Buddhismus, in dem der Darstellung der Lehre gewidmeten zweiten Teil aus den angegebenen Gründen der Pali-Buddhismus im Vordergrunde zu stehen haben. Zunächst sei eine kurze Übersicht der hauptsächlichen Quellen der Legende gegeben.

Es ist dabei aus äußeren Gründen zweckmäßig, drei Abschnitte der Legende zu unterscheiden: 1. die Geschichte bis zur Erleuchtung, die Erzählung vom Buddhawerden des Bodhisattva (also vom 1. bis zum 10. Ereignis), 2. die Zeit nach der Erleuchtung bis zur ersten Verkündung der Lehre, 3. die Erzählung vom „großen Nirvana", das Todesevangelium (12. Ereignis). Für den ersten dieser drei Abschnitte ist die Hauptquelle der Mahāyāna-Text L a l i t a v i s t a r a, nach welchem im folgenden der wesentliche Inhalt der Legende wiedergegeben werden soll (Sanskrittext von Lefmann [Halle 1902, 1908], tibetischer Text von Foucaux [Paris 1847] herausgegeben).

Wenn dieser Text, wie er uns jetzt vorliegt, auch erst einem der nachchristlichen Jahrhunderte angehört, so ist doch das darin verarbeitete Material, die Legende selbst, um vieles älter, und von den in die Prosaerzählung eingeflochtenen metrischen Abschnitten gehören einige überhaupt zum Ältesten, was uns an buddhistischer Überlieferung erhalten ist. So ist die im 18. Kapitel des Lalitavistara sich findende Erzählung von der Versuchung des fastenden und sich kasteienden Bodhisattva durch Māra als Bruchstück auch im Suttanipāta, einem der ältesten poetischen Texte des Palikanons, vorhanden. Die Übereinstimmung ist eine beinahe wörtliche (hier Sanskrit, dort das verwandte Pali), und die philologische Vergleichung ergibt, daß der ursprüngliche Text der alten Legende im Lalitavistara treuer überliefert ist als im Suttanipāta. Auch wo uns, wie bei der Erzählung der auf die Erleuchtung folgenden Ereignisse, in alten Texten des Palikanons (Mahāvagga des Vinayapiṭaka) Parallelen vorliegen, stimmt Lalitavistara in allem Wesentlichen mit den älteren Palitexten überein. Man darf daher aus der späteren Abfassungszeit des Lalitavistara nicht schließen, daß auch die in ihm erzählte Legende erst in jener späteren Zeit erfunden worden wäre, sondern die Legende als solche ist alt, vielleicht sehr alt, und gerade im Lalitavistara, wie es den Anschein hat, im ganzen treuer als anderwärts überliefert. Nur der Stil (besonders der Prosaerzählung) trägt das Gepräge einer späteren Zeit. Die Sprache des Lalitavistara ist Sanskrit, und zwar in den Prosateilen reines, in den metrischen Abschnitten mit Dialekt gemischtes Sanskrit (sog. Gāthā-Dialekt.) – Ein anderer Sanskrittext, das „Sutra vom großen Scheiden" (Abhiniṣkramaṇasūtra, in Bruchstücken aus dem Chinesischen übersetzt von Samuel Beal, The Romantic Legend of Sākya Buddha. London 1875), das uns nur in tibetischer und chinesischer Übersetzung erhalten ist, wird nicht zum Mahāyāna gerechnet, steht aber Lalitavistara inhaltlich nahe. Es behandelt nicht nur die Episode, von der es den Namen trägt (das sechste der Hauptereignisse), sondern die Legende überhaupt. In der Haupterzählung ist eine größere Anzahl sogenannter Jātaka- oder Vorgeburtsgeschichten eingeflochten (d.h. Geschichten, die dem Buddha in den Mund gelegt werden und seine oder ihm nahestehender Personen Schicksale in einem früheren Leben behandeln). In noch größerem Maßstabe ist dies der Fall bei dem ganz in gemischtem Sanskrit (Gāthā-Dialekt) verfaßten Mahāvastu (Senart, Paris 1882–1897, 3 Bände), das ebenfalls nicht zum eigentlichen Mahāyāna gehört. Hier ist die Lebensgeschichte des Buddha nur sog. Rahmenerzählung, die Jātaka-Geschichten nehmen den größeren Raum ein, sie erscheinen als Hauptsache. Das Mahāvastu wird für älter gehalten als

Lalitavistara, doch ist die Legende darin kaum treuer überliefert. Im einzelnen enthält der Text viel Wertvolles, auch dichterisch Schönes (es sei nur auf die reizvolle Erzählung der Begegnung Buddhas mit seinem Söhnchen Rāhula hingewiesen), aber im ganzen ist die Komposition eine verworrene, und die einzelnen Stücke sind von ungleichem Werte. – Eine epische Bearbeitung der Buddhalegende enthält das Buddhacarita des Aśvaghoṣa, der Zeitgenosse des Königs Kaniṣka (nach neueren Forschungen 1. Jahrhundert n. Chr.) und Anhänger oder wenigstens Vorbereiter des Mahāyāna war.

Im Palikanon wird im Mahāpadānasutta („Sutra der großen Legende") des Dīghanikāya die Lebensgeschichte des Buddha einer früheren Weltperiode, des Vipaśvin (der „Hellsehende") erzählt. Da der Lebenslauf eines Buddha eben ein typischer ist, kann dieses Sutra mit einer gewissen Berechtigung also zu den Quellen der „Legende" gerechnet werden. Abgesehen von diesem Stück finden wir im Palikanon, aus den schon angeführten Gründen, die Geschichte des werdenden Buddha nicht als ein Ganzes, sondern nur einzelne zufällig erhaltene Bruchstücke, wie die schon erwähnte Versuchungsgeschichte im Suttanipāta, oder die Geschichte von Asita, dem buddhistischen Simeon, im gleichen Texte. Nichts wäre verfehlter, als etwa aus dieser Tatsache den Schluß zu ziehen, daß es in der Zeit der Entstehung jener Werke des Palikanons noch nicht die Legende als Ganzes, sondern nur jene Bruchstücke gegeben hätte. Jene Bruchstücke werden vielmehr so erzählt, daß sie den größeren Zusammenhang, von dem sie einen Teil bilden, durchaus zur Voraussetzung haben, wie ja auch im Rigveda gewisse Sagenstoffe so überliefert sind, daß schon die ganze Art der Erzählung überall auf anderes hinweist, was nicht mit erzählt, aber von den Erzählern als bekannt vorausgesetzt worden ist. Anspielungen auf einzelne Züge der Legende begegnen uns auch in den verschiedensten Teilen des Palikanons zahlreich, sie alle beweisen, daß die Legende als ein Ganzes in ihren wesentlichen Zügen schon in alter Zeit vorhanden war.

Die eigentliche Pali-Version der Buddhalegende (im engeren Sinne), die sog. Nidānakathā, gehört nicht dem Kanon, sondern der späteren Literatur an, sie bildet die Einleitung zu der Sammlung der Jātaka-Geschichten und hat wahrscheinlich den Kommentator Buddhaghoṣa (5. Jahrh. n. Chr.) zum Verfasser. Im Abendlande ist gerade diese Fassung der Legende bisher am bekanntesten und beliebtesten gewesen, und richtig ist es, daß sie manche dichterische Schönheiten enthält, aber der alten ursprünglichen Legende steht sie keineswegs näher als Lalitavistara, vielmehr trägt sie deutlich das Gepräge einer späteren Kompilation, einer Schöpfung aus zweiter Hand, und die Komposition ist wenig einheitlich. Wenn bei der Szene des großen Scheidens die Nidānakathā fesselnd ausmalt, wie Buddha vor der nächtlichen Flucht aus dem Palaste noch einmal das Schlafgemach betritt, wo die Gattin auf blumenbestreutem Lager ruht, die Hand über das Haupt des neugeborenen Kindes haltend, wie er dann aber den Wunsch, sein Kind in die Arme zu schließen, unterdrückt, um die Gattin nicht aus dem Schlafe zu wecken und so von der Ausführung seines Entschlusses abgehalten zu werden, und schweigend den Palast verläßt, so ist das ohne Zweifel poetisch, aber gerade in solchen Fällen ist es besonders deutlich, daß wir es eben mit dem Werke eines späteren Dichters, nicht mit der ursprünglichen Legende zu tun haben. Als Ganzes überragt Lalitavistara, als eine der bedeutendsten Schöpfungen der ganzen indischen Literatur, die Nidānakathā bei weitem und muß daher für die Gewinnung eines richtigen Bildes der echten Legende in erster Linie in Betracht gezogen werden.

Für den zweiten Abschnitt der Legende, die Ereignisse nach der Erleuchtung bis zur ersten Verkündung der Lehre, stellt sich neben die bisher erwähnten Texte, die auch diesen Teil noch behandeln, als eine gleichwertige und gleichwichtige Quelle die Erzählung des Mahāvagga, der den Anfang des Vinayapiṭaka, des ersten und ältesten der drei Teile des (Tripiṭaka, d. h. Dreikorb genannten) Palikanons bildet. Mit der Erzählung des Lalitavistara stimmt diejenige des Mahāvagga in allen wesentlichen Punkten überein, ein Umstand, der für die Gesamtbewertung des Lalitavistara von nicht geringer Bedeutung ist.

Für den letzten Abschnitt der Legende, das Todesevangelium, die Geschichte vom großen Nirvana, ist unsere hauptsächlichste Quelle ein Werk des Palikanons, das M a h ā p a r i n i b b ā n a s u t t a des Dīghanikāya. Werke des nördlichen Kanons mit gleichem oder ähnlichem Titel (hier in Sanskrit: Mahāparinirvāṇasūtra) können sich an Alter und Wert mit dem genannten Palitexte nicht messen. Dem Lalitavistara, der Geschichte des werdenden Buddha, steht das Mahāparinibbānasutta, die Geschichte des Vergehens oder „Verwehens" des Buddha, als wichtigste Ergänzung gegenüber. Beide Texte können wir als die buddhistischen Evangelien κατ' ἐξοχήν betrachten, Lalitavistara als die Evangeliengeschichte des Mahāyāna-Buddhismus, Mahāparinibbānasutta als die des Buddhismus älterer Richtung. Im Stile sind beide Werke aber ganz verschieden. Der bilder- und farbenreichen Mystik im Lalitavistara steht im Mahāparinibbānasutta die einfache Schlichtheit der alten Palitexte gegenüber. Lalitavistara erzählt in sinnlichen Bildern geschaute geistige Vorgänge, ist also in diesem Sinne durchaus Legende, Mahāparinibbānasutta erzählt in weit höherem Maße äußere Wirklichkeit und enthält im einzelnen gewiß schon viel Historisches. Man hat hervorgehoben, daß dem Stile und der ganzen Stimmung der christlichen Evangelien kein buddhistischer Text so nahe kommt wie das Mahāparinibbānasutta. Es ist das natürlich nur ganz relativ zu verstehen. Ohne Zweifel ist das Mahāparinibbānasutta der bedeutendste und ergreifendste Palitext und eines der schönsten Erzeugnisse der indischen Literatur. „Man wird", so urteilt Oldenberg (Buddha S. 227), „in diesem Sutra einen der unpersönlichen Kühlheit der buddhistischen Kirchensprache sonst fremden warmen Hauch empfinden, wie er der Erinnerung an die weihevollen letzten Tage des Beisammenseins von Meister und Jüngern wohl entströmen mochte." In keinem anderen Werke tritt uns der Geist des alten Buddhismus so unmittelbar und lebensvoll entgegen wie hier. Es dient daher auch dem Zwecke, den Buddhismus von seinen verschiedenen Seiten kennen zu lernen, wenn an die im folgenden nach Lalitavistara zu erzählende Geschichte des werdenden Buddha die Erzählung des Todesevangeliums nach dem Mahāparinibbānasutta sich anschließen wird. In Betracht zu ziehen ist dabei natürlich, daß von dem Geist der Urtexte bei einer so kurzgefaßten Wiedergabe, wie sie hier allein möglich ist, nur eine dürftige Vorstellung erweckt werden kann. Von dem blühenden Farbenreichtum der Erzählungsweise des Lalitavistara kann dabei ebensowenig ein Begriff gegeben werden wie von der Gewalt der klangvollen Rhythmen der Sprache, die den alten Palitexten und nicht zum wenigsten dem Mahāparinibbānasutta vor allem anderen ihr eigenartiges Gepräge gibt.

b) Die Geschichte des werdenden Buddha (nach Lalitavistara)

1. Herabstieg von den Göttern. Vor seiner irdischen Verkörperung weilt der Bodhisattva (der künftige Buddha) als Geistwesen unter den Gottheiten des Tuṣita-Himmels, zu dem er durch sein Karma, die Frucht der Taten und Opfer früherer Lebensläufe, erhoben ist. Aus den Klängen himmlischer Musik ertönt ihm die Mahnung, es sei an der Zeit, herniederzusteigen zur Erde und Buddha zu werden, um Alter, Krankheit und Tod zu besiegen und den dürstenden Wesen das Wasser des unsterblichen Heiles *(amṛta)* strömen zu lassen (cap. 2).

Im Rate der Götter wird beschlossen, die bevorstehende Herabkunft des

Bodhisattva auf die Erde würdig vorzubereiten. Göttliche Wesen erscheinen, als Brahmanen verkleidet, auf Erden, um dort die Brahmanen über die Zeichen zu belehren, an denen das „große Wesen“ *(mahāpuruṣa)* zu erkennen ist, dessen Bestimmung es ist, ein erdbeherrschender König *(cakravartin)* mit den sieben Attributen der Weltherrschaft oder, wenn er der Welt entsagt, ein welterlösender Buddha zu werden.

Von seiner himmlischen Wohnung aus richtet der Bodhisattva eine vierfache Ausschau auf die Erde, um zu erkennen Zeit, Erdteil, Land und Geschlecht seiner bevorstehenden irdischen Verkörperung. Eine Überlegung des Zeitpunktes ist notwendig, weil nicht zu allen Zeiten Bodhisattvas auf der Erde erscheinen können. Sie erscheinen nicht im Beginne einer Weltenentfaltung *(ādipravṛtte loke)*, sondern erst dann, wenn im Fortgang der Weltentwicklung *(yadā vyakto lokaḥ)* die Menschheit mit Geburt, Alter, Krankheit und Tod bekannt geworden ist.[1] Die Ausschau nach Erdteil und Land richtet sich auf Indien *(Jambudvīpa)*, denn dort, und zwar im Mittellande, hat die Verkörperung des Bodhisattva nach den Weltgesetzen zu geschehen. Das Geschlecht, in dem der Bodhisattva sich verkörpert, kann nur

[1] Dies ist nach buddhistischer Lehre keineswegs von Anfang an der Fall. Das Aggaññasutta des Dīghanikāya (Ausg. der Pali Text Society Bd. II, S. 80 ff.), das eine Art von buddhistischer Paradiesesmythe enthält, lehrt, wie in ferner Vorzeit die Menschen noch als Strahlenwesen in Reinheit, Unschuld und Wonne im Luftumkreise der Erde lebten, als Sonne und Mond noch nicht sichtbar am Himmel standen, als noch keine Trennung in männliches und weibliches Geschlecht stattgefunden hatte und ein Bedürfnis nach substantieller Nahrung noch nicht vorhanden war, sondern die Wesen, ihr eigenes Licht ausstrahlend, von bloßer Wonne zehrten. Auf der zuerst noch wässerigen Erde bildet sich eine Art von süßem Rahm. Einzelne Wesen kosten diesen Rahm, dadurch erwacht in ihnen sinnliche Begierde *(taṇhā)*. Ihrem Beispiel folgend erliegen andere der Versuchung. Mit zunehmender Verdichtung der Erde erscheinen immer gröbere Nahrungsstoffe. Indem die Wesen durch ihre Sinnlichkeit zu diesen Nahrungsstoffen hingeführt werden, erfahren sie selbst eine Verhärtung ihrer Leiblichkeit, sie werden in immer dichtere Elemente hineinversetzt. So verlassen sie den Luftumkreis der Erde und steigen zum festen Erdboden herab, ihr Eigenlicht schwindet, dafür werden Sonne, Mond und die anderen Himmelslichter sichtbar. Dadurch entstehen Tag und Nacht, Monate und Jahreszeiten. Mit der Verstrickung in das gröbere Element tritt auch die Trennung in männliches und weibliches Geschlecht ein. Niedere Begierden führen zu Handlungen, deren sich die Wesen schämen. So entsteht aus der sinnlichen Begierde in allmählicher Entwickelung das ganze Leiden der Welt. Im Aggaññasutta wird besonders auch das Entstehen sozialer Ungleichheit, des Kastenunterschiedes und die Schöpfung von Rechtssatzungen mit einer zunehmenden Verstrickung in das irdische Element in Zusammenhang gebracht.

der Brahmanenkaste oder der Kaste des kriegerischen Adels *(kṣatriya)* angehören. Da in dem in Betracht kommenden Zeitpunkte die Kṣatriya-Kaste die Vorherrschaft hat, muß die Verkörperung des Bodhisattva in ihr erfolgen. Bei der Auswahl des Geschlechts findet eine eingehende Beratung der Götter statt. Die Fürstengeschlechter von Magadha, Kośala, Vatsa, Vaiśālī, Ujjayinī, Mathurā, Hastināpura und Mithilā werden der Reihe nach vorgeschlagen, gegen alle erheben sich aber bestimmte Einwände. Auf eine Frage der Götter zählt der Bodhisattva selbst alle Erfordernisse auf, denen das Geschlecht, in dem er zur Welt kommen soll, genügen muß. Es muß, so wird unter anderem gesagt, sein ein mächtiges Geschlecht, ein Geschlecht großer Ahnen, ein furchtloses Geschlecht, ein Geschlecht, das die heiligen Lehrer der Vorzeit *(ṛṣi)* verehrt und Ehrfurcht vor den Göttern hat. Vorzüge höchster Art müssen die Mutter des künftigen Buddha schmücken: sie muß von vollkommener Körperschönheit sein, von lächelndem Antlitz, klug, ohne Falsch, nicht zum Zorn geneigt, „frei von den Fehlern ihres Geschlechts". Auch wird gefordert, daß sie noch keinem Kinde das Leben geschenkt habe. Ihre Umschau führt die Götter zuletzt auf das Geschlecht der Śākya zu Kapilavastu, wo der König Śuddhodana ein edler und mächtiger Fürst, und seine jugendliche Gattin Māyā, die Tochter des Śākya-Fürsten Suprabuddha, von göttlicher Anmut, der Inbegriff holdseliger Tugenden ist, die noch keinem Kinde das Leben geschenkt hat. Lächelndes Antlitz, eine schöne Stirn, liebliche Stimme, tadelloser Wuchs, Freundlichkeit und Sanftmut zeichnen sie vor allem aus. In ihr erkennen die Götter die zur irdischen Verkörperung des Bodhisattva geeignete Mutter[1] (cap. 3).

Bevor er die Himmelswohnung verläßt, redet der Bodhisattva noch einmal zu der Versammlung der Götter. Seine Unterweisung bezieht sich auf die wesentlichsten Grundbegriffe der Norm, die er späterhin als Buddha auf der Erde zu verkünden berufen ist (cap. 4).

Dann nimmt er Abschied von den himmlischen Geistern, bestimmt den Bodhisattva Maitreya, den Buddha der künftigen Weltperiode, zu seinem Nachfolger als Lehrer der Götter, indem er ihm sein Diadem aufsetzt, und beschließt, als weißer Elefant mit sechs Stoßzähnen in den Mutterleib einzugehen.

[1] In der Wertschätzung der Frau zeigt sich eine charakteristische Verschiedenheit von Buddhismus und Christentum. Um so bemerkenswerter ist die Verherrlichung der Mutter des Buddha, wie wir sie besonders in den Mahāyāna-Texten finden. Von einem direkten Einfließen christlicher Motive kann aber nicht die Rede sein.

Angesichts der bevorstehenden irdischen Verkörperung bewirkt der Bodhisattva alsdann verschiedene wunderbare Vorzeichen im Palaste des Königs Śuddhodana: in Haus und Hof wird alles von selbst blank und rein, alles schädliche Getier meidet den Ort, wilde Vögel kommen aus dem Himalaya herbeigezogen und lassen auf den Giebeln ihre Stimmen ertönen; Bäume blühen zur Unzeit, alle Teiche bedecken sich mit Lotosblumen; in den Speisekammern bleiben die Vorräte unerschöpflich; Musikinstrumente beginnen von selbst zu tönen; Gefäße schimmern in erhöhtem Glanze und ein wunderbarer, Sonne und Mond überstrahlender Lichtglanz erfüllt das ganze Haus.

Den Einfluß des Bodhisattva, der aus himmlischen Höhen zur Erde herabzusteigen sich anschickt, verspürt auch die Königin Māyā. Lächelnden Antlitzes tritt sie vor den König und eröffnet ihm ihre Absicht, ein Gelübde der Keuschheit auf sich zu nehmen. Sie bittet ihn daher, in dieser Zeit kein Liebesverlangen auf sie zu richten. Auf dem höchsten Söller des Palastes wolle man ihr ein Blumenlager bereiten, dort will sie in Zurückgezogenheit die Stunden verbringen, von allen unerfreulichen Sinneseindrücken abgezogen, nur lieblichen Bildern hingegeben, sanften Tönen lauschend, süße Düfte atmend. Nicht sollen Worte des Streites oder Zornes in ihrer Nähe laut werden. Der König gewährt ihr alle Bitten.

Die Götter beschließen, den Bodhisattva auf seiner irdischen Laufbahn zu geleiten und ihm in allen wichtigen Augenblicken zur Seite zu stehen. Sie streuen Blüten in Śuddhodana's Palast, und die auf ihrem Blumenlager ruhende Königin Māyā umschweben himmlische Jungfrauen *(apsaras)*, die voll Neugier zur Erde heruntergestiegen sind, um die Mutter des zukünftigen Buddha zu schauen. Sie stimmen Gesänge zu ihrem Preise an und streuen ihr himmlische Blumen aufs Lager.

So naht für den Bodhisattva der Zeitpunkt, in den irdischen Mutterleib einzugehen. Unter den Huldigungen zahlloser, aus allen Himmelsgegenden herbeigeeilter Bodhisattvas und himmlischer Apsaras verläßt er die Götterwohnung. In dem Augenblick, wo er sich in Bewegung setzt, um zur Erde herniederzusteigen, geht ein solcher Lichtglanz von seinem Körper aus, daß der ganze weite Umkreis der Welten davon erhellt wird und das Licht von Sonne und Mond davor verblaßt. „Auch in den von dichtester Finsternis erfüllten Zwischenräumen zwischen den Welten, in die jene beiden großmächtigen Gestirne Sonne und Mond mit ihrem Lichte, mit ihrem Glanze nicht hineinscheinen können, wurde in diesem Augenblicke der große, erhabene Lichtglanz sichtbar." Und die Erde erbebt und erzittert und schwankt nach allen Seiten, in allen Höhen und Tiefen, und Donnerrollen ertönt. Gleichwohl empfinden die Geschöpfe nirgendwo Furcht oder Unbehagen. Der Lichtstrahl dringt bis in die Unterwelten, und die Verdammten in den Höllen und die Bewohner von Yama's Totenreich werden für einen Augenblick ihrer Qualen ledig. Bei den Erdbewohnern kommen alle niederen Gefühle – Leidenschaft, Haß, Verblendung, Neid, Eifersucht, Zorn, Hochmut, Grausamkeit – zum Schweigen, alle Wesen sind von Freundlichkeit und Liebe zueinander erfüllt, wie Vater und Mutter zu ihren Kindern. Himmlische Musik erfüllt den Luftraum, und Gesänge himmlischer Apsaras umtönen den aus Himmelshöhen zur Erde herniedersteigenden Bodhisattva (cap. 5).

2. *Das Eingehen in den Mutterleib.* Im Wonnemonat Vaiśākha[1], da die Erde mit Blumenteppichen geschmückt ist, geht am Tage des mit dem Gestirne Puṣya (Krebs) in Konjunktion stehenden Vollmonds der Bodhisattva als junger weißer Elefant mit sechs Stoßzähnen in besonnener Bewußtheit *(smṛtaḥ saṃprajānan)* zur rechten Seite in den Mutterleib ein. Die auf ihrem Blumenlager sanft eingeschlummerte Königin Māyā schaut den ganzen Vorgang im Traum[2]. Bei ihrem Traumerlebnis ist sie von einer noch nie gekannten Seligkeit durchdrungen, sie empfindet sich wie in den höheren Bewußtseinszustand der Yogameditation entrückt *(dhyānasamāhitā)*. Nach dem Erwachen begibt sie sich in den Aśoka[3]-Hain im Garten ihres Palastes und läßt den König zu sich entbieten. Wie durch Erdenschwere festgebannt, ist der König zuerst außerstande, den Aśoka-Hain zu betreten. Götterstimmen aus der Luft klären ihn dann über das Vorgefallene auf, und Māyā erzählt ihm ihren Traum. Die zur Deutung des Traumes gerufenen Brahmanen verkünden dem Könige, daß Freude ihm widerfahren sei. Ein

[1] April-Mai (die Inder rechneten nach Mondjahren, ihr Monatsbeginn fällt mit dem unsrigen daher nicht zusammen). – In der Nidānakathā wird als Zeitpunkt für das Ereignis der Vollmondstag des Āṣāḍha (Juni-Juli) angegeben.

[2] Nidānakathā erzählt poetisch, wie Māyā im Traume von Göttern nach dem Himalaya entrückt in immer höhere Regionen entschwebt, und dann, nachdem sie von Göttinnen gebadet und mit himmlischen Blumen und Gewändern geschmückt worden ist, die Begegnung mit dem Elefanten hat. Nidānakathā schildert das Ganze nur als Traum, Lalitavistara zugleich als objektives Ereignis. Auch sonst werden in den Mahāyāna-Texten übersinnlich gedachte Vorgänge wie physisch-wirkliche erzählt.

[3] Ein Baum (Jonesia Asoka Roxburgii) mit orangefarbigen, zur Nachtzeit duftenden Blüten, deren Pracht nach dem Urteile eines Kenners (Roxburgh, Flora Indica. Calcutta 1874, S. 313) in der ganzen Pflanzenwelt nicht ihresgleichen hat.

Sohn mit glücklichen Zeichen werde ihm geboren werden, der zur Weltherrschaft berufen sei. Entsage er aber dem Königreich, so werde er ein welterbarmender Buddha werden, der mit unsterblichem Heile die Wesen beglücke. Reichbeschenkt werden die Brahmanen vom König entlassen.

Der Königin Māyā bieten Götter ihre Wohnungen an, damit sie dort bis zur Geburt des Bodhisattva verweile. Durch zaubermächtige Konzentration bewirkt der Bodhisattva,[1] daß Māyā in allen jenen Götterbehausungen zugleich erblickt wird. Er selbst ruht im Mutterleibe im Sitze der Yogameditation *(paryaṅka)*. Auf daß keine irdische Unreinheit ihn beflecke, umgibt ihn ein Gehäuse von strahlendem Beryllglanze *(ratnavyūhabodhisattvaparibhoga)*, das nach der Geburt von den Göttern in den Brahmanhimmel entrückt und dort als heilige Reliquie aufbewahrt wird. In der Nacht, in der der Bodhisattva in den Mutterleib eingeht, wächst ein Lotos aus der Erde, der bis an Brahmans Himmel reicht. Nur Brahman allein vermag diesen Lotos zu schauen. Was im weiten Umkreis der Welten an kraftvoller Essenz vorhanden ist, befindet sich in diesem Lotos als Honigtropfen. Brahman selbst kredenzt dem Kinde im Mutterleibe diesen Honigtropfen in einer Schale von Beryll, und der Bodhisattva nimmt die dargebotene Labung entgegen, um sich dem Gotte huldvoll zu erzeigen. Niemand vermöchte diesen Krafttropfen zu vertragen außer der im letzten Erdenleben stehende Bodhisattva, weil er in zahllosen früheren Existenzen nie müde geworden ist, leidenden Wesen Labung und lindernden Balsam zu spenden. Indra, die vier Welthüter und Scharen anderer Gottheiten umschweben immerfort das im Mutterleibe ruhende Kind, und aus allen Weltsphären kommen Bodhisattvas herbei, um ihm zu huldigen. Ehrfurchtsvoll verneigen sich die höheren Wesen vor dem Kinde, ehe sie, einem Winke des Bodhisattva gehorchend, nach ihren himmlischen Behausungen zurückkehren.

In Meditation versunken, hat Māyā selbst den Anblick des in ihrem Schoße ruhenden Bodhisattva. Das Kind bereitet der Mutter niemals Schmerz. Sie fühlt in ihrem Zustande keinerlei Schwere des Körpers, sondern erhöhte Leichtigkeit und Wohlbehagen; sie ist frei von allen niederen Regungen der Seele, von Begierde und Leidenschaft. Keine unerfreulichen Sinneseindrücke werden ihr bewußt, sie hat keine schlimmen Träume. Wunderbare Heilkräfte gehen in dieser Zeit von ihr aus: alle Männer und Frauen, Knaben und Mädchen in der Umgegend, die von allerlei Dämonen

[1] Dessen übersinnliche Wesenheit wird im Lalitavistara gleichsam als das geistige Selbst gedacht, das mit Bewußtsein alle Erlebnisse des Kindes nach und vor der irdischen Geburt verfolgt und lenkt.

besessen sind, werden beim Anblick der Königin Māyā frei von ihrer Plage, und die Dämonen fahren von ihnen aus; Kranke aller Art werden gesund, wenn ihnen Māyā die rechte Hand aufs Haupt legt oder einen von der Erde abgerissenen Grashalm darreicht. Und wenn die Königin dabei auf ihre rechte Seite herniederschaut, sieht sie den Bodhisattva in ihrem Leibe, wie man das eigene Antlitz in einem klaren Spiegel erblickt, und der Anblick erfüllt sie mit hoher Freude. Tag und Nacht erklingt dem im Mutterleibe ruhenden Bodhisattva himmlische Musik, und himmlische Blumenschauer regnen auf ihn hernieder. Alles dieses geschieht durch die überirdische Macht *(ṛddhiprātihārya)* des Bodhisattva (cap. 6).

3. Geburt. Nachdem der Bodhisattva zehn Monate[1] im Leibe der Königin Māyā verweilt hat, treten am Hofe und im Lande des Königs Śuddhodana abermals wunderbare Vorzeichen auf: eine tiefe Stille senkt sich über die Natur, Blumen bleiben unerschlossen, die Winde schweigen, Flüsse stehen im Laufe still, das Feuer brennt nicht, alle Geschäftigkeit im Lande stockt; Frauen haben leichte Geburt; aus dem Himalaya kommen junge Löwen in die Stadt gelaufen, tun aber niemandem etwas zuleide und legen sich friedlich vor die Türen der Häuser. Der Mond steht wieder im Zeichen des Krebses *(Puṣya)*. Da weiß die Königin Māyā, daß ihre Stunde gekommen ist. Sie hat das Verlangen, in der freien Natur zu verweilen, und spricht dem Könige ihren Wunsch aus. Einige Meilen von der Stadt Kapilavastu entfernt liegt der Lusthain Lumbinī, ihn will sie mit ihren Freundinnen aufsuchen. Mit großem Gepränge zieht Māyā nach dem Lumbinī-Hain, und unter das sichtbare Gefolge mischen sich unsichtbar die Götter und andere übersinnliche Wesen. – Es ist eben die Zeit des ersten Frühlings,[2] und der Lumbinī-Hain prangt und duftet im üppigsten Lenzesschmuck, alle Bäume blühen, auch wo es nicht die Zeit ihrer Blüte ist, und Götter haben den Hain mit himmlischen Blumen geschmückt. Die Königin Māyā betritt den Garten und geht von Baum zu Baum. Indem sie auf einen Plakṣa-Feigenbaum zuschreitet, neigt sich durch die überirdische Macht des Bodhisattva der Baum zur Erde herab, Māyā streckt ihren rechten Arm aus und ergreift einen Zweig; so steht sie

[1] Solange dauert, wie in verschiedenen Texten ausdrücklich bemerkt wird, bei einem Bodhisattva die Zeit zwischen Empfängnis und Geburt.

[2] Die Rechnung des Lalitavistara führt auf den Monat Phālguna (Februar-März). Nach der Nidānakathā würde Vaiśākha (April-Mai) der Geburtsmonat des Buddha sein, also die Zeit, in die LV. das Eingehen in den Mutterleib verlegt.

in anmutiger Haltung *(salīlam)* zum Himmel emporblickend mit leichtgeöffnetem Munde da. In diesem Augenblicke treten himmlische Jungfrauen *(apsaras)* ohne Zahl herzu, um der Königin mit ihren Diensten aufzuwarten, und der Bodhisattva tritt zur rechten Seite aus dem Mutterleibe heraus, in besonnener Bewußtheit, unbefleckt von irdischer Unreinheit.

Götter lassen dem Bodhisattva die erste Hilfeleistung angedeihen: Indra und Brahman selbst nehmen das Kind ehrfurchtsvoll in die Arme und hüllen es in Gewänder von himmlischer Seide. Die Schlangenkönige Nanda und Upananda lassen zwei Wasserströme entstehen, einen kalten und einen warmen, und spenden dem Bodhisattva das erste Bad. Scharen himmlischer Wesen träufeln Wohlgerüche hernieder und lassen Blumen regnen.

Eben geboren, tritt der Bodhisattva auf die Erde, und alsbald tut sich die Erde auf, und ein großer Lotos wächst aus ihr hervor. In diesem Lotos stehend, blickt der Bodhisattva nach allen Himmelsrichtungen mit dem Löwenblicke *(siṃhāvalokitam)* des großen Wesens *(mahāpuruṣa)*. Mit göttlichem, hellsichtigem Auge alle Weltsphären überschauend und die Gedanken aller Wesen durchdringend, erkennt er, daß nirgendwo seinesgleichen zu finden ist. Dann tut er sieben Schritte nach allen Himmelsrichtungen und spricht: „Ich bin der Erste in der Welt, ich bin der Größte in der Welt, dies ist meine letzte Geburt, enden werde ich das Leiden von Geburt, Alter und Tod.“ Und überall, wohin der Bodhisattva seinen Fuß setzt, wächst ein Lotos aus der Erde. Die Erde erbebt, himmlische und irdische Saiteninstrumente erklingen von selbst, Blumen blühen zur Unzeit, bei klarem Himmel vernimmt man Donnerrollen, und leichter Regen rieselt hernieder, sanfte Winde wehen, mit himmlischen Sandeldüften beladen, tiefes Psalmodieren *(brahmaghoṣa)* ertönt aus dem oberen Luftraum, aus allen Weltgegenden entweicht die Finsternis, und ein unermeßlicher Lichtglanz durchdringt die ganze Welt, Freude und Wohlgefallen erfüllt alle Wesen, alle niederen Gefühle schweigen, alles unehrliche Gebaren hört auf, Kranke werden gesund, Berauschte nüchtern, Irre kommen zur Vernunft, Blinde werden sehend, Taube hörend, Krüppel gerade. Selbst die Verdammten in der untersten Hölle werden für einen Augenblick ihrer Qualen ledig, den Tieren vergeht die Lust, einander aufzufressen, und die Seelen in Yama’s Totenreich fühlen sich von Hunger- und Durstesqualen befreit.

Götterjungfrauen ehren, nachdem der Bodhisattva zur Welt gekommen ist, die Königin Māyā mit himmlischen Blumen, Wohlgerüchen und Kränzen, schmücken sie mit himmlischen Gewändern und Schmucksachen und salben sie mit duftendem Wasser und Salben. Um die gleiche Zeit kommt auch des Bodhisattva künftige Gemahlin zur Welt, sowie Chandaka, der Wagenlenker, und das Roß Kaṇṭhaka, das den Bodhisattva in der Nacht des großen Scheidens trägt.

Der König Śuddhodana gibt dem Prinzen den Namen Sarvārthasiddha, das bedeutet: „durch den all mein Streben in Erfüllung gegangen ist".

Der Leib der Königin Māyā ist nach der Geburt des Bodhisattva völlig unverletzt und zeigt keinerlei Male der Geburt. Noch immer sind Tag um Tag Götterjungfrauen mit Dienstleistungen aller Art um Mutter und Kind geschäftig. Sie bringen dem Kinde Speise, und in der Höhe stimmen himmlische Scharen Lieder an zum Preise des Bodhisattva. Sieben Tage aber nach der Geburt des Bodhisattva stirbt die Königin Māyā und wird in den Himmel der 33 Götter erhoben.[1]

Der prächtige Aufzug, mit dem vor sieben Tagen Māyā nach dem Lumbinī-Haine gezogen ist, geleitet nunmehr den Prinzen nach Kapilavastu zurück. Tausende von Jungfrauen schreiten dem Zuge voran, und himmlische Apsaras ziehen den von Göttern geschmückten Wagen des Bodhisattva und mischen sich unter das irdische Gefolge. Durch die überirdische Macht des Bodhisattva wird bewirkt, daß die Erdenmenschen durch die Schönheit der Götterjungfrauen nicht geblendet, und daß die Apsaras durch die menschliche Ausdünstung nicht belästigt werden.

Nach dem Einzug im Vaterhause übernimmt Mahāprajāpatī Gautamī, die Schwester der Königin Māyā, die Fürsorge für den mutterlosen Prinzen. Den König aber, der an die Prophezeiungen der Brahmanen denkt, erfüllt schon jetzt die Zukunft des Kindes mit Besorgnis.

Im Himalaya, dem „König der Berge", wohnt zu dieser Zeit ein hochbetagter, mit Hellsichtigkeit *(abhijñā)* und überirdischer Macht *(ṛddhi)* begabter heiliger Einsiedler *(ṛṣi)*, Asita mit Namen. Mit dem hellsichtigen Blick seines „göttlichen Auges" schaut er die verschiedenen bei der Geburt

[1] Buddha unterbricht an dieser Stelle in Lalitavistara die ihm selbst in den Mund gelegte Erzählung seiner Lebensgeschichte mit den Worten: „Es möchte sein, ihr Jünger, daß euch der Gedanke komme: durch die Schuld des Bodhisattva ist die Königin Māyā gestorben. So sollt ihr es aber nicht ansehen. Denn sie hatte das volle Maß ihres Lebens erfüllt. Auch bei jedem Buddha der Vergangenheit ist die Mutter sieben Tage nach der Geburt des Kindes gestorben. Dies mußte so sein, denn wenn sie das Scheiden (d. h. die Weltentsagung) des zu Jahren gekommenen Sohnes erleben müßte, würde der Mutter das Herz brechen." Nach der Nidānakathā ist der Grund des frühen Todes der, daß die Mutter nach der Geburt eines Bodhisattva zu erhaben ist, als daß sie noch weiterhin von irdischer Liebe berührt werden dürfte.

des Bodhisattva sich ereignenden Wundererscheinungen und vernimmt den Jubel, den das freudige Ereignis in den Himmelswelten erweckt, wo die Götter „Buddha" rufen und ihre Gewänder schwingen. Indem er, um die Ursache dieser himmlischen Freude zu erfahren, den hellsichtigen Blick auf Indien richtet, sieht er, wie im Palaste des Königs Śuddhodana ein Prinz mit den 32 Zeichen des großen Wesens (*mahāpuruṣa*) geboren ist. Von seinem jugendlichen Schwestersohne Naradatta begleitet, nimmt er mit Hilfe seiner Zaubermacht (*ṛddhi*) den Weg durch die Luft nach Kapilavastu. Dort angelangt, begibt er sich zu Fuß, wie ein gewöhnlicher Sterblicher, nach dem Palaste des Königs Śuddhodana. „Ein alter Ṛṣi steht am Tor", meldet der Torhüter. Der König gebietet, ihn einzulassen, und fragt ihn voll Ehrfurcht nach dem Zwecke seines Kommens. Als der Ṛṣi das Verlangen, das neugeborene Kind zu sehen, kundgibt, bittet ihn der König, sich eine Weile zu gedulden, denn der Prinz schlafe eben. Doch der Seher erwidert: „Nicht ist es die Gewohnheit so großer Persönlichkeiten, lange zu schlafen, ihr natürlicher Zustand ist Wachen", und alsbald bewirkt der Bodhisattva, um dem Ṛṣi Huld zu erzeigen, sein eigenes Erwachen. Der König reicht das Kind dem Seher dar. Wie dieser die „32 Zeichen" des Mahāpuruṣa erblickt, fällt er mit dem Rufe: „Fürwahr, ein Wunderwesen ist der Welt erstanden" dem Bodhisattva zu Füßen und huldigt ihm in andächtiger Ehrfurcht. Dann bricht er plötzlich in Tränen aus. Der König, ein Unheil für die Zukunft des Kindes befürchtend, fragt voll Besorgnis den Seher, warum er Tränen vergieße. Asita erwidert, er weine nicht um den Prinzen, sondern über sich selbst, denn er sei nun ein Greis und hochbetagt, der Prinz Sarvārthasiddha aber werde gewiß Buddha werden und das „Rad der Norm in Bewegung setzen" (d. h. die Lehre verkünden) zum Heile der Götter und Menschen. „So wie, o Großkönig, eine Blüte des Udumbara-Feigenbaumes nur in langer Zeiten Lauf entsteht, so ersteht erst nach langen Weltenaltern ein heiliger Buddha in der Welt. Der Prinz aber wird gewiß zu dieser höchsten Erleuchtung eines Buddha erwachen und dann zahllose Wesen aus dem Meere des Kreislaufs der Wiedergeburten (*saṃsāra*) erretten und sie zum jenseitigen Ufer, zur Stätte des unsterblichen Heiles (*amṛta*) hinübergeleiten. Weil ich nun, o König, dieses Kleinod eines Buddha nicht mehr schauen (d. h. den Zeitpunkt, wo der Bodhisattva zum Buddha wird, nicht mehr erleben) werde, darum weine ich und bin betrübt in meinem Herzen." Hocherfreut läßt der König den Ṛṣi, nachdem er ihn reich bewirtet, wieder von sich ziehen. Die Worte des Sehers werden ihm noch durch Göttererscheinungen bestätigt (cap. 7).

4. Jugend. Auf den Rat der Familienältesten beschließt der König Śuddhodana bald nach der Geburt, seinen Sohn in den Tempel der Götter zu führen. Die Stadt wird zu diesem Zwecke festlich geschmückt, und dem Kinde legt Mahāprajāpatī Gautamī festliche Gewänder und Schmucksachen an. Wie er auf seine Frage, wohin er geführt werden soll, vernimmt „in den Tempel der Götter", spricht der Prinz lächelnd zu seiner Pflegemutter: „Wie kann irgendeine Gottheit größer sein als ich, dem schon bei der Geburt Götter sich neigten; erhaben bin ich über alle Götter." Und als das Kind den Tempel betritt, erheben sich die leblosen Götterbilder von ihren Postamenten und stürzen dem Bodhisattva zu Füßen; sie fangen an zu reden und bringen dem Kinde ihre Huldigungen dar (cap. 8).

Ein andermal wird dem Prinzen frühmorgens im Garten ein auf den Rat der Brahmanen ihm angefertigter köstlicher Schmuck angelegt. Aber aller Schimmer, den Gold und Edelsteine ausstrahlen im Glanze der Morgensonne, verblaßt vor dem Glanze, der von dem Körper des Bodhisattva ausgeht, und eine Waldgöttin erscheint und streut dem Bodhisattva Blumen (cap. 9).

Indem der Prinz heranwächst, kommt die Zeit, daß er mit zahlreichen Altersgenossen die Schule besucht. Wie er den Schreibsaal betritt, stürzt der Lehrer Viśvāmitra vor dem Glanze des Bodhisattva zu Boden. Eine Tuṣita-Gottheit richtet ihn wieder auf. Es zeigt sich, daß der Prinz bereits alle Schriftarten kennt, auch solche, deren Namen der Lehrer nie gehört hat, so daß dieser in Bewunderung ausbricht. Beim Hersagen des Alphabets durch die Schüler bewirkt die Macht des Bodhisattva, daß jeder Buchstabe zum Anfangsbuchstaben eines Wortes wird, das zu der Heilslehre des künftigen Buddha in Beziehung steht. Dadurch wird das Gemüt jener Schüler vorbereitet, dereinst die Lehre selbst aufzunehmen, und „das ist der Grund, warum eine so kluge Persönlichkeit wie der Bodhisattva überhaupt die Schule besucht" (cap. 10).

Noch ist der Prinz in der Kindheit Jahren; da kommt ihn einstmals die Lust an, mit Altersgenossen aufs Land zu gehen. Nachdem er eine Weile der Feldarbeit zugesehen, sucht er die Einsamkeit[1] eines Gartens, und unter einem Rosenapfelbaum *(jambu)* in der Stellung der Yogameditation mit untergeschlagenen Beinen *(paryaṅka)* sitzend versinkt er in Sinnen. Indem er seine Gedanken fest auf einen Punkt richtet, erhebt er sich in besonnener

[1] In einer anderen Quelle der Buddhalegende, dem Abhiniṣkramaṇasūtra (Beal, Romantic Legend of Sākya Buddha, S. 74) ist davon die Rede, wie der Anblick der Leiden von Mensch und Tier und des Kampfes in der Natur es ist, der den Prinzen nachdenklich stimmt und das Mitleiden in ihm wachruft.

Bewußtheit von der ersten, noch mit konkreten Vorstellungen verbundenen Stufe der Meditation *(dhyāna)* bis zur höchsten, vierten Stufe, wo der Geist in unbewegter Ruhe und Abgeschiedenheit verharrt. In diesem Augenblick ziehen fünf heilige, mit überirdischer Macht begabte Seher *(ṛṣi)* durch die Luft von Süden nach Norden. Wie sie sich über dem Punkte befinden, wo der Bodhisattva in Meditation versunken dasitzt, fühlen sie sich plötzlich wie festgebannt und können nicht weiter. Erstaunt fragen sie sich, wer ihnen dieses Hindernis bereite, und eine Waldgottheit raunt ihnen zu, ein Königssohn der Śākya von morgensonnengleichem Glanze sei es, der einsam in Meditation versunken ihrer Zaubermacht die Spitze abbreche. Da wenden die Seher ihre Blicke zur Erde und sehen das vom Glanze seiner Hoheit wie von Feuersglut umstrahlte Kind. Sie halten es zuerst für eine Gottheit, zur Erde niedersteigend erkennen sie dann den Bodhisattva und preisen ihn als den, der als ein Licht in der von der Finsternis des Irrtums umnachteten Welt erschienen sei. Nachdem sie ihm ihre Huldigung dargebracht, ziehen sie wieder durch die Luft davon.

Inzwischen vermißt der König, für den es ohne seinen Sohn keine Freude auf der Welt gibt, den Anblick des Prinzen. Er sendet großes Gefolge aus, den Prinzen zu suchen, und man findet den Bodhisattva in tiefer Meditation im Schatten des Rosenapfelbaumes mit untergeschlagenen Beinen sitzend. Und während der Schatten aller anderen Bäume dem Gange der Sonne entsprechend fortgerückt ist, breitet sich der Schatten des Rosenapfelbaumes nach wie vor über den Körper des meditierenden Bodhisattva. Als ihm das Wunder berichtet wird, begibt sich auch der König Śuddhodana zu dem Baume, und wie er den von Strahlenglanz umflossenen Bodhisattva erblickt, neigt er sich in Ehrfurcht zu seinen Füßen und spricht: „Zweimal umfing ich huldigend deine Füße: da du, o Heiliger, geboren wurdest, und da ich dich fand im Strahlenlichte der Meditation.“ Und das Gefolge des Königs ist ängstlich besorgt, daß nicht die Spielkameraden des Prinzen durch lautes Geräusch die Ruhe der Meditation stören (cap. 11).

5. Vermählung und Leben im Frauengemach. Nachdem der Prinz in die Jahre der Reife eingetreten ist, erinnern die Ältesten der Śākya den König Śuddhodana an die Prophezeiung der Zeichendeuter. An der Zeit sei es, so meinen sie, den Prinzen zu vermählen; denn im Genusse von Liebesfreuden würde er sich gewiß aller Gedanken der Weltflucht entschlagen und als erdbeherrschender König, nicht als Buddha, sein Schicksal erfüllen. Schwer sei dem Prinzen beizukommen, meint der König, doch setzt er den Sohn von dem Plane in Kenntnis. Der Prinz erbittet sich sieben Tage Bedenkzeit. Die Gefahren der Sinnenlust stehen vor seiner Seele; lockend erscheint ihm schon jetzt die Aussicht, in der schweigenden Einsamkeit des Waldes der Meditation sich hinzugeben. Aber auch die Bodhisattvas früherer Weltenalter, so sagt ihm inneres Wissen, erwählten sich eine Gattin, ehe sie den Weg zur Buddhaschaft betraten. Daher zeigt er sich mit dem Vorschlag des Vaters einverstanden und nennt die Vorzüge, die diejenige zieren müssen, die seine Gattin werden soll. Sie sei edel, jung und schön, doch ohne Einbildung auf ihre Schönheit, zu allen Wesen liebevoll wie eine liebende Mutter und Schwester, freigebig, ohne Falsch, ohne Eifersucht, treu und wahrhaftig, ohne Hochmut, rein in Gedanken, Worten und Werken, ohne Hang zur Bequemlichkeit, klug und geschickt, eine Frühaufsteherin. Nicht Kaste und Abstammung, so erklärt der Prinz, sondern einzig Tugend und innerer Wert sei für ihn entscheidend. Nach längerem Suchen findet man in Gopā, der Tochter des Śākya-Fürsten Daṇḍapāṇi, ein Mädchen, das dem Wunsche des Prinzen zu entsprechen scheint. Aber um sicher zu gehen, ersinnt der König noch einen anderen Plan. Er läßt mit Kostbarkeiten reich verzierte Körbchen von Aśoka-Blumen (siehe 3. Anm. S. 38) anfertigen, die der Prinz an die Mädchen des Landes verteilen soll. Auf welcher des Prinzen Auge ruhen würde, die will er dem Sohne zur Gattin erwählen. Auf den siebenten Tag läßt der König durch öffentlichen Aufruf alle Mädchen von Kapilavastu nach dem Palaste entbieten, damit sie dort aus der Hand des Prinzen die Geschenke in Empfang nähmen. Und am bestimmten Tage schreiten die Mädchen alle an dem Prinzen vorbei, der, in der Empfangshalle des Palastes auf einem Throne sitzend, die Blumengeschenke an sie verteilt. Keins der Mädchen vermag den Glanz, der von der Hoheit des Prinzen ausstrahlt, zu ertragen, schweigend, mit gesenktem Blick, nimmt jede ihre Gabe in Empfang und geht rasch von hinnen. Zuletzt erscheint Gopā, die Tochter des Daṇḍapāṇi, und sie ist die erste, die es wagt, dem Prinzen voll ins Auge zu blicken. Der Prinz aber hat alle Blumengeschenke bereits vergeben. „Prinz, was habe ich dir getan, daß du mich also mißachtest?“ redet sie ihn lächelnd an. Er erwidert: „Nicht mißachte ich dich, du bist eben zu spät gekommen“, und schenkt ihr den kostbaren Ring, den er am Finger trägt. Sie aber spricht: „Nur soviel[1] bin ich dir wert?“ Da will er ihr all seinen Schmuck geben, sie

[1] In Lalitavistara ist der Sinn hier nicht ganz zweifelsfrei, im Mahāvastu aber, wo die Episode ähnlich erzählt wird, haben die Worte der Gopā diese Bedeutung. Es wird dort erzählt, wie sie schon in einer ihrer früheren Existenzen sich dem Bodhisattva gegenüber unbefriedigt gezeigt hat.

aber wehrt ihm mit den Worten: „Nicht will ich den Prinzen seines Schmukkes berauben, vielmehr selber ihn schmücken", und geht rasch von dannen. Durch heimlich aufgestellte Späher erfährt der König, daß das Auge des Prinzen auf Gopā geruht, und Worte zwischen den beiden gewechselt wurden.

Daraufhin läßt der König für seinen Sohn bei Daṇḍapāṇi und Gopā werben. Im Geschlechte der Śākya aber besteht die Sitte, nur einem in ritterlichen Künsten erprobten Freier die Tochter zu gewähren. Darum hat Daṇḍapāṇi Bedenken, der Bitte des Königs zu willfahren. Den König stimmt die Zurückweisung nachdenklich, denn schon lange macht ihm das zurückgezogene Wesen des Sohnes Sorge, den die Altersgenossen unter den Söhnen der Śākya meiden, weil sie ihn für einen Schwächling halten. Als der Prinz von der Sache hört, bittet er seinen Vater, ihm eine Gelegenheit zur Erprobung seiner Kunstfertigkeit zu geben. Der König, der zuerst ungläubig lächelt, zeigt sich angesichts des Selbstvertrauens des Prinzen der Bitte willfährig und läßt durch öffentlichen Ausruf verkünden, am siebenten Tage von heute werde der Prinz eine Probe seiner Fertigkeiten ablegen, alle in ritterlichen Künsten Erfahrene seien zum Wettkampfe entboten. Zu dem Kampfe, der vor den Toren von Kapilavastu auf freiem Felde stattfindet, finden sich 500 Śākya-Jünglinge ein, und die Śākya-Prinzessin Gopā wird als Siegespreis ausgesetzt. Der König und eine große Volksmenge wohnen dem Wettkampf als Zuschauer bei. In allen Kämpfen ist der Prinz Sarvārthasiddha siegreich. Seinen feindlichen Vetter Devadatta, der, vom Stolze der Śākya geschwellt, voll Überhebung und Siegesgewißheit gegen ihn in die Schranken tritt, besiegt er mit Leichtigkeit im Ringkampf und drückt ihn mit freundlicher Gebärde zur Erde nieder. Zuletzt fordert Daṇḍapāṇi auf, die Geschicklichkeit im Bogenschuß zu erproben. In weiter Entfernung steckt jeder der fünf Bewerber eine eherne Trommel als Ziel auf, am weitesten von allen, zehn Rufweiten entfernt, der Bodhisattva. Hinter seinem Ziele stehen noch sieben Palmen und das Bild eines ehernen Ebers. Jeder der Mitbewerber schießt den Pfeil in das von ihm gesteckte Ziel, aber nicht darüber hinaus. Als die Reihe des Schusses an den Bodhisattva kommt, zerbricht ihm jeder Bogen, den er ergreift, in der Hand. Da fragt er den König, ob kein anderer Bogen da sei, stark genug für seine Kraft. Der König: Ja, mein Sohn, Siṃhahanu, dein mütterlicher Ahne, hatte einen Bogen, der jetzt im Tempel feierlich aufbewahrt wird, und niemand vermag ihn zu spannen. Der Bodhisattva: Man bringe mir den Bogen, daß ich ihn kennenlerne. Der Bogen wird gebracht, und keiner der Jünglinge hat die Kraft, ihn zu spannen. Selbst Daṇḍapāṇi kann nur ein wenig die Sehne bewegen, nicht sie voll ausspannen. Was keiner vermag, gelingt spielend dem Bodhisattva. Ohne ganz vom Erdboden aufzustehen, im halben Paryaṅka-Sitze (der Stellung der Yogameditation), ergreift er den dargereichten Bogen mit der Linken und spannt ihn mit der Spitze eines einzigen Fingers der rechten Hand. Der Klang der Bogensehne dringt durch ganz Kapilavastu, und bald geht die Kunde von Mund zu Mund: der Prinz Siddhārtha hat den Bogen seines Ahnen gespannt, davon ertönte weithin der Klang. Und Götterstimmen aus der Höhe feiern den Bodhisattva: „Wie er, ohne von der Erde aufzustehen, den Bogen gespannt hat, so wird er, der Heilige, mit Gewißheit sein Ziel erreichen und Māra, den Versucher, samt seinen Heerscharen besiegen." Nachdem der Bodhisattva also den Bogen gespannt und den Pfeil aufgelegt hat, schießt er ihn mit solcher Gewalt ab, daß der Pfeil alle Ziele der Mitbewerber und zuletzt sein eigenes Ziel und dahinter die sieben Palmbäume und den ehernen Eber durchschlägt und in weiter Ferne den Blicken entschwindend in die Erde sich einbohrt. Und wo der Pfeil des Bodhisattva die Erde spaltet, entspringt ein Brunnen, der heute noch „der Brunnen des Pfeiles" *(śarakūpa)* genannt wird.[1] In den Beifallsjubel der Volksmenge mischt sich wieder der Beifall der Götter, die himmlische Blumen zur Verherrlichung des siegreichen Bodhisattva herabregnen und aus der Höhe ihre Stimmen also ertönen lassen: „Er, der auf der Kraft der Erde im Sitze der früheren Buddhas ruhend als kundiger Schütze sich erwies, er wird mit den wesenlosen Pfeilen der Selbstlosigkeit den Feind der sündigen Leidenschaft erlegen und das Netz des Sichtbaren durchbrechend die selige, sündlose, kummerlose, höchste Buddhaerleuchtung *(bodhi)* erlangen." Gopā aber, die Tochter des Śākya Daṇḍapāṇi, wird die Gemahlin des Bodhisattva. Stolz geht sie unverhüllten Hauptes einher, während sonst die höfische Sitte der jungen Frau die Verschleierung des Antlitzes zur Pflicht macht, und der König nimmt die Gemahlin des Sohnes dabei liebevoll in Schutz (cap. 12).

So vergeht dem Prinzen, der zu seinem Ergötzen noch ein Gefolge von 84000 Frauen erhalten hat, die Zeit mit den Freuden des Irdischen. Da denken die Götter: allzulange schon verweilt der Bodhisattva im Palaste, und es könnte geschehen, daß die Wesen alle, die durch seinen Einfluß zum künftigen Empfang der Lehre herangereift und vorbereitet sind, dahinschwinden, ehe er Buddha geworden ist; wann werden wir das große Schei-

[1] Das Motiv ist von Kipling in seinem Buche ‚Kim' eigenartig verwertet. Aus dem „Brunnen des Pfeiles" ist bei Kipling ein Fluß, ‚the river of the arrow' geworden.

den des Bodhisattva schauen, wann erleben, daß der Bodhisattva zum Buddha wird? Während den im Palaste auf weichem Pfühle ruhenden Prinzen die Frauen mit Gesang und Saitenspiel ergötzen, wirkt es die Macht der Buddhas der zehn Himmelsgegenden, daß ihm die Weisen der Musik wie eine Mahnung zum Scheiden, zur großen Entsagung, erklingen. „Die Zeit ist für dich gekommen, o Heiliger, laß regnen Wasser des unsterblichen Heiles *(amṛta)* zur Erquickung der dürstenden Wesen. Rasch dahineilend sind die Freuden der Jugend wie ein reißender Bergstrom, in sich dahinschwindend wie eine Wolke im Herbste, wesenlos wie eine Luftspiegelung in der Wüste, wie Schaumblasen, wie das Spiegelbild des Mondes im Wasser, wie ein Widerhall, wie ein Traum.“ Und durch die überirdische Macht des Bodhisattva selbst geschieht es, daß die zu Liedern der Liebe geschlagenen Saiten vom Sinne des höchsten Heiles, des Nirvana, ertönen. Auch eine Gottheit des Tuṣita-Himmels, die dem Bodhisattva gegen Ende der Nacht erscheint, mahnt ihn zum Scheiden (cap. 13).

Nachdem der Bodhisattva solche Mahnung empfangen hat, sendet er seinem Vater in der Nacht einen Traum, der ihm zeigt, wie er in der Nacht den Palast verläßt, von Götterscharen umgeben, und das gelbe Asketengewand anlegt. Aus dem Schlafe aufschreckend fragt der König den Kämmerling, ob der Prinz noch im Gemach sich befinde. Der Diener bejaht; dem Könige aber „dringt ein Pfeil des Schmerzes in sein Herz“. Sicherlich, so denkt er, werden die Vorzeichen sich erfüllen, und der Prinz zur großen Entsagung sich bereiten. Noch immer hofft er, ihn durch die Freuden des Irdischen von diesem Schritte zurückhalten zu können. Er läßt dem Prinzen drei Paläste erbauen, einen kühlen für den Sommer, einen warmen für den Winter, einen gemäßigten für die Regenzeit. Alle Vorkehrungen werden getroffen, um ein Entweichen des Prinzen zu verhindern. An dem „Tore der glücklichen Vorbedeutung“ *(maṅgaladvāra)*, durch welches nach der Weissagung der Ausritt des Prinzen erfolgen soll, werden starke Riegel angebracht, zu deren Bewegung 500 Mann erforderlich sind. Und ohne Unterlaß müssen die Frauen den Prinzen mit Saitenspiel, Gesang und Tanz ergötzen.

Da äußert der Prinz einmal den Wunsch, eine Ausfahrt zu unternehmen. Weil der König, trotz seiner Besorgnisse, aus Liebe zu dem Sohn ihm keine Bitte versagen will, erläßt er ein Gebot, an dem für die Ausfahrt bestimmten siebenten Tag alles von den Straßen zu entfernen, was dem Prinzen unerfreulich sein könnte. Die Stadt wird festlich geschmückt, die Wege sind mit Blumen bestreut, und der Bodhisattva fährt mit Gepränge durch das östliche Stadttor hinaus. Von der höheren Macht des Bodhisattva gelenkt, fügen es da die Götter, daß der Prinz am Wege einen Greis mit allen Gebresten der Altersschwäche erblickt, mit aufgequollenen Adern, Zahnlücken und Runzeln, am Stabe dahinwankend und an allen Gliedern zitternd. Der Prinz, dem der Anblick der Altersschwäche bis dahin fremd war, fragt den Wagenlenker, was es mit dem Manne für eine Bewandtnis habe, und erhält die den Tatsachen entsprechende Antwort. Da fragt er weiter, ob das Alter nur eine in der Familie des Betreffenden herrschende Einrichtung *(dharma)* sei oder ob alle Menschen ihm verfielen. Als der Wagenlenker das letztere bejaht, ist dem Prinzen die Freude an der Ausfahrt genommen und er befiehlt die Umkehr. In gleicher Weise hat er bei einer zweiten Ausfahrt, diesmal durch das südliche Tor, den Anblick eines ächzenden, in seinem Unrate sich wälzenden Schwerkranken, und wiederum bestimmt der Eindruck und die Auskunft des Wagenlenkers über das Wesen der Krankheit den Prinzen zur Umkehr. Bei einer dritten Ausfahrt, die durch das westliche Tor unternommen wird, erblickt der Prinz einen Toten auf einer Bahre, von den wehklagenden Angehörigen umringt. Unbekannt mit dem Tode, fragt er den Wagenlenker, wer es sei, der also regungslos auf der Bahre liege, und als er vernimmt: „ein Toter, der verlassen hat Mutter und Vater, Sohn und Gattin, um nach der anderen Welt hinüberzugehen", ist der Prinz durch die Auskunft so tief erschüttert, daß er in Klagen ausbricht über die Vergänglichkeit der Jugend und des Lebens, über das Leiden von Alter, Krankheit und Tod, und dem Wagenlenker die Umkehr befiehlt.[1]

Eine vierte und letzte Ausfahrt des Prinzen geht durch das nördliche Tor.

[1] So nach Lalitavistara. Am eindrucksvollsten ist die Erzählung der Episode im Mahāpadānasutta des Dīghanikāya (wo Vipaśyin, ein Buddha der Vorzeit, der Held der Erzählung, im übrigen alle wesentlichen Umstände die gleichen sind): Der Prinz erblickt bei der Ausfahrt eine Menschenmenge in Trauerkleidern und fragt den Lenker, wer hier zugegen sei. „Ein Toter, Prinz." Nachdem er den Wagen hin zur Stätte hat lenken lassen, fragt der Prinz weiter: „Was heißt das, ein Toter?" Der Wagenlenker: „Er ist tot – das heißt, ihn werden Mutter und Vater und die anderen Anverwandten des Blutes nicht mehr erblicken, nicht mehr wird er erblicken Mutter und Vater und die anderen Anverwandten." „Bin ich, o Wagenlenker, auch dem Gesetze des Sterbens unterworfen? Werden auch mich der König, mein Vater, die Königin und alle Anverwandten nicht mehr erblicken, und werde auch ich jene nicht mehr erblicken?" „Auch du, o Prinz, bist, wie wir alle, dem Gesetze des Todes unterworfen; auch dich werden der König, die Königin und alle Anverwandten nicht mehr erblicken und du wirst jene nicht mehr erblicken." Da bricht der Prinz in Klagen aus: „Wehe über die Geburt, wenn alles, was geboren ist, Alter, Krankheit und Tod erfahren muß."

Hier zeigen die Götter, wiederum durch die höhere Macht des Bodhisattva getrieben, dem Prinzen einen Bettelmönch *(bhikṣu)* voll sanfter Ruhe und Selbstbeherrschung, der sein Leben heiliger Keuschheit *(brahmacarya)* geweiht hat und, den Blick zur Erde senkend, im Asketengewande mit der Almosenschale am Wege steht, holdselig und hoheitsvoll in allen Bewegungen und Gebärden. Wieder fragt der Prinz, wer es sei, der so vor ihnen stehe, und wie der Wagenlenker ihm erklärt: ein Bhikṣu, der, der Sinnenlust abgewandt, in Züchten lebt und, frei von Leidenschaft und Haß, nach Ruhe der Seele verlangend, dem geistigen Leben zustrebt – ist der Prinz hocherfreut und preist die Entsagung, die nicht nur zum eigenen Heile, sondern auch zu dem der anderen Wesen führe *(hitam ātmanaś ca parasattvahitaṃ ca)* und deren Frucht ein seliges Leben in unsterblicher Wonne *(sukhajīvitaṃ sumadhuram amṛtam)* sei. Dann gibt er dem Wagenlenker das Zeichen zur Heimkehr.[1]

Der König läßt, nachdem er von den Ereignissen Kunde erhalten hat, die Bewachung des Prinzen verschärfen. Wälle und Gräben werden errichtet, Tore befestigt, und eine ganze Heeresmacht wird aufgeboten, um die Flucht des Prinzen zu verhindern. Aber schon weisen Vorzeichen auf das Scheiden des Bodhisattva hin: Vogelstimmen verstummen, Lotose welken, an den Bäumen vertrocknen die Blätter und die Blüten fallen ab, die zur Musik gerührten Saiten reißen und alles Saitenspiel verstummt, und tiefe Niedergeschlagenheit senkt sich über die ganze Stadt. Gopā, in der Nacht mit dem Bodhisattva auf gemeinsamem Lager ruhend, wird durch Gesichte geängstigt. Ihr träumt, die Erde erbebe, Bäume werden entwurzelt, Sterne fallen vom Himmel, ihr Perlenhalsband zerreiße, die Füße ihres Ruhebettes brechen los, ihre Schmucksachen liegen zerstreut am Boden, ein Feuermeteor verlasse die Stadt, die in tiefes Dunkel gehüllt zurückbleibt. Die mit Gebärden des Schreckens aus dem Schlafe Erwachte tröstet der Prinz mit sanften Worten; glücklich, sagt er ihr, sind die Zeichen des Traumes und Vor-

[1] Nach der Nidānakathā kehrt der Prinz nach der Begegnung mit dem Bhikṣu nicht wie bei den früheren Ausfahrten sogleich nach Hause zurück, sondern verweilt bis zum Abend in dem Garten, der das Ziel der Ausfahrt war. Dann kommt ihm das Verlangen, zum letztenmal vor dem großen Scheiden königlichen Schmuck anzulegen, und auf Indras Geheiß schmückt ihn der Gott Viśvakarman auch noch mit göttlichem Schmucke. Also geschmückt hält er seinen Einzug in Kapilavastu, und die Augen der Mädchen ruhen mit Bewunderung auf der Erscheinung des Prinzen. Zu Hause erfährt er dann von der Geburt seines Sohnes Rāhula. Im Lalitavistara wird Rāhula gar nicht erwähnt, die Geburt des Sohnes v o r dem großen Scheiden ist der ursprünglichen Legende fremd.

boten künftigen Heiles. Ihm selbst verkünden Träume sein bevorstehendes Buddhawerden (cap. 14).

6. *Das große Scheiden.* Der Bodhisattva weiß, daß die Stunde des Scheidens gekommen ist. Unrecht aber, so denkt er, und undankbar würde es sein, zu scheiden ohne des Vaters Zustimmung. Darum erscheint er vor Tagesanbruch in seines Vaters Gemach.[1] Der von der Erscheinung des Bodhisattva ausgehende Lichtglanz erhellt den ganzen Palast, so daß der König erstaunt den Kämmerling fragt, ob die Sonne schon aufgegangen sei. Doch belehrt ihn der Kämmerling, daß erst die Hälfte der Nacht verstrichen sei. Da fällt das Auge des Königs auf den im Lichtglanze vor ihm stehenden Bodhisattva. Der Sohn verkündet dem Vater, daß jetzt die Zeit des Scheidens für ihn gekommen sei. Unter Tränen sucht ihn der König zurückzuhalten und verspricht ihm die Erfüllung jeder Bitte, wenn er bleibe. Da spricht der Prinz mit sanfter Stimme zum König: „Vier Bitten, o Vater, habe ich an dich; wenn du diese vier Dinge mir geben kannst, will ich immer bei dir bleiben und hinfort an kein Scheiden denken. Dieses aber ist es, worum ich dich bitte: ewige Jugend, der kein Alter folgt; unverwelkliche Schönheit; Gesundheit, die von keiner Krankheit bedroht wird, und ewiges Leben ohne Tod." Als der König bekennen muß, daß solches zu geben nicht in seine Macht gelegt sei, fragt ihn der Bodhisattva, ob er ihm nicht wenigstens das Eine gewähren könne: wenn er aus diesem Leben abgeschieden sei, nicht mehr zu künftigem Dasein wiedergeboren zu werden. Da erkennt der König seine Ohnmacht, und die Vaterliebe in sich niederkämpfend, erklärt er sich bereit, den Sohn ziehen zu lassen zum Heile der Welt. Am Tage aber hat er wieder andere Gedanken und sucht durch verstärkte Bewachung die Flucht des Prinzen zu verhindern.

Aber die Götter wissen, daß jetzt die Stunde des Scheidens gekommen ist. Wie sie es waren, die dem Bodhisattva den ersten Gedanken der Weltentsagung eingegeben haben, so beschließen sie jetzt, das Gelingen des Planes durch ihre Hilfe zu unterstützen. Indra selbst übernimmt es, dem Scheidenden die Tore zu öffnen und den Pfad zu zeigen, andern fällt die Aufgabe zu, Schlaf über die ganze Stadt auszugießen und alle Geräusche zu dämpfen, anderen, dem Bodhisattva mit himmlischer Musik zu huldigen und Blumen auf den Weg zu streuen. Um seinem Innern den letzten Anstoß zu geben, bewirkt eine der „Gottheiten des reinen Aufenthalts" (*śuddhāvāsakāyika-*

[1] Diese Episode wird in Lalitavistara mehr wie eine Vision als wie ein äußerer Vorgang erzählt.

deva), daß sich das Frauengemach den Blicken des Bodhisattva in widerlicher Entstellung zeigt. Der Prinz sieht die Frauen, wie sie im Schlafe alle möglichen Blößen und Gebresten ihres Körpers zur Schau stellen. Der Anblick weckt in ihm die Vorstellung einer Leichenstätte, und in tiefer Meditation gibt er sich der Betrachtung der Unreinheit und Vergänglichkeit des Irdischen hin.[1] Den eigenen Körper schaut er als eine Stätte der Unreinheit und Verwesung. Die Vision der Leichenstätte löst dann ein anderes Bild in ihm aus: zum Himmel blickend, schaut er Scharen von Göttern, die ihm mit Blumen, Wohlgerüchen und Kränzen ihre Verehrung darbringen. Zu seiner Linken und Rechten sieht er die Gottheiten von Mond und Sonne stehen. Es ist Mitternacht, und der Mond steht wieder (vgl. oben S. 38, 40) im Zeichen des Krebses (Puṣya).

Da befiehlt der Bodhisattva dem Wagenlenker Chandaka (Pali Channa), unverzüglich das Roß Kaṇṭhaka zu satteln. Alle Gegenvorstellungen des bestürzten Wagenlenkers – der Jugend stehe es an, die Freuden des Lebens zu genießen, später, im Alter, sei dann immer noch Zeit, an die Entsagung zu denken – weist er zurück. „Genug, Chandaka, vergänglich sind diese Freuden, sie gleichen dem rasch dahineilenden Bergstrom, den Herbstwolken, die in einem Augenblick sich bilden und wieder in nichts zerrinnen, den flüchtigen Blitzen am Firmament, den Schaumblasen im Wasser, der Luftspiegelung in der Wüste, der Zauberillusion eines Yogin, dem Traume. Durch eine Verkehrung des Bewußtseins *(saṃjñāviparyāsa)*, einen Irrtum des Sehens sind sie entstanden, schwer zu überschreiten sind sie wie das Meer, dursterzeugend wie salziges Wasser, gefährlich zu berühren wie der Kopf einer Schlange.“ Chandaka bricht in Tränen aus. Doch umsonst sind alle seine Reden. Während zahlloser Existenzen, so erwidert der Bodhisattva, habe er die Freuden der Sinne gekostet und doch keine Sättigung gefunden. Unerschütterlich wie der Berg Meru stehe fest sein zum Heile der Welt gefaßter Entschluß. Da lassen die Götter einen Blumenregen fallen, und himmlische Geister breiten Schlaf über die ganze Stadt aus und dämpfen alle Geräusche. Dem dringend wiederholten Befehle des Prinzen endlich gehorchend, bringt Chandaka das Roß herbei, und als es der Bodhisattva besteigt, erbebt die Erde, von allen Himmelsgegenden erscheinen Götter, um dem Bodhisattva zu huldigen und Blumen auf seinen Weg zu streuen, und himmlische Apsaras stimmen ein Preislied an zu Ehren des scheidenden Bodhisattva.

[1] Es wird das im Lalitavistara mit einer reichen Fülle von Bildern ausgemalt. Die Meditation der Unreinheit des Irdischen, besonders des irdischen Körpers als einer Stätte der Verwesung spielt im Buddhismus eine wichtige Rolle.

Der nächtliche Ritt führt den Prinzen durch die Gebiete der Śākya, Kroḍya, Malla und Maineya. Bei dem Flecken Anuvaineya graut der Tag. Da steigt der Bodhisattva vom Roß und entläßt die Gottheiten, die ihm bis dahin das Geleit gegeben haben. Chandaka erhält den Auftrag, mit dem Rosse Kaṇṭhaka und den Schmucksachen des Prinzen nach Kapilavastu zurückzukehren. Ein an der Stätte errichtetes Heiligtum heißt heute noch Chandakanivartana („Chandaka's Umkehr"). Dann kommt dem Bodhisattva der Gedanke, daß Scheitelhaare einem Bettelmönche nicht anstehen. Mit dem Schwert schneidet er sich die Haare vom Haupt und schleudert sie in die Luft, wo die Götter sie entgegennehmen und als Reliquie aufbewahren. Auch der seidenen Gewänder, die er als Prinz getragen, wünscht der Bodhisattva sich zu entledigen, um das gelbbraune Bastgewand anzulegen, das für das Leben im Walde paßt. Da erscheint ihm einer der „Götter des reinen Aufenthalts" als Jäger verkleidet; mit ihm tauscht der Bodhisattva die Gewänder. So kommen die Gewänder, die der Prinz getragen, ebenfalls als Reliquie zu den Göttern. Auf der Erde bezeichnen zwei Heiligtümer die Stätte des Haarschnittes und des Gewändertausches.

Jubel herrscht in den Götterwelten über den Schritt des Bodhisattva, Trauer und Bestürzung aber in Kapilavastu, als man die Abwesenheit des Prinzen bemerkt. Man sucht nach ihm am „Tore der glücklichen Vorbedeutung", findet aber nur noch die Blumen dort, die die Götter dem Scheidenden auf den Weg gestreut haben. Chandaka's Rückkehr bringt die Gewißheit über das Vorgefallene, und mit dem Ausrufe: „Ach mein einziger Sohn" macht der König seiner Verzweiflung Luft. Gopā stürzt beim Anblick des ohne seinen Herrn zurückgekehrten Rosses besinnungslos zur Erde. Zum Bewußtsein zurückgekehrt, hält sie sich am Halse des Rosses fest und bricht in die Klage aus: „Wehe Kaṇṭhaka, du edelgeborenes Roß, wohin hast du den Gatten mir entführt? Wehe über die Trennung von dem, was uns lieb ist!" Tief ist auch die Trauer der Mahāprajāpatī (siehe oben S. 42). Als ihr Chandaka den Schmuck des Prinzen einhändigt, denkt sie: solange ich diese Schmucksachen anschaue, wird mir Kummer im Herzen sein. Und sie versenkt den Schmuck in einem Lotosteiche, der heute noch „der Weiher des Schmuckes" genannt wird (cap. 15).

Als Bettelasket von Ort zu Ort wandernd, dazwischen in verschiedenen Einsiedeleien bei Brahmanen und Brahmaninnen als Gast aufgenommen, gelangt der Bodhisattva nach Vaiśālī. Dort weilt zu dieser Zeit der Yogin Ārāḍa Kālāpa (Pali Āļāro Kālāmo) im Kreise von 300 Schülern, die er durch Unterweisung in der Meditation (Yoga) bis zu der als das „Sicherheben zur

Sphäre des Nichts" (*ākiṃcanyāyatana*, Pali *ākiñcaññāyatana*) bezeichneten Stufe führt. Ārāḍa, der den Bodhisattva von weitem kommen sieht, macht seine Schüler auf ihn aufmerksam. Mit der Bitte, ihn im heiligen Wandel (*brahmacarya*) zu unterweisen, tritt der Bodhisattva an den Yogin heran. Ohne Schwierigkeit gelingt es ihm dann bald, sich zu der von Ārāḍa gelehrten Stufe der Meditation zu erheben. Da macht ihm der Yogin das Anerbieten, sich in die Leitung der Schüler mit ihm zu teilen. Der Bodhisattva aber hat erkannt, daß das „Sicherheben zur Sphäre des Nichts" nicht das letzte Ziel ist, nicht zur Aufhebung des Leidens führt, und die Notwendigkeit, weiter zu suchen, steht vor seiner Seele. Er verläßt daher den Ārāḍa und zieht weiter nach dem Lande Magadha. Nachdem er dort am Berge Pāṇḍava in der Nähe der Hauptstadt Rājagṛha eine Weile in der Einsamkeit, nur von Götterscharen umschwebt, zugebracht hat, begibt er sich zum Almosengange nach Rājagṛha. Den Bewohnern von Rājagṛha erscheint sein Anblick so erhaben, daß sie ihn für ein göttliches Wesen halten. Unter dem Eindruck seiner Persönlichkeit verzichten sie sogar auf den Genuß berauschender Getränke. Der König Bimbisāra von Magadha wird auch auf den Asketen aufmerksam und sucht ihn mit seinem Gefolge am Pāṇḍava-Berge auf. Nach ehrfurchtsvoller Begrüßung fordert er ihn auf, in seinem Königreich zu wohnen, wo er ihm alles bieten will, was sein Herz sich wünscht. Aber mit sanfter Stimme erwidert ihm der Bodhisattva, sein Verlangen sei nicht auf die Genüsse der Welt gerichtet, die auch dem, der sie erlange, niemals Befriedigung gewähren. Dem König, der ihn noch nicht kennt, nennt er dann auf Befragen seinen Namen und sein Geschlecht und verkündigt ihm seine Absicht, Buddha zu werden. Bimbisāra empfindet dies als eine Ehre auch für seine Stadt und sein ganzes Reich und ist hocherfreut. In tiefer Ehrfurcht nimmt der König von dem Bettelmönche Abschied (cap. 16).

7. *Die Zeit der Askese (duṣkaracaryā)*. In Rājagṛha lebt zu jener Zeit der Yogin Rudraka Rāmaputra („Sohn des Rāma") mit 700 Schülern. Die von ihm gelehrte geistige Versenkung heißt das „Sicherheben zur Sphäre jenseits von bewußt und unbewußt" (*naivasaṃjñānāsaṃjñāyatana*). An Rudraka wendet sich nun der Bodhisattva mit der Bitte, ihn als Schüler anzunehmen und ihn zu der genannten Stufe zu führen. Nach der Anweisung des Rudraka übt er dann, in der Einsamkeit mit untergeschlagenen Beinen sitzend, die Meditation, die ihn dank des günstigen Karma früherer Existenzen und der schon damals geübten geistigen Konzentration bald zu dem gewünschten Erfolg führt. Die Frage, ob er noch eine höhere Stufe kenne, muß Rudraka

verneinen. Wie Ārāḍa, macht auch er dem Bodhisattva das Anerbieten, sich mit ihm in die Unterweisung seiner Schüler zu teilen. Allein der Bodhisattva erkennt, daß der von Rudraka gelehrte Pfad nicht zur Erleuchtung, nicht zum Nirvana führe. Er nimmt Abschied von Rudraka und zieht weiter seines Wegs. Fünf Jünger des Rudraka *(pañca bhadravargīyāḥ* „die Fünf der gesegneten Schar"), denen es Eindruck gemacht hat, daß der Asket Gautama – so wird der Bodhisattva in jenen Kreisen genannt – das geistige Ziel, nach welchem sie selbst schon so lange vergeblich ringen, in kurzer Zeit mühelos erreicht hat und immer noch nach Höherem strebt, verlassen ihren Meister und folgen dem Bodhisattva, in dem sie den großen Weltlehrer *(śāstā loke)* der Zukunft erblicken. Mit diesen Fünfen kommt der Bodhisattva nach Gayā im Lande Magadha und gibt sich auf dem Berge Gayāśīrṣa geistigen Übungen *(prahāṇa)* hin. Dabei stellt sich ihm folgender Gedanke in Form eines Gleichnisses vor die Seele. Es gibt, so erkennt er, Asketen *(śramaṇa)* und Brahmanen, die in ihrem leiblichen Tun und in ihren Gedanken der Sinnenlust *(kāma)* ergeben und in ihrem ganzen Seeleninnern noch voll von sinnlicher Begierde sind. Wenn solche auch strenge und schmerzvolle Askese üben, sind sie doch nicht imstande, die übermenschliche *(uttarimanuṣya)* erhabene hellsichtige Erkenntnis in sich zu verwirklichen. Solche gleichen einem Manne, der Feuer entzünden will, indem er feuchte Hölzer im Wasser aneinander reibt. Andere haben sich in ihrem Tun und Denken von der Sinnenlust frei gemacht, aber im Grunde ihrer Seele haftet noch die sinnliche Begierde.[1] Wenn solche Askese üben, gleichen sie einem Manne, der auf trockenem Boden mit feuchten Hölzern Feuer entzünden will. Auch sie vermögen daher nicht das höhere Schauen zu erlangen. Endlich gibt es Asketen und Brahmanen, die nicht nur in ihrem Tun und Denken von der Sinnenlust frei sind, sondern auch alle sinnliche Begierde im Grunde ihrer Seele ausgerottet haben. Sie gleichen, wenn sie Askese üben, dem Manne, der auf trockenem Boden mit trockenen Hölzern Feuer entzündet, und ihnen gelingt es, die übermenschliche hellsichtige Erkenntnis in sich zu verwirklichen. Erkennend, daß er selbst auch allen verborgenen Hang zur Sinnlichkeit in seiner Seele überwunden hat und deshalb erwarten darf, daß die Askese ihn zu dem Ziele der höheren übersinn-

[1] Auch in dem für das Verständnis des Buddhismus wichtigen Yogasystem wird unterschieden zwischen dem, was sich in der Seele bewußt auswirkt *(vṛtti)* und demjenigen, was aus dem Bewußtsein getilgt, aber im Unterbewußten noch latent, in feinem Zustande *(sūkṣma)* vorhanden ist *(saṃskāra)*. Näheres darüber im 2. Teil.

lichen Erkenntnis führen wird, wandert der Bodhisattva von Gayā nach Urubilvā (Pali Uruvelā) am Flusse Nairañjanā (Pali Nerañjarā). Beim Anblick des klaren, zwischen lieblich bewachsenen Uferhöhen dahinfließenden Gewässers denkt er: Das ist ein reizender Fleck Erde, wie geschaffen für einen in stiller Zurückgezogenheit nach der Vollendung Strebenden, wohlan, hier will ich verweilen.

Indem die verschiedenen im Lande Jambudvīpa (Indien) verbreiteten Arten der Askese *(tapas)* vor seiner Seele stehen, beschließt er, diese Methoden durch eine aufs höchste gesteigerte Askese zu überbieten. So will er „die in der Sphäre der Yogameditation waltenden Gottheiten des Formenreichs durch gesteigerte Meditation zu sich herniederzwingen". Zu diesem Zwecke nimmt er eine sechsjährige Übung – Āsphānaka-Meditation – auf sich, die so schwer ist, daß „kein menschliches oder außermenschliches Wesen imstande wäre, sie zu vollbringen, ausgenommen der im letzten Erdenleben stehende Bodhisattva". Er beginnt, indem er sich mit untergeschlagenen Beinen (im „Paryaṅka-Sitze") auf dem Erdboden niedersetzt, den Körper durch den Geist niederzwingend. „Wie ein stärkerer Ringer den schwächeren, indem er ihn am Halse erfaßt, niederringt, so ringt, so quält er mit seinem Geiste diesen Körper nieder, bis ihm aus den Achselhöhlen und an der Stirn der Schweiß ausbricht, und die zur Erde niederfallenden Schweißtropfen in den kalten Winternächten zu Reif erstarren und Dampf von ihnen aufsteigt." Die Meditation, zu der er dann übergeht, ist mit vollständiger Hemmung des Atems verbunden. Infolge der Verschließung aller Atemwege dringt lautes Geräusch aus der Öffnung der Ohren. Als der Bodhisattva durch weitere Verstärkung der Meditation auch die Ohren verschließt, drängt der Wind im Körper nach oben und stößt an die Schädeldecke an. „Wie wenn sie mit einer stumpfen Lanze getroffen würde, so stößt der nach oben drängende Atemstrom, da Mund, Nase und Ohren verschlossen sind, an die Schädeldecke an."

Damit ist der Bodhisattva bis hart an die Grenze des Todes vorgedrungen und einige der Götter halten ihn schon für tot und verkünden die Nachricht der in Indras Himmel weilenden Königin Māyā. Da steigt die geängstigte Māyā, von Scharen himmlischer Apsaras umgeben, um Mitternacht zum Flusse Nairañjanā hernieder, und als sie den Bodhisattva mit ausgedörrten Gliedern wie tot am Erdboden liegen sieht, bricht sie in Weinen und Wehklagen aus und spricht: „Als du, mein Sohn, geboren wurdest im Lumbinī-Haine und wie ein Löwe die sieben Schritte tatest, was du da sprachst, zu den Himmelsgegenden aufblickend: „Dies ist meine letzte Geburt", dieses

Wort hat sich nun nicht erfüllt. Und eitel war des Asita Weissagung, in dir werde ein Buddha der Welt erstehen; denn nun hast du weder das Glück der Weltherrschaft genossen, noch bist du der Erleuchtung eines Buddha teilhaftig geworden, sondern einsam im Walde bist du verdorben. Zu wem soll ich nun bitten für meinen Sohn, zu wem soll ich rufen in meinem Schmerz? Wer gibt meinem einzigen Sohne, meinem Leben, einen Funken des Lebens?" Da erwacht der Bodhisattva aus der Todesstarre und spricht: „Wer bist du, die also klagt und mit aufgelöstem Haar und entstellter Schönheit auf der Erde sich windend, den Sohn im Übermaße beweint?" Und Māyā spricht zu ihm: „Die dich wie einen Blitz zehn Monate in ihrem Schoß getragen, ich bin's, deine Mutter, die jetzt in tiefem Schmerz um dich klagt, mein lieber Sohn." Da tröstet der Bodhisattva die weinende Mutter: „Nicht bangen sollst du in Sehnsucht um deinen Sohn, nicht fruchtlos soll dein Leiden gewesen sein, nicht vergeblich die Entsagung eines Buddha. Zur Erfüllung bringen werde ich des Asita Verkündigung; denn eher möchte die Erde in hundert Stücke zerbersten oder der Berg Meru ins Meer stürzen, oder die Gestirne zur Erde fallen, als daß ich im Weltdasein stürbe, ohne die Buddhaschaft erlangt zu haben. Darum laß ab von deinem Kummer, über ein kleines wirst du des Buddha Vollendung schauen." Durch diese Worte ist Māyā mit hoher Freude erfüllt. Himmlische Blumen auf das Haupt des Sohnes streuend, neigt sie sich dreimal in Ehrfurcht vor dem Bodhisattva und kehrt unter den Klängen himmlischer Musik nach ihrer Götterbehausung zurück.

Mit der Meditation verbindet der Bodhisattva ein strenges Fasten, das er immer höher steigert. Zuerst beschränkt er das Maß der täglichen Nahrung auf eine Kolabeere, dann auf ein einziges Reiskorn, dann auf ein Sesamkorn, endlich geht er zur vollständigen Nahrungsenthaltung über. Sein ehedem schöner Körper verliert dabei allen Glanz und welkt dahin, wie ein abgeschnittener Kürbis. Während der ganzen sechsjährigen Übung verharrt er im Paryaṅka-Sitze, immer heiteren Gemüts. Nie tritt er aus dem Lichte in den Schatten, aus dem Schatten in das Licht, ungeschützt bleibt er gegen Hitze und Kälte, Regen und Wind. Alle Körperausscheidungen treten bei ihm zurück. Unwetter entladen sich auf sein Haupt, und er achtet es nicht, die Gegenstände der äußeren Sinne nimmt er nicht mehr wahr. Die Dorfjugend und alle Landbewohner, die ihm zusehen, treiben ihre Scherze mit ihm und bewerfen ihn mit Erde. Und Gottheiten und übersinnliche Wesen aus allen Weltsphären kommen als Zuschauer herbei und erweisen dem sich kasteienden Bodhisattva ihre Verehrung (cap. 17).

Während der ganzen sechsjährigen Askese heftet sich Māra, der Böse, an die Seite des Bodhisattva und wartet vergebens auf eine Gelegenheit, ihm beizukommen. Einmal tritt er während des Fastens an ihn heran und sucht ihn von den Übungen abzubringen: „So wie du jetzt bist, gehören tausend Teile von dir dem Tode und nur ein Teil dem Leben; leidvoll ist der Pfad des ernsten Strebens *(prahāṇa*, Pali *padhāna)*, schwierig die Zügelung des Geistes." Aber der Bodhisattva erwidert dem Versucher, daß es besser sei, im Kampfe zu fallen, als ruhmlos zu leben; nicht zu erschüttern sei sein Entschluß. Die geistige Anstrengung führe zum höchsten Bewußtsein *(uttamacetanā)*, in dem das Geistige vom Körper unabhängig wird *(cittaṃ nāvakṣate kāyam)*. Alles gewöhnliche Asketentum befinde sich in Māra's Klauen, er aber wisse in Besonnenheit und Erkenntnis dem Versucher zu begegnen. Da erkennt Māra die Aussichtslosigkeit seines Bemühens und zieht in gedrückter Stimmung ab.[1]

Im Verlaufe der Übungen erkennt der Bodhisattva, daß die Selbstqual, der er sich hingegeben hat, nicht imstande ist, zum Ziele der höchsten übermenschlichen Erkenntnis, zum Ende von Geburt, Alter und Tod, zu führen, und er fragt sich, ob es keinen anderen Weg geben könnte. Im Nachdenken kommt ihm die Erinnerung, wie er schon einmal in früher Kindheit ganz von selbst den rechten Weg, den Weg der reinen Meditation, gefunden hatte: „So wie ich damals, in Vaters Garten im Schatten des Rosenapfelbaumes sitzend, die erste Stufe der Meditation *(dhyāna)* erreichte und durch alle Zwischenstufen hindurch bis zur vierten mich erhob, so möchte ich auch jetzt, dem Pfade der geistigen Versenkung folgend, zur Buddhaerleuchtung *(bodhi)* erwachen, die das Leiden von Geburt, Alter und Tod endet". Und der Gedanke wird ihm zur Gewißheit: dies ist der Weg zur Erleuchtung. Zugleich erkennt er, daß zur erfolgreichen Beschreitung dieses Weges die ungeschwächte Kraft des Körpers erforderlich ist. Er beschließt daher, wieder volle Nahrung zu sich zu nehmen. Götter, die seine Gedanken erkennen, nahen ihm mit dem Anerbieten, ihm himmliche Atzung durch die Poren der Haut einzuflößen. Aber der Bodhisattva sagt sich, daß er dann äußerlich immer noch den Anschein des Fastens erwecken würde, und dieser Unwahrhaftigkeit will er sich nicht schuldig machen. Darum weist er

[1] Die Episode findet sich auch im Suttanipāta, einem der ältesten Werke des Palikanons. – In der Nidānakathā geschieht die erste Versuchung schon im Augenblick des „großen Scheidens". Māra tritt an den in die Nacht hinausreitenden Bodhisattva heran und verspricht ihm binnen sieben Tagen die Weltherrschaft, falls er der Absicht, Buddha zu werden, sich entschlage.

die Nahrung der Götter zurück, um sich aus Gemüsen irdische Speise zubereiten zu lassen. Da denken die fünf Jünger des Rudraka, die ihm bis dahin gefolgt sind, wenn ihn schon die Askese nicht zum Ziele führen konnte, so werde es ihm auf diesem neuen Wege erst recht nicht gelingen, die hellsichtige Erkenntnis zu erreichen. Sie verlassen ihn daher und begeben sich nach Benares, wo sie im Tierpark Ṛṣipatana verweilen.

Zehn Mädchen vom Lande, Balā, Balaguptā, Supriyā, Vijayasenā, Atimuktakamalā, Sundarī, Kumbhakārī, Uluvillikā, Jaṭillikā, Sujātā, die dem Bodhisattva beim Beginn des Fastens die kärgliche Nahrung, die er damals noch zu sich nahm, reichten, bereiten ihm auch jetzt die von ihm begehrten Gemüsespeisen zu. Dadurch gewinnt der Körper des Bodhisattva wieder Kraft und Schönheit, und die Mädchen nennen ihn den schönen Asketen.

Sujātā, eine der Zehn, hat schon lange ein Opfergelübde auf sich genommen, um würdig zu werden, dem Bodhisattva die Speise zu reichen, die er vor der Nacht, in der er zum Buddha erwacht, zu sich nimmt. Im Traume empfängt sie von Göttern die Eingebung, daß der Zeitpunkt jetzt gekommen ist. Sie geht ans Werk und gewinnt aus der Milch von tausend Kühen den siebenfach verstärkten Rahm. Zu diesem auserlesenen Rahme fügt sie frischen Reis hinzu. Während der Zubereitung der Speise erscheinen darin glückbringende Zeichen, die ein des Weges kommender Zeichendeuter auf die Gewinnung des unsterblichen Heiles *(amṛta)* deutet. Da bestreut Sujātā das Milchreisgericht mit Blumen und duftendem Wasser und reicht es dem Bodhisattva auf goldener Schale. Die Bedeutung der Speise erkennend, spricht der Bodhisattva zu dem Mädchen: „Schwester, was soll mir diese goldene Schale?“ „Sie sei dein.“ „Sie hat aber keinen Zweck für mich.“ „Wie du willst; ich aber reiche keine Speise ohne Schale!“ Da nimmt der Bodhisattva, um der Spenderin Huld zu erzeigen, die Schale entgegen. Nachdem er im Wasser der Nairañjanā, in welches die Götter himmliche Duftessenzen hineingeträufelt haben, die Glieder gekühlt hat, genießt er die Speise der Sujātā auf einem Thronsitze von Edelsteinen, den Schlangenjungfrauen einer Sandbank im Flusse haben entsteigen lassen. Nach beendetem Mahle wirft der Bodhisattva die goldene Schale in den Fluß. Dort fängt sie der Schlangenkönig Sāgara auf und bringt sie als Reliquie nach seiner Behausung. Indra, in der Gestalt des Garuḍa (Adler Viṣṇu's) sich nahend, macht vergebliche Anstrengungen, die Schale zu rauben. Erst als er seine wahre Gestalt angenommen hat, gibt ihm Sāgara die Schale auf sein freundliches Bitten hin, und Indra bringt sie in den Himmel der 33 Götter, wo sie als Heiligtum aufbewahrt wird.

Alsbald, nachdem der Bodhisattva die Speise zu sich genommen hat, zeigt sich wieder die frühere leuchtende Farbe an seinem Körper, die 32 Zeichen werden wieder an ihm sichtbar, und eine Aura von Lichtstrahlen umgibt ihn. So schreitet er wie ein Löwe mit dem siegesgewissen Gange des „großen Wesens" *(mahāpuruṣa)* dem Bodhibaume zu (cap. 18).

8. Eintritt in den Bodhikreis. Zwischen dem Flusse Nairañjanā und dem Kreise der Erleuchtung haben die Götter alles blankgescheuert und mit Blumen geschmückt, und alle Bäume im weiten Umkreise der Welten neigen ihre Wipfel dem Bodhikreise zu. Zu beiden Seiten des von dem Flusse zum Bodhibaume führenden Weges haben die Götter sieben Edelsteinaltäre aufgestellt, und Scharen himmlischer Apsaras streuen Götterblumen auf den Pfad, beträufeln ihn mit duftendem Wasser und lassen himmliche Gesänge ertönen. Glückliche Vorzeichen begleiten den Eintritt des Bodhisattva in den Bodhikreis. In der Götterwelt feiert Brahman die Bedeutung des Augenblicks und fordert alle Götter auf, dem Bodhisattva zu huldigen. Durch den Lichtglanz, den der Bodhisattva ausstrahlt, werden in allen Weltsphären die (mystischen) Buddhagefilde *(buddhakṣetra)* festlich geschmückt sichtbar und erscheinen alle wie ein einziges Buddhagefild. In dem Bodhikreise, der von den Gottheiten des Bodhibaumes abgesteckt wird, kommen alle Arten himmlischer und irdischer Blumen, Blumen der Erde und des Wassers, zum Vorschein, und die Bodhisattvas aller Weltgebiete werden darin sichtbar.

Dem Körper des Bodhisattva entströmt wieder der mächtige Lichtglanz, durch den für diesen Augenblick alles Leiden der Welt beschwichtigt wird: Kranke werden gesund, Geängstigte atmen auf, Gefangene werden frei, Altersschwache fühlen neue Lebenskraft, Frauen haben leichte Geburt, kein Wesen stirbt in dieser Stunde. Alle niederen Gefühle – Leidenschaft, Haß, Verblendung, Zorn, Gier, Grausamkeit, Neid, Eifersucht – schweigen, alle Wesen sind von Liebe und Freundlichkeit zueinander erfüllt, wie Vater und Mutter zu ihren Kindern. Selbst die Qualen der Verdammten werden für einen Augenblick gelindert, und wilde Tiere werden freundlich und zahm, von den Strahlen der Liebe des großen Heiligen getroffen.

Siebenmal umwandelt der Bodhisattva den Bodhibaum und erweist ihm seine Verehrung. Auf einem selbstzugerichteten Grasteppich nach der Weise der Buddhas früherer Weltenalter setzt er sich dann nieder im Sitze der Yogameditation mit untergeschlagenen Beinen, mit aufrechtem Körper, das Antlitz nach Osten gewendet, und faßt den festen Entschluß, nicht aufzustehen, ehe er denn zur Bodhi, zur höchsten Erleuchtung eines Buddha, erwacht wäre: „Mag mir der Körper vertrocknen, mögen mir schwinden Haut, Knochen und Fleisch, nicht werde ich mich regen von diesem Sitze, ehe ich nicht die Erleuchtung eines Buddha, die in Weltenaltern schwer zu findende, erlangt habe" (cap. 19).

Um den im Bodhikreise sitzenden Bodhisattva scharen sich aus allen Himmelsrichtungen Gottheiten, auf daß niemand seiner Meditation ein Hindernis bereite. Der Bodhisattva läßt einen Lichtstrahl von sich ausgehen, durch den die Buddhagefilde in zehn verschiedenen Weltsphären *(dhātu)* erleuchtet und die Sphären der in diesen Welten wirkenden Bodhisattvas gereizt werden. Sie erscheinen alle, vollbringen mannigfachen Zauber und huldigen dem Bodhisattva, der jetzt Buddha werden soll (cap. 20).

9. Kampf mit Māra. Dem Bodhisattva aber kommt jetzt der Gedanke: „Hier in der Welt der Sinnlichkeit ist Māra der Böse Herr und Gebieter. Nicht würde es mir anstehen, wollte ich ohne sein Wissen zur höchsten Erleuchtung eines Buddha erwachen. Wohlan, ich will Māra den Bösen herausfordern." Mit ihm zugleich werden dann auch alle Wesenheiten seiner Weltsphäre besiegt werden und ihren Sinn der Erleuchtung zuwenden. Da läßt der Bodhisattva aus der Stelle zwischen den Brauen einen Lichtstrahl hervorgehen, durch den der gesamte Umkreis der Welten erleuchtet und Māra's Behausung gereizt wird. Aus dem Lichtglanze tönt dem Māra eine Stimme zu, die ihm seine bevorstehende Niederlage ankündigt. In Traumgesichten sieht er sich selbst auf der Flucht, sein Diadem ist ihm entfallen, in seinen Gärten sind die Blumen verwelkt und die Lotosteiche vertrocknet, Musikinstrumente fallen mit zersprungenen Saiten zu Boden, seine Töchter klagen um ihn, seine Söhne wenden sich dem Bodhisattva zu, sein Haupt ist mit Staub bedeckt, im Kampfe kann er sein Schwert nicht aus der Scheide ziehen, seine Heerführer fliehen, und alle Götter neigen sich vor dem Bodhisattva.

Da stellt Māra sein Heer in Schlachtordnung auf und führt es gegen den Bodhisattva ins Feld. Mit entsetzlichen Waffen, Giftschlangen ausspeiend, Feuer und Rauchqualm atmend, stürmen die Scharen heran. Sogar feuerspeiende Berge wälzen sie gegen den Bodhisattva. Finsternis breitet sich aus, und furchtbar ertönt das Feldgeschrei des nächtlichen Heeres. Aber weil das Herz des Heiligen ganz in Liebe und Freundlichkeit gehüllt ist, kann keine Waffe ihm schaden, Feuer und Gift ihm nichts anhaben, die geschleuderten Geschosse bleiben über seinem Haupte schweben und verwandeln sich in Blumengewinde durch die Macht seiner über die Welt erhabenen Liebe *(maitrī lokottarabhāvī)*. Geschleuderte Berge werden zu Blumenpalästen, Feuermassen bleiben als ein Kranz von Lichtstrahlen über dem Bodhisattva schweben.

Indes hat Māra mit Schwierigkeiten im eigenen Lager zu kämpfen, ein Teil seiner Söhne rät vom Kampfe ab und neigt sich dem Bodhisattva zu. Wie er die Ohnmacht seiner Geschosse erkennt, die, durch die Liebe des Heiligen verwandelt, überall als verstreute Blumen die Erde bedecken und in Blütengewinden den Bodhibaum schmücken, so daß der Bodhisattva wie unter einem Blumenbaldachin sitzt, regt sich Haß und Neid im Herzen Māra's des Bösen. Auf andere Mittel sinnend, um dem Gegner den Sieg zu entreißen, sucht er ihn jetzt durch das Anerbieten königlicher Herrschaft vom Pfade der Erlösung abzubringen. Aber der Bodhisattva beruft sich nur auf alle in früheren Lebensläufen von ihm gebrachten Opfer, die ihm den Anspruch auf die Buddhawürde sichern. Unzählige Male habe er in wiederholten Existenzen Leib und Leben, Hab und Gut dem Wohle anderer Wesen hingeopfert, Māra hingegen habe nur durch ein einziges Opfer die Herrschaft im Reiche der Sinnlichkeit sich erworben. Māra erwidert: „Für mein Opfer bist du selbst Zeuge, keine Zeugen aber hast du für die deinigen. So bist du von mir überwunden." Da ruft der Bodhisattva, indem er mit der rechten Hand über den ganzen Körper streicht und dann leichthin die Erde berührt, die Erde zum Zeugnis an. Und als der Bodhisattva sie berührt, erbebt die Erde, und im Gefolge zahlloser Erdgeister erscheint die Göttin der Erde in sichtbarer Gestalt und bekräftigt durch ihr Zeugnis die Opfer des Bodhisattva.

Nachdem er auch in diesem Wettstreit unterlegen ist, fordert Māra seine Töchter auf, ihre Verführungskünste an dem Bodhisattva zu versuchen. Aber der Heilige bleibt unbewegt, und sein Antlitz leuchtet wie die Sonne. Den Vorwürfen ihres Vaters begegnen die Töchter mit der Entschuldigung, daß niemand auf Erden und in der Götterwelt die Macht habe, das geheimnisvolle geistige Wesen eines Bodhisattva zu durchdringen. Auch sie raten Māra, vom aussichtslosen Kampfe abzustehen.

Schon feiern die Gottheiten des Bodhibaumes den Bodhisattva als Sieger. Noch aber will sich Māra nicht besiegt geben. Nachdem er mit Worten nichts gegen den Bodhisattva auszurichten vermocht hat, hetzt er noch einmal sein Heer zu einem letzten Angriff auf den Gegner. Unerschüttert aber bietet der Bodhisattva dem Ansturme Trotz: „Und wenn die ganze Welt voll Teufel (Māra) wäre, und jeder einen Berg Meru als Waffe hätte, sie wären doch alle nicht imstande, mir ein Haar zu krümmen, geschweige denn mich tödlich zu treffen.“ Und inmitten der auf ihn einstürmenden Schrecken erkennt er, daß Māra und sein Heer nur Schein und Täuschung *(māyā)* sind, wie das Spiegelbild des Mondes im Wasser. Und diesmal ist es die Kraft seiner Wahrhaftigkeit, durch die er alle auf ihn geschleuderten Geschosse in Blumengewinde verwandelt. Geschlagen liegen Māra's Elefanten, Rosse und Wagen am Boden, und seine Scharen fliehen in wilder Flucht. Da muß sich Māra endlich für besiegt erklären, und Götterscharen feiern den Bodhisattva als Sieger und bringen ihm jubelnde Huldigungen dar.

10. Die Erleuchtung (bodhi). Nach dem Sieg über Māra erhebt sich der Bodhisattva von der ersten Stufe der Meditation *(dhyāna)* bis zur vierten, wo der Geist erhaben über Lust und Leid und alle Vorstellungen der Sinnlichkeit, nach Abstreifung aller Erinnerung in völliger Abgeschiedenheit verharrt. In diesem Zustande richtet er das Innenorgan auf die schauende Erkenntnis, und ein dreifaches Wissen geht ihm auf.

Als erstes schaut er in der ersten Wache der Nacht mit dem göttlichen hellsichtigen, übersinnlichen Auge die Wesen auf ihrer Wanderung im Kreislauf der Geburten, wie sie nach dem Zerfall des Körpers durch ihre schlimmen Gedanken, Worte und Werke in dunkle Orte der Qual *(naraka)* hinabsinken, durch gute Gedanken, Worte und Werke zu lichten Himmelswelten *(svargaloka)* emporsteigen.

In der zweiten Nachtwache richtet der Bodhisattva den Blick seines geistigen Auges auf das hellsichtige Schauen früherer Lebensläufe. Und er schaut seine eigenen vergangenen Verkörperungen und die der anderen Wesen durch zahllose Weltenalter hindurch, mit all ihren wechselnden Erfahrungen von Lust und Leid, von hohen und niederen Schicksalen, sich erinnernd, welchen Namen er in jeder dieser Verkörperungen trug, welchem Geschlechte, welcher Kaste, welchen Lebensverhältnissen er angehörte, und welches seine Lebensdauer in jeder Verkörperung war.

In der dritten Nachtwache, vor dem Morgenrot, richtet der Bodhisattva den Geist auf des Leidens Entstehung und des Leidens Wende. In schlimme Not versunken erscheint ihm die Welt, wo die Wesen der Geburt und dem Alter, dem Tode und der Wiedergeburt unterworfen sind, und noch erschaut er nicht den Ausweg aus dem verschlungenen Zusammenhange des Leidens. Da fragt er sich: welches ist die Ursache, aus der Alter und Tod *(jarāmaraṇa)* entstehen? Und er erkennt: die Ursache von Alter und Tod ist die Geburt *(jāti)*. Und weiter zurückverfolgend die Verkettung der Ursachen erkennt er, wie Geburt entsteht aus dem Eingehen zum physischen Dasein in der Empfängnis *(bhava)*, Empfängnis aus der Ergreifung des Sinnlichen in der Befriedigung der Sinnenlust *(upādāna*, eig. das „Ergreifen des Brennstoffs"), wie das Ergreifen des Sinnlichen entsteht aus der sinnlichen Begierde *(tṛṣṇā „Durst")*, Begierde aus Empfindung *(vedanā)*, Empfindung aus Berührung *(sparśa)*, Berührung aus dem (überphysischen) Substrat der sechs Sinne *(ṣaḍāyatana)*, die Sinne aus dem Substrat der Persönlichkeit *(nāmarūpa* „Name und Form"), die Persönlichkeit aus dem Substrate des Bewußtseins *(vijñāna)*, Bewußtsein aus den im Unterbewußten wirkenden Bildekräften *(saṃskāra)*, und wie diese (den Keim zu allem physischen Dasein in sich enthaltenden) Bildekräfte ein Produkt des Irrtums *(avidyā)* sind.

So steht vor ihm die Erkenntnis: Aus dem Irrtum entstehen die Bildekräfte im Unterbewußtsein, aus Unterbewußtsein Bewußtsein, aus Bewußtsein Name und Form, daraus die Sinne, aus den Sinnen Berührung, aus Berührung Empfindung, aus der Empfindung sinnliche Begierde, aus der Begierde das Ergreifen des Sinnlichen, daraus Empfängnis zum physischen Dasein, aus der Empfängnis Geburt, aus Geburt Alter, Tod, Kummer und Wehklagen, Leiden, Betrübnis und Verzweiflung. Und aus dieser Erkenntnis folgt für ihn die andere, daß, wie durch die Entstehung des Einen auch die Entstehung des Anderen, so auch durch das Nichtsein des Einen das Nichtsein des Andern bedingt wird, so daß er in der Vernichtung des Irrtums den Weg erkennt, der durch die Vernichtung der Bildekräfte und aller aus ihnen hervorgehenden Phasen der Sinnlichkeit hindurch zuletzt zur Vernichtung von Alter, Tod und Leiden führt. So erschaut er die Wahrheit vom Irrtum, von der Entstehung des Irrtums, von der Vernichtung des Irrtums, vom Weg, der zur Vernichtung des Irrtums führt, desgleichen die Wahrheit von den Bildekräften, ihrem Entstehen und ihrer Vernichtung, und so durch alle Glieder der Ursachenkette hindurch, bis er zuletzt erkennt: dies ist der Tod, dies die Ursache des Todes, dies die Vernichtung des Todes, dies der Weg, der zur Vernichtung des Todes führt; dies ist das Leiden, dies die Entstehung des Leidens, dies die Vernichtung des Leidens, dies der Weg, der zur Vernichtung des Leidens führt.

Nachdem also der Heilige vor dem Morgenrot die „höchste vollkommene Erleuchtung" *(anuttarā samyaksaṃbodhi)* gefunden und das dreifache Wissen *(traividyā)* eines Buddha erlangt hat, sprechen die Götter: „Lasset uns Blumen streuen, der Erhabene ist zum Buddha erwacht." Und sie überschütten ihn bis über das Knie mit himmlischen Blumen. Wonnegefühl aller Wesen, Weichen des Weltendunkels, Lichtglanz und Erdbeben begleiten das Erwachen zur Buddhaschaft, und alle Buddhas begrüßen den, der den gleichen Pfad wie sie gewandelt *(tathāgata)* und nunmehr Buddha geworden ist *(abhisaṃbuddha)*. In allen Himmelsgegenden stimmen Bodhisattvas und Götter in den Jubelruf ein: „Erstanden ist der Wissende unter den Wesen, die Lotosblume im See der Erkenntnis, unbefleckt von irdischem Wesen, der den Regen des Mitleids zum heilenden Balsam für alle Wesen ergießen wird." Himmlische Apsaras feiern den Erwachten (Buddha) als den Helden, der Māra's Heer ohne Waffengewalt besiegte, als höchsten Arzt und Gott über Göttern, als den Spender der Frucht des unsterblichen Heiles *(amṛta)*. Götter steigen hernieder zur Erde, Bäume neigen ihre Wipfel dem Bodhikreise zu – „ein Weltenalter würde nicht ausreichen, um all den mannigfachen Zauber zu beschreiben, der das Erwachen des Bodhisattva zum Buddha begleitet" (cap. 22).

Um den zum Buddha Erwachten versammeln sich sodann alle Götterhierarchien, um ihm ihre feierliche Huldigung darzubringen. Zuerst erscheinen die „Götter der reinen Behausung" *(Śuddhāvāsakāyikā devaputrās)*, dann die „Lichtstrahlenden" *(Ābhasvarās)*, die Brahma-Gottheiten, die Māra-Söhne, die im Kampfe dem Bodhisattva sich zuneigten, die *Paranirmitavaśavartin*-Götter, der Gott *Sunirmita* mit seinem Anhang, die Götter des Tuṣita-Himmels, die *Suyāma*-Götter, die 33 Götter mit Indra an der Spitze, die vier Weltenhüter *(Māhārāja)*, von himmlischen Jungfrauen *(Apsaras)* begleitet. Den Schluß bilden die Gottheiten der Luft und der Erde. Alle feiern den Buddha mit himmlischen Blumen, Wohlgerüchen und Kränzen, mit Geschenken aller Art, und preisen ihn mit Liedern (cap. 23).

In den ersten sieben Tagen nach der Erleuchtung, während die Gottheiten ihm huldigen, verbleibt der Buddha im Bodhikreise, im Sitze der Meditation *(paryaṅka)*, zum Bodhibaume aufblickend und der Seligkeit der Beschauung sich hingebend. „Wie ein König sieben Tage lang an der Stätte verweilt, wo er die Krönung empfangen hat, so verweilen die Erwachten sieben Tage im Kreise der Erleuchtung." Und wie ein Held auf die Schar der Feinde blickt, die er alle bis zum letzten Mann überwunden hat, so blickt der Erwachte im Bodhikreise auf die vernichteten sündigen Leidenschaften: „Hier habe ich das Gestrüpp der Leidenschaft am Baume des Weltenseins mit der Axt der Besinnung abgehauen und im Feuer der Erkenntnis verbrannt, ausgetrocknet ist der Strom der sinnlichen Begierde *(tṛṣṇā)* durch die Sonne des Wissens; hier ist mir das Auge der Erkenntnis in seiner Reinheit aufgegangen und das Gewebe des Wahnes zerrissen, alle Fesseln des Weltdaseins sind von mir gelöst. Hier habe ich das Meer des Geburtenkreislaufs *(saṃsāra)* auf dem Schiffe des Starkmutes überschritten, hier die Erinnerung an meine früheren Leben erlangt, an Weltenalter ohne Zahl erinnere ich mich wie ein aus dem Schlafe Erwachter. Getrunken habe ich den Nektar der Unsterblichkeit durch die Kraft der Liebe und des Mitleids; errungen ist die Spitze der Heiligkeit, vernichtet die Sünde, geschlagen ist Māra's Heer, ich bin erwacht zur höchsten Erleuchtung, geendet ist das Leiden von Geburt, Alter und Tod."

In der zweiten Woche durchstreift der Tathāgata (eig. „der also Gegangene", Buddha) weite Weltenräume, in der dritten Woche blickt er wieder zum Bodhibaum auf, in der vierten unternimmt er sodann eine „kleine Wanderung" vom östlichen bis zum westlichen Meer.[1] Da naht sich ihm nochmals Māra, der Versucher, und fordert ihn auf, ins Parinirvana einzugehen. Aber Buddha weist ihn zurück: nicht dürfe er an ein Abscheiden denken, ehe nicht seine irdische Aufgabe bis zum letzten erfüllt und für den Buddha, die Norm und die Gemeinde in der Welt der Boden bereitet sei. Da weiß Māra, daß Buddha seiner Sphäre entrückt ist, und zieht gesenkten Hauptes ab. Seine Töchter Rati (Lust), Arati (Sehnsucht) und Tṛṣṇā (Begierde) versuchen ihrem Vater zuliebe noch einmal ihre Verführungskünste bei Buddha. Da werden sie von Buddha in häßliche alte Frauen verwandelt. Reueerfüllt bitten sie den Heiligen um Verzeihung. – In der fünften Woche weilt Buddha in dem Palaste des Schlangenkönigs Mucilinda. Während eines heftigen Unwetters umschlingt Mucilinda den Heiligen siebenfältig mit seinen Windungen, um ihn vor kalten Winden zu schützen. In der sechsten Woche begibt sich Buddha zu einem anderen Baume (*Ajapālanyagrodha* „der Nyagrodhabaum des Ziegenhirten"), in der siebenten Woche kehrt er zum Bodhibaum zurück.

Zu dieser Zeit ziehen zwei Brüder, Trapuṣa und Bhallika, junge Kaufleute, mit einer Karawane von 500 Zugtieren von Süden nach Norden. In der Nähe des Bodhibaumes kommt die Karawane, durch unsichtbare Einflüsse festgehalten, plötzlich nicht mehr vom Fleck. Auch zwei ausgezeichnete Ochsen, Sujāta und Kīrti, die im Zuge mehr als alle anderen leisten und nie des Antriebs durch den Ochsenstachel bedürfen, versagen. Erst nachdem die Waldgottheit helfend und beruhigend eingegriffen, ziehen sie den Wagen bis dahin, wo der Buddha in Meditation versunken sitzt, leuchtend wie die Sonne, mit den 32 Zeichen des großen Wesens geschmückt. Die erstaunten Kaufleute halten ihn zuerst für ein göttliches Wesen, als er aber seine Gewänder entfaltet, erkennen sie ihn als Asketen, und da sie sehen, daß er einer Al-

[1] Selbstverständlich ist alles dieses als Meditationserlebnis zu denken.

mosenspeise bedarf, bitten sie ihn, zu den Füßen des Heiligen sich verneigend, eine Honigspeise, die sie in ihren Vorräten finden, als Almosen von ihnen anzunehmen. In einer steinernen Schale, die ihm, mit himmlischen Blumen gefüllt, Götter dargereicht haben, nimmt Buddha das Almosen entgegen. Die Schale, auf der der Buddha sein erstes Mahl eingenommen, wird von einer Gottheit nach der Brahmanwelt entrückt und dort als Heiligtum verehrt. Nach dem Mahle segnet Buddha die beiden Spender: „Heil sei in eurer rechten Hand, Heil in eurer Linken, Heil ruhe in allen euren Gliedern, wie ein Kranz, euch aufs Haupt gelegt. Friedvoll seien euch die Himmelsgegenden, nicht treffe euch Unheil irgendwo; mit Gewinn beladen kehret heim, von allen Göttern behütet. Nach welcher Richtung ihr auch zieht, mögen euch die Gestirne dieser Himmelsrichtung schützen. Von Göttern geleitet, zieht glücklich dahin, seht eure Angehörigen wieder und geht ein zum unsterblichen Heile *(amṛtaṃ śivam).*" Hocherfreut nehmen die beiden Kaufleute ihre Zuflucht zum Buddha und zur Norm und werden damit als Laienjünger Buddhas erste Anhänger (cap. 24).

c) Die Verkündung der Lehre

Während Buddha noch in innerer Versenkung unter dem Baume sitzt, kommt ihm folgendes Bedenken: „Tief", sagt er sich, „und subtil ist die Norm, die ich gefunden, eine heilige, erhabene, schwer zu erschauende, dem bloßen Verstandesdenken nicht zugängliche *(atarka avitarkāvacara)*, nur von Weisen zu wissende, über das Gebiet der Sinneserfahrung hinausgehende *(ṣaḍviṣayasamatikrānta)*, eine, bei der man allen festen Boden verliert *(sarvālambanasamatikrānta)*, und wo Vernichtung aller sinnlichen Leidenschaft, Nirvana das Ziel ist. Wenn ich nun andern die Norm verkünde, so könnte es sein, daß diese sie nicht verstehen, und das wäre für mich bedrückend und ein Vorwurf, die Lehre am unrechten Orte preisgegeben zu haben. So will ich denn, unbekümmert um weiteres, in Schweigen verharren." Umsonst suchen ihn Götter, deren Sphäre durch die von der Meditation des Heiligen ausgehenden Lichtstrahlen gereizt wird, durch die Vorstellung, daß die Welt verderben werde, zur Verkündigung der Norm zu bewegen. „Mein Weg", so erwidert ihnen Buddha, „ist schwer zu erschauen, nicht werden ihn erkennen die von der Leidenschaft Blinden. Der Sinnenlust verfallen, lassen die Menschen sich von der Strömung dahintreiben, darum genug, nicht kann ich offenbaren, was ich also mit Mühe gefunden.“ Betrübt ziehen die Götter ab.

Wie Buddha sich der Mitteilung der Lehre verschließt, bemächtigen sich der Menschen im Lande Magadha schlimme Empfindungen. Ihnen ist zumute, als ob keine Winde mehr wehten, kein Feuer mehr brenne, als ob der Himmel nicht mehr regnete, die Flüsse im Laufe stockten, die Saaten nicht mehr keimten, und Vögel nicht mehr durch die Lüfte ziehen wollten. Die Gefahr erkennend, die aus Buddhas Zaudern der Menschheit droht, unternimmt Gott Brahman einen letzten Versuch, um den Tathāgata umzustimmen. Er erscheint in göttlichem Lichtglanze vor dem Bodhibaum und beschwört den Heiligen mit der Bitte, die reine Lehre, das unsterbliche Heil, der Menschheit zu offenbaren, die danach dürste, wie die ausgetrocknete Erde nach Regen. Da blickt der Tathāgata mit dem Buddhaauge über die Welt und schaut der Wesen dreierlei. Wie sich in einem Lotosteiche drei Arten von Lotosen finden, etliche, die ganz im Wasser versunken sind, etliche, die sich über den Wasserspiegel erheben und solche, die gerade die Oberfläche des Wassers erreichen, so schaut der Buddha mit dem Auge der Erkenntnis Wesen, die ganz in Verkehrtheit versunken sind, so daß sie in keinem Falle die Lehre verstehen werden, solche, denen es auf jeden Fall bestimmt erscheint, zur Erkenntnis der Wahrheit zu gelangen, und endlich solche, bei denen alles von der Verkündung der Lehre abhängt: wird sie ihnen mitgeteilt, so werden sie zur Erkenntnis kommen, im anderen Falle bleiben sie von der Erkenntnis ausgeschlossen. Aus Mitleid mit diesen willfahrt Buddha der Bitte Brahmans. „Geöffnet sei ihnen das Tor des unsterblichen Heiles, wer Ohren hat, zu hören, der glaube“ – mit diesen Worten entschließt er sich, „das Rad der Norm in Bewegung zu setzen“. Über Buddhas Entschluß, den er gefaßt „aus Mitleid mit der Welt, zum Heile der Götter und Menschen“, herrscht große Freude in allen Götterwelten. Den Gottheiten des Bodhibaumes, die ihn darum befragen, offenbart der Buddha dann noch seine Absicht, zu Benares im Tierparke Ṛṣipatana, wo auch die Buddhas früherer Zeiten das Rad der Norm in Bewegung setzten, die Lehre zu verkünden (cap. 25).

11. Das Bewegen des Rades der Norm (dharmacakrapravartana). Indem Buddha überlegt, wem er zuerst die Lehre mitteilen soll, fällt sein Gedanke auf seine beiden Lehrer im Yoga. Durch Eingebung wird ihm aber das Wissen, daß Rudraka schon seit sieben Tagen, Ārāḍa Kālāpa seit drei Tagen nicht mehr unter den Lebenden weilt. Da denkt er an jene fünf Jünger, die ihm einst gefolgt und ihn verließen, als er von der Askese sich abwendete. Mit dem Blick seines hellsichtigen Auges findet er sie im Tierpark Ṛṣipatana zu Benares. Dorthin lenkt er nun seine Schritte. Nachdem er sich unterwegs einem wandernden Asketen, der sein leuchtendes Aussehen bewundert, als den vollendeten Buddha geoffenbart, kommt er ans Ufer der Gaṅgā, die gerade hoch angeschwollen ist. Der Fährmann weigert sich, ihn überzusetzen, weil der Bettler das Fährgeld nicht entrichten kann. Da versetzt sich der Heilige durch seine überirdische Macht *(ṛddhi)* ans jenseitige Ufer. Zu spät erkennt der Fährmann, welch hoher Persönlichkeit er seine Dienste verweigert, und stürzt in Zerknirschung zu Boden. Durch eine Verfügung des Königs Bimbisāra werden Bettelmönche für die Zukunft von der Entrichtung des Fährgeldes befreit.

In Benares angelangt, begibt sich Buddha nach seinem ersten Almosengange in den Tierpark. Dort sehen ihn die fünf Jünger von weitem nahen. Sie denken sich: dort kommt der ehrwürdige Asket Gautama, der vom Wege der ernsten Anstrengung gewichen ist; konnte ihm schon seine Askese nicht zur übermenschlichen hellsichtigen Erkenntnis verhelfen, so wird er jetzt, da er wieder reichliche Nahrung genießt und behaglich lebt, erst recht nicht dazu gelangen. Darum halten sie es nicht für nötig, ihm entgegenzugehen oder vor ihm aufzustehen. Aber je näher der Heilige kommt, desto unbehaglicher fühlen sich die Fünf auf ihren Sitzen, und ein unwillkürlicher Drang treibt sie, sich vor Buddha zu erheben. „Wie ein Vogel im Käfig, unter dem ein Feuer angezündet wird, alsbald infolge der Glut nach oben zu fliegen trachtet, so fühlten sich die fünf Jünger, indem der Tathāgata ihnen näher kam, nicht mehr behaglich auf ihren Sitzen und hatten das Verlangen aufzustehen.“ Nachdem sie ihn ehrfurchtsvoll begrüßt und ihm ihre Dienste erwiesen haben, setzt sich Buddha auf dem von den Jüngern angewiesenen Sitze nieder. Sein leuchtendes Antlitz erregt das Staunen der Jünger, und sie fragen ihn, ob ihm irgendwelche übersinnliche Erkenntnis aufgegangen sei. Buddha erwidert, er habe das unsterbliche Heil *(amṛta)* gefunden und den Weg zum unsterblichen Heile; nicht „Ehrwürdiger“ *(āyuṣmat)*, wie einen Bettelmönch, sollten sie ihn hinfort anreden: er sei jetzt der Erwachte *(buddha)*, Wissende, Schauende, Sündlose, von dem das Feuer der Leidenschaft gewichen; „die Norm über allen Normen werde ich euch verkünden, höret mich an, ich rede zu euch, ich lehre euch, auf daß auch ihr findet die Herzensbefreiung *(cetovimukti)*, die Wissensbefreiung *(prajñāvimukti)*, und erkennet: vernichtet ist die Geburt, vollendet der heilige Wandel, erfüllt die Pflicht, nicht gibt es hinfort eine Wiederkehr zum Weltensein.“ Und er kündet ihnen mit hellsichtigem Seelenblick die Gedanken, die bei seinem Nahen durch ihre Seele gezogen waren. Da fällt alles, was noch von früherem Irrglauben ihnen anhaftete, von ihnen ab, und sie stehen vor Buddha mit den Abzeichen des Jüngers *(bhikṣu)*. Sie bitten ihn um Verzeihung wegen ihrer Überhebung und erkiesen ihn feierlich als ihren Lehrer. Und alsbald erscheint an der Stätte, wo die Buddhas der früheren Weltenalter das Rad der Norm in Bewegung setzten, ein Thron aus den sieben Edelsteinen. Auf ihm läßt Buddha sich nieder im Sitze der Meditation *(paryaṅka)*. Wieder läßt er den alles erleuchtenden, die Finsternis der Welten vertreibenden Lichtstrahl aus seinem Körper hervorgehen, und die Erde erbebt und erdröhnt, ohne daß Furcht dadurch erregt würde. Leidenschaft, Haß und alle niederen Gefühle schweigen auf dem ganzen Erdenrund, alle Geschöpfe sind in diesem Augenblick von Freundlichkeit und Wohlwollen zueinander erfüllt. Aus dem Lichtstrahl ertönen himmlische Worte: „Der aus der Tuṣita-Wohnung in den Mutterleib herabstieg, im Lumbinī-Haine geboren von Indra in die Arme genommen wurde, der wie ein Löwe die sieben Schritte tat, der der Welt entsagte zum Heil der Geschöpfe, der die Kasteiungen übte, Māra besiegte und die Buddhaerleuchtung gewann, er wird jetzt, in Benares angelangt, das Rad der Norm in Bewegung setzen." Und alle Gottheiten und die Bodhisattvas aller Himmelsgegenden und Weltsphären scharen sich um den Buddha und bitten ihn, das Rad der Norm in Bewegung zu setzen „zum Heile vieler Wesen, zum Glücke vieler Wesen, aus Mitleid mit der Welt, zum Wohle, zum Heile, zum Glücke der Götter und Menschen". Ein Bodhisattva reicht dem Buddha das mit Wundern und Zeichen aller Art ausgestattete Rad der Norm, wie es schon von den Buddhas früherer Zeiten in Bewegung gesetzt worden ist. Und Götter und Menschen richten in lautloser Spannung und Sammlung ihre Augen auf den Buddha, der ihnen die Lehre verkünden soll.

Während der ersten Nachtwache gibt Buddha durch Schweigen seine Zustimmung zu der Bitte der Götter zu erkennen. In der zweiten Nachtwache führt er ein heiteres Gespräch. In der dritten Nachtwache wendet er sich dann zu den fünf Jüngern und spricht: „Zwei Wege, ihr Jünger, soll der in das geistige Leben Eingetretene vermeiden: den Weg der Befriedigung der Sinnenlust *(kāma)*, der niedrig, gemein, des Edlen unwürdig und nutzlos ist, der nicht zum heiligen Leben, zur Entsagung, zur Leidenschaftslosigkeit, zur Erkenntnis, zum Erwachen, zum Nirvana führt; und den Weg der Selbstqual, der leidvoll und nutzlos ist, und in diesem sichtbaren wie im künftigen Leben Leiden im Gefolge hat. Diese beiden Richtungen vermeidend, verkündet der Tathāgata die Norm des mittleren Pfades, welche ist rechte Ansicht, rechter Gedanke, rechte Rede, rechte Tat, rechtes Leben, rechtes Streben, rechte Besinnung, rechte Meditation. Dies, ihr Jünger, sind die vier vornehmen Wahrheiten vom Leiden, vom Ursprung des Leidens, von der Vernichtung des Leidens, vom Weg, der zur Vernichtung des Leidens führt: Geburt ist Leiden, Alter ist Leiden, Krankheit ist Leiden, Tod ist Leiden, mit Unliebem vereint, von Liebem getrennt sein ist Leiden, Nichterlangen der Wünsche ist Leiden, kurz, die fünf Arten des Ergreifens des Sinnlichen sind Leiden. Der Ursprung des Leidens ist die sinnliche Begierde (*tṛṣṇā* „der Durst"), die zur Wiedergeburt führt, von Leidenschaft begleitet ist, dahin und dorthin begehrt. Überwindung des Leidens ist die Vernichtung der sinnlichen Begierde, die vollkommene Leidenschaftslosigkeit. Der Weg, der zur Überwindung des Leidens führt, ist der vornehme achtfache Pfad: rechte Ansicht, rechter Gedanke (Entschluß), rechte Rede, rechte Tat, rechtes Leben, rechtes Streben, rechte Besinnung, rechte Meditation. Dies, ihr Jünger, sind die vier vornehmen Wahrheiten. Indem ich sie erkannte, ging mir über zuvor unerkannte, unerhörte Normen das geistige Auge, das Wissen, die Erkenntnis, die Einsicht, das Licht auf. Solange ich, ihr Jünger, jene vier vornehmen Wahrheiten nicht von Grund aus im Geiste erkannte, solange konnte ich nicht zur höchsten Buddhaerleuchtung erwachen. Als mir aber über die vier vornehmen Wahrheiten das Licht aufgegangen war, da war die nicht mehr zu erschütternde Herzensbefreiung und Wissensbefreiung errungen, da, ihr Jünger, bin ich zur höchsten Buddhaerleuchtung erwacht, also erkannte ich. Das Auge der Erkenntnis ging mir auf, vernichtet ist die Geburt, vollendet der heilige Wandel, erfüllt die Pflicht, nicht gibt es hinfort eine Wiederkehr zum Weltdasein."

d) Buddhas Nirvana (nach dem Mahāparinibbānasutta)

12. Das große Parinirvana (mahāparinirvāṇa, Pali *mahāparinibbāna).*[1] Zu dem auf dem Berge Gṛdhrakūṭa („Geierskuppe") bei Rājagṛha weilenden

[1] Das „große Parinirvana", im Lalitavistara (p. 44) zwar als das letzte der 12 Hauptereignisse erwähnt, aber nicht mehr erzählt, bildet den Inhalt selbständiger Werke, deren ältestes und berühmtestes das Mahāparinibbānasutta (abgek. MPS) des Dīghanikāya ist. (Siehe darüber oben S. 33.) Ihm folgt die obige Darstellung. (Seitenzahlen beziehen sich auf die Ausgabe von Childers.) Die Sprache dieses Textes ist Pali. Daher waren Eigennamen im folgenden viel-

Buddha ist ein Abgesandter des Königs Ajātaśatru von Magadha gekommen, um ihn im Auftrage des Königs um Rat zu fragen wegen eines von Ajātaśatru gegen die Konföderation der Vṛjji (Pali Vajji) geplanten Krieges. Buddha rät zum Frieden: „Solange die Vṛjji in rechter Einmütigkeit zusammenhalten, solange sie die reine Lehre bewahren, ihren Ältesten Ehrfurcht erweisen und überall Althergebrachtes bewahrend Recht und Sitte ehren, solange werden die Vṛjji wachsen, nicht abnehmen." An die zu dem Gesandten gesprochenen Worte anknüpfend, redet der Heilige dann zu den Jüngern über die Normen, deren Beobachtung Wachstum und Wohlfahrt verbürge: „Solange ihr, Jünger, euren Ältesten Ehrfurcht erweist, die reine Lehre bewahrt und festhaltet an den Normen, die ich euch gegeben habe, solange werdet ihr wachsen, nicht abnehmen." Ein Dreifaches ist es, worin Buddhas Ermahnungen immer wieder gipfeln: rechtes moralisches Verhalten *(sīla)*, geistige Meditation *(samādhi)*, Erkenntnis *(paññā)*. „Segensreich und fruchtbringend ist Meditation, wenn sie von rechtem Verhalten getragen ist, segensreich und fruchtbringend Erkenntnis, wenn sie auf rechter Meditation beruht, und von solcher Erkenntnis durchdrungen wird die Seele frei von allem Wahne der sündigen Leidenschaft und des Irrtums."[1]

Eine große Schar von Jüngern begleitet den Buddha auf seiner letzten Wanderung, die ihn zunächst von Rājagṛha über Ambalaṭṭhika und Nālandā nach Pāṭaligāma führt. Dort sind eben Beamte des Königs Ajātaśatru damit beschäftigt, den Grund zur nachmaligen Stadt und Festung Pāṭaliputra zu legen, die als ein Bollwerk gegen den Feind erbaut werden soll. Dabei hat Buddha eine Vision, die er seinem Jünger Ānanda mitteilt. Mit dem „göttlichen hellsichtigen übermenschlichen Auge" sieht er, wie Scharen göttlicher Wesen die Stätte des künftigen Pāṭaliputra umschweben. Er erklärt dem Ānanda, daß da, wo mächtige Wesenheiten den Boden in ihrer Hut hielten, auch mächtige Herrscher zur Erbauung von Wohnsitzen sich bewogen fühlten. Das Unternehmen des Königs von Magadha geschehe also wie im Einverständnis mit den Göttern. Und er sagt die künftige Blüte der Stadt Pāṭaliputra voraus und die Ursachen ihres dereinstigen Verfalles.

Die eben stark angeschwollene Gaṅgā durch überirdische Macht über-

fach in der Paliform wiederzugeben. – Festzuhalten ist, daß zwischen dem Vorausgehenden und den jetzt erzählten Ereignissen die ganze jahrzehntelange öffentliche Wirksamkeit Buddhas liegt.

[1] Die für das Verständnis des Buddhismus wichtige Formel kehrt bei verschiedenen Ansprachen im gleichen Wortlaute wieder (MPS p. 8, 10, 16, 18, 21, 38, 40 ed. Childers).

schreitend (cap. 1), gelangt Buddha nach Koṭigāma. Dort erinnert er die Jünger an die „vier vornehmen Wahrheiten", deren Nichterkennen die Ursache des langen Weges gewesen sei, den sie alle im Kreislaufe der Geburten hätten zurücklegen müssen. „Nun aber, ihr Jünger, ist durchdrungen und erkannt die vornehme Wahrheit vom Leiden, vom Ursprung des Leidens, von der Vernichtung des Leidens, vom Weg zur Vernichtung des Leidens; mit der Wurzel ausgerottet ist die Begierde nach Weltdasein, vernichtet die Weltlust, die zum Dasein führende, nicht gibt es hinfort eine Wiederkehr" *(ucchinnā bhavataṇhā khīṇā bhavanetti n'atthidānipunabbhavo)*.

Über Nādikā führt die Wanderung weiter nach Vaiśālī (Pali Vesālī), wo Buddha sich im Mangohain der Bajadere Ambapālī aufhält und die Jünger ermahnt, in Besonnenheit und wachsamer Bewußtheit zu verharren. Wie Ambapālī erfährt, daß der Heilige in ihrem Mangohaine weilt, kommt sie mit prächtigem Gespanne angefahren. Von Buddha durch geistlichen Zuspruch erfreut und gestärkt, bittet ihn die Bajadere für den nächsten Tag zum Mahle. Buddha gibt durch Schweigen seine Zusage. Hierauf erscheinen in prunkvollem Aufzuge die Licchavi, um den Heiligen für den gleichen Tag zum Mahle zu bitten. Von Ambapālī über die ihr von Buddha bereits gegebene Zusage belehrt, bieten sie der Bajadere eine hohe Summe, falls sie bereit wäre, ihnen die Bewirtung zu überlassen. Aber Ambapālī erwidert, nicht für die Stadt Vaiśālī mit allem ihrem Reichtum würde sie auf die Ehre eines solchen Mahles verzichten. Da wenden sich die Adeligen an Buddha selbst mit ihrer Bitte, die ihnen der Heilige aber mit dem Hinweis auf seine der Bajadere gegebene Zusage abschlägt. Enttäuscht ziehen die Licchavi ab. Nach beendetem Mahle erfreut Buddha die Bajadere wiederum durch geistliches Gespräch. Aus Dankbarkeit überweist ihm Ambapālī den Mangohain als Geschenk für ihn und für die Gemeinde der Jünger.

Hierauf begibt sich Buddha nach dem Dorfe Beluva, um dort für sich allein in Zurückgezogenheit die Regenzeit zu halten,[1] die Jünger weist er an, zu dem gleichen Zwecke nach Vaiśālī zurückzukehren. In Beluva überfallen ihn zum ersten Male heftige Schmerzen einer Krankheit, die ihn dem Tode nahebringen. Buddha erträgt die Schmerzen in standhafter Fassung, besonnen und bewußt. Nicht hält er den Zeitpunkt für gekommen, ins Parinirvana einzugehen, ehe er nicht noch einmal das Wort an seine Jünger gerichtet hätte. Daher bezwingt er das körperliche Leiden durch den Willen,

[1] Es war Sitte bei den buddhistischen Mönchen, die Regenzeit (die Zeit des üppigsten Naturlebens und Wachstums in Indien) an einem bestimmten Orte in stiller Zurückgezogenheit zu verbringen.

auf die Kraft sich stützend, die das Leben in ihm zurückhält.[1] In schwerer Sorge naht ihm sein Jünger Ānanda, der Hoffnung Ausdruck verleihend, der Meister werde nicht ins Nirvana eingehen, ehe er nicht zuvor noch einmal zu den Jüngern gesprochen hätte. Buddha erwidert ihm, er habe die Norm, wie er sie zu lehren berufen war, in aller Vollständigkeit mitgeteilt, ohne, wie andere Lehrer, mit dem Besten zurückzuhalten. Sein achtzigjähriger Körper sei jetzt altersschwach und gebrechlich und schleppe sich wie ein alter Wagen mühselig und knarrend dahin. An den Jüngern sei es nunmehr, sich selber Leuchte und Zuflucht zu sein und die Norm als Leuchte und Zuflucht sich dienen zu lassen, ausharrend in wachsamer Bewußtheit (cap. 2).

Von einem Almosengange nach Vaiśālī zurückgekehrt, richtet Buddha an Ānanda die Aufforderung, ihn nach der heiligen Stätte *(cetiya)* Cāpāla zu begleiten. Dort rühmt er im Gespräche mit dem Jünger die Lieblichkeit der Gegend. „Reizend, o Ānanda, ist Vaiśālī, reizend sind seine heiligen Stätten; wer, o Ānanda, die vier Elemente übersinnlicher Vollkommenheit *(iddhi,* sanskr. *ṛddhi)* in sich stark werden läßt, sich in ihnen zu bewegen weiß, sie verwirklicht, handhabt und bemeistert, der kann, wenn er will, sein leibliches Dasein bis an das Ende des Weltenalters verlängern. Der Tathāgata aber, o Ānanda, beherrscht und bemeistert die vier Elemente der überirdischen Macht und hat es zur höchsten Vollkommenheit darin gebracht; er könnte, wenn er wollte, sein leibliches Dasein bis an das Ende des Weltenalters verlängern." Den deutlichen Wink, der ihm damit gegeben, nicht verstehend, verharrt Ānanda in Schweigen, weil Māra sein Herz berückt hat. Zum zweiten- und drittenmal spricht Buddha mit den gleichen Worten von der Schönheit des Irdischen und der Möglichkeit, durch Geistesmacht das Erdendasein zu verlängern, aber auch diesmal hat Ānanda nicht die Eingebung, den Meister zu bitten, im Dasein zu verweilen. Da verweist Buddha den Jünger aus seiner Nähe, und Ānanda setzt sich abseits unter einem Baume nieder. Alsbald tritt Māra der Versucher an Buddha heran und raunt ihm die Aufforderung zu, jetzt ins Parinirvana einzugehen. Wie bei früherer Gelegenheit beruft sich Buddha auf seine irdische Aufgabe, die bis zum letzten zu erfüllen ihm Pflicht sei; solange nicht alle Jünger und

[1] *jīvitasankhāra.* Das Wort *sankhāra,* sanskr. *saṃskāra,* bedeutet in Buddhismus und Yoga die in den Tiefen des Unterbewußten waltenden Seelenkräfte, die auf die Gestaltung des Physischen hinwirken. Buddha (wie auch der Heilige im Yoga) beherrscht diese (sonst unterbewußten) Kräfte durch seinen bewußten Willen.

Jüngerinnen, Laienbrüder und Laienschwestern in allen Stücken der heiligen Lehre und des heiligen Wandels Festigkeit erlangt hätten, dürfe er an kein Scheiden aus dem Irdischen denken. Da gibt ihm Māra zu bedenken, wie alles dieses nun doch in reichstem Maße erfüllt und der heiligen Lehre und dem heiligen Wandel eine dauernde und sichere Stätte unter den Menschen bereitet sei, worauf ihm der Heilige erwidert: „Sei unbekümmert, du Arger, in Kürze wird des Tathāgata Verlöschen sein, in drei Monaten von heute wird der Tathāgata in das große jenseitige Nirvana eingehen." Nachdem er dem Māra dieses Versprechen gegeben, entäußert sich Buddha in besonnener Bewußtheit *(sato sampajāno)* der als Ursache des physischen Lebens in ihm wirkenden Seelenkraft *(jīvitasaṅkhāra)*. Erdbeben und Donnerrollen begleiten den seelischen Vorgang. Ob dieser Erscheinungen regt sich Verwunderung bei Ānanda, er tritt wieder an den Buddha heran und fragt ihn nach dem Grunde des Erdbebens und des Donners. Buddha erwidert ihm, daß ein Erdbeben, wofern es nicht durch Vorgänge in den Wasser-, Luft- und Ätherschichten des Erdinnern und das Verhalten der im Naturlaufe waltenden Wesenheiten bewirkt werde, eintrete bei allen denjenigen Ereignissen, die die Hauptmarksteine im Lebenslaufe eines Buddha seien: wenn der Bodhisattva, aus himmlischen Höhen herabsteigend, in besonnener Bewußtheit in den Mutterleib eingehe, wenn er auf Erden geboren werde, wenn er zur höchsten Buddhaerleuchtung erwache, wenn er das Rad der Norm in Bewegung setze, wenn er in besonnener Bewußtheit der als Ursache des physischen Lebens in ihm wirkenden Seelenkraft sich entäußere, und endlich, wenn er, die Substrate der Körperlichkeit abstreifend, in das große Nirvana eingehe. Und nun erzählt er dem Jünger von der Aufforderung Māra's, und wie er infolge des Versprechens, das er dem Versucher gegeben, jetzt soeben in besonnener Bewußtheit der als Ursache des physischen Lebens in ihm wirkenden Seelenkraft sich entäußert habe. Da richtet Ānanda an den Meister die Bitte: „Verbleiben wolle der Heilige, verbleiben wolle der Selige im Dasein bis ans Ende des Weltenalters, zum Heile vieler Geschöpfe, zum Glücke vieler Geschöpfe, aus Mitleid mit der Welt, zum Wohle, zum Heile, zum Glücke der Götter und Menschen." Aber Buddha erinnert ihn daran, wie er früher schon zu Rājagṛha und neuerdings zu Vaiśālī an verschiedenen Örtlichkeiten und bei verschiedenen Gelegenheiten – zuletzt hier an der heiligen Stätte Cāpāla – dem Jünger von der Schönheit des Irdischen und der Möglichkeit, durch geistige Macht das physische Dasein zu verlängern, gesprochen habe, und wie es unrecht von ihm, Ānanda, gewesen sei, daß er trotz des erhaltenen deutlichen Winkes es versäumte, die Bitte längeren Verweilens im Dasein an den Tathāgata zu richten. Wessen er sich aber einmal entäußert habe, das könne er nicht wieder in sich zurücknehmen. Entäußert habe er sich nunmehr der als Ursache des physischen Lebens in ihm wirkenden Kraft und dem Māra versprochen, binnen drei Monaten in das große jenseitige Nirvana einzugehen. Gegen das unabänderliche Gesetz der Weltenordnung aber würde es verstoßen, wollte der Tathāgata dem physischen Dasein zuliebe das einmal gegebene Wort wieder zurücknehmen; das könne nimmer geschehen. Und Buddha ermahnt den Jünger, eingedenk zu sein der Lehre, die er ihm schon früher eingeschärft, daß alles Geborene, Gewordene, durch die bildenden Kräfte Entstandene mit Notwendigkeit dem Zerfall unterworfen sei, und daß man von allem Lieben, von allem, woran das Herz hängt, sich trennen, Abschied nehmen und es meiden müsse. Dann läßt Buddha durch Ānanda alle Jünger in die Versammlungshalle berufen und legt ihnen noch einmal ans Herz, fest zu bleiben im heiligen Wandel, zum Wohle aller Wesen, aus Mitleid mit der Welt, zum Heile der Götter und Menschen. Er erinnert sie an die überirdischen Kräfte des Heiligen und den vornehmen achtfachen Pfad und mahnt sie, die gegebenen Lehren treu zu bewahren zum Heile der Welt und aller Wesen. „Wohlan, ihr Jünger, ich rede zu euch: dem Gesetz des Vergehens unterliegt, was durch die bildenden Kräfte entstanden ist, haltet an im strebenden Bemühen; in Kürze wird des Tathāgata Verlöschen sein, in drei Monaten von heute wird der Tathāgata in das große Nirvana eingehen" (cap. 3).

Vom Almosengange zurückgekehrt, wirft der Heilige einen letzten erhabenen Blick des Scheidens auf die Stadt Vaiśālī. „Jetzt schaut, o Ānanda, der Tathāgata Vesālī zum letztenmal." Zu Bhaṇḍagāma, dem nächsten Ziele der Wanderung, redet er abermals zu den Jüngern: „Vier vornehme Normen sind es, ihr Jünger, deren Nichterkenntnis zu dieser unserer langen Wanderung im Kreislaufe der Geburten geführt hat: rechtes Verhalten *(sīla)*, Meditation *(samādhi)*, Erkenntnis *(paññā)* und Befreiung *(vimutti)*. Nun aber sind durchdrungen die Normen des Verhaltens, der Meditation, der Erkenntnis und der Befreiung, vernichtet ist die Begierde nach Weltensein, nicht gibt es hinfort eine Wiederkehr."

Über Haṭṭhigāma, Ambagāma, Jambugāma und Bhoganagara führt die Wanderung nach Pāvā. Dort weilt der Heilige im Mangohaine des Goldschmieds Cunda. Von Buddha durch geistlichen Zuspruch erquickt, bittet Cunda ihn und die Jünger, das Mahl bei ihm einzunehmen. Durch Schweigen gibt Buddha seine Zusage. Bei dem Mahle wird unter anderen auserlesenen Speisen auch ein Gericht von Wildschweinefleisch *(?, sūkaramad-*

dava[1]) aufgetischt. Buddha gibt die Weisung, dieses Gericht ihm allein, die anderen Speisen den Jüngern vorzusetzen. Nach beendetem Mahle läßt er dann die Überreste in eine Grube verscharren, denn „kein Wesen in allen Welten der Götter und Menschen sei imstande, jene Speise in der rechten Weise zu verdauen, außer der Tathāgata."[2]

Nachdem er den Goldschmied Cunda noch durch geistliches Gespräch erfreut hat, verfällt Buddha bald nach dem Mahle in schwere Dysenterie, und heftige Schmerzen stellen sich ein, des Todes Vorboten. Buddha duldet die Schmerzen mit Fassung, in besonnener Bewußtheit (*sato sampajāno*), und gibt dem Ānanda die Weisung, mit ihm weiterzuziehen nach Kuśinagara (Pali Kusinārā).

Unterwegs überkommt ihn Müdigkeit und Durst. Unter einem Baume rastend, bittet er den Ānanda um Wasser. Ānanda meint, das Wasser in der Nähe sei trübe, weil eben 500 vorübergekommene Wagen den Boden aufgewühlt hätten, aber nicht allzufern sei ein Fluß mit klarem Wasser, dort wolle der Heilige den Durst stillen. Buddha wiederholt die Bitte, Ānanda das Bedenken. Erst auf des Meisters dritte Aufforderung tut der Jünger, wie ihm geheißen, und siehe, das Gewässer, dessen Boden noch eben von den Rädern der 500 Wagen aufgewühlt war, fließt rein und klar dahin. In staunender Ergriffenheit preist Ānanda die überirdische Macht des Tathāgata. Da trinkt der Heilige das Wasser.

Dann begegnet ihnen Pukkusa, ein Adeliger aus dem Geschlechte der Malla, der eben auf dem Wege von Kusinārā nach Pāvā begriffen ist, ein ehemaliger Schüler des Ārāḍa Kālāpa (Pali Āḷāro Kālāmo). Was Pukkusa von Buddhas Stärke in geistiger Konzentration vernimmt, macht solchen

[1] *sūkara* heißt „Schwein, Wildschwein", *maddava* „Weichheit, Milde". Die (in der Literatur sonst nirgends so vorkommende) Zusammensetzung der beiden Worte wird gewöhnlich als „Wildschweinefleisch" erklärt. Eine andere Ansicht, die *sūkaramaddava* („Ebermilde, Eberlust" oder dergl.) als provinziellen Namen einer eßbaren Pilzart auffaßt, wurde neuerdings auch von fachmännischer Seite (Andersen in seinem Pāli-Reader-Glossar, p. 201) als diskutabel hingestellt. Eine sichere Lösung bietet auch diese Hypothese nicht.

[2] Diese Anordnung und ihre Begründung wäre in der Tat etwas merkwürdig, wenn von gewöhnlichem Schweinefleisch die Rede wäre. Aber auch die Annahme, es habe sich um Pilze gehandelt, unter denen sich einige giftige befunden hätten – Buddha hätte dies erkannt und darum den Jüngern den Genuß verwehrt – würde die Sache nur in einer sehr äußerlichen Weise erklären, und es hat den Anschein, daß gerade für diese Stelle eine tiefere, geistigere Deutung gesucht werden muß. In diesem Sinne äußert sich auch Senart, Légende du Buddha, p. 332.

Eindruck auf ihn, daß er den Heiligen bittet, ihn als Schüler anzunehmen, indem er seine Zuflucht zum Buddha, zur Norm und zur Gemeinde erklärt. Zum Danke läßt er dem Meister noch ein Paar auserlesener goldfarbener Gewänder als Geschenk überreichen. Buddha gebietet, das eine der Gewänder ihm, das andere dem Ānanda anzulegen. Nachdem Pukkusa Abschied genommen, legt Ānanda auch noch das zweite Gewand dem Buddha an, und alsbald leuchtet der Körper des Heiligen weiß wie Schnee (wörtlich: „wie weißer Aussatz"). Voll staunender Verwunderung schaut Ānanda den lichten Glanz, der selbst die Goldfarbe der beiden Gewänder überstrahlt. Buddha belehrt den Jünger, zweimal im Leben erstrahle der Körper des Vollendeten in solchem Glanze: zuerst in der Nacht, in der er zur Buddhaerleuchtung erwache, und zum anderen Male in der Nacht, in welcher er, die Substrate der Körperlichkeit abstreifend, in das große jenseitige Nirvana eingehe. Heute aber, in der letzten Wache der Nacht, werde der Tathāgata zu Kusinārā im Haine der Malla zwischen zwei Salbäumen in das große Nirvana eingehen.

Nach einem Bade im Flusse Kakutthā legt sich Buddha ermüdet im nahen Mangohaine zur Ruhe nieder. Dem Ānanda trägt er noch auf, den Goldschmied Cunda zu beruhigen, falls der Gedanke auf ihm laste, auf den Genuß seines Mahles hin sei der Heilige aus dem Leben geschieden. Zwei Mahlzeiten im Leben des Buddha seien vor allen anderen gesegnet und fruchtbringend: die Speise, die er zu sich nimmt, bevor er zur Buddhaerleuchtung erwacht, und dann das Mahl, das er genießt, bevor er eingeht ins große jenseitige Nirvana. Cunda habe ein verdienstliches Werk an ihm getan, das ihm in dieser und in jener Welt zu Glück und Segen gereichen werde.

Am Flusse Hiraṇyavatī (Pali Hiraññavatī) bei Kusinārā erreicht Buddha das Ziel seiner Wanderung. Im Sāla-Haine der Malla's, zwischen zwei Zwillingsbäumen, läßt er sich von Ānanda sein letztes Lager betten, das Haupt gen Norden. Dort legt er sich ermattet nieder, wie ein Löwe ruhend. Obwohl es nicht die Jahreszeit ihrer Blüte ist, stehen die beiden Salbäume in voller Blüte und Blütenschauer rieseln auf den Leib des sterbenden Heiligen hernieder. Da spricht der Heilige zu Ānanda: „Über und über mit Blüten bedeckt, o Ānanda, obwohl es nicht ihrer Blüte Zeit ist, sind die beiden Salbäume, und einen Blütenregen lassen sie auf den Leib des Tathāgata herniederströmen, himmlische Blumen vom Baume in Indras Paradies fallen von oben herab zur Ehre des Tathāgata, himmlische Sandeldüfte erfüllen die Lüfte und senken sich hernieder auf den Leib des Tathāgata, und himmlisches Saitenspiel und himmlische Gesänge ertönen in der Höhe zur Ehre und zum Preise des Tathāgata. Aber dem Tathāgata gebührt noch anderer Preis, höhere Verehrung. Jünger und Jüngerin, Laienbruder und Laienschwester, die festhaltend an der Norm im rechten Wandel beharren, die erweisen dem Tathāgata die wahre und rechte Verehrung."

Den vor ihm stehenden Jünger, der ihm zufächelt, weist Buddha aus seiner Nähe, worauf Ānanda dem Meister seine Verwunderung zu erkennen gibt, daß er den Jünger, der ihm so lange Zeit treu gedient, nun in der Stunde des Scheidens von sich entferne. Aber Buddha klärt ihn auf, daß eben in diesem Augenblick Scharen von Gottheiten aus allen Weltsphären herbeigeströmt seien, um den Tathāgata ein letztes Mal von Angesicht zu Angesicht zu schauen. Jeder kleinste Punkt des Sāla-Haines und meilenweit im Umkreise sei jetzt von erhabenen Wesenheiten ganz erfüllt. Und die Gottheiten hätten den Gedanken: „Weither sind wir gekommen, um den Tathāgata zu schauen, denn selten nur, in langer Zeiten Lauf, ersteht ein Tathāgata in der Welt, ein heiliger, vollendeter Buddha. Heute nun, in dieser Nacht, geht der Tathāgata in das große Nirvana ein, aber nun steht dieser hochansehnliche Bhikṣu vor dem Heiligen, und da können wir nicht heran, um den Tathāgata ein letztes Mal von Angesicht zu Angesicht zu schauen." Und weiter spricht Buddha davon, wie Gottheiten der Luft und der Erde jetzt mitergriffen seien von dem Schmerz der Trennung und wie der trauervolle Gedanke sie bewege: „Allzufrüh wird der Heilige in das große Nirvana eingehen, allzufrüh wird der Selige verlöschen, allzufrüh wird das Licht der Welt untergehen."

Dann redet Buddha von den heiligen Stätten, die nach seinem Hinscheiden das Ziel frommer Pilgerfahrt sein werden. „Vier, o Ānanda, sind die Stätten, die ein gläubiger Sohn aus edlem Hause schauen und wo sein Herz bewegt werden soll: die Stätte, wo der Tathāgata geboren ist; die Stätte, wo er zur höchsten Buddhaerleuchtung erwacht ist; die Stätte, wo er das Rad der Norm in Bewegung gesetzt hat, und die Stätte, wo er, alle Substrate der Körperlichkeit abstreifend, ins höchste Nirvana eingegangen ist. Und Jünger und Jüngerinnen, Laienbrüder und Laienschwestern werden diese Stätten besuchen und mit gläubigem Herzen sich sagen: hier ist der Tathāgata geboren; hier ist er zur höchsten Buddhaerleuchtung erwacht; hier hat er das Rad der Norm, das unvergleichliche, in Bewegung gesetzt; hier ist er, zurücklassend alle Substrate der Körperlichkeit, ins höchste Nirvana eingegangen. Und diejenigen, die, auf solcher Pilgerfahrt zur Ruhe des Herzens gelangt, aus dem Zeitlichen scheiden, werden nach des Leibes Zerfall zur

Seligkeit der himmlischen Welt eingehen." Auf die Frage Ānanda's, was mit den leiblichen Überresten des Tathāgata geschehen solle, ermahnt ihn Buddha, sich nicht durch die Sorge um diese Dinge vom Pfade geistigen Strebens ablenken zu lassen. Adelige und Brahmanen, die dem Tathāgata im Herzen zugetan, würden schon für den Leichnam sorgen, der mit allen Ehren zu verbrennen sei, wie sie dem Leichnam eines Weltherrschers erwiesen werden.

Da wird Ānanda vom Schmerze der Trennung überwältigt, er geht hinein in die Halle an einen zurückgezogenen Ort und bricht dort in Weinen und Wehklagen aus: „Noch stehe ich am Anfange meiner Schülerschaft, noch habe ich viel zu lernen, und mein Meister, der Mitleid mit mir hatte, wird jetzt in das große Nirvana eingehen." Buddha, der die Abwesenheit des Jüngers bemerkt, läßt ihn durch einen anderen Jünger zu sich entbieten und spricht ihm freundlich zu: „Genug, Ānanda, trauere nicht, klage nicht, habe ich dir nicht zuvor schon verkündet, daß alles, was geboren, geworden, aus den bildenden Kräften entstanden ist, mit Notwendigkeit dem Zerfalle unterworfen ist, und daß man von allem Lieben, von allem, woran das Herz hängt, sich trennen, Abschied nehmen und es entbehren muß. Du aber, o Ānanda, hast lange dem Tathāgata gedient mit unbegrenzter, selbstloser, hingebender Liebe, mit Freundlichkeit in Gedanken, Worten und Taten, bleibe nur fest im angestrengten Bemühen, so wirst du bald frei sein von aller sündigen Leidenschaft." Den Jüngern gegenüber rühmt Buddha Ānanda's feine Empfindung für das Angemessene, die ihn stets lehre, im rechten Augenblick das Rechte zu reden und im rechten Augenblick zu schweigen.

Ein Bedenken des Jüngers, das kleine Kusinārā sei keine würdige Stätte für das Parinirvana des Heiligen, zerstreut Buddha mit einem Hinweis auf die seinem Seherblick offenliegende Größe und Wohlhabenheit von Kusinārā in längstvergangenen Zeiten, wo es als die Hauptstadt eines mächtigen Königs frohe Tage gesehen habe. Dann gibt er dem Ānanda den Auftrag, die Malla's, die Adeligen von Kusinārā, von seinem in der Nacht bevorstehenden Hinscheiden in Kenntnis zu setzen, auf daß sie nicht hinterher von Reue ergriffen würden bei dem Gedanken, daß sie es versäumt hätten, den Tathāgata, als er ihnen noch nahe war, vor seinem Hinscheiden ein letztes Mal von Angesicht zu Angesicht zu schauen. Die Malla's, die die Nachricht erhalten, während sie eben in der Beratung öffentlicher Angelegenheiten begriffen sind, werfen sich in fassungslosem Schmerze zu Boden und klagen: „Allzufrüh wird der Heilige in das große Nirvana eingehen, allzufrüh wird der Selige verlöschen, allzufrüh wird das Licht der Welt untergehen.“ Dann eilen sie mit allen ihren Sippen zum Sāla-Hain, wo sie von Ānanda wegen der Kürze der Zeit in Familiengruppen dem Buddha vorgestellt werden. Auch ein andersgläubiger Asket, Subhadda, findet sich ein, um in letzter Stunde aus des Meisters eigenem Munde die Lehre zu vernehmen, „denn selten nur, in langer Zeiten Lauf, ersteht ein Tathāgata der Welt, ein heiliger, vollendeter Buddha.“ Als ihm Ānanda im Hinblick auf des Meisters ermatteten Zustand den Zutritt zu wehren sucht, wird Buddha aufmerksam und gebietet, den Asketen vorzulassen. Ānanda eröffnet dem Subhadda den Willen des Meisters: „Tritt näher, ehrwürdiger Subhadda, der Heilige gibt dir Gelegenheit.“ Und Buddha macht dem durch das Wirrsal der Lehrmeinungen und Schulen beirrten Subhadda klar, wie der Kern und Inbegriff aller Norm der „vornehme achtfache Pfad“, das wirkliche Gehen des Pfades, und alles andere nur leeres Schulgezänk sei, und wie außerhalb jenes Pfades nicht von irgendeiner Stufe wahrer Jüngerschaft die Rede sein könne. Da geht dem Subhadda das Auge der Erkenntnis auf: „Es ist wunderbar, es ist erstaunlich, wie wenn man etwas Verbogenes zurechtbiegt oder Zugedecktes aufdeckt, oder einem Verirrten den Weg weist, oder im Finstern ein Licht aufsteckt, auf daß, wer Augen hat, sehen kann, so hat mir der Heilige von mannigfaltigen Gesichtspunkten aus die Norm geoffenbart. Ich nehme meine Zuflucht zum Heiligen, zur Norm und zur Gemeinde der Jünger.“ So empfängt Subhadda als der letzte der von Buddha selbst in die Gemeinde aufgenommenen Jünger durch Ānanda die Weihen und erreicht in Kürze die Stufe des Arhat (Heiligen).

Noch einmal wendet sich Buddha zu Ānanda: „Es möchte euch der Gedanke kommen, o Ānanda, die Lehre sei hinfort verwaist, ihr hättet keinen Lehrer mehr. So sollt ihr es aber nicht ansehen. Sondern die Norm und die Schulung, die ich euch gezeigt und worin ich euch unterwiesen habe, die sei nach meinem Hinscheiden euer Lehrer.“ Nachdem er in schwebenden Gemeindeangelegenheiten einige letzte Anordnungen getroffen, richtet Buddha an alle Jünger die Mahnung, wer irgendeinen Zweifel hinsichtlich der Lehre oder des Pfades hätte, der möge ihn fragen, auf daß sie nicht später von Reue ergriffen würden bei dem Gedanken, daß sie es versäumten, den Lehrer zu fragen, solange er noch in ihrer Mitte weilte. Wer aus Scheu die Frage nicht an ihn selber richten wolle, solle einem Freunde seine Seele öffnen. Das allgemeine Schweigen der Jünger wird von Ānanda dahin gedeutet, daß keiner irgendwelche Zweifel hat, und Ānanda's Vermutung wird durch Buddha zur Gewißheit erhoben: „Aus Glauben sprichst du, o Ānanda, ein

Wissen aber ist es für den Tathāgata: kein einziger Jünger ist in dieser ganzen Versammlung, der Zweifel hinsichtlich der Lehre oder des Pfades hätte, keiner, der nicht wenigstens die erste Stufe des Weges zur Arhatschaft erreicht hat und festen Sinnes der Erleuchtung zustrebt.“ Und an die Jünger richtet Buddha seine letzten Worte: „Wohlan, ihr Jünger, ich rede zu euch: der Vergänglichkeit unterworfen ist alles, was aus den bildenden Kräften entstanden ist, haltet an im strebenden Bemühen.“ Dann erhebt sich der Heilige zur ersten, und weiter bis zur vierten Stufe der Meditation *(jhāna*, sanskr. *dhyāna)*, von da zur „Sphäre der Unendlichkeit des Raumäthers“ *(ākāsānañcāyatana)*, von da zur „Sphäre der Unendlichkeit des Bewußtseins“ *(viññāṇañcāyatana)*, von da zur „Sphäre des Nichts“ *(ākiñcaññāyatana*, siehe oben S. 55); aus der Sphäre des Nichts wieder heraustretend, gelangt er zur „Sphäre über dem Bewußten und Unbewußten“ *(nevasaññānāsaññāyatana*, siehe oben S. 55), von da zur Auslöschung der Bewußtseinsempfindung *(saññā-vedayitanirodha)*. Alle diese Stufen nach rückwärts durchlaufend, kommt er wieder zur ersten Stufe der Meditation, und nachdem er sich nochmals bis zur vierten Stufe erhoben hat, geht der Heilige von ihr aus in das jenseitige Nirvana *(parinibbāna)* ein. Und als der Buddha in das große Nirvana eingeht, erbebt die Erde und Donner rollt, aus himmlischen Höhen sprechen die Götter Indra und Brahman den Spruch von der Vergänglichkeit des Geschaffenen und der Seligkeit der Befreiung. In tiefer Ergriffenheit weist Ānanda auf die Bedeutung des Vorgangs hin. Von den Jüngern bleiben die einen gefaßt, andere geben sich leidenschaftlichen Schmerzensausbrüchen hin, und mit ihnen trauern Gottheiten der Erde und der Luft und stimmen ein in die Klage: „Allzufrüh ist der Heilige ins große Nirvana eingegangen, allzufrüh ist der Selige erloschen, allzufrüh ist das Licht der Welt untergegangen.“ Aber der ehrwürdige Anuruddha mahnt sie zur Fassung und erinnert an das Wort des Vollendeten, daß alles Geborene und Gewordene dem Zerfall unterworfen ist, und man von allem Lieben sich trennen und Abschied nehmen muß.

Auch die Malla's von Kusinārā geben sich, als sie durch Ānanda die Kunde von Buddhas Nirvana erhalten, allen Äußerungen des Schmerzes hin und klagen, daß der Heilige zu früh erloschen, zu früh das Licht der Welt untergegangen sei. Dann veranstalten sie eine prächtige Leichenfeier, und nachdem sie sechs Tage hindurch mit Tanz, Gesang und Spiel, Wohlgerüchen und Kränzen den Leichnam des Heiligen geehrt haben, rüsten sie sich am siebenten Tage zur Leichenverbrennung. Vor dem östlichen Stadttor haben die Malla's, dem durch Anuruddha kundgegebenen Willen der Götter gehorchend, den Scheiterhaufen errichtet, und mit allen Ehren, die der Leiche eines Weltherrschers zu erweisen sind, werden die leiblichen Überreste Buddhas den Flammen übergeben. Die Götter selbst entzünden den Holzstoß, und der Leichnam verbrennt, ohne daß Aschen- und Rußbestandteile zurückbleiben. Die Gebeine werden als heilige Reliquien in acht Teile geteilt und an Könige und vornehme Geschlechter, die dem Heiligen im Leben nahestanden, verschenkt. Jeder der Empfänger – unter ihnen auch die Śākya von Kapilavastu – errichtet ein Grabdenkmal *(stūpa)* zur Aufbewahrung der Reliquien, auf daß alles Volk sie andächtig verehre, „denn schwer fürwahr ist es, einen Buddha zu erlangen in hundert Weltenaltern".

B. Der geschichtliche Buddha

a) Der Lebenslauf

Daß die Erzählung des Buddhalebens, wie sie vorstehend nach den Quellen zu geben versucht wurde, dasjenige, was wir unter einem historischen Bericht verstehen, gar nicht sein will, wird aus ihr selber zur Genüge klar. Es gilt das insbesondere von der Geschichte des werdenden Buddha im Lalitavistara, aber auch im Mahāparinibbānasutta ist das vielleicht Geschichtliche mit Legendarischem überall durchwoben. Bei dem Versuche, die Legende zu „deuten", ist die wissenschaftliche Forschung verschiedentlichen Irrtümern verfallen. Der geistvollste dieser Irrtümer war die Solarhypothese des französischen Gelehrten Senart. Nicht atmosphärische oder astronomische (Senart selbst spricht von symbolisme atmosphérique, siehe Légende du Buddha, S. 331), sondern geistige Vorgänge sind es, die die Legende uns zur Anschauung bringen will, sie erzählt den inneren geistigen Entwicklungsgang des Buddha so, wie dieser Entwicklungsgang von dem geistigen Auge des buddhistischen Sehers in Bildern erschaut wird. Aber daß diese Bilder sich vielfach mit sonnenmythologischen und anderen, bis in die Tiefen des Veda, ja einer noch älteren Urzeit zurückführenden mythologischen und mystischen Vorstellungen berühren, soll nicht bestritten werden. Der Fehler jener Theorien ist ihre materialistische Veräußerlichung dessen, was geistig zu verstehen ist. Wird dieser Fehler ausgeschaltet, so enthalten insbesondere Senarts Untersuchungen viele wertvolle Gesichtspunkte und Fingerzeige.

Daß Buddha eine historische Persönlichkeit war, ist von ernsten Forschern noch kaum bezweifelt, auch von Senart, dem Urheber der Solarhypothese, nicht bestritten worden(Légende du Buddha, S. 441 ff.). Und wenn von der Legende, besonders von der im Lalitavistara erzählten Geschichte des werdenden Buddha, gesagt wurde, daß sie innere geistige Vorgänge in Bildern des Mythos und der Mystik zur Anschauung bringe, so soll damit nicht in Abrede gestellt werden, daß nicht auch Erinnerungen an wirkliche äußere Vorgänge in jene Erzählung mit eingeflossen sein können. Beim Todesevangelium ist ein solches Vorhandensein historischer Elemente zweifellos.

So ist der am Schlusse jener Erzählung erwähnte Reliquienhügel, den die Śākya von Kapilavastu über dem ihnen zugefallenen Anteile der Gebeine errichtet haben sollen, im Jahre 1898 bei Piprāvā aufgefunden worden. Im Innern befand sich eine durch Inschrift als „Behälter der Reliquien des heiligen Buddha aus dem Geschlechte der Śākya" bezeichnete Urne. Die Echtheit des Fundes ist bis jetzt wenig angezweifelt worden. (Skeptisch Franke, Dīghanikāya S. 254). Von der hierdurch bestätigten Zugehörigkeit Buddhas zum Geschlecht der Śākya erzählen alle Legendentexte, auch solche, die, wie Lalitavistara, der Sphäre des Geschichtlichen weit ferner stehen als das Mahāparinibbānasutta. Schon daraus wird klar, daß keiner dieser Texte bloße Phantasien oder bloße Mystik enthält, sondern daß überall an äußere Tatsachen angeknüpft wird, auch da, wo es den Erzählern um die bildliche Darstellung geistiger Vorgänge zu tun ist. Im einzelnen aber ist die Trennung des Historischen vom Mythisch-Mystisch-Legendarischen vielfach schwierig oder unmöglich. Von dem, was nach Abzug des zweifellos Legendarischen als Rest übrigbleibt, kann vieles historisch sein, ohne daß sich im einzelnen Falle irgend ein sicherer Beweis erbringen ließe. Das nur Unbewiesene als widerlegt hinzustellen, wäre aber ebenso unwissenschaftlich wie die leichtgläubige Hinnahme des Unbewiesenen. Es empfiehlt sich daher, das hochtrabende „Die Wissenschaft hat festgestellt" (sei es in positivem, sei es in negativem Sinne) da so wenig als möglich in den Mund zu nehmen, wo es sich der Natur der Sache nach nur um ein Abwägen von Wahrscheinlichkeiten handeln kann. Wenn also im folgenden der Versuch unternommen wird, das Buddhaleben einer geschichtlichen Würdigung zu unterziehen, so muß von vornherein Klarheit darüber bestehen, daß eine allzu große Zahl „sicherer Ergebnisse" (im landläufigen Sinne des Worts) aus einer solchen Betrachtung nicht wird gewonnen werden können.

Was den Zeitpunkt von Buddhas Geburt anlangt, so ist eine volle Einigkeit darüber nicht erzielt; wenn mit der herrschenden Ansicht 477 oder 480 v. Chr. als das Todesjahr angenommen wird, so würde sich hiernach unter Berücksichtigung der glaubhaften Angaben über Buddhas Lebensdauer für die Geburt ungefähr die Mitte des 6. Jahrhunderts v. Chr. als Zeitpunkt ergeben. Die Zugehörigkeit Buddhas zum Geschlechte der Śākya – daher der Beiname Śākyamuni, der „Heilige aus dem Śākya-Geschlecht" – wird in allen Quellen übereinstimmend überliefert; sie kann nach dem erwähnten Grabhügelfunde mit aller Wahrscheinlichkeit, die in diesen Dingen überhaupt erreichbar ist, als historisch gelten. – Für geschichtlich dürfen wir in Übereinstimmung mit Oldenberg (a. a. O. S. 112 ff.) auch den Namen von Buddhas Vaterstadt Kapilavastu halten. Daß der Name der Stadt vielleicht einen Anklang an Kapila, den alten Ṛṣi und angeblichen Begründer der Sāṃkhya-Philosophie enthält, kann keinen Einwand dagegen bilden. Denn auch wenn jene Annahme richtig ist, so müßte man sagen: nicht, weil in Buddhas Lehre sich Anklänge an die Terminologie des Sāṃkhya finden, hat spätere Erfindung seine Vaterstadt nach Kapila benannt, sondern weil, wie dies schon im Namen Kapilavastu angedeutet ist, in Buddhas Vaterstadt die Sāṃkhya-Philosophie zu Hause war, hat Buddha manches aus der Terminologie dieses Systems in seine Lehre übernommen. – Die Stadt lag im äußersten Norden Indiens, nahe den Schneebergen. Rhys Davids, der die Gegend bereist hat, erwähnt den das ganze Jahr über sich bietenden Blick auf die Schneegipfel des Himalaya, von denen Nordwinde den kühlen Hauch der Gletscher herunterbringen (Early Buddhism, S. 28). Der Name Śuddhodana von Buddhas Vater wird der Überlieferung von den meisten Forschern geglaubt, hat aber auch schon eine mythologische Deutung erfahren.[1] Hingegen wird Śuddhodana's Königtum von der Forschung überwiegend bestritten. Daß er ein eigentlicher Großkönig oder Selbstherrscher nicht gewesen ist, kann schon aus der Erzählung des Lalitavistara selbst gefolgert werden, wo in allen wichtigen Angelegenheiten die Ältesten der Śākya von Śuddhodana um Mitentscheidung angegangen werden. Danach wäre seine Stellung mehr die eines primus inter pares in einem feudal regierten Staatswesen als die eines wirklichen Königs gewesen. Auch dieses letztere will neuere Forschung ihm streitig machen und ihn nur als „adeligen Grundbesitzer" gelten lassen, doch wird unbefangene Betrachtung kaum dazu gelangen können, das mit dem Namen von Buddhas Vater überall schlicht verbundene Prädikat *rājā* hinsichtlich seiner Wahrscheinlichkeit oder Nichtwahrscheinlichkeit anders einzuschätzen als den Namen Śuddhodana; man wird dabei eben an den reichen Fürsten eines kleinen Gebietes zu denken haben. (Auch Windisch, Buddhas Geburt, S. 1, hält es nicht für unbedingt notwendig, dem Śuddhodana das Prädikat *rājā* abzusprechen.) Der Umstand, daß auch die jainistische Überlieferung, die sich ja in so vielem an Buddhistisches anlehnt, ihren Sektenstifter zum Königssohn gestempelt hat,

[1] Die übliche Zerlegung des Namens in *śuddha* „rein" und *odana* „Reisspeise" ist sprachlich einwandfrei und hat zu allerlei Schlüssen auf die Reiskulturen in Buddhas Heimat Veranlassung gegeben. Senart (a.a.O. S. 316) findet diese Erklärung unbefriedigend, ihm erscheint vom Standpunkte seiner Solarhypothese eine Deutung einleuchtend, die im Schlusse des Namens eine Zusammenziehung von *udayana* „Aufgang" (Sonnenaufgang) erblickt. Der Anspruch des Namens auf historische Geltung würde dadurch herabgemindert.

zwingt nicht dazu, auch im Falle des Buddha eine bloße Erdichtung anzunehmen. Die Frage gehört zu denjenigen, wo volle Sicherheit mit den Mitteln philologischer Forschung nicht zu gewinnen ist. – Geringere Skepsis als dem Fürstentitel von Buddhas Vater bringt moderne Kritik dem Namen der Mutter, der Königin Māyā, entgegen. Und doch ist vielleicht gerade hier der Zweifel am Platze. Wo wir Sicheres nicht wissen können, müssen wir freilich sagen: sie k a n n Māyā geheißen haben, und es können vielsagende Namen an passender Stelle auch in der Wirklichkeit vorkommen, aber der Umstand, daß sonst Māyā als Frauenname in Indien nicht überliefert ist, drückt im Zusammenhalte mit der sich geradezu aufdrängenden metaphysichen Bedeutung des Wortes immerhin stark auf die andere Waagschale. Darauf, daß gerade im älteren Buddhismus und im Sāṃkhya-System *māyā* kein technischer Ausdruck war, kann es nicht so sehr ankommen, denn der Begriff der *māyā*, der (auch als mystisches weibliches Schöpfungsprinzip gedachten[1] göttlichen Wundermacht, ist allgemein indisch, und die Buddhalegende weist ja, wie schon Senart bemerkt hat, überall auf eine Mystik hin, die viel umfassender ist als die enge altbuddhistische Lehre. – Bei der im Lalitavistara und in der Nidānakathā so märchenhaft erzählten Geburt im Lumbinī-Hain könnte die Angabe der Örtlichkeit einer äußeren Tatsache entsprechen. Bei dem Dorfe Rummindēi (neuindisch für Lumbinī) ist eine Säule gefunden worden, die König Aśoka zur Erinnerung an die Geburt Buddhas hat errichten lassen. Sie trägt die Inschrift „Hier ist Buddha geboren, der Heilige aus dem Śākya-Geschlecht". Das beweist zunächst nur, daß man schon 200 Jahre nach Buddhas Tod jene Stätte in Übereinstimmung mit der heiligen Überlieferung für die Geburtsstätte gehalten hat, fällt aber immerhin für die Wahrscheinlichheit, daß sich hier die Erinnerung an eine wirkliche Begebenheit erhalten hat, ins Gewicht. – Zum Wahrscheinlichen der Legende gehört auch die Angabe, daß die Mutter bald nach der Geburt des Kindes gestorben sei. Die buddhistische Verallgemeinerung, daß die Mutter eines jeden Buddha sieben Tage nach der Geburt sterbe und in himmlische Seligkeit entrückt werde, steht dieser Annahme nicht entgegen, sondern offenbar ist eben eine wirkliche Begebenheit der Anlaß jenes Dogmas gewesen. Irdisch betrachtet scheint die Geburt Buddhas also nicht so schmerzlos verlaufen zu sein, wie Lalitavistara, vom Standpunkte des Übersinnlichen aus, sie darstellt. – Von dem Namen von Buddhas Ziehmutter Mahāprajā-

[1] *māyāṃ prakṛtiṃ viddhi māyinaṃ tu maheśvaram* „als Māyā (Zauber, Zauberillusion) wisse die Natur, Gott als den Zauberer" heißt es in der Śvetāśvatara-Upaniṣad.

patī (= *mahāprajāvatī* „große Mutter") gilt ähnliches wie von dem Namen Māyā.

Auf interessante Probleme führt die Geschichte des Sehers Asita, des buddhistischen Simeon. Es ist schon darauf hingewiesen worden (siehe S. 238), daß es zur Zeit nicht möglich ist, hier mit den Mitteln äußerer Forschung zu sicheren Ergebnissen zu gelangen. Das Motiv, daß ein Seher die künftigen Schicksale des Neugeborenen weissagt, hat die Erzählung mit vielen (auch indischen) Märchen und Sagen gemeinsam. – Die Jugendgeschichte Buddhas trägt überhaupt noch mehr als alles andere legendären Charakter. Doch ist es keineswegs ohne tieferen Sinn, wenn die Erzähler gerade in die Kindheitserlebnisse in starkem Maße Übersinnliches hereinspielen lassen. Nicht ohne Bedeutung für die Würdigung von Buddhas Persönlichkeit ist das Erlebnis unter dem Rosenapfelbaum. Daß es sich bei dieser Geschichte, wie sie uns im Lalitavistara und in den anderen Texten erzählt wird, nicht um Ereignisse handelt, die irgendein Geschichtsschreiber aufgezeichnet hat, ist ja selbstverständlich. Das in der Einsamkeit der Natur meditierende Kind, die durch die Luft ziehenden Ṛṣi's, die durch die Kraft der Meditation aufgehalten werden, die Stimmen der Götter usw. – alles dies weist auf ein ganz anderes Gebiet als dasjenige des äußeren Geschehens hin, nämlich eben auf das Gebiet des Übersinnlichen, der Meditation, des Yoga, das einen so wichtigen Schlüssel zum Verständnis des Buddhismus enthält. Es sprechen nun – ganz abgesehen von allen äußeren historischen Erwägungen – innere psychologische Gründe dafür, daß der Hang zur Meditation, der im Leben Buddhas jene wichtige Rolle gespielt hat, schon im frühen Kindesalter – und gerade in diesem, in der Zeit vor der Geschlechtsreife – bei einzelnen Gelegenheiten zum Durchbruch gekommen ist. Von diesem Gesichtspunkt aus enthält eben jene Szene, die von der Sphäre des äußerlich Geschichtlichen so weit abseits liegt, innere Wahrheit und zeigt uns mehr als vieles andere, worum es sich bei der „Legende" eigentlich handelt, und wie sie gelesen und verstanden werden muß.

Daß Buddha, bevor er als geistiger Lehrer öffentlich auftrat, vermählt war, wird in Übereinstimmung mit der Legende von den meisten als Tatsache genommen. Man hat darauf hingewiesen, daß bei der ganzen Stellung des Buddhismus zum Weibe und zum Gebote der Keuschheit es viel mehr das Bestreben der Dichtung hätte sein müssen, eine wirklich vorhandene Ehe des Meisters zu verschleiern, als eine nicht vorhandene zu erfinden. (Oldenberg, Buddha, S. 122.) Und gewiß liegt in dieser Erwägung viel Stichhaltiges, wenn man auch andererseits sagen kann, daß der Gedanke der

„Entsagung" wirksamer zum Ausdruck gebracht wird, wenn Buddha auf ein schon erlangtes Eheglück verzichtet, als wenn er von Anfang an einem solchen fernsteht. Wie weit wir von eigentlicher historischer Sicherheit auch hier entfernt sind, zeigt schon das Schwanken der Texte hinsichtlich des Namens: im Lalitavistara heißt die Gemahlin des Buddha Gopā oder Yaśovatī, Mahāvastu nennt sie Yaśodharā, in Palitexten kommt der Name Bhaddakaccānā vor, in der Nidānakathā ist nur von der „Mutter des Rāhula" die Rede. Dieser Sohn Rāhula, der nach der Nidānakathā noch unmittelbar vor dem „großen Scheiden" geboren wird, kommt nach anderen Texten erst in einem späteren Zeitpunkte zur Welt, und Mahāvastu erzählt in sinnig-poetischer Weise die Begegnung des nach der Erleuchtung als Buddha in seine Vaterstadt zurückgekehrten Meisters mit seinem Söhnchen. Im Lalitavistara wird Rāhula gar nicht erwähnt, doch scheint er eine historische Persönlichkeit gewesen zu sein (womit dann auch die Frage nach Buddhas Ehe in positivem Sinne entschieden wäre), und er wird von den Texten als ein Mitglied der Jüngergemeinde genannt. Die der Vermählung vorausgehende Geschichte vom Wettkampf enthält nichts, was mit irgendwelcher Sicherheit oder auch nur Wahrscheinlichkeit als äußeres Geschehnis betrachtet werden könnte. Nur daß Buddha ein zartes, physisch schwächliches Kind war und den Spielen der Altersgenossen fernblieb, scheint wie eine Erinnerung an Tatsächliches durch die Erzählung hindurchzuklingen. Daß die Kraft eines starken geistigen Willens ihn schon in frühen Jahren zu Leistungen befähigte, die denen erstaunlich vorkamen, die ihn wegen seines Äußeren für einen Schwächling hielten, ist an und für sich nicht unwahrscheinlich. Aber der Wettkampf um die Braut und das Spannen und Abschießen des Bogens, den niemand spannen kann, ist ein verbreitetes Märchenmotiv, und im Lalitavistara erscheint die Geschichte vom Bogenschuß überdies in eine Fülle von Symbolik eingetaucht, durch die die Legende selber zum Ausdruck bringt, daß es sich hier um andere Dinge als um die Realität eines äußeren Vorgangs handelt. Die ganze Erzählung von der ersten Begegnung mit Gopā und dem sich daran anschließenden Wettkampf ist dichterisch einer der Höhepunkte der Legende, steht der Sphäre des Geschichtlichen aber noch ferner als anderes.

Daß der Entsagung bei Buddha ein Leben in irdischem Glück und Überfluß vorausging, macht den Eindruck des Tatsächlichen. Wenn beim Leben im Frauengemach in der Legende von 84000 Tänzerinnen die Rede ist, so ist natürlich klar, daß solches nicht im Sinne einer äußeren Tatsache buchstäblich zu nehmen ist; es kann nur bedeuten, daß Buddha von allen Lokkungen der Sinnenlust umgeben und umdrängt war, und daß eben solche Erfahrungen ihm besonders lebhaft die Sehnsucht nach Befreiung von der den Todeskeim in sich tragenden Sinnlichkeit eingeben mußten, erscheint innerlich glaubwürdig.

In der berühmten Erzählung von den vier Ausfahrten hat dieser Gedanke einen besonders ergreifenden dichterischen Ausdruck gefunden. Das „Historische" steht auch hierbei ganz im Hintergrunde. Man kann freilich sagen, bei irgendeiner Gelegenheit müsse der Prinz ja zuerst dem Anblick von Altersschwäche, von schwerer Krankheit und vom Tode begegnet sein, und glauben kann man auch, daß bei seiner mitleidvollen Gemütsart der Anblick ihn bewegte. Aber so wie die Geschichte in den Legendentexten, besonders im Lalitavistara und im Mahāpadānasutta (dort in bezug auf Vipaśyin, einen Buddha der Vorzeit) mit jener rhythmischen Aufeinanderfolge der Begegnungen erzählt wird, trägt sie deutlich den Stempel der Poesie. Was der „Satz vom Leiden" in der Abstraktheit des Gedankens ausdrückt, erscheint hier gewissermaßen in ein zeitliches Geschehen dramatisch auseinandergelegt, es ist, könnte man sagen, aus dem Gedanklichen heraus ins Bildhafte, in eine dichterisch-künstlerische Form übersetzt, und dieses Dichterisch-Künstlerische der Legende ist es ja gerade, was heute so viel eindrucksvoller zu uns spricht als die gedankliche Abstraktheit buddhistischer Lehrsätze mit ihrer unseren Denkformen vielfach so fernstehenden Terminologie.

Ob dann das Verlassen des Hauses, das „große Scheiden", unter so romantischen Umständen vor sich gegangen ist, wie es die Legende erzählt, muß dahingestellt bleiben. Vieles in der Erzählung – die dem Prinzen aus der Luft zuraunenden Stimmen, die Traumes- und Göttererscheinungen – bezieht sich nicht auf äußere Realität. Auch die Geschichte des Rosses Kaṇṭhaka (das gleichzeitig mit Buddha zur Welt kommt und nach beinahe 30 Jahren noch immer das „feurige Roß" ist!) erscheint ganz in übersinnliche Zusammenhänge versponnen. Man erinnere sich, wie der Bodhisattva, als er sich nach dem nächtlichen Ausritt wieder von dem Rosse trennt, auch alle die übersinnlichen Wesenheiten entläßt, die ihm bis dahin das Geleite gegeben haben. (Lalitavistara, p. 225 ed. Lefm.) Sieht man von den Nebenumständen ab und faßt man nur das Wesentliche der Erzählung ins Auge, so handelt es sich beim Verlassen des Hauses aus religiösen Gründen um einen für indische Verhältnisse nicht ungewöhnlichen Schritt, der in damaliger Zeit von vielen, und zweifellos auch von Buddha, getan wurde.

Von der nun folgenden Erzählung und ihren geographischen Einzelheiten scheint manches den Tatsachen zu entsprechen. Insbesondere hat die Begegnung mit Ārāḍa Kālāpa und Rudraka Rāmaputra innere Glaubwürdigkeit. Daß Buddha Lehrer im Yoga gehabt hat, ist bei dem ganzen Verhältnis des Buddhismus zum Yoga und bei der Bedeutung, die die Persönlichkeit eines konkreten Lehrers im indischen Yoga hat, so gut wie sicher. Die Namen der beiden Yogin scheinen wirklichen Persönlichkeiten zu entsprechen, auch die meisten Einzelheiten der Erzählung machen den Eindruck, daß sie getreu die Art widerspiegeln, wie es in jenen Kreisen in Indien zuging. Daß die geistige Stufe, zu der die beiden Lehrer ihn führen konnten, dem Buddha nicht genügte, ist ebenfalls einleuchtend, denn über den gewöhnlichen Yoga wollte der Buddha ja eben hinausgehen.

Die Vollziehung asketischer Übungen, von der im folgenden erzählt wird, entspricht voll und ganz dem, was in Indien in den Kreisen der im Sinne Buddhas geistig Strebenden an der Tagesordnung war. Daß Buddha dann die einseitige äußere Askese als unbefriedigend erkannt und sich von ihr abgewendet haben soll, liegt ganz im Sinne der später von ihm vertretenen Lehre, die sich hierin von anderen indischen Geistesrichtungen und vom niederen Yoga (Haṭhayoga) unterscheidet.

Was dann den Höhepunkt der Legende anlangt, die berühmte Erzählung, wie der Bodhisattva in der heiligen Nacht zu Urubilvā (Pali Uruvelā, heute Urel bei Gayā) an der Nairañjanā (Nerañjarā) unter dem heiligen Feigenbaum zur Buddhaerleuchtung (Bodhi) erwacht, vom Bodhisattva zum Buddha wird, so hat schon Oldenberg (a.a.O., S. 130 ff.) darauf hingewiesen, daß, wenn es sich hier auch um keinen historisch beglaubigten Vorgang handeln könne, doch innere Gründe dafür sprechen, daß der Erzählung etwas Tatsächliches zugrunde liegt. Daß Yoga-Erlebnisse den Ausgangspunkt von Buddhas Wirksamkeit als geistiger Lehrer bilden, darf als eine der sichersten Tatsachen gelten, zu deren Einsicht eine Vertiefung in die buddhistischen Quellen uns führen kann, und das ganze Verständnis des Buddhismus hängt darum in gewissem Sinne davon ab, daß wir an diesem wichtigen Punkte die „Legende" richtig verstehen. Für eine bloße leere Erfindung werden wir also die Erleuchtungsgeschichte nicht ansehen, und auch von den näheren Umständen der Erzählung kann – neben dem vielen, was auf ein ausschließlich übersinnliches Gebiet, ein Gebiet geistigen Erlebens hindeutet – manches den äußeren Tatsachen entsprochen haben. So ist es nicht unwahrscheinlich, daß gerade die Meditation einer Nacht jenen Durchbruch des geistigen Schauens bei Buddha zur Auslösung gebracht hat; daß er dabei unter einem Baume saß, liegt, wenn wir an die indische Sitte des Waldlebens der Asketen denken, ebenfalls nahe, und es ist auch ganz gut möglich, daß dieser Baum der Meditation ein heiliger Feigenbaum *(aśvattha)* gewesen ist (wovon übrigens gerade im Lalitavistara nicht ausdrücklich die Rede ist).

Aber trotzdem wäre es nicht richtig, auf diese vielleicht vorhandene äußere Tatsächlichkeit einzelner Momente der Erzählung das Hauptgewicht zu legen. Sondern wie der im Lalitavistara in so grotesk-schauerlicher Weise geschilderte Kampf mit Māra, so bezieht sich alles, was in diesem ihren Höhepunkt bildenden Abschnitt die Legende uns erzählt, durchaus auf ein übersinnliches, geistiges Geschehen, und stellt das eigentliche Mysterium des Buddhismus, das nicht durch äußere Begriffe ausgedrückt, sondern nur in der Meditation erfaßt werden kann, in einer gewaltigen Symbolik vor uns hin. Der Aśvattha selbst, der Baum der Erkenntnis, ist für jenes Mysterium des Buddhismus das Symbol κατ' ἐξοχήν. Schon in alten Liedern des Atharvaveda (V, 4; VI, 95; XIX, 39) wird der Aśvattha als die Stätte für das Schauen des *amṛta*, des (dort in dem Kraute Kuṣṭha verkörperten) himmlischen Nektars oder unsterblichen Heiles, bezeichnet. Auch die von Buddha gewonnene Erleuchtung wird im Buddhismus das unsterbliche Heil, *amṛta*, genannt. Man sieht hier wieder, wie die Bilder der Legende in einer Mystik wurzeln, die um vieles älter als der Buddhismus ist. – Auch in der buddhistischen Kunst, die uns ja nicht selten für das Verständnis der geistigen Probleme des Buddhismus wertvolle Fingerzeige gibt, ist diese Bedeutung des Aśvattha in bemerkenswerter Weise erfaßt worden. So gibt es eine Reliefdarstellung der Bodhi (abgebildet bei de la Vallée Poussin, Bouddhisme, S. 224), wo das Blätterwerk des heiligen Baumes wie eine Krone aus dem Haupte des meditierenden Buddha herauswächst.

Daß Buddha sich den Entschluß, die gefundene Erkenntnis der Welt zu offenbaren, erst in schweren Seelenkämpfen abringen mußte, wird manchem abendländischen Beurteiler dieser Dinge wenig einleuchtend erscheinen; denn wie sollte (so wird ein solcher Beurteiler sich sagen) jemand, der irgendeine Wahrheit gefunden hat, nicht alsbald den Drang haben, sie unter die Menschen zu bringen, um mit ihr zu glänzen und andere Vorteile zu gewinnen. Aber bei der intimen Natur der „Buddhaerkenntnis" – die allem, was der sinnlichen Erkenntnis, dem menschlichen Alltagsbewußtsein als Wahrheit und Wirklichkeit gilt, als etwas völlig Heterogenes gegenübersteht, die das von jenem Standpunkt für wirklich Geachtete als wesenlos, für nichtig Geachtetes als wesenhaft anschaut – muß es für jeden, der von den Dingen, um die es sich hier handelt, nur eine entfernte Ahnung hat, allerdings psychologisch durchaus begründet erscheinen, daß der Wille, über die gefundene geistige Erkenntnis zu schweigen, näherliegt, als das Verlangen, sie durch Mitteilung an eine Öffentlichkeit, wo sie der Gefahr des Mißverstehens und der Entstellung ausgesetzt ist, zu profanieren. So legendär, ja phantastisch daher auch die ganze Erzählung vom Erscheinen des Gottes Brahman, der den Heiligen auffordert, durch die Verkündung der heiligen Wahrheit die Welt vom drohenden Verderben zu retten, den modernen Leser anmuten mag, so steht doch hinter jener Erzählung, die als solche selbstverständlich nur Legende ist, das erwähnte tatsächliche geistige Erlebnis, und wenige Punkte in der ganzen Buddhalegende gibt es, die für eine tiefere Betrachtung ein gleiches Maß innerer Glaubwürdigkeit besitzen.

Inwieweit sich bei der Geschichte der fünf Jünger, vielleicht auch schon bei der Episode mit Trapuṣa und Bhallika, die Erinnerung an Tatsächliches erhalten hat, bleibe dahingestellt; ebenso, ob die erste Verkündung der gefundenen Wahrheit unter solchen oder ähnlichen Umständen vor sich gegangen ist, wie es die Legende (vgl. auch den mit Lalitavistara im wesentlichen sich deckenden Bericht des Mahāvagga im Vinayapiṭaka) erzählt. Wichtiger ist uns die vielumstrittene Frage, ob die Verkündigung selbst im Munde des Buddha schon jenen Wortlaut gehabt hat, in dem sie uns jetzt überliefert ist.

Diese Frage mit voller Sicherheit zu bejahen oder zu verneinen, wird mit allen Mitteln philologischen Scharfsinns niemals möglich sein. Es ist selbstverständlich, daß zu dem, was der Buddha gesprochen hat, im Laufe der Jahrhunderte vieles hinzugedichtet, daß vieles, sehr vieles auch verlorengegangen, andrerseits vieles erweitert, umgestaltet, entstellt worden ist, daß sich Fehlerquellen aller Art in die Überlieferung eingeschlichen haben. Das gilt auch für die Texte des Palikanons (der, wenn er auch nur als der Kanon einer einzelnen Sekte, der Vibhajyavādin, zu gelten hat, immerhin die ursprüngliche Lehre verhältnismäßig am treuesten zu überliefern scheint). Aber alles, was diese Texte dem Buddha selbst in den Mund legen, für eine reine Erfindung späterer Mönche anzusehen, erscheint kaum möglich. Manche Forscher sind hier in der Skepsis zu weit gegangen. Wer sich lange ernst und eingehend mit der buddhistischen Literatur, insbesondere mit den Texten des Palikanons beschäftigt hat und diese Texte unbefangen auf sich wirken läßt, wird sich dem Eindrucke nicht verschließen können, daß in dem, was uns da überliefert ist, gewiß aus vielerlei Quellen vieles zusammengeflossen ist, daß aber aus all dieser Mannigfaltigkeit doch ein Kern sich heraushebt, der deutlich den Stempel einer bestimmten einheitlichen, überragenden Persönlichkeit trägt. Es ist nicht nur im allgemeinen die Größe und Vornehmheit der Gedanken, was wie der Hauch jener überragenden Persönlichkeit die Texte durchweht, sondern ein gewisses Etwas an diesen Gedanken, das sich gerade in den Einzelheiten des Wortlauts ausprägt, vor allem jener ganz eigenartige Fluß der Rhythmen, auf dem insbesondere die Wirkung der alten Palitexte in vieler Hinsicht beruht. Es ist das eine Tatsache, an der viele vorbeigegangen sind, die aber, wenn sie einmal zum Bewußtsein gebracht ist, nicht mehr übersehen werden kann. Die Frage ist nur noch, wer unter jener Persönlichkeit, deren Hauch wir in den Texten, besonders in den alten Palitexten, verspüren, zu denken ist. Man könnte auf den Gedanken kommen, dieser oder jener Jünger oder Nachfolger Buddhas sei es vielleicht gewesen, der in dieser Weise auf die Überlieferung inspirierend eingewirkt hätte, und der also dann als der wahre geistige Urheber alles dessen, was uns heute als buddhistische Lehre im Kanon vorliegt, angesehen werden müßte. Diese Annahme wäre aber eine vollkommen willkürliche, nicht nur jeglichen Beweises, sondern auch jeder Wahrscheinlichkeit entbehrende. Unter den Jüngern und Nachfolgern Buddhas ist zwar mancher gewesen, der sich um die Sammlung und Ausgestaltung der Texte Verdienst erworben hat, aber keine wirklich überragende Persönlichkeit, keiner, den wir in solcher Weise, wie es angedeutet worden ist, für den Schöpfer jenes Kernes in den heiligen Schriften und damit für den Inspirator des gesamten Buddhismus halten könnten. Einen Paulus, sagt Oldenberg mit Recht, hat der Buddhismus nicht gehabt. Es bleibt also kaum etwas anderes übrig, als anzunehmen, daß die überragende Persönlichkeit, von der jene Inspiration ausging, eben der Buddha selbst gewesen ist. Wir müssen dabei bedenken, daß der Eindruck von Buddhas Wort auf die Hörer ein tiefer und nachhaltiger war; der Wille der Jünger, das Gehörte treu zu bewahren, ist bei der Verehrung, die sie ihrem Lehrer entgegenbrachten, gewiß ein ehrlicher und ernster gewesen, und die Gedächtniskraft, die sie zur Bewahrung des Gehörten auch befähigte, war bei den Indern – man denke nur an die Überlieferung des Veda – eine glänzende, unsere heutigen Begriffe von Gedächtnis weit übersteigende. Wenn also auch im Laufe der Zeit vieles hinzugefügt, erweitert, verändert, entstellt worden ist, so ist es aus den angeführten Gründen doch nicht unwissenschaftlich zu glauben, daß nicht nur manches, sondern vieles – besonders in den Palitexten –, so wie es uns überliefert ist, im wesentlichen von dem Stifter der buddhistischen Norm, also sagen wir eben: von Buddha selber herrührt. Im einzelnen zu beweisen, daß irgendein bestimmtes Wort, so wie es uns vorliegt, von Buddha gesprochen wurde, ist freilich nicht möglich. Aber ein Gefühl für die Wahrscheinlichkeit im einzelnen Falle kann durch ein intimes Einleben in die

Texte sicherlich erworben werden. Und bei dem Wortlaute der Predigt von Benares, um die es sich in dem gegenwärtigen Zusammenhange zunächst handelt, darf man jene Wahrscheinlichkeit, daß sie dem nahesteht, was Buddha wirklich selbst gesprochen hat, in allererster Linie bejahen.

Was im vorstehenden als Vorzug der Palitexte gekennzeichnet wurde, kommt bei dem buddhistischen Todesevangelium, dem Mahāparinibbānasutta, dessen wesentlicher Inhalt im Anschluß an die Erzählung der Buddhalegende nach Lalitavistara mitgeteilt worden ist, besonders deutlich zum Ausdruck. Wir haben hier nicht mehr einen Legendentext, wie Lalitavistara, wo die Übersetzung des Gedanklichen ins Bildhafte, die mystische Darstellung übersinnlicher Zusammenhänge das Wesentliche ist, sondern einen jener alten Texte, durch die noch die Erinnerung an wirklich Gehörtes und Erlebtes hindurchklingt, einen Text, in dem wir jenen von der großen Persönlichkeit des Meisters ausgehenden Hauch, von dem die Rede war, noch deutlicher als anderswo verspüren. Aber selbstverständlich dürfen wir darum bei diesem Texte nicht alles einfach als Historie hinnehmen. Das mystisch-legendäre Element, das hier ja viel mehr als bei Lalitavistara und anderen Texten zurücktritt, darf auch beim Mahāparinibbānasutta nicht übersehen werden. Man denke nur an die Szene mit Ānanda und Māra, der die Aufgabe des Willens zur Lebensfortdauer folgt, an die Wildschweinefleisch-Mahlzeit (siehe die Anm. S. 78), an die Klärung des trüben Wassers, an die beiden Gewänder und den von Buddhas Körper ausstrahlenden Lichtglanz, an die Klänge der himmlischen Musik, die dem im Salahaine sterbenden Buddha ertönen, an den Abschied der Gottheiten, an die Begebenheiten am Scheiterhaufen und manches andere. Es ist nicht so, daß diese Dinge immer nur symbolisch gedeutet werden müßten, manches läßt auch eine andere Deutung zu. Insbesondere von den Göttervisionen, die uns gerade im Mahāparinibbānasutta mehrfach begegnen, ist zu sagen, daß Buddha zweifellos selber überzeugt war, mit übersinnlichen Wesen in Verkehr zu stehen, und daß auch die Zeitgenossen, vor allem seine Jünger, an diese seine Fähigkeit glaubten, daß sie darin nichts fanden, was sie mit ihrem Denken, ihrer Weltanschauung nicht hätten in Einklang bringen können. Es ist daher nicht richtig, wie es heute noch zumeist geschieht, alles Mystische in den buddhistischen Texten als Erfindung späterer Jahrhunderte zu deuten. Recht bemerkenswert ist in dieser Hinsicht eine Schilderung, die der Kommentator Buddhaghoṣa in der Sumaṅgalavilāsinī, dem Kommentar zum Dīghanikāya (ed. P. T. S. p. 45 ff.) von Buddhas Tageseinteilung entwirft. In dieser sonst nüchternen, in allen übrigen Stücken den Eindruck der Lebenswirklichkeit machenden Schilderung wird auch gesagt, wie Buddha, wenn das Tagewerk getan ist, nach der Mahlzeit sich in den ihm für seine privaten Angelegenheiten dienenden, mit Rauchwerk durchdufteten Raum *(gandhakuṭi)* zurückzieht, dort in der ersten Wache der Nacht noch den Besuch von Jüngern empfängt, die Fragen an ihn stellen und ihn um Meditationsübungen *(kammaṭṭhāna)* und anderes bitten, und dann ebenda in der zweiten Wache der Nacht Zwiesprache mit übersinnlichen Wesen *(devatā*, Gottheiten) hält, die von allen Gegenden des Raumes herbeigeströmt kommen. Auch im Mahāparinibbānasutta werden die Göttervisionen, im Gegensatz zur phantasievollen Mystik der Mahāyāna-Texte, mit einem gewissen Realismus erzählt; es sei nur an die Vision von Pāṭaligāma oder an die Gottheiten im Salahaine erinnert, die sich dem Buddha nicht manifestieren können, solange der Mönch Upavāṇa vor ihm steht. Daß nicht ein sinnliches Wahrnehmen irgendwelcher Phantome, sondern ein geistiges Schauen geistiger Wesenheiten gemeint ist, wird deutlich gesagt. So heißt es im Mahāparinibbānasutta (p. 12 ed. Childers), daß Buddha die Gottheiten mit dem „göttlichen, hellsichtigen, übersinnlichen (eigentlich: ‚übermenschlichen') Auge" *(dibbena cakkhunā visuddhena atikkantamānusakena)* wahrnimmt. Diese Ausdrucksweise deutet klar auf dasjenige Gebiet hin, das uns allein ein Verständnis dieser Dinge, und ein tieferes Verständnis des Buddhismus überhaupt eröffnet, nämlich auf das Gebiet der M e d i t a t i o n *(dhyāna, samādhi)*, des Yoga, wie der spätere indische Ausdruck für diese Sache lautet. Über ihre Bedeutung für den Buddhismus und ihren Zusammenhang mit demjenigen, was als das Moment des Übersinnlichen im Buddhismus eine Rolle spielt, wird im zweiten Teil dieser Darstellung zu reden sein. Erst dabei wird klarer werden, was man sich bei den Göttern des Buddhismus eigentlich zu denken hat. Es handelt sich also bei diesen Dingen weder um bloße „Erfindungen späterer Mönche", noch um äußere Vorgänge, sondern einfach um Erlebnisse des Buddha, Erlebnisse rein geistiger Art, die aber darum für ihn nicht geringeren Wirklichkeitswert hatten als für den Alltagsmenschen die äußeren Vorgänge der Sinnenwelt. Wir dürfen daher auch glauben, daß die Gestalt von Māra dem Versucher für ihn real war, und haben es nicht nötig, die eines gewissen transzendentalen Schwunges nicht entbehrende Māra-Episode des Mahāparinibbānasutta für ein späteres Einschiebsel zu erklären.

Sehen wir von den erwähnten mystisch gefärbten Episoden des Mahāparinibbānasutta ab, so gehört zu dem vielen, was bei dem verbleibenden Rest den Eindruck schlichter äußerer Tatsächlichkeit macht, zunächst das

Geographische: die zahlreichen und genauen Ortsangaben, mit welchen die Erzählung hier versehen ist, stimmen durchaus zu den wirklichen Verhältnissen. Es ist also wahrscheinlich, daß uns Buddhas letzter Wanderzug wenigstens hinsichtlich seines Weges so beschrieben ist, wie er wirklich verlaufen ist, auch scheint uns der Text ein treues Bild zu geben von der Art, wie Buddha während der langen Zeit seiner öffentlichen Wirksamkeit, von der Schar seiner Jünger umgeben, lehrend und predigend das Land durchzog. Wir hören, wie er einzelne Lieblingsaufenthalte hatte, an denen er länger verweilte und insbesondere, der Ordenssitte entsprechend, die Regenzeit verbrachte – so die Stadt Śrāvasti (Pali Sāvatthī), die Hauptstadt von Kośala, wo ihm ein reicher Mann, Anāthapiṇḍada, ein Grundstück, den Hain Jetavana, schenkte, Rājagṛha (Pali Rājagaha), die damalige Hauptstadt von Magadha, wo er auf dem in der Nähe befindlichen Berge Gṛdhrakūṭa (Pali Gijjhakūṭa) viele Lehrvorträge gehalten hat, und Vaiśālī (Pali Vesālī), das er wegen seiner Naturschönheit besonders liebte, und wo ihm nach der Erzählung des Mahāparinibbānasutta die Bajadere Ambapālī den Mangohain schenkte –, aber allzulange scheint es ihn nicht an einem Ort gelitten zu haben, die Wirksamkeit, die er sich zur Lebensaufgabe gesetzt, brachte das fortwährende Umherwandern mit sich, und noch in seinen letzten Wochen und Tagen trieb es ihn von Ort zu Ort. Was uns das Mahāparinibbānasutta über die Stätte seines Todes mitteilt, gewinnt noch an Wahrscheinlichkeit durch den oben erwähnten Reliquienfund. Wir dürfen also glauben, daß der Heilige nicht weit von der Gegend, in der er das Licht der Welt erblickte, im Norden Indiens, unweit der Schneeberge, auch gestorben ist, im Alter von ungefähr 80 Jahren (nach neueren Berechnungen 477 oder 480 v. Chr.). Wie nahe der äußeren Wahrheit die Erzählung des Mahāparinibbānasutta auch in vielen Einzelheiten zu stehen scheint, wird durch verschiedene kleine Züge dargetan. So wird unter den letzten Verfügungen, die Buddha auf seinem Sterbelager trifft, auch die Verhängung einer (in zeitweiliger Acht bestehenden) geistlichen Strafe über einen unbotmäßigen Mönch erwähnt, dann nach dem Tode des Heiligen eine unehrerbietige Äußerung eines Jüngers Subhadda, der seine Befriedigung darüber ausdrückt, daß sie nun endlich den „großen Asketen" los wären und tun könnten, was sie wollten. Wer die betreffenden Stellen im Zusammenhange unbefangen auf sich wirken läßt, wird sagen müssen, daß, wenn die Erzähler einfach hätten erfinden wollen, sie dieses ganz gewiß nicht so erfunden haben würden, daß für die Erzählung hier also kaum ein anderes Motiv als eben die Wahrheit des Erzählten wird angenommen werden können.

Unberücksichtigt geblieben sind bei vorstehendem Lebensbilde alle Ereignisse, die in die Zeit zwischen der Predigt von Benares und dem letzten Wanderzuge fallen. Wenn auch von dem, was uns die Texte da und dort über solche Ereignisse berichten, manches für wahr gehalten werden kann, so ist es doch für das eigentliche Problem des Buddhismus und damit für den Zweck dieser Darstellung ohne wesentliche Bedeutung. Von dem Augenblick an, wo der Śākya-Prinz zum Buddha geworden ist, sich entschlossen hat, als geistiger Lehrer aufzutreten, spielt das, was man Erlebnisse oder Ereignisse nennt, in seinem Leben keine Rolle mehr, gleichmäßig und einförmig fließt dieses Leben nach außen dahin, einzig in den Dienst der Aufgabe gestellt, das Licht der Erkenntnis in anderen Seelen anzuzünden, und es ist schon die Rede gewesen von dem Erfolge seiner Predigt, von der Macht, die das Wort Buddhas auf die Zeitgenossen geübt hat. Was für das Verständnis des Buddhismus das Wichtige ist, das ist nicht das Herausgreifen einzelner Schicksale oder Ereignisse aus diesem Buddhaleben, sondern vielmehr die Gewinnung eines allgemeinen Bildes von Buddhas Persönlichkeit, von der Art seines Auftretens und Lehrens, von seinem Verhältnis zu den Jüngern und zu den Menschen seines Zeitalters überhaupt. Um in die wahren Probleme des Buddhismus, des wirklichen, echten, ursprünglichen Buddhismus, einzudringen, müssen wir vor allem wissen, wer Buddha war und was er wollte. Hier sind es nun insbesondere wieder die Texte des Palikanons, die uns zur Gewinnung eines solchen Bildes geradezu überreiche Unterlagen darbieten. Den Hauch der großen Persönlichkeit, von dem oben die Rede war, verspüren wir nicht nur in vielen der Worte, die dem Buddha in den Mund gelegt sind, wir verspüren ihn vor allem auch in dem, was über die ganze Art seines Auftretens und Lehrens die Texte in so lebendiger, dabei schlichter und doch wiederum charakteristischer Weise uns mitteilen. Rein theoretisch ist natürlich auch hier weitgehende Skepsis möglich. Wer sich aber in der schon einmal angedeuteten Weise intim in die Texte hineinlebt und sie unbefangen auf sich wirken läßt, wird vieles, sehr vieles herausfinden müssen, von dem er sich sagen wird: das ist keine Erfindung, kein Phantasiebild, sondern trägt deutlich den Stempel der Wirklichkeit, der wirklichen Erinnerung an die Persönlichkeit des Meisters, an die Art, wie er lehrte und lebte. Es ist auch schon darauf hingewiesen worden, wie es vielfach ganz bestimmte und konkrete Züge sind, aus denen eine solche Übereinstimmung mit der Wirklichkeit als ein nicht von der Hand zu weisender Schluß sich ergibt. So unsicher alle geschichtlichen Einzelheiten im Leben des Buddha sind, so klar und sicher steht das allgemeine Bild seiner Persönlichkeit vor uns, ja es wird in so ferner Vergangenheit wenige geschichtliche Persönlichkeiten geben, deren Charakterbild uns so deutlich und so lebendig gezeichnet ist wie dasjenige des Buddha. Bei der folgenden kurzen Darstellung sollen in der Hauptsache nur solche Züge herausgehoben werden, die für ein tieferes Verständnis des Buddhismus als solchen von wesentlicher Bedeutung sind.

b) Buddha als Mensch und geistiger Lehrer

In Kerns „Buddhismus" (Bd. I, S. 300) ist der Satz ausgesprochen, daß, wenn man Buddhas Wesen mit wenigen Worten kennzeichnen wolle, man dies am besten mit dem althochdeutschen „Manno miltisto" tun könne. Und gewiß bildet eine mit Vornehmheit gepaarte Milde und Freundlichkeit den hervorragendsten Charakterzug dieses einzigartigen Mannes, jene Milde, die in den Zügen des Buddhabildnisses von Kamakura in Japan einen ergreifenden künstlerischen Ausdruck gefunden hat. Nie, so scheint uns jenes Bildnis sagen zu wollen, ist ein hartes, zorniges oder unfreundliches Wort von den Lippen dieses Menschen geflossen. Ein anderer wesentlicher Charakterzug Buddhas ist eine gewisse kühle Selbstbeherrschung, die bei ihm jenen für den Buddhismus überhaupt charakteristischen Anstrich des Unpersönlichen hat. Die allen Äußerungen des Christentums so eigentümliche Herzenswärme ist dem indischen Religionsstifter nach allem, was wir von ihm wissen, fremd gewesen. Aus Buddhas Persönlichkeit sind die beiden genannten Charakterzüge dann eingeflossen in seine Lehre, die Milde spiegelt sich wider in all dem, was uns den Buddhismus als Evangelium des Mitleids und der Liebe zeigt, die kühle Selbstbeherrschung spricht sich aus in dem allgemeinen Grundton, der durch die buddhistische Lehre hindurchklingt und schon in der Sprache der Texte seinen Ausdruck findet.

In der zusammenfassenden Würdigung der Persönlichkeit Buddhas (mit der er sein Buch „Leben und Lehre des Buddha" schließt, S. 124) sagt Pischel: „In den alten buddhistischen Texten tritt uns in Buddha ein Mann entgegen, der ein bequemes, üppiges Leben eintauschte gegen ein Leben voll Mühsal und Entbehrungen, und der von der Heimat in die Heimatlosigkeit ging, um die Wahrheit zu suchen. Während seines langen Lebens hat er nur Gutes gewollt und Gutes getan." Nach allen Äußerungen, die uns von Buddha und über ihn überliefert sind, müssen wir ihn uns in der Tat als einen über alle Alltagsinteressen, über alle Sinnlichkeit, über alles niedere persönliche Dichten und Trachten völlig erhabenen, nur im Geistigen lebenden Menschen vorstellen, und schon unter diesem Gesichtspunkt können wir begreifen, daß er den Zeitgenossen als ein Wunderwesen *(yakkho)*, ein „Phänomen", wie wir sagen würden, erschien. Aus diesem starken, nur auf Geistiges konzentrierten Innenleben erfloß ihm dann die Macht des Wortes, jene einzigartige Macht, die ihm gewiß nicht nur von seinen Anhängern angedichtet wurde, sondern die er, wenn wir uns den ganzen Erfolg seines Lebenswerkes vor Augen stellen, wirklich gehabt haben muß. Vom predigenden Buddha wird in den Texten gesagt, daß er „seine Löwenstimme erhebt", und immer wieder hören wir von dem „Wunder der Belehrung" und Bekehrung, das durch Buddhas Rede gewirkt wird. „Es ist wunderbar, es ist erstaunlich, wie wenn man etwas Verbogenes zurecht biegt, oder Zugedecktes aufdeckt, oder einem Verirrten den Weg weist, oder im Finstern ein Licht anzündet, auf daß, wer Augen hat, sehen kann, so hat der Heilige von mannigfaltigen Gesichtspunkten aus die Norm geoffenbart; ich nehme meine Zuflucht zum Heiligen, zur Norm und zur Gemeinde" – dies ist in den Texten die stehende Schlußformel der Bekehrungen, durch die der Belehrte den Eindruck schildert, den er von der Gewalt der Worte des Meisters empfangen hat. Der Sinn dieser Formel ist in vieler Hinsicht lehrreich. Sie zeigt uns einerseits, daß Buddha weit davon entfernt war, irgendwelche persönliche Macht zu einer Art von Hypnose zu mißbrauchen, sondern daß er dem Belehrten nur das Licht der Erkenntnis aufgehen lassen, durch das Mittel der Erkenntnis auf ihn wirken wollte. Andererseits zeigt es sich, daß es sich bei dieser „Erkenntnis" nicht um eine gewöhnliche, sondern eine höhere, intimere Erkenntnis handelt, eine Erkenntnis, die allem gewöhnlichen Denken entgegengesetzt ist, alle Vorstellungen und Vorurteile des Alltagsbewußtseins, allen Wahn der Persönlichkeit vernichtet. Nicht darum war es dem Buddha zu tun, dem Hörer irgendeine Theorie, irgendein religiöses oder philosophisches Dogma beizubringen, sondern eine vollständige μετανόησις, eine vollkommene Wandlung seines gesamten Denkens und Fühlens in ihm herbeizuführen, und die transzendentale Gewalt, die sein Wort in dieser Richtung hatte, wurde von den Zeitgenossen wie ein Wunder empfunden. Die Wahrheit, die der Buddha gefunden hat, so wird uns ja ausdrücklich gesagt, ist eine transzendente, eine Wahrheit, an die das gewöhnliche Denken, die gewöhnliche Logik, Philosophie und Spekulation nicht heranreicht *(atarka avitarkāvacara*, Pali *atakkāvacara)*. Er selbst hat sie durch die Inspiration der Bodhi, des höheren Bewußtseins der Erleuchtung, gewonnen. Es ist dies ein Gesichtspunkt, der bei der begrifflich-theoretisch-logischen Form, in die Buddha seine Erkenntnisse und Sätze geprägt hat – man denke nur an die zwölfgliedrige Formel der ursächlichen Entstehung – leicht übersehen werden kann. Man könnte aus jener gedanklich-abstrakten Form den Schluß ziehen, es handle sich beim Buddhismus um ein bloßes Gedankenschema, um die Vermehrung der schon vorhandenen philosophischen Systeme um ein weiteres. Aber alle solche Beurteilungen würden das Wesen der Sache nicht treffen. Die begriffliche Form, in welche der Buddhismus seine „Wahrheiten" geprägt hat, war ein Zugeständnis an die ganze Art der damaligen indischen Geistesentwicklung. Aber daß es sich bei diesen „Wahrheiten" nicht um etwas irgendwie mit dem grübelnden, spintisierenden Verstande, der bloßen philosophischen Spekulation zu Erfassendes handelt, wird von Buddha mit der größten Deutlichkeit und Entschiedenheit immer wieder erklärt. Wie sehr es dem Buddha nicht um Beibringung von Dogmen oder abstrakten Begriffen, sondern um die Herbeiführung einer inneren seelischen Wandlung, eine Umkehrung des gesamten Denkens, Fühlens und Wollens zu tun war, sehen wir besonders an der Art, wie er nach den Texten bei der Belehrung einzelner die oberste der von ihm gefundenen Wahrheiten, den „Satz vom Leiden und der Erlösung" (die vier „vornehmen Wahrheiten") immer zu verkünden pflegt. Es wird an solchen Stellen (u. a. Vinaya-Piṭaka I p. 15, 18, 19, 20; Dīghanikāya I p. 110, 148) gesagt, daß Buddha die Unterweisung nicht mit dem Satze vom Leiden, nicht mit dem, was die Hauptsache ist, beginnt, sondern daß er den zu Belehrenden zunächst durch ein Gespräch über andere Gegenstände in sachgemäßer Weise innerlich vorbereitet. Erst wenn durch dieses Gespräch der zu Belehrende in eine entsprechende Seelenverfassung gebracht ist, eröffnet ihm Buddha den Kern der Lehre: „Als dann" – so lautet die stereotype Fassung solcher Stellen – „der Heilige erkannt hatte, daß das Gemüt des edlen . . . (folgt der betreffende Name) wohl vorbereitet, gefügig, frei von Hindernissen (von störenden Gedanken irdischer Leidenschaft), gehoben und abgeklärt war, da offenbarte er ihm dasjenige, was der Erwachten vorzüglichste Lehre ist: die Wahrheit vom Leiden, von der Ursache, von der Überwindung, vom Weg". Es ist sehr wichtig, daß Buddha diese Dinge erst dann verkündet, wenn er dafür gesorgt und sich davon überzeugt hat, daß der Belehrte auch imstande ist, der Mitteilung den rechten Empfang in seiner Seele zu bereiten. Von der Wirkung der Belehrung auf den also Vorbereiteten heißt es dann: „So wie ein reines Gewand, von dem alle dunklen Flecken entfernt worden sind, in rechter Weise die Farbe annimmt, so ging ihm auf der Stelle das reine, fleckenlose Geistesauge auf, so daß er erkannte, wie alles, was dem Gesetze der ursächlichen Entstehung unterliegt, auch dem Gesetze der Auflösung (der Rückgängigmachung der Ursachen) unterworfen ist.“ Es ist kaum möglich, in solchen Stellen etwas anderes als eine Erinnerung an die Art und Weise, wie Buddha wirklich lehrte, zu erblicken. Es liegt ein gewisses esoterisches Moment des alten Buddhismus darin, daß auch das offen Mitgeteilte an ein feineres, intimeres Seelenverständnis sich wendet, das erst durch eine besondere Vorbereitung geweckt werden muß.

Wichtig ist auch das Verhalten Buddhas bei Fragestellungen. Nicht immer wird eine Frage so, wie sie gestellt ist, beantwortet, sondern durch die μετανόησις, durch die innere Seelenwandlung, die Buddhas Belehrung in dem Fragesteller bewirkt, wird dieser von dem ursprünglichen Sinne seiner Fragestellung ganz hinweggeführt, er lernt einsehen, daß alle Voraussetzungen des Denkens, die ihm die Frage eingaben, gegenüber der höheren Erkenntnis, die das Wort des Buddha in ihm auslöst, gegenstandslos werden, ihre Bedeutung verlieren, in nichts zerrinnen. Jegliche Anwendung des gewöhnlichen Denkens auf metaphysische Dinge widerstrebt der Lehre des Buddha; aus solchem Denken heraus gestellte Fragen werden von Buddha nicht beantwortet, sondern es wird versucht, den Fragesteller auf den schon in der Frage enthaltenen Fehler hinzuweisen. So wird z. B. am Schlusse des Kevaddha-Sutta des Dīghanikāya die gestellte Frage als fehlerhaft hingestellt und der Fragesteller darauf hingewiesen, wie die Frage richtig hätte gestellt werden müssen. Der Kommentator Buddhaghoṣa, der in dieser Art überhaupt viel Interessantes mitteilt, weist in der Sumaṅgalavilāsinī, dem Kommentar zum Dīghanikāya, ausdrücklich darauf hin, daß es sich dabei um eine allgemeine Gepflogenheit des Buddha handelt.

Daß alle Lehrvorträge, so wie die Sutratexte des Kanons sie uns mitteilen, Wort für Wort von Buddha gehalten sind, wird niemand behaupten wollen. Aber von der ganzen Art seines Lehrens und Predigens geben sie uns doch ein treues, anschauliches und lebensvolles Bild, das wir keineswegs als bloßes Erzeugnis mönchischer Phantasie betrachten dürfen. In einem buddhistischen Sanskrittext, dem „Lotos der wahrhaftigen Norm“ (Saddharmapuṇḍarīka), wird eine vierfache Lehrweise Buddhas, nämlich durch Sūtra's (Lehrvorträge, Predigten), Gāthā's (Gedichtstrophen), Legenden und Märchen (sog. Jātaka's oder Vorgeburtsgeschichten) unterschieden. Dies entspricht dem allgemeinen Bilde, das uns der Kanon von Buddhas Wirksamkeit gibt. Die teils längeren, teils kürzeren Lehrvorträge, wie sie vor allem in den beiden ersten Teilen des Suttapiṭaka,[1] dem Dīghanikāya und Majjhimanikāya enthalten sind,

[1] Der Palikanon (Tripiṭaka „Dreikorb“) umfaßt 3 Hauptteile: Das Vinaya-

knüpfen vielfach an Fragestellungen an oder entwickeln sich aus Gesprächen. Ihre stehende Eingangsformel lautet: „Also habe ich gehört (*evaṃ me sutaṃ*). Zu einer Zeit weilte der Heilige da und da.“ Daran schließt sich dann die Mitteilung des Gesprächs, das Buddha bei der betreffenden Gelegenheit angeknüpft, oder des Lehrvortrags, den er gehalten hat. Die schon mitgeteilte „Predigt von Benares“ und andere Texte zeigen zur Genüge, inwiefern das begrifflich-abstrakte Element in diesen Lehrvorträgen eine Rolle spielt. Man könnte versucht sein, aus manchem zu schließen, daß diese Begriffsschemen Buddhas lebendiger Art widersprachen und erst durch spätere Verfasser in die Texte hineinkamen. Richtiger erscheint jedoch die Annahme, daß Buddha selbst es war, der auf jene im Sinne der damaligen Zeit „wissenschaftliche“ Formulierung seiner „Wahrheiten“ Wert legte. Er hat die Terminologie, die dabei gebraucht wird, übrigens nicht selbst erfunden, sondern älteren philosophischen Systemen entnommen, die, wie das Sāṃkhya-System, bei den Anhängern des Yoga verbreitet waren. Buddhas Auftreten und Wirken fällt in die Zeit, wo die frühere mehr bildhafte Art des Denkens und Vorstellens, von der uns im Veda noch manches überliefert ist, dem begrifflichen, abstrakten, philosophischen Denken wich, und dementsprechend zeigt sich der Buddhismus selbst bestrebt, seinen „Wahrheiten“ einen den neuen Denkformen entsprechenden Ausdruck zu geben. Aber wenn Buddha auch jenes begriffliche Element in seine Redeweise mit aufgenommen hat, so hat er doch niemals bloße Gelehrsamkeit angestrebt, sondern sich im Gegensatze zu der Art und Weise der Brahmanen bemüht, dem Worte einen volkstümlichen Ausdruck zu geben, zum allgemein menschlichen Verständnis zu sprechen. Schon daß er sich in seinen Predigten der Volkssprache[1] bediente, daß er anordnete, jeder solle in seiner eigenen Sprache das Buddhawort lernen, und die Übertragung seiner Worte in das Sanskrit zurückwies (Cullavagga V, 33, 1), ist in dieser Beziehung wichtig. – Eines gewissen Maßes technischer, philosophischer Ausdrücke mußte sich Buddha bedienen, um überhaupt bei seinen indischen Zeitgenossen Anklang zu finden. Aber darüber hinaus sehen wir, wie sein Bestreben überall nach lebendiger An-

piṭaka (das die Ordenszucht enthält), Suttapiṭaka (die Hauptquelle für die Lehre), Abhidhammapiṭaka (in der Hauptsache eine jüngere Zusammenstellung von Begriffsschemen aus den älteren Teilen des Kanons). Auch der Vinaya enthält wichtige Abschnitte der Lehre und Legende.

[1] Als solche kam in der Gegend, wo Buddha vornehmlich wirkte, der Māgadhī-Dialekt in Betracht. Ihm nahe steht das Pali, die heilige Sprache des Kanons der südlichen Buddhisten.

schaulichkeit und Volkstümlichkeit hingeht. Darum läßt er das Abstrakte zwar einfließen, aber er erschöpft sich nicht darin und sucht daneben noch ganz andere, konkrete, unmittelbar auf das menschliche Empfinden wirkende Mittel der Belehrung. So steht neben den Prosa-Sutras im Kanon die Poesie der Gāthā's (Gedichtstrophen). Neben manchem, was spätere Mönchspoesie ist, finden sich im Kanon, besonders im Dhammapada und Udāna des Khuddakanikāya gewiß nicht wenige Strophen, die Buddha selbst schon gesprochen haben mag (wenn er sie auch nicht selbst erfand, sondern aus einem älteren Spruch- und Gedichtschatze schöpfte), und die im Udāna uns entgegentretende Abschließung einer Lehrunterweisung mit einer solchen Gedichtstrophe scheint dem Buddha nicht etwa nur von Späteren angedichtet zu sein, sondern einer wirklichen Gepflogenheit von ihm entsprochen zu haben. Das poetische Element, die Wirkung durch Poesie und Rhythmus, darf bei Buddha überhaupt nicht übersehen werden. Sie zeigt sich nicht nur in dem gelegentlichen Einfließenlassen wirklicher Gedichtstrophen, sondern in seiner ganzen Redeweise, in allem, was Buddha gesprochen hat. Auf die Wirkung der Rhythmen, die besonders den Texten des Palikanons jenes eigenartige Gepräge geben, wurde schon (siehe S. 95) hingewiesen. Sie kommt zum Ausdruck in der groß angelegten Periodik der längeren Lehrvorträge, wie auch im kleinen in einzelnen Sätzen und Wendungen, so z. B. ‚*ucchinnā bhavatáṇhā khī́nā bhavanétti, n'átthi dā́ni punábbhavo*' („Entwurzelt ist des Daseins Sucht, vernichtet die zum Dasein führende, nicht gibt es hinfort eine Wiedergeburt") und in zahlreichen ähnlichen Sprüchen. Charakteristisch ist in solchen Wendungen die Wiederholung eines bereits ausgesprochenen Gedankens oder Begriffs mit anderen gleichbedeutenden Ausdrücken, eine Art parallelismus membrorum, der die Wirkung hat, daß die Gedanken mit einer gewissen sanften Überredung sich in die Seele hineingießen. Auch die besonders in den Palitexten üblichen Wiederholungen, an denen im Abendlande so viel Anstoß genommen wird, sind unter dem Gesichtspunkte des Rhythmus zu verstehen, und es ist notwendig, sich mit einem gewissen musikalisch-rhythmischen Empfinden in die Texte hineinzuleben. – Ein der Poesie verwandtes Element liegt auch in den G l e i c h n i s s e n, von denen Buddha in Übereinstimmung mit anderen Religionsstiftern einen reichen und eigenartigen Gebrauch macht. „Durch ein Gleichnis", so lautet ein Wort Buddhas (Dīgha II, p. 324), „vermögen wohl verständige Leute den Sinn des Gesprochenen zu verstehen." Manche, wie das gewaltige, wie von kosmischen Rhythmen durchklungene Meeresgleichnis des Udāna (es findet sich auch im Aṅguttaranikāya und anderwärts), in dem die Eigenschaften der Norm mit denen des Weltmeeres verglichen werden, sind von bemerkenswerter dichterischer Schönheit, andere zeichnen sich durch einen Tiefsinn und Gedankenreichtum aus, der bei der Nüchternheit, die den buddhistischen Gedankenausdruck sonst für unsere Begriffe vielfach kennzeichnet, doppelt in die Waagschale fällt. (Schon in der Legende sind uns solche Gleichnisse begegnet. Manche, wie das zur Erklärung des Sinnes der von Buddha unternommenen Askese gebrauchte Bild des feueranreibenden Brahmanen sind aus der bloßen buddhistischen Theorie heraus gar nicht vollständig zu erfassen, sondern weisen zu ihrem Verständnis auf eine tiefere Yogalehre hin.) Gerade diejenige Art des Verständnisses, auf die es bei Buddha abgesehen ist – ein Seelenverständnis höherer Art, das über bloßes logisches Erkennen hinausgeht – kann durch Gleichnisse in intimer Weise geweckt werden, es ist, als ob dem Gleichnisse im Sinne des Buddhismus eine geheime Macht innewohnte, tiefere, mit den gewöhnlichen abstrakten Begriffen nicht mehr zu erreichende Zusammenhänge zu erschließen, so daß es dem höheren Bewußtsein, der Buddhaerkenntnis, gewissermaßen als das Natürliche erscheinen mußte, in Gleichnissen zu reden, und der Inhalt jener Erkenntnis in ihnen vielfach einen tieferen Ausdruck gefunden hat als in den abstrakten Lehrsätzen. So ist z. B. in bemerkenswerter Weise vielsagend jenes Gleichnis, durch welches Buddha den Unterschied beleuchtet, der zwischen der von ihm gelehrten höheren Erkenntnis und den Lehrmeinungen der verschiedenen spekulativen Systeme besteht (Udāna VI 4, siehe auch bei Oldenberg, Buddha, S. 236). Die Anhänger der verschiedenen Systeme, die über die metaphysischen Fragen streiten, die Buddha als dem spekulativen Denken unerreichbar hinstellt, werden mit Blindgeborenen verglichen, die einen Elefanten betasten: jeder der Blinden betastet einen anderen Körperteil und gibt dementsprechend eine andere Beschreibung des Elefanten, und der Streit artet zuletzt in Tätlichkeiten aus. Nirgends ist das Wesen des Buddhismus und sein Unterschied von aller Philosophie klarer bezeichnet als hier. Eine Feinheit ist zunächst diese, daß gesagt wird, daß jeder der Blindgeborenen einen Teil des strittigen Gegenstandes betastet und ihn, soweit er mit seinen beschränkten Sinnesfähigkeiten dazu imstande ist, richtig beschreibt. Darin liegt, daß im Sinne des Buddhismus nicht alles geradezu falsch ist, was Philosophie und äußeres Wissen über die Dinge auszusagen haben: alle solche äußeren Meinungen stellen von einem bestimmten niederen und beschränkten Gesichtspunkte aus die Wahrheit richtig dar, und der Fehler ihrer Vertreter liegt nur darin, daß sie die Beschränktheit dieses Gesichtspunktes nicht erkennen und ihre Meinung so verfechten, als ob sie schon die ganze Wahrheit enthielte. Demgegenüber will Buddha die Seele auf jenen höheren Standpunkt führen, auf dem sich ihr die „schauende Erkenntnis" eröffnet, die dem niederen, an die Sinnlichkeit gebundenen Denken nicht erreichbar ist. Jener schauenden Erkenntnis erscheinen dann alle diejenigen, die am sinnlichen Denken festhaltend den Weltzusammenhang ergründen wollen, als die von Geburt Blinden, die erst, wenn Buddha ihnen durch die Wandlung, die er durch sein Wort in ihren Seelen herbeiführt, gewissermaßen den Star sticht, zu Sehenden gemacht werden. In einem solchen Gleichnis liegt vieles, was man in allgemeiner, abstrakter Gedankenform zu Buddhas Zeit noch kaum hätte zum Ausdruck bringen können.

Auch für das Verhältnis Buddhas zur Natur sind viele der von ihm gebrauchten Gleichnisse – wie z. B. das oben erwähnte Meeresgleichnis – lehrreich. Wenn es auch wahr ist, daß keine Religion sich so vollständig von der Natur und dem Irdischen abgewendet hat, wie der Buddhismus, so ist es doch bemerkenswert, wie in einem rein geistigen Sinne dasjenige, wovon man sich also abwendet, wieder Bedeutung gewinnt. Wenn Buddha das Wesen seiner der Natur und dem Irdischen so abgekehrten Norm den Jüngern recht tief zum Bewußtsein bringen will, gebraucht er jenes Gleichnis, das er der Natur des Meeres, also eben jenem Irdischen entnimmt, über welches die Norm sich erhebt. So ist auch für den Buddhismus das Vergängliche immerhin ein Gleichnis. – Für das Charakterbild Buddhas können wir aus den vielen dem Naturleben entnommenen Gleichnissen die Einsicht gewinnen, daß ihm, obwohl er – oder vielleicht gerade weil er – ganz in geistigen Sphären lebte, ein feines Naturgefühl, das den alten Indern ja überhaupt nicht fehlte, eigen gewesen sein muß. (Auch die spätere buddhistische Mönchspoesie betont, daß es gut sein ist in der Einsamkeit der Wälder, und daß da, wo der weltlich Gesinnte keine Freuden hat, sie dem erblühen, der die Leidenschaften überwunden hat.) Den Schöpfer der buddhistischen Lehre als einen bloßen Verächter der Natur sich vorzustellen, würde also den Tatsachen keineswegs entsprechen. Aus manchem, was uns über Buddha überliefert ist, scheint eher eine gewisse Liebe zur Natur zu sprechen. Es sei daran erinnert, wie sich ihm im Mahāparinibbānasutta angesichts der Schönheit des Irdischen der Gedanke an ein längeres Verweilen im Erdendasein vor die Seele stellt (siehe oben S. 75), und wie er vor seinem Nirvana einen letzten Blick des Scheidens auf die geliebte Stadt Vaiśālī wirft. Und die Legende erzählt, wie ihn die Lieblichkeit der Ufer der Nairañjanā auf den Gedanken bringt, dort der Meditation sich hinzugeben, um die höchste

Buddhaerkenntnis zu gewinnen. Nach diesem glaubwürdigen Zuge der Legende war ihm also, wie anderen geistig Strebenden, die Natur eine Quelle der geistigen Inspiration. Ob dem also Veranlagten der Anblick der höchsten Schneegipfel der Erde, der sich ihm in der Kindheit von seiner Vaterstadt darbot, die Hinneigung zu weltabgewandtem Sinnen, zu transzendenten Höhen des Geistigen mit einpflanzen half, wird uns nirgends angedeutet. Vielleicht darf in diesem Zusammenhange aber darauf hingewiesen werden, daß in einer Version der Buddhalegende (in der Nidānakathā) die transzendenten Höhen des Bewußtseins, zu denen die Königin Māyā in der Nacht entrückt wird, in der der Bodhisattva auf übersinnliche Weise in ihren Schoß eingeht, von der Symbolik ihres Traumes durch die Bergeshöhen des Himalaya versinnbildlicht werden. (Siehe oben S. 38 Anm. 2.) Auch in den Gleichnissen Buddhas wird der Himalaya mehrfach erwähnt.

Durch die Bilder und Gleichnisse kommt in die Texte wieder ein Element des Konkreten, Bildhaften, das gegen die Abstraktheit der buddhistischen Begriffsreihen ein wirkungsvolles Gegengewicht darstellt. Und annehmen dürfen wir, daß bei dem Eindruck, den Buddhas Worte den Hörern erweckten, auch seine Kunst, in Gleichnissen zu reden, mit im Spiele war. – Wenn die Texte selbst darauf hinweisen, daß Buddha nicht nur durch Lehrvorträge, sondern auch durch Gedichtstrophen, Legenden und Märchen lehrt, so sehen wir, wie er jeder Art des Verständnisses entgegenzukommen sucht: dem gelehrten Verständnis der Brahmanen bietet er die abstrakten metaphysischen Begriffsreihen, auf das mehr naive Verständnis wirkt er durch Poesie und Gleichnis und durch die Einkleidung der Lehre in Legenden und Märchen. Daß die Fülle von Märchen, die uns als die schon erwähnten sog. Jātaka- oder Vorgeburtsgeschichten überliefert sind, so nicht oder nur zum kleinsten Teile von Buddha erzählt worden sind, ist selbstverständlich. Aber berechtigt ist die Annahme, daß eine Aufnahme solcher Geschichten in den Kanon nicht erfolgt wäre, wenn nicht schon Buddha zuweilen Erzählungen dieser Art in seine Unterweisungen hätte einfließen lassen. Die Erinnerung an frühere Geburten – die eben im Sinne Buddhas zu den höheren Fähigkeiten des Erleuchteten gehört und in der indischen Karmalehre theoretisch begründet ist – war für Buddha eine Tatsache, an der er als Inder nicht zweifelte; erzählt wird ja, wie unter dem Bodhibaum die Erinnerung an zahllose in der Vergangenheit durchlebte Inkarnationen in ihm erwachte. So dürfen wir also auch glauben, daß er Geschichten erzählte, denen er am Schlusse die Bemerkung hinzufügte, diese oder jene Person der Erzählung sei er selbst in einem früheren Leben gewesen. Besonders bemerkenswert sind die Jātaka-Geschichten des Sanskrittextes Mahāvastu, die sich auf Buddhas Gemahlin Yaśodharā beziehen. Die Liebe auf den ersten Blick zwischen dem Bodhisattva und Yaśodharā muß nach der allgemein-indischen Anschauung in den Beziehungen eines früheren Lebens ihre karmische Wurzel haben. Hier ist die Annahme besonders naheliegend, daß Buddha selbst sich über jenes Verhältnis im Sinne der indischen Wiederverkörperungslehre geäußert hat. Daß er die Geschichten gerade so, wie sie im Mahāvastu stehen, erzählt habe, wird damit nicht behauptet. (Nach dem Muster solcher Erzählungen wurden dann im Laufe der Zeit nahezu sämtliche in Indien vorhandene Märchen und Fabeln in einer oft recht oberflächlichen und schablonenhaften Weise in Jātaka-Geschichten umgewandelt.)

So finden wir bei Buddha alle möglichen Arten der Belehrung, von dem zu metaphysischen Begriffshöhen sich erhebenden Lehrvortrag bis herunter zum schlichten Volksmärchen, und, wie wir auch die im Jātaka-Buche überlieferten Erzählungen beurteilen mögen, es ist immerhin ein bedeutsamer Zug des Buddhismus, daß er auch dem Märchen einen geistigen Sinn abzugewinnen wußte. Überhaupt ist der Rede Buddhas bei allem Ernste seiner Lehre eine mit lebendiger Anschaulichkeit gepaarte Schlichtheit und Natürlichkeit durchweg eigen, und es fehlt nicht an Episoden in den Texten, aus denen hervorzugehen scheint, daß ihm auch ein gewisser Humor keineswegs fremd war.

Im Anschlusse an dasjenige, was über Buddhas Redeweise zu sagen ist, verdienen auch Erwähnung jene einfachen Sätze oder Formeln, die in gedrängtester Kürze die Quintessenz der Lehre enthalten: „Die in einer Ursache begründeten Erscheinungen (eigentl.: ‚Gesetzmäßigkeiten‘) hat der Tathāgata erkannt, und ebenso ihre Rückgängigmachung, also spricht der große Asket“ *(ye dharmā hetuprabhavā hetuṃ teṣāṃ tathāgato hy avadat teṣāṃ ca yo nirodha evaṃvādī mahāśramaṇaḥ)*. „Meiden alles Bösen und Üben des Guten und aufmerksames Bewachen des Geistes ist die Lehre Buddhas“ *(sarvapāpasyākaraṇaṃ kuśalasyopasaṃpadā svacittānurakṣaṇam etad buddhānuśāsanam)*. Wer wenig behalten konnte, hatte in jenem Wenigen schon den Inbegriff dessen, worauf es ankam, und auch wer vieles zu wissen glaubte, für den waren jene kurzen Sätze immer noch ein unerschöpflicher Gegenstand stets erneuter Vertiefung und Meditation. Wenn gerade die erwähnten Formeln auch nicht von Buddha selbst herrühren, so ist es doch glaubhaft, daß er auf die Zusammenfassung seiner Lehre in kurze Sätze und Gedächtnissprüche Wert legte. In gewisser Hinsicht können wir sagen, daß schon in jenen beiden Worten *appamādena sampādetha* („haltet an im strebenden Bemühen"), seiner letzten Ermahnung an die Jünger, eigentlich die Quintessenz des Buddhismus enthalten ist. Sie drücken in der knappsten Form jenen wichtigen Gedanken des Buddhismus aus, daß es nicht darauf ankommt, daß der Jünger abstrakte Begriffe sich aneignet, sondern daß er sich innerlich tätig anstrengt, in unermüdlicher Arbeit an sich selbst der geistigen Vollendung nachstrebt.

Es würde immer noch einseitig sein, bei der Wirkung Buddhas auf seine Zeitgenossen nur die Macht seines Wortes ins Auge zu fassen. Man kennt Buddha nicht, solange man ihn nur nach dem beurteilt, was er g e r e d e t hat. Sondern zu der Macht der Rede gesellt sich bei ihm eine andere, die jene beinahe noch überragt, die Macht des S c h w e i g e n s, und die Bedeutung dieses Schweigens richtig zu erfassen, ist für das ganze Verständnis des Buddhismus von größter Wichtigkeit. Zu den allervortrefflichsten Eigenschaften, die im Sinne Buddhas ein Mensch haben oder sich anerziehen kann, gehört das Schweigen, und Buddha selbst ist Meister in dieser Kunst gewesen. „Er hat über viele Dinge um sich herum nie deutlich geredet und verstand sich zeitlebens auf das feine Schweigen" – dieses von einem neueren Denker (Friedrich Nietzsche in „Jenseits von Gut und Böse", Aphorismus 244) mit Bezug auf Goethe geprägte Wort läßt sich auch auf Buddha anwenden.

Wie Buddha das Schweigen liebte, schildert anschaulich das Poṭṭhapāda-Sutta des Dīghanikāya, wo der Asket Poṭṭhapāda seine eben in Gesprächen über alle möglichen Themata des Weltlebens begriffenen Schüler beim Herannahen Buddhas ermahnt: „Seid still, macht keinen Lärm. Hier kommt der Asket Gautama, der ist kein Freund von Geräuschen und rühmt hoch das Stillesein; wenn er sieht, daß Stille in der Versammlung herrscht, wird er geneigt sein, zu uns zu kommen." Und bei einer anderen Gelegenheit (Udāna p. 11), wie Buddha die Jünger in politischen Gesprächen antrifft, verweist er ihnen solche Unterhaltung: „Nicht ziemt es, ihr Jünger, Edlen, die aus der Heimat in die Heimatlosigkeit gezogen sind, solcherlei Reden zu führen, sondern ein Zwiefaches steht den Jüngern in ihrem Beisammensein an: das Gespräch über die heilige Norm oder das v o r n e h m e S c h w e i g e n *(ariyo tuṇhībhāvo)*". So gilt Schweigen dem Buddha als etwas Edles, Vornehmes. Dabei handelt es sich um viel mehr, als eine bloße äußere Lebensgewohnheit. Das Schweigen, das im Alltag gewöhnlich als etwas Negatives empfunden wird, hat bei Buddha eine gewisse positive Bedeutung. Etwas zunächst noch ganz Untergeordnetes, Äußerliches ist es, wenn in den Texten immer wieder davon die Rede ist, wie bei Einladungen zum Mahle der Heilige seine Zusage durch Schweigen gibt (*adhivāsesi bhagavā tuṇhībhāvena*, siehe oben S. 74, 77), so daß hier durch Schweigen Bejahung ausgedrückt wird. Und dennoch liegt in diesem kleinen Zuge, daß durch Schweigen Bejahung ausgedrückt wird, etwas sehr Charakteristisches, das wir bei tieferem Eindringen in den Buddhismus auch im großen wiederfinden, und das uns einen der wichtigsten Fingerzeige zum Verständnis Buddhas und seiner Lehre geben kann. In seinen Begriffen und technischen Ausdrücken zeigt der Buddhismus weitgehende Übereinstimmung mit anderen indischen Systemen, vor allem Sāṃkhya und Yoga, und was ihn von diesen Systemen unterscheidet, ist in vieler Hinsicht mehr dasjenige, wovon bei Buddha geschwiegen, als dasjenige, wovon geredet wird. Mit dem, was er spricht, will Buddha nicht irgendwelchen theoretischen Bedürfnissen genügen, irgendwelche Neugier oder Wißbegier befriedigen, sondern er will nur die früher erwähnte innere Wandlung oder zunächst den tatkräftigen Entschluß in der Seele herbeiführen, daß sie den Weg der inneren Anstrengung betritt, durch die sie jene Wandlung und damit die wirkliche schauende Erkenntnis und das noch darüber hinausliegende höchste geistige Ziel erreichen kann. In diesem praktischen Ziele gipfelt das gesamte Streben Buddhas; abstrakte Begriffe und Erkenntnisse werden nur insoweit mitgeteilt, als dieses für die Erreichung jenes praktischen Zieles förderlich erscheint, um seiner selbst willen hat das Theoretische im Buddhismus keine Bedeutung. Im Saṃyutta-Nikāya (V, p. 437) wird jene Maxime des Schweigens von Buddha in charakteristischer Weise symbolisch verdeutlicht. Im Siṃsapā-Walde verweilend nimmt der Heilige einige Siṃsapā-Blätter in die Hand und sagt zu den Jüngern, wie die Blätter in seiner Hand wenige seien im Vergleiche mit den vielen Blättern im Siṃsapā-Walde, so verhalte sich das Wenige, was er ihnen als Lehre verkündet habe, zu dem vielen, das von ihm erkannt, aber nicht verkündet worden sei. „Und warum habe ich euch solches nicht verkündigt? Weil es nicht zum Segen dient, weil es mit den Grundlagen des heiligen Lebens nichts zu tun hat, weil es nicht zur Entsagung (*nibbidā*), nicht zur Leidenschaftslosigkeit (*virāga*), nicht zur Ursachenvernichtung (*nirodha*), nicht zur Ruhe des Gemüts (*upasama*), nicht zur hellsichtigen Erkenntnis (*abhiññā*), nicht zum Erwachen (*sambodha*), nicht zum Nirvana (*nibbāna*) führt." Mit Recht knüpft Oldenberg, der zuerst auf diese Stelle hingewiesen hat (Buddha, 5. Aufl., S. 240), daran die Bemerkung: „Unwillkürlich empfangen wir ... den Eindruck, es wäre nicht ein bloßes Wort, wenn die heiligen Texte erklären, daß der Vollendete unsäglich viel mehr gewußt hat, als er seinen

Jüngern zu sagen für dienlich hielt. Denn das, was ausgesprochen wird, weist zu seiner Erklärung und Ergänzung auf anderes hin, das unausgesprochen blieb . . ., wovon es aber nicht immer leicht ist zu glauben, daß es in der Tat nicht in den Gedanken Buddhas . . . vorhanden gewesen sein soll.“ Die Richtigkeit des hier Ausgesprochenen wird sich bei der Betrachtung der Lehre im zweiten Teile noch im einzelnen ergeben. Hier sei erinnert an das schon seinerzeit bei der Betrachtung der Legende über die anfänglichen Bedenken Buddhas, die gefundene Erkenntnis der Welt mitzuteilen, Bemerkte. (Siehe oben S. 93 f.) Alles dieses wäre schlechterdings nicht zu verstehen, wenn wir etwa die Motive eines modernen abendländischen Erkenntnisjüngers bei Buddha voraussetzen wollten. Aber um Buddha recht zu verstehen, müssen wir uns eben schon zu dem Gedanken erheben, daß jene uns so geläufigen Motive ihn nicht leiteten, und daß das von ihm gefundene Wissen all dem gegenüber, was wir heute unter „Wissen“ und „Erkenntnis“ verstehen, etwas völlig Heterogenes war. Nicht, um einem Systeme Anhänger zu werben, sondern um eine Aufgabe gegenüber der Menschheit zu erfüllen, die er wie als eine aus geistigen Welten ihm auferlegte transzendentale Verpflichtung empfand, hat Buddha seine „Lehre“ verkündet. Was er aber dabei zu verkünden hatte, und wie er es zu verkünden hatte, dabei kam für ihn eben nur jener Zweck, jene Aufgabe, nicht irgendwelches persönliche Bedürfnis oder persönlicher Ehrgeiz in Betracht, das bemaß er allein nach den Bedürfnissen seines Zeitalters und der Verständnisfähigkeit seiner Hörer. (Auch dieses ist einer der Gründe, warum es verfehlt erscheinen muß, heutzutage den Buddhismus im Abendlande zu propagieren. Denn selbstverständlich hat Buddha seine Erkenntnisse eben gerade in der Form mitgeteilt, die für das damalige Zeitalter und die damalige Zeitkultur angemessen war.)

Besonders charakteristisch ist Buddhas Schweigen, sein Zurückhalten mit positiver Belehrung da, wo Fragen über transzendente Probleme, wie Ewigkeit oder Nichtewigkeit, Unendlichkeit oder Endlichkeit der Welt, oder die dem religiösen Bedürfnis aller Zeiten so naheliegenden Fragen über das Verhältnis von Körper und Seele (Leben, *jīva)* und das Fortleben nach dem Tode an ihn gestellt werden. Stets weist hier Buddha sowohl die bejahende wie die verneinende Antwort, ebenso die gleichzeitige Bejahung der beiden Alternativen, an die etwa gedacht werden könnte, und ihre gleichzeitige Verneinung zurück: „Die Welt ist ewig – ist nicht ewig – ist zugleich ewig und nicht ewig – ist weder ewig noch nicht ewig – alles dieses habe ich nicht gelehrt. Der Tathāgata lebt fort nach dem Tode – er lebt nicht fort – er lebt und er lebt auch nicht – weder lebt er noch lebt er nicht – dieses alles lehre ich nicht.“ Zuweilen werden auch alle vier Alternativen direkt vereint. Die betreffende Ausdrucksweise ist so eigenartig, daß wir sie unbedingt zu dem rechnen möchten, was auf Buddha selbst zurückgeht. Aus der Zurückweisung jener Fragen mit neueren Forschern auf eine bloße Gleichgültigkeit Buddhas gegen metaphysische Probleme zu schließen, anzunehmen, daß solche Probleme eben nicht für ihn existierten, reicht zum Verständnisse hier nicht aus. Worum es Buddha zu tun ist, bringt er in einem berühmten Gleichnisse deutlich zum Ausdruck. Einst, so lesen wir im Majjhimanikāya (im Cūḷa-Māluṅkyasutta, P. T. S. Bd. I p. 426ff.), kommt ein Mönch Māluṅkyaputta zu Buddha. Er fühlt sich unbefriedigt darüber, daß der Heilige keine Auskunft darüber erteilt, ob die Welt ewig oder nicht ewig, unendlich oder nicht unendlich sei, ob die Seele verschieden sei vom Körper, ob es ein Fortleben nach dem Tode gebe. Er dringt in Buddha, ihm diese Fragen entweder in bejahendem oder in verneinendem Sinne oder mit einem „Ich weiß es nicht“ zu beantworten. Dann würde er bereit sein, weiterhin Buddhas Jünger zu bleiben, im andern Falle würde er sich wieder dem Weltleben zuwenden. Aber Buddha erwidert ihm mit einem Gleichnis: „Ein Mann“, so sagt er ihm, „ist von einem vergifteten Pfeil getroffen, seine Freunde rufen den Wundarzt herbei. Würde er nun sagen: ich lasse mir den Pfeil nicht herausziehen, bevor ich nicht ganz genau weiß, wer der Mann ist, von dem ich getroffen wurde, wie er heißt, welchem Geschlecht, welcher Kaste er angehört, wie er aussieht, ob er groß oder klein, dunkel oder blond ist, wo er beheimatet ist, und bevor ich nicht ganz genau weiß, von welchem Kaliber der Bogen war, den er auf mich abgeschossen, und der Pfeil selbst, der mich durchbohrte (es werden wieder die minutiösesten Einzelheiten im Texte aufgezählt) – so würde der Mann sterben, bevor ihm Heilung gebracht werden könnte. Genau so wäre es, wenn jemand seinen Eintritt in die Jüngerschaft von der Beantwortung jener Fragen abhängig machen würde, er würde sterben, ehe ihm der Tathāgata die Antwort auf seine Fragen hätte geben können.“ Auch dieses Gleichnis ist tiefer als viele der abstrakten Lehren des Buddhismus. Die Geschichte sagt uns zunächst, daß der Buddha die Antworten auf jene Fragen w e i ß, daß es aber unmöglich ist, sie auf so einfache Weise, wie der Fragesteller es sich denkt, zu geben, daß der Fragesteller sterben, der Heilung und des Heiles verlustig gehen würde, ehe er die Antwort vernommen hätte. Buddha, so ist der Gedanke, ist nicht gekommen, um theoretische, philosophische Fragen zu beantworten, sondern um der bedrängten Menschheit zu helfen. Die Lage des im Weltleben befangenen, der irdischen Leidenschaft und Daseinsbegierde noch unterworfenen Menschen gleicht der des Mannes, der von einem vergifteten Pfeile getroffen ist. Man muß ihm vor allem den Pfeil herausziehen, ehe an irgend etwas anderes, an die Beantwortung wißbegieriger Fragen gedacht werden kann, und nur die praktische Tat, das Herausziehen des Pfeiles und das Heilen der Wunde, ist wichtig, nicht irgendwelches Nachforschen über die Beschaffenheit und Herkunft des Pfeiles oder über Name, Art und Herkunft dessen, der ihn abschoß. Ebenso muß auch dem Weltmenschen zuerst die Wunde geheilt werden, an der er – im Sinne des Buddhismus – erkrankt ist, der Pfeil der sündigen Leidenschaft und des sinnlichkeitsbefangenen Denkens muß ihm herausgezogen werden, ehe eine wahrhafte Erkenntnis metaphysischer Probleme möglich ist. Dazu ist der Buddha in die Welt gekommen, nicht dazu, um bloße Wißbegierde zu befriedigen, wodurch nur die Erreichung des wahren Zieles gefährdet würde.

Noch manches Unausgesprochene liegt bei solchen Gleichnissen zwischen den Zeilen. Es handelt sich in der Tat nicht um eine bloße Gleichgültigkeit Buddhas gegen metaphysische Fragen – er war eine im tiefsten Innern metaphysisch veranlagte Natur –, und hinter jener charakteristischen Zurückweisung aller der Logik hier möglichen Alternativen steckt auch, vom philosophischen Standpunkte aus betrachtet, mehr Weisheit, als es bei oberflächlichem Zusehen zunächst scheinen möchte. Bleiben wir bei der ersten jener Fragen, ob die Welt unendlich oder endlich, ewig oder nicht ewig sei. Wer Kant gelesen hat, weiß, daß wir hier vor den „Antinomien" stehen (Kritik der reinen Vernunft). Im einzelnen mag manches anders formuliert, anders begründet werden, als es durch Kant geschehen ist: die Antinomie als solche aber kann und muß von jedem bei eigenem Denken über diese Dinge innerlich erlebt werden. Denn die wirkliche konkrete Vorstellung einer Raum- und Zeitunendlichkeit vermag das an das Gehirn gebundene endliche Denken nicht auszuführen, andererseits ist ein Ende des Raumes (ein Punkt des Raumes, hinter dem kein Raum mehr wäre) und ebenso Anfang und Ende der Zeit für dieses Gehirndenken eine Denkunmöglichkeit. Das verstandesmäßige Denken befindet sich hier also in einer Bedrängnis, aus der es von sich aus keinen Ausweg finden kann. Ein wichtiger Unterschied zwischen Kant und Buddha ist nun, neben vielem anderen, derjenige, daß für Kant das Stehenbleiben innerhalb jenes an das Gehirn gebundenen Denkens eine Selbstverständlichkeit war – er hat sich in gewissen weniger bekannten Schriften mit anderen Standpunkten auseinandergesetzt, dieselben aber abgelehnt –, während Buddha gerade die Aufgabe setzt, das gewöhnliche, empirische Denken (das an das Gehirn gebundene Denken, wie wir sagen würden – der Begriff „Gehirn" spielt bei den Indern aber noch keine Rolle) zu überschreiten, zu überwinden. Darum die Zurückweisung aller Spekulation, darum die Erklärung, daß die höchsten Welten- und Menschengeheimnisse für das abstrakte, philosophische Denken unerreichbar sind; nicht logisches Denken, sondern nur ein höheres Bewußtsein *(bodhi)* löst die Widersprüche, in die das niedere, an die Sinnlichkeit gebundene Denken sich hoffnungslos verstrickt.

In diesem Sinne spricht Buddha von allen metaphysischen Lehrmeinungen, von allen Anschauungen wie: die Welt ist ewig oder nicht ewig usw. als einem Dickicht, einem wilden Urwald *(kāntāra)*, einer Komödie *(visūkaṃ)*, einem verzerrten Krampfe *(vipphanditaṃ)*, einer Fessel voll Leiden und Qual. (Majjhima I p. 485, schon bei Oldenberg a. a. O. p. 236 zitiert.) Aus diesem leidenvollen Dickicht will Buddha die Seele erlösen, auf dem Wege, der zur Vernichtung des Denkens, das die Voraussetzung aller jener Fragestellungen ist, und statt dessen zum Schauen, zur Hellsichtigkeit, zum höheren Bewußtsein führt. Worum es sich dabei im Sinne des Buddhismus im einzelnen noch genauer handelt, wird aus den Ausführungen des zweiten Teiles sich ergeben. Hingewiesen sei auf eine wichtige Stelle des Poṭṭhapāda-Sutta (Dīghanikāya I p. 195), wo verschiedene Stufen des Bewußtseins-Selbstes *(ātman*, Pali *attā)* gelehrt werden, von denen das an den groben physischen Körper gebundene *(olāriko attā)* das niederste ist. Jede der Stufen wird in der nächsthöheren überwunden und erscheint dann als wesenlos. So ist alle Erkenntnis im Sinne des Buddhismus relativ, nur für eine bestimmte Bewußtseinsstufe da. Die Widersprüche einer Stufe lösen sich in der nächsthöheren. Das allumfassende Bewußtsein, in dem alle Widersprüche sich lösen, ist die Bodhi, das eigentliche Mysterium des Buddhismus, das durch den heiligen Feigenbaum versinnbildlicht wird. Aber auch über das höhere Bewußtsein will Buddha nicht eine Theorie aufstellen, sondern er will den Weg zeigen, der zu ihm führt. Kant zeigt theoretisch, wo innerhalb des gegebenen Bewußtseins die Grenzen der Erkenntnis liegen, Buddha lehrt die Praxis, den Weg, wie jene gegebene Bewußtseinsform überschritten werden kann. Während also Kant beweist, wie innerhalb des an die Sinnlichkeit gebundenen Denkens, der „reinen Vernunft", die Erkenntnis des in höherem Sinne Realen unerreichbar ist, will Buddha durch Überwindung des an die Sinnlichkeit gebundenen Denkens zu höherer Erkenntnis aufsteigen. Er mußte also auf alle Fragen, die aus jenem Denken heraus an ihn gestellt waren, jene Antwort geben, die in Wirklichkeit Schweigen ist und nur zeigt, wie keiner der Irrgänge des Denkens an die großen Weltenprobleme heranreicht.

Als etwas beinahe Selbstverständliches, nicht mehr Verwunderliches erscheint nach all dem das Schweigen Buddhas da, wo wir die Frage nach „Gott" oder einem wie immer gearteten oder benannten höchsten Prinzip zu stellen gewohnt sind. Von göttlichen oder geistigen, übersinnlichen Wesenheiten, mit denen der Heilige in der Meditation in Beziehung tritt, ist im Buddhismus ja gerade genug die Rede, und ganz zweifellos hat Buddha selbst von solchen Wesen und solchen Beziehungen gesprochen (siehe oben S. 97 f.), aber was als höchste Einheit über und in allen Weltenwesen zu denken dem religiösen Bedürfnis wie auch dem spekulierenden Verstand so nahe liegt, und gerade in Indien besonders nahe lag, hüllt er in Schweigen. Wohl äußert er einmal im Gespräche mit Brahmanen (Dīgha I, p. 249), er kenne Brahman und die Brahmanwelt und den Weg, der in die Brahmanwelt führt, aber er meint damit nicht das höchste Brahman (Parabrahm) des Vedanta, die das Weltenall mystisch durchwebende Weltseele der alten indischen Metaphysik, sondern nur den ursprünglich mit dem indischen Weltenschöpfer identischen Gott Brahman, der im Buddhismus ein Gott unter Göttern ist und neben Indra, dem obersten der 33 Götter *(Sakko devānaṃ indo)*, viel genannt wird. Die Geschichte der Religionen zeigt deutlich, wozu alles Reden von einem höchsten Prinzip meistens geführt hat. Im besten Falle zu einem „Glauben", einem Dogma, einer Theologie, also zu einem Stehenbleiben innerhalb derjenigen Form des Bewußtseins und Denkens, die Buddha gerade überschreiten will. Von dem Brahman, der übersinnlichen makrokosmischen Weltwesenheit, und dem Ātman, dem auf dem Wege in das Seeleninnere sich erschließenden höchsten Selbst, und der mystischen Einheit der beiden war in Indien schon vor Buddha viel, im Übermaß viel geredet worden, und man kann sich beim Lesen mancher gelehrter brahmanischer Texte der Empfindung nicht erwehren, daß von allem jenem, in steter Wiederholung des gleichen Gedankens sich erschöpfenden Reden über Ātman und Brahman trotz allen ursprünglichen Tiefsinns zuletzt nur leere Begriffsschemen übrig blieben. Buddha erkannte die Gefahr, die gerade für sein Volk und sein Zeitalter in jenem Gefangenwerden durch bloße Begriffsschemen vorhanden war. Allem Theologengezänk, aller Spekulation war er abhold, er wollte die Seele herausführen aus dem leidenvollen „Dickicht der Dogmen, dem Urwalde der Dogmen, dem Krampfe der Dogmen, der Komödie der Dogmen", und sie hinlenken auf den Weg des wirklichen meditativen inneren Erlebens, der

Überwindung des niederen Bewußtseins und aller Formen des verstandesmäßigen Denkens, und ihr dabei nur so viel an Begriffen und abstrakt formulierten „Wahrheiten" mitgeben, als es ihm für die Erreichung seines praktischen, erzieherischen Zweckes gut und förderlich erschien. Von Ātman und Brahman, von irgendeinem höchsten Göttlichen oder Geistigen so zu reden, wie es in dem Indien der damaligen Zeit üblich war, schien ihm dabei nicht ersprießlich. Auch da, wo er sich bei der Formulierung seiner Wahrheiten der Terminologie indischer Systeme anbequemte, ließ er gerade die ein solches höchstes Göttliches oder Geistiges bezeichnenden Begriffe aus dem betreffenden Schema weg, so daß ein von der Logik gefordertes Anfangsglied einer Begriffsreihe infolgedessen zu fehlen scheint, und sich für das logische Verständnis des Buddhismus die bekannten, manchen Forschern hoffnungslos erscheinenden Schwierigkeiten ergeben. An die Stelle jener positiven höchsten Begriffe anderer Systeme setzt Buddha gewissermaßen den bloßen Gedankenstrich. Jener Gedankenstrich, der im tiefsten Wesen des Buddhismus begründet ist, hat zu vielen Mißverständnissen den Anlaß gegeben. Weit verbreitet ist noch immer die Anschauung, die in Buddha einen „Atheisten" sieht. Besonders verfehlt ist die ganze von Dahlmann unter diesem Gesichtspunkte gegen den Buddhismus gerichtete Kritik. Von einem Atheisten in unserem modernen Sinne kann bei einer so sehr dem Geistig-Übersinnlichen zugewendeten Persönlichkeit, wie Buddha es war, nicht die Rede sein. Von Göttern als geistigen Wesenheiten, mit denen die Meditation die Möglichkeit eines persönlichen Verkehrs eröffnet, wird von Buddha, wie wir gesehen haben, ja fortwährend geredet. Aber auch ein höchstes Göttliches oder Geistiges hat er nicht geradezu geleugnet; es zu leugnen, lag ihm ebenso fern, als in positivem Sinne davon zu reden. Jenes höchste Göttlich-Geistige, von dem in anderen Religionen auf verschiedene Weise geredet wird, war für den Buddha – Schweigen, ein Schweigen, das uns vieles sagen kann, das nicht rein negativ ist, sondern, wie Buddhas Schweigen ja vielfach, auch eine positive Seite hat. Und zuweilen ist ja auch bei ihm in dunklen Worten, aber doch in positivem Sinne von einem höchsten Übersinnlichen, in dem die Erscheinungen der Sinneswelt „urständen" (um diesen auch zur Wiedergabe buddhistischer Begriffe passenden Ausdruck eines deutschen Mystikers zu gebrauchen) und in dessen Schoß sie zurückkehren können, die Rede: „Es gibt, ihr Jünger, ein Ungeborenes, Ungewordenes, Ungeschaffenes, nicht aus den Bildekräften Entstandenes; wenn es dieses Ungeborene, Ungewordene, Ungeschaffene, Unentstandene nicht gäbe, so würde für das Geborene, Gewordene, Geschaffene, aus den Bildekräften Entstandene hier kein Ausweg zu erkennen sein." (Udāna p. 81.) Der Eindruck solcher Äußerungen beruht gerade mit auf ihrer Schlichtheit und Seltenheit, die zu den endlosen Wiederholungen von Ātman und Brahman in brahmanischen Texten in einem bemerkenswerten Gegensatze steht. In jenem Schweigen von den höchsten Dingen kann eine gewisse Keuschheit des Buddhismus gefunden werden, es kann empfunden werden als ein Schweigen der Ehrfurcht gegenüber demjenigen, das in Worten nicht mehr auszudrücken, „mit Gedanken nicht mehr zu erfassen" ist (dieser Ausdruck wird von Buddha selbst mit Vorliebe gebraucht), das auch vor der Meditation, für die ja die „Götter" im Sinne Buddhas noch etwas durchaus real Erreichbares sind, sich gewissermaßen zurückzieht, indem es, gerade je weiter diese Meditation in geistige Sphären eindringt, in um so weitere Fernen, in um so höhere Höhen, in um so tiefere Tiefen entschwindet. Zu anderen reden wollte Buddha nur von solchen Dingen, die den Betreffenden real erfaßbar waren, zu denen sie in eine Beziehung treten konnten, und die für ihre geistige Erziehung und Entwicklung eine Bedeutung hatten. So lehrte Buddha eine Erhebung zum Übersinnlichen, ohne daß er in dem uns geläufigen Sinne von „Gott" geredet hätte. Gerade aus seinem Schweigen über manches, von dem viele glauben, daß es dem Begriffe der „Religion" wesentlich sei, können wir lernen. In seiner Hinwendung zur übersinnlichen Erkenntnis und zum „heiligen Leben" zeigt der Buddhismus deutlich den Charakter und die Stimmung einer Religion, jedes Wort des Buddha ist von dieser religiösen Stimmung, diesem religiösen Hauche durchweht. Es handelt sich also darum, nicht mit einem vorgefaßten Begriffe von „Religion" an den Buddhismus heranzutreten, sondern bei der Bildung des Begriffes „Religion" den Buddhismus mit zu berücksichtigen. Aus diesem Grunde konnte gesagt werden (vgl. oben S. 22), daß wir gerade aus dem Studium des Buddhismus für die Vertiefung unseres Begriffes von Religion vieles gewinnen können.

Buddha war kein Philosoph, sondern der L e h r e r e i n e s P f a d e s. Als solcher tritt er uns schon in dem bis hierher von ihm entworfenen Bilde mit aller Deutlichkeit entgegen. Selten ist einer der geistigen Führer der Menschheit aller philosophischen Spekulation so durchaus ablehnend gegenübergestanden wie Buddha. !

Wenn sich trotzdem im Laufe der Zeit eine „buddhistische Philosophie" herausentwickelt hat, so darf uns dies, so sehr es auch den ursprünglichen Absichten des Buddha entgegengesetzt ist, bei dem eingewurzelten Hang der alten Inder (und der Menschheit im allgemeinen) zur Theorie nicht wundernehmen. Die Geschichte jeder Religion zeigt, wie aus dem der Menschheit oder dem Volke Gegebenen sich etwas entwickelt, was von der ursprünglichen Absicht des Stifters sich weit entfernt. Daß sich in Indien aus dem Worte Buddhas neben manchem anderen auch eine Philosophie, ja eine ganze Reihe philosophischer Systeme und Schulen entwickeln konnte, ist für den Kenner indischer Verhältnisse leicht zu verstehen. Auf das einzelne hier einzugehen, ist in der gegenwärtigen Darstellung nicht möglich. Aber von Interesse ist es, darauf hinzuweisen, wie gerade das Wichtigste und Berühmteste jener Systeme, die sich zum Mahāyāna rechnende Mādhyamika-Philosophie, anknüpft an die (oben S. 112) erwähnte Gepflogenheit des Buddha, bei der Beantwortung gewisser metaphyischer Fragen in einer vom Standpunkte der Logik widerspruchsvoll erscheinenden Weise alle möglichen entgegengesetzten Alternativen gleichzeitig zurückzuweisen oder zu verneinen. So fällt auf jene merkwürdige „Philosophie", die uns, wenn wir mit unseren Begriffen an sie herantreten, zunächst als das Sinnlos-Abstruseste erscheinen könnte, was je unter dem Namen „Philosophie" der Menschheit geboten worden ist, Licht, wenn wir sie als eine „Philosophie des Widerspruchs" betrachten, die sich aus jenem schon in der ursprünglichen antiphilosophischen Lehrweise des Buddha enthaltenen Keime mit einer gewissen Folgerichtigkeit ergeben hat. (In dankenswerter Weise erschlossen wird jene Philosophie durch die Arbeiten von Max Walleser: Die mittlere Lehre des Nāgārjuna, nach der tibetischen und chinesischen Version übertragen, Heidelberg 1911, 1912, besprochen von dem Verfasser dieses Buches in der Theol. Literaturzeitung, 38. Jahrgang, Nr. 13.)

Für diejenige der theoretischen Philosophie entgegengesetzte meditative Geistesrichtung, der Buddha als Lehrer eines auf die Erhebung zum Übersinnlichen, auf die Befreiung aus den Banden des Sinnlichen gerichteten Pfades angehörte, ist später in Indien das Wort „Yoga" geprägt worden. Es soll hier der Buddhismus nicht Systemen gleichgestellt werden, die speziell den Namen des Yoga tragen, sondern nur angegeben werden, in welchem Sinne wir uns das ganze Wirken und Auftreten Buddhas zu denken haben. Das Yoga-System des Patañjali gehört nach neueren Forschungen erst einer erheblich späteren Zeit an. Der Yoga aber als das Bestreben, durch geistige Methoden der Konzentration und Meditation zu höheren Bewußtseinszuständen und den mit ihnen verbunden gedachten übersinnlichen Fähigkeiten und Wesen einer übersinnlichen Welt sich zu erheben, war in Indien sehr alt. Diesem Zwecke dienten jene Übungen der Askese (*tapas*), denen auch Buddha, wie die Legende erzählt, eine Zeitlang anhing, bis er sie, weil sie nicht zum höchsten Ziele führten, als unersprießlich verwarf. Sie bilden aber nicht das Wesentliche des Yoga. Wohl gibt es Richtungen des Yoga (sog. Haṭha-Yoga), in denen sie in einer gewissen Weise im Vordergrunde stehen, der mehr geistigen Richtung aber, die später in dem Systeme der Patañjali festgelegt worden ist, liegt eine solche Bevorzugung der äußeren Askese ganz fern. Sie gilt da nur als ein nebensächliches Hilfsmittel der geistigen Methoden. Diese geistigen Methoden der Konzentration und Meditation sind durchaus das Wesentliche des Yoga, und nur in diesem Sinne wird das Wort in diesem Zusammenhange gebraucht. In den älteren Palitexten sind die Ausdrücke *yoga* (im technischen Sinne) und *yogī* (d. h. Ausübender des Yoga) noch selten, in späteren buddhistischen Texten, namentlich Sanskrittexten, begegnen sie häufig, und es ist dort etwas ganz Gewöhnliches, daß Buddha als Yogin bezeichnet wird. Ein in tibetischer Sprache erhaltener Sanskrittext, der Śrīvajramaṇḍālaṃkāra, nennt Buddha den „größten aller Yogins" (saṅs · rgyas · kun · gyi · rnal · hbyor · che, Band 94 Bl. 116 der Berliner Kanjur-Ausgabe). Es ist das, wie sich aus allem bisher Ausgeführten ergibt, in gewisser Weise durchaus den Tatsachen entsprechend, muß aber mit vielen Vorbehalten hingenommen werden. Es ist schon darauf hingewiesen worden, daß Buddha dem Gebaren der gewöhnlichen indischen Yogins, die nur für sich eine geistige Entwicklung erstrebten und sich mit einem gewissen Egoismus von der Außenwelt abschlossen, ganz fern stand. Sein Bestreben war in ganz anderer Weise von wirklicher Menschenliebe durchseelt; er wollte, soweit es mit dem Wesen der Erkenntnis vereinbar ist, diese Erkenntnis und die zu ihr führenden Methoden weitesten Kreisen zugänglich machen. Darum ist seine Persönlichkeit eine viel mächtigere als die eines gewöhnlichen indischen Yogin. Aber sofern unter Yoga im Unterschied von spekulativer Philosophie eben das praktische Bestreben, die auf übersinnliche Ziele gerichtete Methode der geistigen Konzentration und Meditation verstanden wird, haben wir doch ein Recht, die Geistesrichtung, von der Buddha ein Anhänger war, unter den Gesichtspunkt des Yoga zu bringen. Den Weg geistiger Konzentration und Meditation ist er selbst gegangen, um Buddha zu werden, und in geistiger Konzentration und Meditation gipfelt auch die Norm, die er den Jüngern als sein Vermächtnis hinterlassen hat; sein Verhältnis zu allem, was in das Gebiet des Übersinnlichen einschlägt, war im wesentlichen dasselbe wie im Yoga. Nur aus einer Kenntnis des indischen Yoga heraus ist diese ganze Seite seines

Wesens, die in dieser Darstellung schon mehrfach zu erwähnen war, zu verstehen. Schon in den ältesten Pali-Texten wird Buddha häufig als *mahesi*, d. h. der große Ṛṣi bezeichnet. Das Sanskritwort *ṛṣi* bedeutet aber im Sinne der Inder den „übersinnlich schauenden" *(atīndriyadraṣṭar)* Seher und Sänger der Vorzeit, also denjenigen, der in alter Zeit die Fähigkeiten besitzt, die in späterer Zeit der Yogin durch seine Methoden sich erwerben will. Von jenem übersinnlichen Schauen ist ja auch bei Buddha die Rede, so bei den schon besprochenen Göttervisionen, wo es heißt, daß er die Gottheiten mit dem „göttlichen hellsichtigen, übersinnlichen (eigentlich ‚übermenschlichen') Auge" *(dibbena cakkhunā visuddhena atikkantamānusakena)* wahrnimmt. Das entspricht bis in Einzelheiten der Terminologie des Yoga. Aus den Ausführungen des 2. Teiles wird sich ergeben, wie Buddha und seine Lehre im einzelnen zu diesen Dingen stand, und auf die Beziehungen des Buddhismus zum Yoga wird dann ein helleres Licht fallen. Hier handelt es sich ja zunächst nur darum, ein Bild von Buddhas Persönlichkeit zu gewinnen, und bei diesem Bilde dürfen die auf das Gebiet des Übersinnlichen, des Yoga hinweisenden Eigentümlichkeiten nicht übersehen werden. Er selbst spricht von seinem eigentümlichen Schauen, von seiner Fähigkeit, die Gedanken anderer zu durchdringen, den Körper, Gesundheit und Leben durch Willenskraft zu beherrschen, sich an frühere Inkarnationen zu erinnern, und anderem. Dabei werden diese Dinge zwar als Errungenschaften geistiger Schülerschaft hingestellt (denn auch der strebende Jünger kann, so lehrte Buddha, ihrer teilhaftig werden), aber nicht als Fähigkeiten, die um ihrer selbst willen gesucht werden sollen. Das eigentliche Ziel des Pfades ist ein höheres, darüber hinausliegendes, jene Fähigkeiten werden, ganz wie im Yoga (Yogasūtra III, 36), nur als vor der Erreichung des eigentlichen Zieles auftretende Begleiterscheinungen der Meditation von Buddha angesehen. Wir würden ein falsches Bild von Buddhas Persönlichkeit uns machen, wenn wir etwa annehmen wollten, daß es ihm darum zu tun gewesen sei, irgendwie mit höheren Fähigkeiten zu prahlen oder sie in scharlatanhafter Manier zur Schau zu stellen. Er scheint vielmehr mit diesen Dingen sehr zurückhaltend gewesen zu sein und nur gelegentlich einem vertrauten Jünger oder einem anderen, für den dergleichen gerade einen Wert haben konnte, einen Beweis von dem gegeben zu haben, was seiner Zeit als besondere psychische Begabung erschien. Den entscheidenden Wert legte Buddha aber nie auch nur im geringsten auf das Psychische, sondern immer auf das Ethische, das in jeder Beziehung die Grundlage des „Pfades" bildet. Allem in das Gebiet des niederen Okkultismus oder gewöhnlichen Aberglaubens Einschlägigen war Buddha durchaus abhold, und er warnt die Jünger eindringlich, sich mit solchen Praktiken zu befassen. So werden uns im Brahmajāla-Sutta (21 ff.), im Sāmaññaphala-Sutta (56 ff.) wie anderwärts in einem kulturhistorisch nicht uninteressanten Abschnitt alle möglichen Arten von Wahrsagekünsten aufgezählt, die zu Buddhas Zeit in Kreisen der Brahmanen und Asketen für Geld ausgeübt wurden. Buddha bezeichnet diese Dinge als „niedere Künste" *(tiracchānavijjā)*, von denen der richtig strebende Jünger nichts wissen will. Sie entsprachen nicht dem Wesen eines Pfades, der von Buddha nicht umsonst als der „vornehme" *(ariyo)* bezeichnet wird.

Auch die schon erörterte Vorliebe Buddhas für das Schweigen ist aus dem Yoga heraus zu verstehen. Durch Schweigen, so wurde im Yoga gelehrt (Haṭhayogapradīpikā I, 11), gewinnt die Übung an Kraft, während jede Preisgabe des „Wissens" in entgegengesetztem Sinne wirkt. Wäre Buddha wie ein Philosoph oder Gelehrter in unserem Sinne zu seinem „Wissen" gestanden, so wäre schwer zu verstehen, wie es ihn Seelenkämpfe kosten konnte, dieses Wissen zu offenbaren. Fassen wir es aber als eine durch Yoga, d. h. Meditation, erarbeitete übersinnliche Erkenntnis ins Auge, so erscheint Buddhas Bedenken ohne weiteres verständlich, und das Besondere seines Verhaltens, das ihn von dem gewöhnlichen Yogin unterscheidet, besteht dann gerade darin, daß er in der Mitteilung des Erkannten so weit gegangen ist. Doch bleibt es unter dem Gesichtspunkte des Yoga charakteristisch, wie er dabei eine ganz bestimmte Grenze einhält: was ihm dazu angetan schien, seine Zeitgenossen in der Richtung auf das von ihm erstrebte geistige Ziel innerlich weiterzubringen, offenbart er, alles andere hüllt er in Schweigen, und keine wie immer motivierte Bitte vermag ihm die Preisgabe des Wissens abzuringen.

Eine Beziehung, auf die von Yogagesichtspunkten aus ganz besonderes Licht fällt, ist das Verhältnis Buddhas zu seinen Jüngern. Von diesem Verhältnis, von dem ganzen Verkehr zwischen dem Meister und den Jüngern lassen uns die Texte ein anschauliches und lebensvolles Bild gewinnen. Wenn von dem reichen Material der Quellen in einer so kurzen Darstellung auch nur das wenigste berücksichtigt werden kann, so sei doch hingewiesen auf jene überaus lebendige Schilderung im Upakkilesa-Sutta des Majjhimanikāya (Bd. III, p. 155, von Pischel in „Leben und Lehre des Buddha" S. 81 zum Teil übersetzt). Wir hören, wie Buddha den Anuruddha und zwei andere Jünger in ihrer Einsiedelei zu Pācīnavaṃsadāya aufsucht, wie die Jünger ihn ehrfurchtsvoll empfangen, wie der Meister sich dann nach allen Einzelheiten ihres Befindens und täglichen Lebens erkundigt, wie er sie insbesondere fragt, ob sie auch immer in Frieden und Freundschaft zusammenleben und einander mit liebevollen Blicken ansehen, wie Anuruddha alles dieses bejaht und dem Meister erklärt, er schätze sich glücklich, solche Genossen in der geistigen Schülerschaft zu haben, und empfinde sich mit ihnen, wenn auch die Körper getrennt seien, wie ein Herz und eine Seele. Dann fragt Buddha die Jünger weiterhin, wie es mit ihrem geistigen Leben stehe, wie ihnen die Übungen gelängen und welche Fortschritte sie in der Meditation erzielten. Genau berichtet Anuruddha, was ihm bei den Übungen schon gelingt, was ihm noch nicht gelingt, wie er gewisse übersinnliche Erscheinungen schon hat, aber noch nicht festhalten kann, und Buddha gibt ihm verschiedene Ratschläge und Winke, wobei er ausführlich auf seine eigene Praxis in der Meditation, auf gewisse Erfahrungen aus der Zeit vor seiner Erleuchtung hinweist. Der (von Pischel nicht mehr übersetzte) Abschnitt enthält zahlreiche vom Gesichtspunkte des Yoga interessante Einzelheiten und zeigt, wie sehr das ganze geistige Leben in den Kreisen derer um Buddha in die Atmosphäre des Yoga getaucht war. Auch die vorausgehenden Erkundigungen Buddhas nach dem liebevollen und einträchtigen Zusammenleben der Jünger müssen unter diesem Gesichtspunkte betrachtet werden. Es handelt sich dabei nicht nur um eine erbauliche Episode, sondern um etwas, das mit dem Wesen der Meditation in innerem Zusammenhange steht. Eine wichtige Regel des Yoga war es, daß, wo mehrere der Meditation Beflissene zusammenlebten, als erste Grundbedingung des Erfolges eine geistige Atmosphäre von Friede und Freundschaft herrschen mußte. Indem Buddha den Jüngern Übungen der Meditation *(kammaṭṭhāna)* gibt und ihnen dabei als Berater dient, nimmt er ihnen gegenüber ganz die Stelle des „Lehrers" *(guru)* im Sinne des Yoga ein. Es sei hier nochmals hingewiesen auf jene Schilderung Buddhaghoṣa's von Buddhas täglichem Leben. Dort wird gesagt, wie Buddha jedem einzelnen die Übungen so gibt, wie sie seinen individuellen Bedürfnissen und Fortschritten in der Schülerschaft entsprechen *(cariyānurūpaṃ kammaṭṭhānaṃ deti)*. Nur unter diesem Gesichtspunkte kann sein Verhältnis zu den Jüngern recht verstanden werden, und wir können ermessen, welchen Wendepunkt der Tod Buddhas für das ganze Gemeindeleben, für die Gestaltung aller Verhältnisse bedeutete. An die Stelle des persönlichen Lehrers, der die geistige Entwicklung jedes einzelnen überwachte, trat nun die „Norm", die Lehre: „Die Norm, die ich euch verkündet habe, die sei euer Lehrer, wenn ich hingegangen bin" (siehe oben S. 82). Aus dem Worte des Lehrers wurde eine Religion, aus dem zu geistiger Schülerschaft verbundenen, um die Person des verehrten Lehrers gescharten Jüngerkreis eine kirchliche Gemeinde.

Schon die Lebensgeschichte Buddhas hat uns gezeigt, wie jener um Buddha gescharte Kreis von Jüngern ihn auf seinen Wanderungen begleitet, wie der Heilige immer aufs neue Worte der Belehrung und Erbauung an die Jünger richtet, und in welchen Formen sich der Verkehr zwischen Meister und Jüngern vollzieht. Wir sehen, wie einige dem Meister besonders nahestehen, wie sie den Vorzug genießen, in der unmittelbaren Umgebung des Heiligen zu leben und ihm ihre persönlichen Dienste zu widmen. Als ein solcher vertrauter Jünger tritt uns im Mahāparinibbānasutta besonders Ānanda entgegen, Buddhas Lieblingsschüler, der sich vor allen anderen durch seine hingebende Verehrung für den Meister, durch seine Gemütswärme und ein gewisses impulsives Wesen und sanguinisches Temperament unterscheidet. Nicht selten sehen wir Buddha dem Übereifer seines Jüngers in der ihm eigenen maßvollen Weise entgegentreten. Den Jüngern gegenüber rühmt Buddha Ānanda's Taktgefühl, seine Kunst, im rechten Augenblick zu reden und zu schweigen und in der Regelung des Verkehrs zwischen ihm und der Außenwelt das Rechte zu treffen (siehe S. 81). Diese letztere Aufgabe war, da die Gelegenheit, den Meister persönlich zu sprechen, naturgemäß von sehr vielen gesucht wurde, und die Gefahr, daß Buddha von Außenstehenden allzusehr in Anspruch genommen wurde, immer nahelag, eine besonders wichtige und schwierige, und Ānanda scheint sorgfältig darüber gewacht zu haben, daß nicht Unbefugte sich an den Meister herandrängten. Das Todesevangelium erzählt, wie Buddha noch kurz vor seinem Nirvana dem von Ānanda schon zurückgewiesenen Asketen Subhadda persönlich die nachgesuchte Unterredung gewährt. Bei Buddhas Hinscheiden ist Ānanda derjenige Jünger, der am schmerzlichsten von allen bewegt erscheint und am liebevollsten von dem Heiligen getröstet wird. – Wie Ānanda mehr das seelische Element unter Buddhas Jüngern, so vertreten zwei andere mehr das geistige: Śāriputra (Pali Sāriputta) und Maudgalyāyana (Pali Moggallāna), die auch als das „gesegnete Paar" *(bhaddayugaṃ)* bezeichnet werden und in vieler Beziehung als die Hauptjünger Buddhas gelten. (Siehe Mahāpadānasutta I, 9. Der Kommentator Buddaghoṣa bemerkt zu dieser Stelle, daß jeder Buddha ein solches Hauptpaar von Jüngern hat, und daß der eine am größten im Wissen *[paññā]*, der andere am größten in der Meditation *[samādhi]* ist.) Ein anderer Jünger, der schon erwähnte Anuruddha, erscheint als der begabteste im Hellsehen. (So auch Mahāparinibbānasutta, p. 63, 67 u. a.) Für manche scheinen sich die in das Yogagebiet einschlägigen psychischen Fähigkeiten als eine gefährliche Klippe erwiesen zu haben, so vor allem für Devadatta, Buddhas feindlichen Vetter, der schon in der Wettkampferzählung der Legende als der „von Śākya-Stolz geschwellte“ Gegner gegen den Bodhisattva in die Schranken tritt und auch dem späteren Buddha bei der Leitung der Gemeinde fortgesetzt Schwierigkeiten bereitet haben soll. Ein Sutra des nördlichen Kanons erzählt, wie er vergebens in Buddha dringt, ihm die Elemente der übersinnlichen geistigen Macht (*ṛddhipāda*) mitzuteilen, und bei Berücksichtigung der ganzen Zeitverhältnisse erscheint es keineswegs unglaublich, daß sein Haß gegen Buddha mit auf solche Ursachen zurückzuführen ist. Immer erscheint Devadatta als der Vertreter falschen ehrgeizigen Strebens. Entgegen dem von Buddha in Ablehnung einseitiger Askese gepredigten „mittleren Pfade“ sucht Devadatta einer strengeren asketischen Richtung innerhalb der Jüngergemeinde Geltung zu verschaffen und selbst die Leitung der Gemeinde an sich zu reißen. Er soll in seiner Feindschaft so weit gegangen sein, daß er einmal einen wilden Elefanten auf Buddha hetzte. Aber Buddha besänftigte den Elefanten, indem er ihn mit Gedanken der Liebe durchdrang (Vinaya II, p. 195). Denn die Liebe, das Freundschaftsgefühl gegenüber allen Wesen ist ja im Buddhismus die stärkste aller Zauberkräfte. Auch alle anderen Anschläge des Devadatta schlugen fehl.

Sonst scheinen äußere Anfechtungen dem Buddha im großen und ganzen erspart geblieben zu sein. Auch die Brahmanen sind ihm wohl nirgendwo mit offener Feindschaft begegnet. Er selbst hat seine Aufgabe nicht darin gesehen, irgend etwas Althergebrachtes zu bekämpfen, sondern nur gegenüber der äußeren Form den wirklichen seelischen Inhalt, das wirkliche innere Erleben, die wahre sittliche Läuterung betont. So wird auch die indische Kasteneinteilung als eine in der ganzen Weltenordnung und Weltentwicklung wurzelnde Tatsache von Buddha ohne Widerspruch hingenommen. (Von dem Zusammenhange der Kasteneinteilung mit der Weltentwicklung handelt besonders das Aggaññasutta [siehe die Anm. S. 35].) Nur verliert die Kaste ihre Bedeutung für den, der durch seinen Eintritt in die Gemeinde, durch das Betreten des „Pfades“ der Teilhaber einer höheren Lebenssphäre wird. „Wie Ströme, wenn sie ins Meer fließen, ihren früheren Namen verlieren“, lehrt Buddha, „und nur noch das große Meer heißen, so verlieren auch die Angehörigen einer Kaste durch das Aufgeben des Weltlebens den Namen ihrer Kaste und heißen nur noch Jünger des Buddha.“ (Udāna, p. 55.) Über das Brahmanentum der äußeren Kaste, das als solches nicht bekämpft wird, stellt Buddha das Ideal des „wahren Brahmanen“, der durch seine Reinheit in Gedanken, Worten und Werken, durch Mitleid und Erkenntnis sich den Namen verdient (vgl. Dhammapada 26). In diesem Sinne wird dann auch der vollkommene Buddhajünger ein Brahmane genannt. Auch das „heilige Leben" der Jünger des Pfades heißt ja immer *brahmacarya* (Pali *brahmacariya)*, d. h. Brahmanwandel. So lehnt sich Buddha in den äußeren Ausdrücken fast überall an Überkommenes an. Dabei darf aber nicht übersehen werden, wie er die alten Begriffe mit neuem Inhalt und neuem Leben erfüllt.

Mit Asketen *(samaṇa)* und Anhängern anderer Richtungen scheinen Buddha und seine Jünger ebenfalls in verhältnismäßig gutem Einvernehmen gelebt zu haben. Die Texte zeigen uns Buddha häufig im Gespräche mit solchen. Auch hier offenbaren alle Kundgebungen Buddhas die ihm eigene Milde und Duldsamkeit. Den Gegner sucht er durch Gründe zu überzeugen und die seelische Wandlung in ihm herbeizuführen. Von dem, was er als richtig einmal vertrat, hat er aber nie auch nur das geringste nachgelassen – das Wort Buddhaghoṣa's „für einen Buddha gibt es keinen Zweifel" *(Buddhānaṃ saṃsayo nāma n'atthi*, Sumaṅgalavilāsinī I, p. 265 der birmanischen Ausgabe) scheint einem wirklichen Charakterzuge Buddhas zu entsprechen, – und in der Zurückweisung dessen, was ihm als Irrlehre erschien, ist es ihm gelegentlich auch auf ein herbes oder doch strenges Wort nicht angekommen. Am entschiedensten trat er dem Sektenstifter Makkhali Gosāla (siehe oben S. 18) entgegen, welcher die Willensfreiheit, die Selbstbestimmung des Handelns durch eigene Kraft und eigenen sittlichen Entschluß leugnete (Sāmaññaphalasutta 20).

Manches wäre noch zu sagen über den Verkehr Buddhas mit geistig Strebenden der verschiedenen Richtungen, mit Laienanhängern und Außenstehenden aller Kasten und Gesellschaftsklassen, mit Königen und Brahmanen und Angehörigen des niederen Volkes, was der Rahmen der Darstellung anzuführen nicht mehr gestattet. In Kürze gestreift werden soll nur noch sein für das ganze Verständnis des Buddhismus immerhin wichtiges Verhältnis zu den Frauen. Die bekannte Stellungnahme des Buddhismus gegenüber dieser in seinem Sinne gefährlichsten aller Versuchungen für den nach Heiligkeit Ringenden (Aṅg. III, p. 68, siehe auch p. 89 f.) findet einen bezeichnenden Ausdruck in folgendem, im Mahāparinibbānasutta (p. 51 ed. Childers) uns mitgeteilten Gespräch. Ānanda fragt den Meister, wie man sich den Frauen gegenüber benehmen soll. ‚*adassanaṃ*' („nicht anschauen") erwidert Buddha lakonisch. „Aber wenn wir sie nun sehen?" fragt Ānanda weiter. ‚*anālāpo*' („nicht mit ihnen reden") ist Buddhas Antwort. „Aber wenn wir nun doch ins Gespräch mit ihnen kommen?" fragt Ānanda. ‚*sati upaṭṭhāpetabbā*' meint Buddha, d. h. „dann müßt ihr zu wachsamer Besinnung eure Zuflucht nehmen." Also die rechte innere Haltung, nicht äußeres Verhalten ist hier, wie überall bei Buddha, das Ausschlaggebende. Im übrigen ist es bei dem hier in Frage stehenden Problem von der größten Wichtigkeit, zu berücksichtigen, daß es zu denen gehört, die nicht für alle Zeiten und Völker gleichheitlich entschieden werden können, sondern daß Wandlungen der allgemeinen Kulturverhältnisse und des Seelenlebens, wie sie im Laufe der Menschheitsentwicklung eintreten, hier von einschneidender Bedeutung sind. Ohne Zweifel hat Buddha das Problem der Frau so entschieden, wie er es aus den damaligen Zeitverhältnissen und aus den Verhältnissen seines Volkes heraus entscheiden mußte. Aber wie schon im Abendlande an und für sich die Verhältnisse anders sind, so hat sich insbesondere durch das Christentum – nicht das Christentum als Inbegriff von Lehren, sondern als eine auf dem äußeren Boden der Geschichte real wirkende Macht – hier vieles geändert. In der Beurteilung der Frau treten die Unterschiede zwischen Christentum und Buddhismus besonders fühlbar zutage. Aber so sehr wir auch gerade hier den Standpunkt des Christentums als den höheren empfinden können, so soll damit doch keineswegs gesagt sein, daß Buddha mit dem Standpunkte, den er einnahm, nicht für seine Zeit recht hatte. In gewisser Hinsicht kann übrigens gerade Buddha als ein erster Ankündiger dessen gelten, was später auf diesem Gebiete durch das Christentum in einer höheren und vollkommeneren Weise verwirklicht wurde. Denn durch die Zulassung von geistlichen Schwestern hat er auch den Frauen den Zugang zum geistigen Leben erschlossen und damit in diesem entscheidenden und wichtigsten Punkte die beiden Geschlechter gleichgestellt. In den zum Khuddakanikāya des Suttapiṭaka gehörigen Therīgāthā's sind uns bemerkenswerte dichterische Blüten dieses geistigen Lebens der Jüngerinnen erhalten. Im Cullavagga (X 1) des Vinayapiṭaka wird erzählt, wie Buddha eine Frage Ānanda's, ob nicht auch für die Frau die Möglichkeit bestehe, aus der Heimat in die Heimatlosigkeit zu gehen und auf dem von der Norm vorgezeichneten Wege durch alle Vorstufen hindurch das höchste geistige Ziel, die Arhatschaft oder Heiligkeit, zu erreichen, bejaht, und damit seine früheren praktischen Bedenken gegen die Zulassung des weiblichen Geschlechtes zum geistlichen Stande fallen läßt. Allerdings soll er dabei geäußert haben, die Norm, die sonst ein Jahrtausend sich gehalten hätte, würde nun bloß noch 500 Jahre bestehen. Die Wahrheit dieser Erzählung mag auf sich beruhen. Es war sonst nicht Buddhas Art, sich in seinen Willensentschlüssen und in der Durchführung seines Lebenswerkes von anderen beeinflussen zu lassen. Daß er eine Bitte, auch wenn er innerlich zur Gewährung entschlossen ist, zuerst abschlägt, um die Ernstlichkeit des Verlangens zu prüfen, ist ein auch sonst begegnender Zug. (Vgl. Mahāparinibbānasutta cap. 3). Sicherlich hätte er Schwestern nicht zugelassen, wenn er nicht eine durch die Zeitentwicklung geforderte Notwendigkeit darin erkannt hätte. Die Hindernisse der Frauennatur in bezug auf das geistige Leben – so können wir Buddhas Stellung zu diesem Problem etwa fassen – sind größer als die der männlichen Natur, aber der Weg zur Besiegung dieser Hindernisse steht der Frau nicht weniger offen als dem Manne. Damit im Einklang steht es, wenn er in allen äußeren Angelegenheiten der Disziplin den Schwestern eine weitgehende Unterordnung unter die Jünger auferlegt hat – solche Bevormundung war in den gesamten Kultur- und Rechtsverhältnissen des damaligen Indiens begründet, und gegen das äußerlich Bestehende hat sich Buddha ja nirgends gewendet –; im geistigen Leben selbst, und das ist das Entscheidende, war jeder Unterschied aufgehoben. In der Sache also ist Buddha, wenn er auch manches herbe Wort über die Frauennatur gesprochen haben mag, den geistigen Bedürfnissen und Bestrebungen der Frau in der weitestgehenden Weise entgegengekommen. Aus irgendwelchen Äußerungen, die ihm in den Mund gelegt werden, Schlüsse auf eine frauenfeindliche Haltung seines Charakters zu ziehen, wäre ganz verfehlt. Dagegen spricht schon die Tatsache seiner Verheiratung. Wenn in dem wenigen, was die Buddhalegende über die Beziehungen des Prinzen zu seiner Geliebten und späteren Gemahlin erzählt, eine gewisse Zartheit und ritterliche Anmut des Benehmens hervortritt, so ist das zunächst ja freilich nur „Legende“. Aber auch die dem historisch Glaubwürdigen näherstehenden Texte des Palikanons wissen von einer eigentlichen Frauenfeindlichkeit Buddhas nichts. Wir sehen ihn bei Frauen, sogar Hetären, zu Tische sitzen – die der Ambapālī gegebene Zusage zum Mahle erhält er selbst fürstlicher Einladung gegenüber aufrecht (siehe oben S. 74) – und die Gastgeberinnen durch freundliches Gespräch und geistlichen Zuspruch erfreuen. Durch alle diese Erzählungen klingt als ein glaubwürdiger Zug hindurch die ganz besondere, hingebende Verehrung, die dem Heiligen gerade auch von seiten der Frauenwelt zuteil wurde. Was es auch mit den in der weiblichen Natur begründeten Schwächen oder doch Erschwerungen einer geistigen Lebensführung im Sinne Buddhas im allgemeinen für eine Bewandtnis haben mag oder zu Buddhas Zeiten gehabt hat, in jener Fähigkeit zu hingebender Verehrung, die der Frauennatur zu allen Zeiten eigen gewesen ist, liegt ein Umstand, der der Frau in anderer Hinsicht wiederum den Zugang zu jenem geistigen Leben erleichtern muß, ja sie als ganz besonders bestimmt dafür erscheinen läßt. Die seelische Wandlung, um die es Buddha ja immer zu tun war, kann bei verehrenden Naturen leichter ausgelöst werden als bei verstandesmäßig-kritischen, und darin liegt vielleicht ein Hauptgrund, warum er sich, trotz gewisser von ihm durchschauter praktischer Schwierigkeiten und Nachteile, doch entschlossen hat, geistliche Schwestern zuzulassen.

So gehört die Verehrung, die dem Buddha von allen Seiten, von Jüngern und Jüngerinnen, Laienanhängern und Laienanhängerinnen, von Außenstehenden aller Art, von Königen und Brahmanen, Hoch und Niedrig erwiesen wurde, nicht nur zu dem aus den Texten zu gewinnenden Gesamtbilde seiner Persönlichkeit, sondern sie enthält ein auch für das allgemeine Verständnis des Buddhismus wichtiges Moment. Im Sāmaññaphalasutta wird anschaulich geschildert, wie selbst der gewalttätige König Ajātaśatru, der aus Herrschsucht den eigenen Vater ums Leben gebracht hat, mit einer gewissen scheuen Achtung dem Heiligen sich nähert. Schon die Schlichtheit der Schilderung, wie vieles andere, spricht dagegen, daß wir diese Verehrung als eine bloße Erfindung der buddhistischen Textverfasser anzusehen haben. Vielmehr ist zu glauben, daß ein Eindruck der Heiligkeit und Erhabenheit in Buddhas Auftreten jene Verehrung bei vielen wirklich ausgelöst hat. Es entsprach ja (und entspricht heute noch) dem indischen Wesen, jedem, der in den Pfaden eines weltabgewandten geistigen Strebens wandelt, eine Art von übermenschlicher Ehrfurcht zu erzeigen. Sehr anschaulich und drastisch ist die Schilderung dieser nicht nur den Jüngern Buddhas, sondern jeder Art von Religiosen in Indien erwiesenen Achtung im Sāmaññaphalasutta (I, 36–38): der König selbst steht vor dem ehemals verachteten, zu niederen Diensten verwendeten Sklaven auf, wenn dieser Sklave „aus der Heimat in die Heimatlosigkeit gegangen ist" und das gelbe Gewand angelegt hat. Geistige Konzentration, Andacht, Versenkung, Yoga galt in Indien immer als etwas Heiliges, und für heilig wurde derjenige geachtet, der es in jenen Fähigkeiten zu einer das gewöhnliche menschliche Maß übersteigenden Vollkommenheit gebracht zu haben schien. Für den, der selbst heiliges Wissen und geistige Fähigkeiten der erwähnten Art zu erwerben gedachte, galt tiefste verehrungsvolle Hingabe an seinen geistigen Lehrer *(guru)* als das erste Erfordernis. Alle Mitteilung des Wissens vom Lehrer an den Schüler beruhte in alter vedischer Zeit ganz auf dieser Hingabe – der Begriff des Lehrens war ein völlig anderer als der uns heute geläufige –, und was uns alte Brāhmaṇa-Texte und Upanischaden (auch epische Texte, wie Mahābhārata), wenn auch zum Teil in sagenhafter Form, über das vom Schüler geforderte Maß von Hingabe an den geistigen Lehrer erzählen, übertrifft alle dem heutigen Abendländer irgendwie erfaßbaren Vorstellungen. Buddha steht an der Grenze zweier Zeitalter, der alten vedischen bzw. Brāhmaṇa-Zeit und einer späteren Zeit, in der das Verstandesmäßige schon eine größere Rolle zu spielen berufen war. Er wollte die Jünger keineswegs so an seine Person ketten, wie dies beim alten vedischen Unterricht der Fall war, vielmehr wollte er sie zu einer gewissen Selbständigkeit erziehen, indem er ihnen eine „Norm" gab, die ihnen dereinst den persönlichen Lehrer ersetzen sollte. Aber daß auch ihm die Verehrung, die man einem Guru erwies, in weitgehendem Maße entgegengebracht wurde, war unter indischen Verhältnissen selbstverständlich, um so mehr, als gewiß seit langer Zeit in Indien kein geistiger Lehrer erschienen war, dessen Persönlichkeit so sehr Verehrung zu gebieten schien wie die des Weisen aus dem Śākya-Geschlecht. Daß in der Verehrung des im Besitze des heiligen Wissens gedachten Lehrers eine Kraft liegt, durch die die Empfänglichkeit für das aufzunehmende Wissen im Schüler gesteigert wird, ist eine Vorstellung, die durchaus auch für buddhistische Verhältnisse ihre Berechtigung hat. Es hat diese Verehrung in gewisser Weise auch ihren dogmatischen Ausdruck gefunden in dem ersten Teile der bei der Aufnahme in der Gemeinde von dem Jünger auszusprechenden Formel: „ich nehme meine Zuflucht zum Buddha", und wir können ganz gut verstehen, wie nach dem Tode des Buddha aus jener einstigen Verehrung des persönlich unter seinen Jüngern weilenden Meisters im Laufe der Zeit innerhalb gewisser Richtungen des Buddhismus die Verehrung der als „Urbuddha" (Ādibuddha) oder der als „Buddha der Meditation" (Dhyānibuddha) angesprochenen transzendenten geistigen Wesenheit des Buddha sich hat entwickeln können. Auch dieses hat seine Parallele im Yoga, wo von dem persönlichen Lehrer *(guru)* auf Īśvara, den „göttlichen Herrn", als den Ur-Guru zurückgegangen wird (Yogasūtra I, 26).

Die dem Buddha von seinen Anhängern erwiesene Verehrung findet auch ihren Ausdruck in den verschiedenen Prädikaten und Beinamen, mit welchen sie den Meister benannten. Die wichtigsten dieser Namen und Prädikate sind in einer Formel zusammengestellt, die in den Texten häufig wiederkehrt (z. B. Sāmaññaphalasutta I, 40): *‚idha tathāgato loke uppajjati arahaṃ sammāsambuddho vijjā-caraṇa-sampanno sugato lokavidū annuttaro purisadammasārathi satthā devamanussānaṃ buddho bhagavā‘* „hier ersteht ein Tathāgata (ein „So-gegangener", d. h. einer, der den Buddhaweg auch wirklich gegangen ist) in der Welt, ein Arhat (Namen des buddhistischen Heiligen), ein vollendeter Buddha („vollkommen Erwachter"), der das Wissen und den Weg besitzt, der den guten Gang gegangen ist *(sugata)*, ein

Wissender der Welt, ein unvergleichlicher Erzieher der Menschen (eigentlich „Zügler des Menschen-Jochviehs"), ein Lehrer der Götter und Menschen, ein Erwachter (oder „Erleuchteter", *buddha*), ein Gesegneter (oder „Heiliger", *bhagavā*, von *bhaga*, Heil, Segen. Die gewöhnliche, aber nicht wörtliche Übersetzung dieses häufigsten der Buddha-Prädikate ist „der Erhabene"). Bemerkenswert und im Hinblick auf früher Gesagtes wichtig erscheint namentlich die Bezeichnung Buddhas als eines Menschenerziehers. Sie bringt in knapper Kürze zum Ausdruck, wie ihn auch die eigenen Anhänger nicht als einen philosophischen Theoretiker, sondern als den durch die Gewalt seiner Persönlichkeit wirkenden Lehrer eines auf die Verwirklichung praktischer Heilsziele gerichteten Pfades verehrten. In diesem „Pfade" gipfelt die ganze von Buddha gelehrte Norm, deren Erörterung der folgende zweite Teil dieser Darstellung gewidmet ist.

II. TEIL

DIE LEHRE

A. Allgemeine Gesichtspunkte. Die Leidenswahrheit und der Pfad

Im ersten Teil unserer Darstellung haben wir den Buddha als Lehrer eines Pfades, eines praktischen Erkenntnis- und Heilspfades, kennen gelernt. In seiner letzten Unterweisung, die er noch kurz vor seinem Nirvana dem Asketen Subhadda angedeihen läßt, stellt er ausdrücklich den Pfad als die Quintessenz aller Norm hin und betont, wie außerhalb dieses Pfades keine der Stufen wahrer Jüngerschaft gefunden werden könne. Auch derjenige Satz, der immer als die „vorzüglichste Lehre der Erwachten" *(buddhānaṃ sāmukkaṃsikā dhammadesanā)* gefeiert wird, der vierfache Satz vom Leiden usw. (siehe S. 71f.), gipfelt in dem „vornehmen achtgliedrigen Pfad" *(ariyo aṭṭhaṅgiko maggo)*. In der Predigt von Benares, in der mit der Verkündigung dieses Satzes zum erstenmal die Grundlinien der von Buddha gelehrten „Norm" deutlich bezeichnet werden, wird zunächst nur der „Pfad" als das Wesentliche der Norm hingestellt, und erst im Anschluß an die Formel des achtgliedrigen Pfades, des rechten „Weges der Mitte", wird dann in zweiter Linie der in seinem letzten Teile nochmals die Formel des achtgliedrigen Pfades enthaltende vierteilige Satz vom Leiden usw. verkündet. Abendländische Darstellungen der Buddhalehre nehmen gewöhnlich von diesem „Satz vom Leiden" ihren Ausgang. Buddha selbst stellte ihn, wie wir gesehen haben (S. 102), bei persönlichen Unterweisungen nicht an den Anfang, sondern an das Ende der Belehrung, weil nur der innerlich entsprechend vorbereitete Hörer ihm fähig schien, jener höchsten „Wahrheit" des Buddhismus den rechten Empfang in seiner Seele zu bereiten. – Um zu einem tieferen Verständnis der Lehre Buddhas zu gelangen, gilt es zunächst ins Auge zu fassen, daß dieser Satz vom Leiden eine zweifache Rolle spielt, gewissermaßen eine doppelte Funktion im Buddhismus hat, die einer Glaubensansicht und die einer Erkenntnis. Beides zu trennen, ist wichtig. Eine Glaubensansicht, eine innerlich gefühlte Wahrheit kann der „Satz vom Leiden" auch für denjenigen sein, der noch nicht Arhat geworden, noch nicht selbst den „Pfad" gegangen ist; um den

Pfad im Sinne des Buddha in der rechten Weise zu gehen, muß er sogar von der „rechten Glaubensansicht“ *(sammādiṭṭhi)*, deren wesentlichsten Inhalt der Satz vom Leiden bildet, seinen Ausgang nehmen. Eine innerlich erkannte Wahrheit, ein Wissen im Sinne des Buddhismus aber kann jener Satz nur durch das Gehen des Pfades selbst werden, und zwar ist es erst die letzte und höchste Stufe des Pfades, auf der sich diese „Wahrheit“ dem geistigen Auge des Jüngers entschleiert (klar ausgesprochen Sāmaññaphalasutta 98 und anderwärts). Nur durch den Pfad allein, so lehrt Buddha, nicht durch logisches Denken oder philosophische Spekulation, kann die Leidenswahrheit als eine wirkliche Erkenntnis gewonnen werden. (Freilich kann durch den Eindruck von Buddhas persönlicher Belehrung das Ziel des Pfades auch in einem einzigen Augenblick erreicht werden. Im Kanon werden solche Fälle spontaner Erleuchtung mehrfach erzählt.) Daraus ergibt sich aber auch für eine Darstellung des Buddhismus, daß eine bloße theoretische Betrachtung des „Satzes vom Leiden“ zu einem tieferen Verständnis der Buddhalehre nicht führen kann. Nur aus einer Schilderung des „Pfades“ heraus kann ein solches Verständnis gewonnen werden. Der „Pfad“ schließt den „Satz vom Leiden“ in sich, indem dieser Satz gewissermaßen am Anfang des Pfades als eine „Glaubensansicht“ *(diṭṭhi)*, am Ende des Pfades als eine „Erkenntnis“ *(paññā)* steht. Die folgende Darstellung wird dem „Satze vom Leiden“, nachdem sein Wortlaut aus der wiedergegebenen „Predigt von Benares“ als bekannt vorausgesetzt werden darf, an derjenigen Stelle die gebührende Aufmerksamkeit schenken, wo er im Laufe der fortschreitenden Entwicklung des Jüngers als eine durch den „Pfad“ gewonnene „Erkenntnis“ auftritt. Es wird sich dann auch zeigen, daß diese „Erkenntnis vom Leiden“ nicht in irgendwelcher pessimistischen Stimmung des Buddhismus, wie man vielfach angenommen hat, sondern in völlig anderen Erlebnissen der Seele ihren Ursprung hat.

Der von Buddha gelehrte „Pfad“ ist, wie bereits im ersten Teile hervorgehoben, ein Pfad der Meditation. Dies ergibt deutlich schon die in dem „Satze vom Leiden usw.“ enthaltene Formel des „vornehmen achtgliedrigen Pfades“, der eben in „rechter Meditation“ *(sammāsamādhi)* gipfelt, für die die anderen sieben Glieder nur Vorstufen sind (vgl. dazu Aṅguttaranikāya IV p. 40., V p. 236), und auch diejenigen Quellen, die uns in ausführlicherer Weise über das Wesen und den Inhalt des buddhistischen Heilspfades belehren, schildern ihn als einen Pfad der Meditation. Damit ist die Beziehung des Buddhismus zu der in Indien als Yoga *(yoga* eigentlich „Anjochung, Anschirrung, Anspannung“[1]) bezeichneten Geistesrichtung gegeben, insofern unter Yoga – das muß immer wieder betont werden – nicht ein bestimmtes einzelnes System, sondern ganz allgemein die auf die Gewinnung übersinnlicher Erkenntnisse und Fähigkeiten und die darüber noch hinausliegenden Heilsziele gerichtete, methodisch geübte geistige Konzentration und Meditation verstanden wird. Den Unterschied dieser Geistesrichtung von einer theoretischen Philosophie oder philosophischen Theorie klar ins Auge zu fassen, ist für das Verständnis des Buddhismus von der größten Wichtigkeit. Wir können diesen Unterschied in der folgenden Weise klarlegen: Während die Philosophie *(tarka)* innerhalb der gegebenen Bewußtseinsform stehen bleibt und aus diesem Bewußtsein heraus mit den Mitteln des gewöhnlichen logischen Denkens Erkenntnisse gewinnen, zur Beantwortung von Daseinsfragen gelangen will, nimmt die meditative Geistesrichtung, der Yoga, das Bewußtsein gewissermaßen als eine veränderliche Größe, er sucht gerade durch die Überschreitung der gegebenen Bewußtseinsform unter Ablehnung, ja Unterdrückung des nur verstandesmäßigen Denkens zu höherer Erkenntnis und den noch über aller Erkenntnis liegenden höchsten geistigen Zielen aufzusteigen. Kant spricht in seinen „Vorlesungen über Psychologie“ von einem „im Felde der dunkeln Vorstellungen liegenden Schatz, der den tiefen Abgrund der menschlichen Erkenntnisse ausmacht, den wir nicht erreichen können“. Diesen „verborgenen Schatz“ wirklich zu heben, ist gerade der Zweck jener, auch von Buddha übernommenen Bestrebungen, für die in Indien das Wort „Yoga“ geprägt ist. Wie der Philosophie das Verbleiben in der gegebenen Bewußtseinsform, so ist dem Yoga die Überschreitung dieser Bewußtseinsform, das Suchen höherer Bewußtseinszustände, wesentlich. Der Buddhismus kennt eine ganze Stufenleiter solcher Bewußtseinszustände, und in den heiligen Texten ist immer wieder von ihnen die Rede (besonders anschaulich im Poṭṭhapāda-Sutta des Dīghanikāya). Alle Belehrung Buddhas hat, wie die frühere Betrachtung ergab, nur den Zweck, den

[1] Beachtung verdient ein Gleichnis des Aṅguttaranikāya (III p. 28), wo, ähnlich wie in der so viele Beziehungen zum Buddhismus enthaltenden Kāṭhaka-Upaniṣad, die Zügelung des Geistes in der Meditation *(sammāsamādhi)* mit der Zügelung von Rossen oder Zugstieren durch einen geschickten Wagenlenker verglichen wird. Bemerkenswert ist in diesem Gleichnis die Bezeichnung des Wagenlenkers als *yogācariyo* (d. h. „Meister der Anschirrung“; andere im wesentlichen gleichbedeutende Lesart: *yoggācariyo*, d. h. „Meister der Zugtiere“), da *yogācārya* (so die Sanskritform des Wortes) später den Anhänger der mystischen Richtung des Buddhismus, den Yogin, bedeutet.

Hörer aus seinem Alltagsbewußtsein herauszuführen, die seelische Wandlung in ihm zu erwecken. Daher die Ablehnung metaphysischer Fragen nach Endlichkeit oder Unendlichkeit, Ewigkeit oder Nichtewigkeit der Welt, nach der Seele und dem Fortleben nach dem Tode (siehe S. 112), weil diejenigen, die solche Fragen stellen, innerhalb der gegebenen Bewußtseinsform stehen bleiben, mit den Mitteln des gewöhnlichen Denkens und Vorstellens eine Antwort sich zurechtzimmern wollen, während Buddhas ganzes Bestreben gerade auf die Überschreitung jener gegebenen Bewußtseinsform (im Sinne des Yoga) gerichtet ist. Der „Satz vom Leiden" wird darum von Buddha gelehrt, weil er die Seele auf den „Pfad", der sie zur Befreiung aus den Banden der Sinnlichkeit führen soll, hinzulenken geeignet ist, während eine theoretische Beantwortung jener metaphysischen Fragen, wenn sie überhaupt möglich wäre, nach seiner Auffassung nur die Wirkung hätte, den Fragesteller innerhalb derjenigen Anschauungs- und Vorstellungsweise gefesselt zu erhalten, aus der er sich befreien muß, um der wahren Erkenntnis und des Heils teilhaftig zu werden. Darum Buddhas so entschiedene Ablehnung alles bloß verstandesmäßigen Denkens, Philosophierens, Spekulierens, Spintisierens. Fassen wir den Unterschied der beiden Geistesrichtungen, der theoretisch-philosophischen einerseits, der meditativen Richtung des Yoga andererseits, in der angegebenen Weise ins Auge, so können wir nicht nur von einer Beziehung des Buddhismus zum Yoga reden, sondern wir haben geradezu ein Recht zu sagen: Der ganze Buddhismus ist durch und durch nichts als Yoga. In welcher Weise sich dieser Satz im einzelnen rechtfertigt, werden die folgenden Betrachtungen ergeben. Wichtig ist es, daß dabei niemals „Yoga", d. h. der praktische Yoga, mit dem (theoretischen) „Yogasystem", der „Yogaphilosophie" verwechselt wird.

Um die kulturgeschichtlichen Voraussetzungen, die geistigen Wurzeln des Buddhismus und seinen Zusammenhang mit der indischen Geistesentwicklung kennen zu lernen, muß, wenn auch nur in aller Kürze, auf die Geschichte der als Yoga bezeichneten geistigen Bestrebungen in Indien eingegangen werden. Die Bezeichnung Yoga selbst ist verhältnismäßig jung und scheint zur Zeit Buddhas noch wenig gebraucht worden zu sein; das Wort *yoga* im technischen Sinne der methodisch geübten geistigen Konzentration und Meditation ist sehr häufig in den einer späteren Zeit angehörenden Schriften des Sanskritkanons, im Palikanon kommt es nur vereinzelt und nur in den jüngeren Texten vor.[1] Die Geistesrichtung selbst aber,

[1] Z. B. Thera-Gāthā, p. 61, ed. P.T.S., wo von dem Jünger gesagt wird:

um die es sich bei den später als Yoga bezeichneten Bestrebungen handelt, ist in Indien sehr alt, wenn auch die Methoden nicht überall und zu allen Zeiten die gleichen gewesen sind. Von Buddha selbst haben wir gehört, wie ihn die Ziele derjenigen, die seine Lehrer im Yoga waren, unbefriedigt gelassen haben, und wie er sich von den landläufigen Methoden abgewendet hat.

Das indische Altertum ist beherrscht von dem Glauben an ein vorzeitliches Sehertum, aus dessen Inspirationen das Wort geflossen ist, das als das heilige Wort oder heilige Wissen, Veda, die Grundlage der gesamten religiös-geistigen Entwicklung Indiens geworden ist. Die Träger jener Inspiration hießen *ṛṣi* (spr. etwa: Rischi), ein Wort, das von den Indern selbst als *atīndriyadraṣṭar*, d. h. „Erschauer des Übersinnlichen" oder „über die Sinne schauend" erklärt wird. (Es ist bemerkenswert, daß auch Buddha häufig *ṛṣi* bzw. *mahesi* „der große Ṛṣi", genannt wird, siehe dazu oben S. 121.) Ein Schauen einer übersinnlichen Welt, ein Verkehr mit den Wesen und Wirken mit den Kräften dieser übersinnlichen Welt war es also, was jenen Sehern der Vorzeit zugeschrieben wurde. „Das waren sie in der Tat, die mit den Göttern zu Tische saßen *(devānāṃ sadhamādas)*, die Wahrer der heiligen Weltenordnung, die erleuchteten Seher *(kavayas)* der Vorzeit; das verborgene Licht fanden auf die Väter, mit wahrhaftigem Zauberwort *(satyamantrās)* brachten sie zum Vorschein die Morgenröte", singt ein Vers des Ṛgveda (VII, 76, 4), des ältesten Literaturdenkmals der arischen Menschheit. Die Angehörigen eines späteren Zeitalters, die sich von diesem übersinnlichen Schauen, von dieser Zwiesprache, diesem Zutischesitzen mit den Wesen der übersinnlichen Welt getrennt sahen, suchten jene Fähigkeiten wiederzugewinnen durch alle jene Methoden, welche bezwecken, die physischen Sinne zu unterjochen, dem Geiste die Herrschaft über die Leiblichkeit zu erringen. In älterer Zeit waren es mehr Methoden äußerer Kasteiung, später kamen daneben mehr geistige Methoden auf, durch welche die Erhebung zu einem höheren Bewußtsein gesucht wurde. Die äußere Askese bezeichnen die Inder als *tapas* „Brennen, Glut", als das Entfachen eines (mystischen inneren) Feuers. (Man erinnere sich des Gleichnisses im Lalitavistara, wo die Art der Wirksamkeit des asketischen Strebens von Buddha durch das Bild des Feueranreibens veranschaulicht wird, siehe S. 56.) *tapasā cīyate brahma* heißt es in einer alten

viriyasātaccasampanno yuttayogo sadā siyā „mit Energie und Ausdauer gerüstet sei er immer der geistigen Konzentration hingegeben." Vgl. auch das in der Anm. auf S. 137 erwähnte Gleichnis des Aṅguttaranikāya.

Upanischad (Muṇḍaka): „durch Tapas wird Brahman aufgeschichtet" (das Brahman, ursprünglich dasjenige, was der Mensch in den heiligen Gefühlen mystischer Andacht den Göttern entgegenbringt, und damit zugleich dasjenige, was den Göttern Nahrung und Stärkung ist, wird später angesehen als die göttliche Wesenheit im Weltall und im Menschen, das die Welt durchflutende Übersinnliche, das im heiligen Worte – und in seinem Träger, dem Brahmanenstande – verkörpert ist). Neben dem darin ausgedrückten Begriff der physischen Kasteiung darf die geistige Seite des *tapas*-Begriffes nicht übersehen werden. So wird auch das die Weltenwärme entzündende weltschöpferische Sinnen des Urgeistes im Veda *tapas* genannt. Mit dem Begriffe *tapas* verband sich in Indien der Begriff *brahmacarya*, d. h. Brahmanwandel, das heilige, göttliche Leben, dessen wesentlichstes Merkmal die Keuschheit ist, weil im Sinne jener Geistesrichtung durch Keuschheit der Mensch die Kräfte des Übersinnlichen an sich zieht, während er durch das Gegenteil die Verbindung mit diesen Kräften sich abschneidet. In Brāhmaṇa- und Upaniṣad-Texten ist von dem Finden der übersinnlichen Brahmanwelt durch *tapas* und *brahmacarya* die Rede (z. B. Chāndogya-Upaniṣad 8, 5, 3), und es ist bemerkenswert, dieser Zusammenstellung von *tapas* und *brahmacarya* (Pali *brahmacariya)* auch in buddhistischen Texten zu begegnen (z. B. Thera-Gāthā, p. 64); der „heilige Wandel" des buddhistischen Jüngers wird im Buddhismus ganz gewöhnlich als *brahmacarya* bzw. *brahmacariya* bezeichnet. Das Wort *amṛta* („Unsterblichkeit" oder auch „Wasser des Lebens") für das durch *brahmacarya* zu gewinnende übersinnliche Heil findet sich, wie in den Brāhmaṇa-Texten, so im Buddhismus, und im Veda wird, wie im Buddhismus, dieses *amṛta* (Pali *amata*) zum heiligen Feigenbaum, dem Aśvattha, in Beziehung gebracht (siehe S. 93). Im großen indischen Epos Mahābhārata spielt neben *tapas* und *brahmacarya* schon der Begriff *yoga* eine wichtige Rolle; *yoga* als das praktische Bestreben, die methodisch geübte Konzentration und Meditation wird dort dem *sāṃkhya* als der theoretischen Philosophie gegenübergestellt. Die Technik der Meditation erscheint im Mahābhārata schon im einzelnen ausgebildet. Sie wurde im Laufe der Zeit in Lehrbüchern sozusagen wissenschaftlich fixiert und auf eine dem theoretischen Sāṃkhya nahestehende philosophische Grundlage gestellt, wobei aber nicht zu vergessen ist, daß viele der Sāṃkhya-Lehren, überhaupt das meiste, was in Indien als Philosophie auftritt, in der praktischen Mystik (also in dem, was später Yoga genannt wird) seinen wahren Ursprung hat. In dieser späteren Theorie des Yoga bezeichnen *tapas* und *brahmacarya* nicht mehr den umfassenden Begriff, wie in der älteren Phase des Yoga, sondern bestimmte Teile der Yoga-Schulung. *brahmacarya* insbesondere ist nicht mehr der „heilige Wandel" überhaupt, sondern die Keuschheit als eine besonders wesentliche Seite des heiligen Wandels. Das bekannteste und wichtigste der Lehrbücher des Yoga, das Yoga-sūtra des Patañjali, wurde früher ins zweite Jahrhundert v. Chr., nach den neueren Forschungen von Jacobi aber wird es in eine viel spätere nachchristliche Zeit gesetzt. Auf die weitgehende Übereinstimmung der technischen Ausdrücke dieses Sutra mit der buddhistischen Terminologie ist schon von Senart hingewiesen worden (Revue de l'histoire des religions, p. 345 Bouddhisme et Yoga, Paris 1900). Sie muß sich jedem mit dem Buddhismus bekannten Leser des Sutra von selbst ergeben. Den Schluß zu ziehen, daß der Verfasser der Yogasutras seine Weisheit aus dem Buddhismus geschöpft habe, wäre trotz des chronologischen Verhältnisses nicht angebracht. Denn wie bereits hervorgehoben, scheint Buddha in bezug auf technische Ausdrücke, auf die ganze äußere begriffliche Einkleidung seiner Lehre wenig schöpferisch gewesen zu sein, und die fraglichen Ausdrücke begegnen auch anderwärts, vor allem im Mahābhārata. Es ist daher anzunehmen, daß, wenn auch die Abfassung der Yogasutras in ihrer jetzt uns vorliegenden Form einer späteren Zeit angehört, doch das darin verarbeitete Material, wie häufig bei indischen Literaturwerken, um vieles älter ist, und daß Buddha und der Verfasser der Yogasutras aus ähnlichen, einander nahestehenden Quellen ihre Ausdrucksweise geschöpft haben, was bei der oben beleuchteten inneren Beziehung von Buddhismus und Yoga auch naheliegt. Zu weit gehende Schlüsse dürfen aus einer äußerlichen Übereinstimmung in der Terminologie zwischen Buddhismus und Yogasystem nicht gezogen werden, auch darf nicht übersehen werden, daß wir gerade in den buddhistischen Texten einen viel größeren Reichtum yogatechnischer Einzelheiten finden als in den Yogasutras. Die eigentliche theoretische Grundlage der Yogasutras, der aus dem Sāṃkhya-System übernommene Dualismus von Geist und Materie, liegt dem Buddhismus ganz fern. Trotz aller einzelnen Übereinstimmungen kann es sich nicht um irgendeine unmittelbare Beziehung zwischen dem Buddhismus und dem Yogasystem handeln, sondern die vorhandenen Übereinstimmungen erklären sich aus der erwähnten Beziehung beider, des Buddhismus wie des (theoretischen) Yogasystems, zum (praktischen) Yoga. Bei der Betrachtung des buddhistischen Erkenntnis- und Heilspfades in seinen einzelnen Teilen wird sich zeigen, daß durch eine vergleichende Heranziehung der Yogasutras für das Verständnis des Buddhismus viel gewonnen wird. So können z. B. auch die wesentlichen Elemente des „Satzes vom Leiden" in den Yogasutras gefunden werden, und durch die Kommentatoren wissen wir, daß die dabei gebrauchte Terminologie („Leiden – Entstehung des Leidens – Vernichtung des Leidens – Weg zur Vernichtung des Leidens") auf eine alte Ausdrucksweise medizinischer Lehrbücher zurückgeht. Man sieht daraus, daß aus der Gleichheit oder Ähnlichkeit der Lehren oder technischen Ausdrücke zweier Systeme nie ohne weiteres der Schluß gezogen werden darf, das eine habe von dem anderen entlehnt, denn häufig muß der gemeinsame Ursprung beider in einem viel weiter zurückliegenden Dritten gesucht werden.

Bei der im Vorstehenden gekennzeichneten Bedeutung, die dem Yogasystem für das Verständnis des Buddhismus zukommt, erscheint ein kurzer Hinweis auf die Grundgedanken dieses Systems angebracht. Einzelheiten werden dann noch bei der Betrachtung des buddhistischen Pfades zur Sprache zu bringen sein.

Das Yogasūtra spricht von einer in jeder Seele als Keim schlummernden höheren Wissens- oder Bewußtseinsfähigkeit, die – ähnlich, wie vielfach das höhere Wissen des Buddha im Buddhismus – als *sarvajñatvam* (Allwissenheit) bezeichnet wird. Dieses übersinnliche Bewußtsein ist gewissermaßen nur verdeckt durch den Wahn der sündigen Leidenschaften *(kleśa,* eigentlich „Qual, Kümmernis, Beschwerde", etwas, womit sich der Mensch selbst beschwert), durch die die Seele an die Welt des Sichtbaren, der niederen Stofflichkeit und Sinnlichkeit gefesselt wird. Die gemeinsame Quelle aller „Beschwerden" ist *avidyā* (das Nichtwissen, der Irrtum), die im Yogasystem als die Verwechslung des Ewigen, Reinen, Leidlosen mit dem Nichtewigen, Unreinen, Leidenvollen, des wahren Selbstes *(ātman)* mit dem, was nicht das wahre Selbst ist, definiert wird. Die Seelentrübnisse, die Wahnideen der sündigen Leidenschaft *(kleśa)* sind im Bewußtsein als aktuelle Vorstellungen *(vṛtti),* im Unterbewußtsein potentiell als sog. *saṃskāra* gegenwärtig. Diese potentiellen Vorstellungen sind die unterbewußten Erinnerungen und damit zugleich die unterbewußten Bildekräfte (dies ist die eigentliche Wortbedeutung von *saṃskāra);* als solche bewirken sie die Wiedergeburt und das Schicksal, die ganze Summe von Lust und Leid, die die Seele als eine Folge ihrer früheren Tat (Karma) in aufeinanderfolgenden Inkarnationen auszukosten hat. Vom Standpunkte der höheren Erkenntnis sind alle diese karmischen Wirkungen leidvoll (II 15, die Parallele des buddhistischen „Satzes vom Leiden"). Zur Überwindung des Leidens gelangt die Seele durch einen Läuterungsprozeß *(aśuddhikṣaya),* der den

Irrtum *(avidyā)*, die Wurzel des Wahnes der sündigen Leidenschaft *(kleśa)* vernichtet und das geistige Wesen *(puruṣa)* aus seiner Verstrickung in die Welt der Sinnlichkeit befreit. Dieser Läuterungsprozeß ist der achtgliedrige Pfad des Yoga. (Das also ist das Wesentliche des Yogasystems, daß die Zerstörung des Irrtums durch keine bloße Gedankenoperation, sondern nur durch das Durchmachen eines förmlichen seelischen Läuterungsprozesses erreicht werden kann.) Yoga wird im ersten Sutra zunächst als die Beherrschung oder Unterdrückung *(nirodha*, einer der wesentlichsten Grundbegriffe auch des Buddhismus) der Bewußtseinsvorstellungen *(cittavṛtti*, eigentlich „Äußerungen des – im Sinne der Sāṃkhya-Lehre stofflich-ätherisch vorgestellten – Gedankenelementes") definiert. Dadurch werden verschiedene Stufen der Versenkung *(samādhi)* erreicht, deren technische Bezeichnung uns auch in buddhistischen Texten begegnet. Diese Versenkungen führen die Seele zwar zur höheren wahrhaftigen Erkenntnis *(ṛtaṃbharā prajñā)* und Geistesmacht *(vibhūti*, der *ṛddhi* des Buddhismus entsprechend), aber das höchste Ziel, die Befreiung des Geistes *(puruṣa)* wird erst dadurch verwirklicht, daß durch die fortgesetzte Konzentration bis in das Gebiet des Unterbewußten hineingearbeitet, auch die Vernichtung *(nirodha)* der *saṃskāra's* erreicht wird. Die Versenkung heißt dann *nirbīja*, d. h. keinen Keim (zur Wiedergeburt) mehr enthaltend. Damit ist die Läuterung der Seele *(sattva)* vollendet, sie steht in bezug auf Reinheit ihrem geistigen Urbilde, dem *puruṣa*, gleich, der jetzt die Befreiung von der Welt des Sichtbaren, die „Isolation" *(kaivalyam)* gefunden hat (Y. S. III, 54). (Diese Vernichtung der *saṃskāra's* [Pali *saṅkhāra*] ist das entscheidende Endziel auch im Buddhismus, und ohne eine Kenntnis des Yogasystems ist es unmöglich, den Buddhismus in diesem wichtigen Punkte richtig zu verstehen.) Die Fähigkeiten des Hellsehens und der höheren Geistesmacht, die schon auf einer früheren Stufe auftreten, werden nicht um ihrer selbst willen erstrebt und müssen fallen gelassen werden, wenn das höchste Ziel erreicht werden soll (III, 36. 49; auch hierin stimmt das Yogasystem mit dem Buddhismus überein). Betont wird, daß es sich beim Yoga und seinen Errungenschaften nicht um die Gewinnung oder Schaffung von etwas Neuem oder Fremdartigem handelt, sondern nur um die Hinwegräumung von Hindernissen, wodurch gewisse in der Seele schon latent vorhandene, schlummernde Fähigkeiten zur Entfaltung gebracht werden, und es wird zur Veranschaulichung des Vorganges das Gleichnis des Landbebauers gewählt, der durch die Beseitigung der hindernden Dämme das Wasser auf die Felder einströmen läßt (Y.S. IV, 2. 3). Der dem Zwecke der Läuterung der Seele dienende Pfad des Yoga selbst zerfällt in acht Stufen, die im zweiten

Kapitel aufgezählt und erläutert werden. Die erste Stufe *(yama)* enthält die ethische Grundlage der ganzen Yoga-Entwicklung, die zweite *(niyama)* betrifft die Haltung des Gemüts und anderes, die dritte *(āsana)* die Körperhaltung, die vierte *(prāṇāyāma)* die Atmung, die fünfte *(pratyāhāra)* die Sinnesorgane. Diese fünf sind die Vorstufe *(bahiraṅga)* der eigentlichen geistigen Konzentration und Meditation, die in drei Stufen – *dhāraṇā*, *dhyāna* und *samādhi* – verläuft, die der Sache nach auch im Buddhismus vorhanden sind, nur daß im Buddhismus *dhyāna* (Pali *jhāna)* und *samādhi* nicht in der gleichen Weise unterschieden werden. Diese drei Stufen sind wieder eine Vorstufe des schon erwähnten *nirbīja-samādhi.* In der Zahl der Stufen wie in dem Wesen und der Benennung der letzten Stufe *(samādhi)* stimmt der Pfad des Yoga mit dem „vornehmen achtgliedrigen Pfad" des Buddhismus überein. Hingegen sind die sieben ersten Glieder der buddhistischen Formel mit den sieben ersten Yogastufen nicht identisch. Der Sache nach sind, wie die weitere Darstellung zeigen wird, jene Stufen des Yogapfades im wesentlichen auch im Buddhismus vorhanden, und es gibt zahlreiche buddhistische Texte, welche die gerade in diesem Punkte herrschende weitgehende Übereinstimmung deutlich erkennen lassen. Es erscheint darum vor allem notwendig, über das Verhältnis der achtgliedrigen Formel zu diesen Texten Klarheit zu schaffen.

Wer den Satz vom „vornehmen achtgliedrigen Pfad" mit wirklichem Nachdenken betrachtet, wird sich sagen müssen, daß die Frage nach dem eigentlichen Inhalt der Norm des Pfades darin noch gar nicht beantwortet ist. Denn wenn es heißt: „rechte Ansicht, rechter Gedanke (oder Entschluß), rechtes Wort, rechte Tat, rechtes Leben, rechtes Streben usw.", so muß doch vor allem gefragt werden: was ist die rechte Ansicht, worin besteht der rechte Gedanke, das rechte Wort, die rechte Tat, das rechte Leben, das rechte Streben usw.? In der Formel wird die ganze Lehre und die ganze Ethik des Buddhismus vorausgesetzt, ohne daß die Formel selbst uns sagt, worin diese Lehre, worin diese Ethik besteht. Wenn man also wirklich nur den viergliedrigen „Satz vom Leiden" ins Auge faßt, so möchte es scheinen, als ob gerade bei dem entscheidenden Punkte, dem Pfade, Buddha seinen Anhängern ein leeres Schema hinterlassen hätte. Das ist aber in Wirklichkeit nicht der Fall. Vielmehr hat Buddha auch auf die Fragen, was rechtes Denken, rechtes Tun, rechtes Streben usw. ist, durchaus deutliche Antworten gegeben, sowohl die ethische Grundlage wie alle anderen Stufen des Pfades sind inhaltlich ganz bestimmt von ihm umschrieben worden. Die Formel des achtgliedrigen Pfades ist darum nicht überflüssig oder bedeutungslos, sie muß nur, wenn ein volles Verständnis erreicht werden soll, mit jenen anderen Äußerungen Buddhas zusammengestellt werden. Durch ihre blankettartige Unbestimmtheit erhält die Formel eine gewisse allgemeine Bedeutung und Anpassungsfähigkeit. Sie läßt dasjenige, was das Richtige seinem Inhalte nach ist, offen, und gebietet nur, dieses Richtige zunächst im Glauben anzunehmen, dann auch in Gedanken, Worten und Werken, im ganzen Leben und Streben zum Ausdruck zu bringen, es stets in der Erinnerung festzuhalten *(sammāsati)*, und es zuletzt so in die Seele hineinzuarbeiten, daß es zur inneren Versenkung und Meditation wird. Buddhistische Erläuterungen der Formel finden sich mehrfach im Kanon, z. B. im Mahāsatipaṭṭhāna-Sutta des Dīghanikāya. Daß die sieben ersten Glieder des „achtfachen Pfades" nur Hilfsmittel *(parikkhārā)* und Vorstufen des achten Gliedes, der geistigen Versenkung oder Meditation *(samādhi)* sind, ist für das Verständnis des Buddhismus wichtig und wird mehrfach betont, z. B. Aṅg. IV p. 40, V p. 236. Wovon dann *samādhi* selbst wieder die Vorstufe und Voraussetzung ist, wird in der Formel des achtgliedrigen Pfades nicht zum Ausdruck gebracht. Es wird nur allgemein von diesem Pfade gesagt, daß er der „Weg zur Beendigung des Leidens" sei. Die „Meditation", mit der die achtgliedrige Formel schließt, ist nicht das letzte Ziel, sondern nur ein Mittel zu dessen Erreichung. Es fehlt nicht an Aussprüchen im Kanon, die die Entwicklungsreihe über *samādhi* hinaus fortsetzen. Hingewiesen sei auf die schon erwähnte Stelle Aṅguttaranikāya IV p. 236 und die folgenden Abschnitte bis p. 240, wo überall auf *sammāsamādhi* noch *sammāñāṇaṃ* „rechte Erkenntnis", und darauf *sammāvimutti* „rechte Befreiung" folgt. Damit ist der wichtigste Grundgedanke des Buddhismus in knappster Form ausgesprochen. Das zu erstrebende Ziel wird in allgemein indischer Ausdrucksweise als die „Befreiung" bezeichnet. Sie wird erreicht durch die Erkenntnis, diese durch die Versenkung oder Meditation. (Auch in der Yogalehre ist die Erkenntnis [hier im Sinne des Yogasystems als „unterscheidende Erkenntnis", *vivekakhyāti* bezeichnet] die Vorstufe des Erlösungszieles *[kaivalyam]*, und der Weg zu dieser Erkenntnis geht durch den Läuterungsprozeß des Yoga, den achtgliedrigen Pfad der Meditation hindurch. Yogasūtra II, 25. 26. 28.) Von unten auf betrachtet, stellt sich also die Sache im Buddhismus so, daß die eigentliche Vorstufe des Pfades (in der achtgliedrigen Formel schon als erste Stufe bezeichnet) die rechte Glaubensansicht ist. Die weiteren der Meditation vorausgehenden Stufen des Pfades können wir zusammenfassen als die N o r m d e s r e c h t e n V e r h a l t e n s in Gedanken, Worten und Werken (wobei das siebente Glied, *sammāsati*, schon in engstem Zusammenhang mit der Meditation steht). Wie aus rechtem ethischen Verhalten die rechte Meditation, so geht dann aus der Meditation die rechte Erkenntnis, aus der Erkenntnis die Befreiung hervor. Wir erinnern uns der letzten Ansprachen Buddhas an die Jünger im Mahāparinibbānasutta, wo er immer wieder auf die Bedeutung jener Hauptstücke der Norm hinweist: *sīla* (rechtes Verhalten), *samādhi* (Meditation), *paññā* (Erkenntnis), denen als viertes dann die Befreiung *(vimutti)* folgt: „Segensreich und fruchtbringend ist Meditation, wenn sie von rechtem Verhalten getragen ist, segensreich und fruchtbringend Erkenntnis, wenn sie auf Meditation beruht, und von solcher Erkenntnis durchdrungen, wird die Seele frei von allem Wahne der Weltlust, des Weltenseins und des Irrtums". Die Formel kehrt an acht Stellen im Mahāparinibbānasutta wieder, und auch sonst begegnet die Zusammenstellung von *sīla*, *samādhi*, *paññā*, *vimutti* häufig. Nun ist es wichtig, daß der Palikanon Texte aufweist, die den Pfad nicht nur äußerlich-schematisch, wie die achtgliedrige Formel, sondern seinem vollen Inhalte nach in allen seinen Stufen ausführlich schildern, und daß allen diesen Texten die Gliederung in die vier Hauptstücke *sīla*, *samādhi*, *paññā*, *vimutti* zugrunde liegt. Streng genommen handelt es sich nur um e i n e n, die Norm des Pfades entwickelnden Abschnitt, der in einer größeren Anzahl von Texten, nämlich in allen wichtigeren L e h r texten (nicht in den Legendentexten) des Dīghanikāya mit gleichem Wortlaute wiederkehrt. Als den hauptsächlichsten dieser Texte dürfen wir das Sāmaññaphala-Sutta betrachten, wo der fragliche Abschnitt mit Absatz 40 beginnt und bis zum Ende des Sutra sich erstreckt (Dīghanikāya Bd. I, p. 62–86 ed. P.T.S.). Er kehrt dann mit gleichem Wortlaut wieder im Ambaṭṭha-Sutta (siehe ebenda, p. 100), im Soṇadaṇḍa-Sutta (p. 124), im Kūṭadanta-Sutta (p. 147), Mahāli-Sutta (p. 157), Jāliya-Sutta (p. 159), Kassapa-Sīhanāda-Sutta (p. 172), Poṭṭhapāda-Sutta (p. 181), Subha-Sutta (p. 206), Kevaddha-Sutta (p. 214), Lohicca-Sutta (p. 232), nach einigen Lesarten auch im Tevijja-Sutta (p. 249 Anm. 8). Einen in vieler Beziehung ähnlichen, zum Teil im Wortlaut übereinstimmenden Abschnitt enthält auch das Brahmajāla-Sutta (p. 4–17). Der Dīghanikāya ist derjenige Teil des Palikanons, der die Norm in größeren zusammenhängenden Stücken darstellt, er ist für die Lehre Buddhas also eine der hauptsächlichsten Quellen. Dadurch, daß der erwähnte Abschnitt in allen wichtigen Lehrtexten dieser Sammlung mit dem gleichen Wortlaut wiederkehrt, erhält er innerhalb des Kanons eine besondere Bedeutung. Das gilt auch von dem ihm zugrundeliegenden Einteilungsgesichtspunkt: *sīla*, *samādhi*, *paññā*, *vimutti*, den das

Subha-Sutta (p. 206) auch äußerlich hervorhebt, indem dort von dem „Abschnitt des ethischen Verhaltens“ *(sīlakkhandho)*, dem „Abschnitt der Meditation“ *(samādhikkhandho)* und dem „Abschnitt des Wissens“ *(paññākhandho)* die Rede ist. Es sind aber nicht nur die äußeren Gründe, sondern vor allem innere sachliche Gründe, die uns hier einen vor allen anderen wertvollen Einteilungsgesichtspunkt der buddhistischen Norm erkennen lassen. Wir sind berechtigt zu sagen, daß in dieser Gliederung der vier Hauptstücke von der Ethik *(sīla)*, der Meditation *(samādhi)*, dem Wissen *(paññā)* und der Befreiung *(vimutti)* die ganze buddhistische Norm in nuce enthalten ist, und daß es darum innerlich glaubwürdig erscheint, wenn erzählt wird, wie Buddha auf seiner letzten Wanderung überall noch mit besonderem Nachdruck auf diese vier Hauptstücke hingewiesen habe. (Auch in der späteren buddhistischen Literatur ist der erwähnte Einteilungsgesichtspunkt benutzt worden, so im Visuddhimagga des Buddhaghoṣa).

Der folgenden Darstellung der buddhistischen Norm soll der erwähnte Abschnitt des Dīghanikāya in erster Linie als äußerer Anhalt dienen. (Daneben sind überall, wo es von Bedeutung ist, auch andere Quellentexte heranzuziehen.) In der Schilderung des Pfades, wie sie in jenem Abschnitt enthalten ist, tritt ein augenfälliger Parallelismus zur Yogalehre, speziell zum Yogasūtra des Patañjali hervor. Es wird also auch auf die schon mehrfach gestreiften Beziehungen des Buddhismus zum Yoga und damit auf das wahre Wesen des Buddhismus ein weiteres Licht dadurch fallen, daß jener Abschnitt der Darstellung zugrunde gelegt wird. Die sich dabei nach dem Gesagten von selbst ergebende Einteilung ist die in die vier Hauptstücke der Ethik *(sīla)*, Meditation *(samādhi)*, Erkenntnis *(paññā)* und Befreiung *(vimutti)*. Als der wichtigste der jenen Abschnitt enthaltenden Texte erscheint in mancher Hinsicht das Sāmaññaphalasutta (wo in der Ausgabe der Pali-Text-Society der betreffende Abschnitt auch im vollen Wortlaut abgedruckt ist.) Es lag daher nahe, im Folgenden bei Zitaten das Sāmaññaphalasutta in erster Linie zu berücksichtigen.

B. Die einzelnen Stufen des Pfades

a) Der Glaube *(Saddhā)* als Vorstufe des Pfades

Bevor das Sāmaññaphala-Sutta und die Paralleltexte in eine Schilderung der einzelnen Stufen des Pfades und ihrer Errungenschaften eintreten, wird darauf hingewiesen, wie der Entschluß zum Gehen des Pfades dadurch zustande kommt, daß die Worte des Tathāgata (Buddha) in dem Hörer jenen Eindruck auslösen, der als der Glaube *(saddhā)* bezeichnet wird, also ein dem eigentlichen Wissen, der Erkenntnis, die erst auf einer viel späteren Stufe des Pfades erreicht wird, vorausgehendes gefühlsmäßiges Erfassen der buddhistischen Heilswahrheit, insbesondere der Leidenswahrheit. Auch hier handelt es sich um nichts Theoretisches, sondern um ein lebendiges Gefühl, das jene Umwandlung in der Seele des Hörers bewirkt, von der oben (S. 101) die Rede gewesen ist. Ein wesentliches Merkmal dieses buddhistischen „Glaubens" ist der Wunsch, das bisherige Leben ganz aufzugeben, um es mit dem „heiligen Wandel" *(brahmacariya)* zu vertauschen, „aus der Heimat in die Heimatlosigkeit zu gehen" (S. Ph. S. 41). Der Jünger ist von der durch den Tathāgata mitgeteilten Wahrheit vom Leiden des Irdischen und der Seligkeit der Befreiung so ergriffen, daß er den Aufenthalt in der bisherigen Lebensumgebung, allen irdischen Besitz und alle Beziehungen zu Verwandten und Bekannten als eine Last empfindet und den Drang fühlt, sich ihrer zu entäußern. Eine ähnliche Färbung des Begriffes „Glaube" *(śraddhā)* tritt uns auch in der so mancherlei Beziehungen zum Buddhismus enthaltenden Kāṭhaka-Upaniṣad entgegen.

Die Darstellung des Dīghanikāya stimmt insofern überein mit der Formel des achtgliedrigen Pfades, als ja auch dort als erste Stufe *sammādiṭṭhi*, die rechte Glaubensansicht, genannt wird, auf der alle weiteren Stufen des Pfades sich aufbauen. Daß die Stimmung, in der der buddhistische Gläubige die „Wahrheit vom Leiden" auf sich wirken läßt, keine irgendwie weltschmerzlich angehauchte ist, wird in den heiligen Texten deutlich gesagt. Die Stimmung des echten Jüngers ist vielmehr durchaus eine innere Ruhe und Gehobenheit, die sich auf höheren Stufen des Pfades bis zur höchsten Seligkeit steigert. In einem bemerkenswerten Abschnitt des Saṃyutta-Nikāya (Bd. II, p. 31 f.) wird, nachdem gezeigt ist, wie im Sinne der zwölfgliedrigen Entstehungsformel zuletzt aus der Geburt das Leiden folgt, in sehr bemerkenswerter Weise fortgefahren: aus dem Leiden folgt Glaube *(saddhā)*, aus Glaube Beseligung *(pāmojjaṃ)*, aus Beseligung Freude *(pīti)*, aus Freude innere Ruhe *(passaddhi)*, aus innerer Ruhe seliges Behagen *(sukhaṃ)*, aus der Seligkeit die Versenkung *(samādhi)*, aus der Versenkung die rechte schauende Erkenntnis *(yathābhūtañāṇadassanaṃ)*, aus der Erkenntnis Leidenschaftslosigkeit *(virāga)*, aus der Leidenschaftslosigkeit die Befreiung *(vimutti)*. Das Leiden bedeutet hiernach in der Stufenfolge der ursächlichen Entstehung für den Jünger des Pfades nur den Durchgangspunkt zur Seligkeit, Erkenntnis und Befreiung.

Die eigentliche erste Stufe des Pfades ist (nach dem Dīghanikāya) das „rechte ethische Verhalten", die sittliche Zucht *(sīla)*. Aber dieses praktische Verhalten hat doch nach der buddhistischen Ansicht zum Fundament wiederum den Glauben, der zugleich als die eigentliche Triebfeder für den Entschluß gilt, überhaupt den Pfad zu wandeln. Auch im Aṅguttara-Nikāya (Bd. IV, p. 314) wird betont, wie der Glaube *(saddhā)* neben dem rechten Verhalten *(sīla)* notwendig ist, wie es zuerst auf den Glauben ankommt, und wie dann erst von rechtem Verhalten und von Wissen die Rede sein kann. Und an einer anderen Stelle der gleichen Sammlung (Bd. III, p. 236) wird in einem schönen Gleichnis gesagt, daß, so wie dem Sonnenaufgang die Morgenröte vorausgeht, so allem anderen, was der Jünger an Tugenden und Errungenschaften durch den Pfad gewinnt, der rechte Glaube vorausgehen müsse. Indem der Pfad dann zum Wissen führt, ein „Erkenntnispfad" ist, kann im Sinne jenes Gleichnisses der Glaube gewissermaßen als die Morgenröte der Erkenntnis betrachtet werden. So ist der Glaube oder die „rechte Ansicht" für alle das in erster Linie Wichtige, das rechte Beschreiten des Pfades der Jüngerschaft hat diesen „Glauben" zur unerläßlichen Voraussetzung, und auch, wer diesen Pfad noch nicht beschritten hat, bekennt sich durch den „Glauben" doch als wahren Anhänger Buddhas, ja er hat, wenn er wirklich die Lehre Buddhas im rechten Glauben und mit dem rechten Ernste ergriffen hat, damit im Sinne der achtgliedrigen Formel schon den ersten Schritt auf dem Pfade getan. Die weiteren Schritte mag er dann, wenn er es jetzt noch nicht kann oder will – so müssen wir die Lehre Buddhas verstehen –, erst in einem späteren Leben tun. Das gilt für alle die vielen, die sich zum Buddhismus bekennen, ohne daß sie in den Pfad der Jüngerschaft eingetreten wären. Laienanhänger *(upāsaka*, eigentlich „Verehrer") und Laienanhängerinnen *(upāsikā,* „Verehrerin") werden sie im Buddhismus genannt. Durch ihre gläubige, verehrende Hinnahme der von dem Buddha verkündeten Wahrheit haben solche doch schon in diesem Leben nach buddhistischer Auffassung den Grund für den erst in einem späteren Leben zu gehenden Pfad gelegt, der sie dann zur Erkenntnis, zum Heile, zur Befreiung führen wird. Die andern aber, die eigentlichen Jünger, bleiben schon in diesem jetzigen Leben bei dem bloßen Glauben nicht stehen, sondern sie gehen den Weg, der sie dahin führt, wo sie aus eigener Erkenntnis sich überzeugen können von der Wahrheit der Heilsoffenbarung, deren gläubige Hinnahme sie zum Gehen des Pfades bestimmte. „Es gibt einen Weg, es gibt einen Zugang *(atthi maggo atthi paṭipadā),* auf dem einer aus sich selbst heraus *(sāmaṃ)* erkennen kann, daß der Asket Gautama (Buddha) zeitgemäß, sachgemäß und wahrheitsgemäß die Norm verkündet." (Kassapa-Sīhanāda-Sutta 13.) Von den Einzelheiten dieses Pfades soll im folgenden gehandelt werden.

b) Erste Stufe des Pfades: Rechtes Verhalten *(sīla)*

Das ethische Verhalten *(sīla),* das nach dem Dīghanikāya die erste Stufe des Pfades bildet, umfaßt in der Formel des achtgliedrigen Pfades die Glieder vom zweiten bis zum siebenten, also rechten Entschluß (oder Gedanken), rechtes Wort, rechte Tat, rechtes Leben, rechtes Streben, rechte Besinnung (wobei sich die beiden letzteren schon der nächstfolgenden Stufe des Pfades, der Meditation, zuneigen und ihr auch in den Texten [siehe Majjh. I, p. 301] zuweilen schon zugerechnet werden). Die Antwort auf die Frage: was ist rechter Gedanke, rechte Rede, rechte Tat usw.? gibt uns nicht die achtgliedrige Formel, aber mit voller Deutlichkeit der Abschnitt vom Pfade, wie er im Sāmaññaphala-Sutta und den anderen erwähnten Texten des Dīghanikāya enthalten ist. Wichtig ist es, daß wir Wesen und Bedeutung dieser buddhistischen Ethik und ihr Verhältnis zum „Pfade" richtig erkennen und einschätzen. In vielen westlichen Darstellungen des Buddhismus sieht die Sache so aus, als ob Buddha, so wie er die „Wahrheit vom Leiden" und andere Heilslehren offenbarte, auch gewisse moralische Lehren gegeben hätte, manche nur für die Jünger, andere auch für Außenstehende, aber wie sich diese Ethik in das Ganze des Buddhismus hineinstellt, wie ein bestimmtes ethisches Verhalten nicht nur zum Pfade, zur „Aufhebung des Leidens" im allgemeinen gehört, sondern eine ganz spezielle Voraussetzung der nächsten Stufe des Pfades, der rechten geistigen Konzentration und Meditation *(samādhi)* bildet, wird nicht überall mit genügender Deutlichkeit hervorgehoben. Wenn vielfach gesagt wird, der ganze Buddhismus sei eigentlich eine bloße Ethik, so liegt darin insofern ein Kern von Wahrheit, als es bei dem ja das Wesentliche der Norm bildenden „Pfade" zunächst in der Tat nur auf die sittliche Zucht, das richtige ethische Verhalten ankommt; dieses praktische ethische Verhalten ist das einzige, was der Buddhismus von dem Jünger im ersten Stadium der Entwicklung verlangt. „Meiden des Bösen, Tun des Guten und wachsames Behüten des Geistes ist die (ganze) Ermahnung der Erwachten (Buddhas)", lautet ein alter buddhistischer Spruch. Dabei darf aber doch nicht übersehen werden, wie dem Beschreiten dieses zunächst nur in einer praktischen Befolgung ethischer Gebote bestehenden Pfades immerhin ein Hören und eine gläubige Hinnahme von Heilswahrheiten, insbesondere der Leidenswahrheit, hat vorausgehen müssen, und wie andererseits auch der Pfad nicht dauernd nur auf die Sphäre des Ethischen beschränkt bleibt, sondern wie diese äußere Zucht den Durchgangspunkt zu anderen Stufen bildet, die jenseits des Ethischen liegen. Selbst in der erwähnten kurzen, das Ethische so sehr in den Vordergrund stellenden Formel wird doch schon neben dem Tun des Guten und dem Meiden des Bösen auf das „wachsame Behüten des Geistes" hingewiesen, also auf jene im Buddhismus so wichtige geistige Konzentration, für die alles Ethische nur eine Vorstufe bildet, und die selbst wieder die notwendige Voraussetzung aller Erkenntnis und der noch über die Erkenntnis hinausliegenden Heilsziele ist.

In jenem Verhältnisse des Ethischen zur Meditation offenbart sich besonders deutlich der mehrfach erwähnte Zusammenhang von Buddhismus und Yogalehre. Auf den Parallelismus zwischen dem Yogasūtra und dem die Grundlage der folgenden Betrachtung bildenden Abschnitte des Dīghanikāya ist bereits hingewiesen worden. Bei dieser Betrachtung wird sich wieder zeigen, in welcher eigenartigen Weise uns das Yogasūtra für das richtige Verständnis des Buddhismus eine Hilfe sein kann.

Im Yoga umfaßt die erste Stufe des Pfades ganz wie im Buddhismus das rechte ethische Verhalten. Die Vorstellung ist dabei die, daß die Konzentration und Meditation, auf die es im Yoga ankommt, nicht in der richtigen Weise zustande kommen könnte, wenn nicht alle ihre Vorstufen, in erster Linie das ethische Verhalten, zuvor in der rechten Weise geübt würden. Nicht um den Yoga-Aspiranten mit irgend etwas zu behelligen, was doch direkt mit seinem Bestreben nichts zu tun hat, werden jene ethischen Forderungen gestellt, sondern weil sie als im engsten Zusammenhang stehend gedacht werden mit allem, was als übersinnliche Errungenschaft der Yoga-Übung erstrebt wird.

Die dem buddhistischen *sīla* (sanskr. *śīla)* entsprechende erste Stufe des Pfades führt im Yogasystem den Namen *yama*. Sie begreift fünf Einzelgebote in sich, die mit denjenigen des buddhistischen *sīla* im wesentlichen übereinstimmen. Das erste dieser Gebote ist die Schonung des Lebens (im Yoga: *ahiṃsā)*, das in der Nichtverletzung der Lebewesen sich erweisende Mitleid (Y.S. II, 30; S.Ph.S. 43: *pāṇātipātā paṭivirato hoti)*. Von allen Geboten gilt im Yoga (Y.S. II, 34) wie im Buddhismus (beachte die Formel: rechter Gedanke, rechtes Wort, rechte Tat usw.), daß sie nicht nur in der äußeren Tat, mit dem „Leiblichen“ *(kāya)*, wie der Buddhismus sagt, sondern auch in der inneren geistigen Haltung der Gedanken und des Gemütes *(mano)* und in der Rede *(vācā)*, also in Gedanken, Worten und Werken zu erfüllen sind. In diesem Sinne enthält schon jeder feindselige Gedanke gegen irgendein Lebewesen und jede harte, unfreundliche oder beleidigende Rede eine Verletzung des ersten Gebotes. Darum wird in dem buddhistischen Texte (S.Ph.S. 44) auf das Meiden harter, unfreundlicher Rede *(pharusavācā)* in diesem Zusammenhange ausdrücklich hingewiesen. Die entsprechende geistige Haltung ist die Gesinnung des Mitleids gegenüber allen Wesen, von dem im Buddhismus immer die Rede ist (auch a. a. O. 43). Daß es sich bei diesem Mitgefühl nicht nur um die abstrakte „Kardinaltugend“ des Buddhismus handelt, sondern daß der überall nachdrücklich zu betonende Zusammenhang mit der Meditation auch hier besteht, ergibt sich recht deutlich aus dem, was über die Durchstrahlung der Meditation mit dem Gefühle der Liebe (oder „Freundlichkeit“, *mettā)*, des Mitleids *(karuṇā)*, der Mitfreude *(muditā)* und des Gleichmuts gegenüber dem Unreinen und Bösen *(upekkhā)* gesagt wird (z. B. Tevijja-Sutta 75 ff.). Diese vier Empfindungen entsprechen genau der Vierheit *maitrī* (= Pali *mettā)*, *karuṇā, muditā, upekṣā* (= Pali *upekkhā)*, die im Yogasūtra (I, 33) dem meditierenden Yogin zur Abklärung der Seele empfohlen wird. Im Buddhismus heißen sie die vier „Unermeßlichen“ *(appamaññā)*, d. h. in der Meditation sich ins Unendliche ausbreitenden Empfindungen: im Tevijja-Sutta (76 ff.) ist davon die Rede, wie der Meditierende mit den Strahlen seiner Liebe, seines Mitleids, seiner Mitfreude und seines Gleichmuts alle vier Himmelsrichtungen durchdringt. Und wie nach dem Yogasūtra (II, 35) durch die zur Vollkommenheit gebrachte praktische Übung des Mitleids die Feindschaft aller Wesen magisch besänftigt wird, so hat auch der buddhistische Heilige in jenem „Freundschaftsgefühl“

zu allen Wesen eine unwiderstehliche Zauberkraft, die die Wut auch der wildesten Tiere besänftigt (vgl. S. 125). Der Buddhismus (wie der indische Yoga überhaupt) berührt sich hier mit der Mystik des heiligen Franziskus von Assisi. Beiden gemeinsam ist vor allem auch die praktische Ausdehnung der mitleidvollen Nächstenliebe auf die Tierwelt.

Das Gebot der Nichtverletzung des Lebens kennt auch die ältere brahmanische Religion, der Buddhismus unterscheidet sich aber von ihr durch die praktischen Konsequenzen, die er, zunächst hinsichtlich des Opferwesens, aus jenem Gebote gezogen hat. Nach Umfang, Ausdruck und metaphysischer Begründung vom Buddhismus ganz verschieden (aber eben darum vom historischen Gesichtspunkt nicht ohne Interesse) tritt uns das Gebot der Lebensschonung entgegen in einer alten Upaniṣad (Bṛhadāraṇyaka 1, 5, 14), wo von der mystischen Einheit des Mondenjahres mit dem Weltenschöpfer Prajāpati die Rede ist, der in der Neumondnacht mit einem Sechzehntel seines (durch die einzelnen Mondphasen dargestellten) Wesens in alles Lebende eingeht. „Darum", so wird gesagt, „soll man in dieser Nacht keinem Lebewesen, und wäre es nur eine Eidechse, das Leben rauben, aus Ehrfurcht eben gegenüber jener Gottheit." Der Buddhismus hat das Gebot aller metaphysischen Begründung entkleidet und dafür sein praktisches Anwendungsgebiet, im Einklang mit dem Yoga, universell erweitert.

Das zweite der buddhistischen Hauptgebote ist das Gebot, nichts zu nehmen, was nicht freiwillig gegeben wird. Ihm entspricht das dritte der *yama*-Gebote des Yogasūtra (II, 30) *asteya* (vgl. dazu S.Ph.S. 1 *athenena .. attanā viharati)*, das „Nichtstehlen", worunter aber, da jedes Gebot sich auf Gedanken, Worte und Werke erstreckt, natürlich nicht nur der Diebstahl in unserem Sinne, sondern jedes Heften irgendeiner Begehrlichkeit auf fremdes Gut begriffen wird. Das Yogasūtra enthält die Bemerkung, daß dem in dieser Eigenschaft Vollkommenen alle Schätze zufließen. (Und sind nicht gerade Buddha, der selber von allem eigensüchtigen Trachten nach Irdischem freier war als jeder andere, von Königen und Reichen des Landes die großherzigsten Schenkungen für den Dienst seiner Sache zugeflossen?) Während für den eigentlichen Jünger des Pfades das zweite Gebot einen mehr negativen Charakter hat, ist für den noch nicht selbst in den Pfad eingetretenen Anhänger der Norm gewissermaßen als die positive Seite jenes Gebotes besonders wichtig die Freigebigkeit, deren Segen im Buddhismus überall hoch gepriesen wird. Unter den die Mitteilung der „Wahrheit vom Leiden" vorbereitenden Gegenständen erscheint, wenn Buddha persönlich einem anderen die Heilsnorm verkündet, immer an erster Stelle, noch vor der Belehrung über die allgemeinen Pflichtgebote *(sīla)*, die „Unterhaltung über das Geben" *(dānakathā)*, die Belehrung über die Freigebigkeit (z. B. Mahāvagga p. 19 und an vielen ähnlichen Stellen). – Einschneidender noch ist das dritte Gebot, die Keuschheit, die im Buddhismus, wie im Yogasystem (Y.S. II, 30) im Einklang mit dem allgemeinen indischen Sprachgebrauch *brahmacarya* (Pali *brahmacariya)*, d. h. Brahmanwandel, heiliges Leben genannt wird. (Im Yogasūtra ist *brahmacarya* das vierte der *yama*-Gebote.) Die Bedeutung dieses Gebotes findet auch darin ihren Ausdruck, daß nicht nur diese einzelne Seite der Jüngerschaft, sondern auch das Ganze der Jüngerschaft, das gesamte auf den Pfad gerichtete praktische Bestreben, im Buddhismus *brahmacariya* genannt wird. (So in der so oft wiederkehrenden Formel S.Ph.S. 40 u. a.) Auch die befreiende Erkenntnis wird in diesem Sinne die „Vollendung des heiligen Wandels" *(brahmacariyapariyosānaṃ)* genannt. Eine ähnlich umfassende war die Bedeutung des Wortes in der älteren brahmanischen Mystik (siehe oben S. 140); erst die spätere Yogalehre nimmt das Wort als einen technischen Begriff für einen bestimmten Teil der gesamten Yogaschulung in dem anderen, engeren Sinn. Im Buddhismus gehen die engere und die weitere Bedeutung des Wortes nebeneinander her. Wichtig ist, daß beim dritten Gebot zum erstenmal eine Verschiedenheit zwischen den Jüngern des Pfades und den Außenstehenden (Laien) begegnet. Den letzteren ist nur Meidung von Ehebruch und Unkeuschheit (im gewöhnlichen Sinne) zur Pflicht gemacht, während von dem Jünger des Pfades die volle Enthaltsamkeit und Reinheit in bezug auf Körper, Rede und Gedanke gefordert wird. In den menschlichen Verhältnissen ist es begründet, daß dieses Gebot nur von wenigen erfüllt wird. Andere gelangen (im Sinne der buddhistischen Auffassung) höchstens bis zu den ersten Stufen des Pfades, die weiteren Stufen sind ihnen erst in einem späteren Leben erreichbar. An diesem Punkte wird besonders deutlich, daß es sich bei den buddhistischen Geboten keineswegs nur um eine „alltägliche Moral", sondern gerade um etwas aus der Sphäre des alltäglichen Lebens völlig Hinausführendes handelt. Besonders wichtig ist es, auch beim dritten Gebot den Zusammenhang mit der Meditation festzuhalten: wer dieses Gebot nicht erfüllen kann, dem ist für dieses gegenwärtige Leben auch die „rechte Meditation" (im Sinne Buddhas) verschlossen, ohne die es einen Weg zur Erkenntnis und zur Befreiung im Buddhismus nicht gibt. Die Konzentration des Geistes, wie sie im Buddhismus und im Yoga gefordert wird, steht im Sinne dieser Lehren mit der Konzentration, der Zusammenziehung gewisser anderer Kräfte im Zusammenhang, die eben durch *brahmacarya* bewirkt werden soll. Im Yogasūtra (II, 38) wird gesagt, daß *brahmacarya* die eigentliche Kraftquelle für den die geistige Konzentration Suchenden (den Yogin) ist. Vom Finden der (übersinnlichen) Welt des Brahman durch *brahmacarya* ist schon in alten brahmanischen Texten die Rede, schon in dem Worte *brahmacarya* ist im Grunde genommen der Gedanke, um den es sich hier handelt, ausgesprochen: wer sich von der Gewalt derjenigen Mächte befreit, die ihn in den Dienst der Sinnlichkeit, des niederen Lebens stellen wollen, eröffnet sich dadurch den Zugang zu denjenigen Welten, die jenseits der Sphäre des Sinnlichen liegen; übersinnliche Wesen neigen sich dem Heiligen, der die niedere Natur in sich überwunden hat. So bezeichnet dieses dritte Gebot den kritischen Punkt, an dem die Möglichkeit, schon in diesem gegenwärtigen Leben zu den höheren Stufen des Pfades und damit zur Erreichung des buddhistischen Heilszieles zu gelangen, für viele zunichte wird. (Es ist streng zu betonen, daß alles dieses nur für den Buddhismus gesagt wird, nicht als eine für alle Zeiten gültige Wahrheit hingestellt werden soll.)

Ein wichtiger Unterschied besteht hier auch zwischen der Lehre des Buddha und den Anschauungen des Brahmanentums, wie sie im Gesetzbuche des Manu festgelegt sind. Auch dieses Brahmanentum kennt den Yoga als das Bestreben, durch geistige Konzentration zur Einheit mit Brahman zu gelangen, und mißt der Keuschheit bei diesem Bestreben die gleiche Bedeutung bei wie Patañjali und Buddha, doch steht dieser Weg dem Brahmanen erst in einer späteren Lebensstufe offen, wenn er seine Pflicht, einen Hausstand zu gründen und männliche Nachkommenschaft zu erzeugen, erfüllt hat. Wer, dieser Pflicht sich entziehend, die Wege des Asketentums wandelt, macht sich im Sinne Manu's einer Sünde schuldig, durch die er den abwärts führenden Pfad betritt.

Das vierte Gebot, die W a h r h a f t i g k e i t *(satya,* Pali *sacca)* hat der Buddhismus ebenfalls mit dem Yogasūtra gemein (II, 30, wo es unter den *yama*-Geboten an zweiter Stelle steht). Der Natur der Sache nach bezieht sich dieses Gebot vor allem auf die Rede, auf welche ganz besonders achtsam zu sein Buddha mit einer gewissen Lebensklugheit gebietet. Denn durch jedes unwahre oder unüberlegte Wort bereitet der die geistige Konzentration Suchende seinem Streben ein Hindernis: im Mund des Menschen, so heißt es im Udānavarga (VIII, 2), entsteht schon bei seiner Geburt eine Axt, durch die, wer törichte oder schlechte Rede führt, sich selbst verletzt. Wer nicht von dem reinsten Streben nach Wahrheit beseelt ist, kann im Sinne des Buddha (und der Yogalehre) nicht Jünger des Pfades sein, dessen Ziel ja die Befreiung von allem Irrtum *(avidyā)* ist. Dem Buddhismus charakteristisch ist, daß neben der Wahrhaftigkeit auch Freundlichkeit der Rede gefordert wird. Harte, unfreundliche Rede soll der Jünger meiden (siehe oben S. 153); was „harmlos, angenehm zu hören, liebenswürdig, zu Herzen gehend (*hadayaṃgama*), gediegen (*pora*, eigentlich „urban") und den Menschen wohltuend ist", soll er reden (S. Ph. S. 44). Vor allem leeren Geschwätz (*samphappalāpa*) soll er sich besonders sorgfältig hüten, nur da soll er reden, wo es am Platze ist, einen Sinn hat und anderen zum Heile dient. (Über den Preis des „vornehmen Schweigens" siehe oben S. 110.) „Nie", so heißt es in einem schönen Sutra (Abhayarājakumāra-Sutta) des Majjhimanikāya, „spricht der Tathāgata Worte, die unwahr, nicht zum Heile und anderen unlieb sind, ebensowenig Worte, die zwar wahr, aber nicht zum Heile und anderen unlieb sind, oder Worte, die zwar anderen lieb zu hören, aber unwahr und nicht zum Heile sind, auch nicht Worte, die wahr und anderen lieb, aber nicht zum Heile sind; hingegen spricht er Worte, die wahr und zum Heile sind, auch wenn der andere sie nicht gern hört, und um so lieber spricht er Worte, die wahr und zum Heile und dem Hörer lieb sind", weil der Tathāgata – so wird hinzugefügt – Mitgefühl mit den Wesen hat. Immer wird im Buddhismus, und zwar schon in den ältesten Texten, darauf hingewiesen, daß der wahre Jünger das rechte Verhalten nicht nur darum wahrt, weil es seiner eigenen Entwicklung förderlich ist, sondern weil es zum Heil der Welt, zum Wohle aller Wesen dient. (Vgl. Itivuttaka 84.)

Das fünfte Gebot, das die Meidung berauschender Getränke betrifft, wird im Sāmaññaphalasutta (bzw. dem Heilspfad-Abschnitt des Dīghanikāya) nicht erwähnt (wohl aber anderwärts, z. B. Soṇadaṇḍa-Sutta 20, Kūṭadanta-Sutta 26). Der Grund dieses Verbotes ist wohl nicht nur, wie man gemeint hat (Pischel, S. 89), die Rücksicht auf das indische Klima, sondern die Vorstellung, daß jener Genuß ein Hindernis der rechten, d. h. von rechter Besonnenheit und klarem Selbstbewußtsein getragenen geistigen Konzentration ist. Auch hier also bieten Yoga-Gesichtspunkte den Schlüssel zum Verständnis. Das Gebot gilt aber, ebenso wie die vorausgehenden (vorbehaltlich der Einschränkung beim dritten Gebot), auch für Außenstehende. Im Yogasūtra (II, 30) ist das fünfte der *yama*-Gebote *aparigraha*, d. h. völlige Unbekümmertheit um allen irdischen Besitz und alle Geschäfte und Sorgen des äußeren Lebens. (Daher gewährt nach der Yogalehre die Vollkommenheit in dieser Eigenschaft die Erinnerung an dasjenige, was über das gegenwärtige Leben hinausliegt, Y. S. II, 39). Soweit der Jünger des Pfades in Betracht kommt, ist dieses Gebot auch im Buddhismus nicht nur der Sache nach voll und ganz vorhanden, sondern auch der Yoga-Ausdruck *aparigraha* (bzw. Pali *apariggaha*) findet sich, z. B. Tevijja-Sutta 80. Im Heilspfad-Abschnitte des Dīghanikāya (S. Ph. S. 45 ff.) werden statt dessen eine Reihe von Einzelheiten aufgezählt, die der Jünger beobachtet. Abgesehen von der im Beginn der Aufzählung erwähnten Schonung aller Keime und Pflanzen, die sich wie eine Erweiterung des ersten Hauptgebotes ausnimmt, enthalten die betreffenden Vorschriften zum großen Teile nichts anderes als eine Umschreibung des Yoga-Begriffes *aparigraha.* Zunächst handelt es sich dabei um dasjenige, was man gewöhnlich als die zu den fünf auch für die Laien verbindlichen Geboten hinzukommenden fünf besonderen Ordensregeln (besser: Gebote der Jüngerschaft) bezeichnet, nämlich: nur e i n e Mahlzeit am Tage zu halten und nicht mehr am Abend Speise zu genießen, Tanz-, Gesang-, Musik- und Schauspielaufführungen nicht zu besuchen, sich des Gebrauchs von Kränzen, Wohlgerüchen, Salben, Schmucksachen zu enthalten, nicht auf hohem oder üppigem Lager zu ruhen, kein Gold und Silber anzunehmen. Aber in einer noch viel weitergehenden Weise wird dann der Begriff *aparigraha*, die Fernhaltung von aller Geschäftigkeit, Zerstreuung und Gewinnsucht des äußeren Lebens in allen Einzelheiten ausgemalt: der Jünger des Pfades meidet alle Teilnahme am Geschäftsleben, an dem unehrlichen Gebaren in Handel und Wandel, an allerhand Volksbelustigungen und Spielereien usw., endlich auch die Ausübung aller möglicher niederer Künste zum Zwecke des Gelderwerbs (auf diesen kulturhistorisch nicht uninteressanten Abschnitt ist schon oben S. 121 f. hingewiesen worden). Auf die Einzelheiten kann hier nicht weiter eingegangen werden.

Der Sīla-Abschnitt des Sāmaññaphalasutta (und der Paralleltexte des Dīghanikāya) ist mit dem Vorstehenden abgeschlossen. Er entspricht insoweit ziemlich genau dem *yama* des Yogasūtra (II, 30), nur daß der Begriff *aparigraha* in konkreten Einzelheiten umschrieben wird. Es fragt sich, ob wir auch den weiteren Yogastufen in dem Heilspfad-Abschnitte des Dīghanikāya begegnen. Die zweite Stufe des Yogapfades, *niyama*, umfaßt äußere und innere Reinheit, Zufriedenheit, *tapas*, Rezitation heiliger Texte oder Formeln *(svādhyāya)* und Verehrung des Īśvara (Y. S. II, 32). Was zunächst Īśvara, den göttlichen Herrn und Meister, den Ur-Guru des Yoga, betrifft, so ist an seine Stelle im Buddhismus eben der menschlich-übermenschliche Lehrer, der Buddha, getreten (die im Y. S. I, 24. 25 von Īśvara hervorgehobenen Merkmale, daß er frei von sündiger Leidenschaft und den Folgen des Karma ist, und daß der bei allen vorhandene Keim des Allwissens bei ihm zur höchsten Entfaltung gekommen ist, treffen im Sinne der buddhistischen

Auffassung auch für den Buddha zu), und von der Bedeutung, die der Verehrung des Meisters im Buddhismus zukommt, ist bereits die Rede gewesen. Im Sāmaññaphalasutta wird diese Verehrung als Tatsache vorausgesetzt (vgl. die Formel in 40), nicht als Gebot erwähnt. Ebensowenig wird von der Rezitation heiliger Texte ausdrücklich etwas gesagt; welche Rolle sie in Wirklichkeit im Buddhismus gespielt hat, geht schon aus dem Dasein und dem Umfang der Texte, aus der ganzen hingebenden Sorgfalt, die auf die Bewahrung und Überlieferung des Buddhawortes gewendet worden ist, zur Genüge hervor. Der Umfang dieser Texte, ihre eigentümliche Rhythmik (siehe darüber S. 105), die vielen Wiederholungen und manches andere wird nur verständlich, wenn wir ins Auge fassen, daß sie nicht einem bloßen theoretischen Bedürfnis, wie wir es nach abendländischen Begriffen uns vielleicht denken, sondern in erster Linie eben nach indischer Weise dem Zwecke der Rezitation und Meditation dienten. Für das Wissens- und Glaubensbedürfnis, so wird immer wiederholt, ist ja schon in dem kurzen „Satze vom Leiden" alles enthalten. – Was dann das im Yogasystem mit zu *niyama* gerechnete *tapas* betrifft, so ist es für den Buddhismus ja gerade charakteristisch, daß dieses Tapas, die äußere Askese, in ihm keine Rolle spielt. Die Legende (siehe S. 57ff.) erzählt, wie Buddha vor seiner Erleuchtung selbst alle Stufen asketischer Selbstqual bis zur Neige durchkostet, sich aber dann von ihr abwendet, weil er erkennt, daß sie nicht zum höchsten geistigen Ziele führt. In der Predigt von Benares stellt er dann die Lehre des mittleren Pfades auf, der sich von den Ausschweifungen der Sinnenlust wie den Auswüchsen der Askese in gleicher Weise fernhält. Nur diesen Auswüchsen, nicht aller Askese überhaupt, ist Buddha entgegengetreten. („Wenn durch das Tapas, das ein Brahmane übt, seine guten Eigenschaften sich vermindern, die schlechten zunehmen, ein solches Tapas weise ich zurück; wenn aber die guten Eigenschaften dadurch wachsen und die schlechten abnehmen, ein solches Tapas lasse ich gelten", Aṅguttaranikāya V, p. 191.) Von der Askese selbst wird nur gesagt, daß sie nicht das Entscheidende sei, nicht dasjenige, worauf es eigentlich ankommt. (Das Thema wird näher erörtert im Kassapa-Sīhanāda-Sutta des Dīghanikāya.) Aller Nachdruck liegt im Buddhismus auf dem Geistigen; das Ringen, das der Buddha dem Jünger zur Pflicht macht, ist ein geistiges Ringen. Bis zu einem gewissen Grade mochte auch der buddhistische Jünger dabei sich der Askese als eines untergeordneten Hilfsmittels bedienen, und in den Texten wird das Wort *tapo* (= skr. *tapas)* gelegentlich auch im Sinne eines normalen Heilsstrebens verwendet (z. B. Thera-Gāthā 631). Dabei ist daran zu erinnern, daß es auch einen höheren, geistigeren Tapasbegriff in Indien gab: die Hinnahme der vom Leben, also im Sinne der indischen Lehre vom Karma auferlegten Leiden als eines Mittels der Läuterung (vgl. Bṛhadāraṇyaka-Upaniṣad V, 11). Vielleicht liegen dem Yogasūtra schon ähnliche Auffassungen zugrunde. Im übrigen ist zu berücksichtigen, daß gerade im Yogasūtra *tapas* nur ganz nebenbei erwähnt wird und keine wesentliche Rolle spielt, so daß also auch in diesem Punkte das Yogasūtra eher mit dem Buddhismus übereinstimmt als sich von ihm unterscheidet. Hinsichtlich der beiden noch verbleibenden Teile des *niyama*, Reinheit *(śauca)* und Zufriedenheit *(saṃtoṣa)*, ist zu sagen, daß Buddha die innere Reinheit über die äußere stellt (Einzelheiten auch hier im Kassapa-Sīhanāda-Sutta); die Forderung der Zufriedenheit mit all dem, was das äußere Leben bringt, stimmt mit dem Yogasūtra überein. Die Notwendigkeit heiteren Gleichmuts für den Jünger des Pfades wird im Buddhismus immer betont. Der betreffende Abschnitt (66) des Sāmaññaphalasutta *(kathañ ca . . bhikkhu santuṭṭho hoti)* vertritt in dieser Schilderung des Pfades gewissermaßen auch äußerlich die Stelle, die im Yogasūtra *niyama* als die zweite Stufe des Pfades einnimmt. Daß gerade dieses mehr auf Äußerliches sich beziehende Glied des Yogapfades im buddhistischen Pfade zurücktritt, entspricht dem ganzen Wesen des Buddhismus, und es darf hier im Interesse des richtigen Verständnisses der buddhistischen Ethik erinnert werden an jenen Abschnitt (27) des Itivuttaka, in dem gesagt wird, daß alle Handlungen äußerer Verdienstlichkeit nicht ein Sechzehntel der Liebe *(mettā*, siehe oben S. 153) wert seien. Auch den mit ihm über solche Dinge sich unterredenden Asketen Kassapa weist Buddha darauf hin, daß nicht Beobachtung irgendwelcher Äußerlichkeiten, sondern Vollkommenheit im sittlichen Wandel, in der geistigen Selbstzucht und im Wissen den Jünger dem Ziele näher bringe, und nur einem liebevollen Herzen, das allen Haß und alle Feindschaft in sich überwunden hat, die Befreiung winke, worauf Kassapa nachdenklich äußert, wie schwer doch der Weg des Asketentums und Brahmanentums (hier im Sinne des echten Buddha-Strebens) zu gehen sei (Kassapa-Sīhanāda-Sutta 15).

Dem mit den erwähnten Einschränkungen dem *niyama* des Yogasūtra an die Seite gestellten Abschnitt des Sāmaññaphala-Sutta (66) geht ein anderer voraus, in dem die Rede ist von derjenigen Eigenschaft, die der ganzen Haltung des buddhistischen Jüngers vor allem anderen ihr charakteristisches Gepräge gibt, der besonnenen Bewußtheit oder wachsamen Besonnenheit *(satisampajañña)*, die Buddha den Jüngern anzuempfehlen nicht müde wird. Wie Buddha in allen Lagen des Lebens immer „besonnen und bewußt“ *(sato sampajāno)* erscheint – schon bei der Betrachtung der Legende ist darauf hingewiesen worden –, so wird auch in dem betreffenden Abschnitt des Sāmaññaphala-Sutta (65) hervorgehoben, wie der Jünger jeden Blick, jede Bewegung, jede Handlung, jede Verrichtung des Körpers mit diesem besonnenen Bewußtsein begleiten, wie er in allen Lebenslagen, im Gehen, Stehen und Sitzen, im Reden und im Schweigen, im Wachen und selbst im Schlafe dieses besonnene Bewußtsein sich bewahren soll. Ähnlich wird im Majjhimanikāya (III, p. 252) *sammāsati*, die siebente Stufe des achtgliedrigen Pfades erklärt. Dieses Gebot, gewissermaßen alle im Gebiete des Leiblichen und Seelischen verlaufenden Lebensäußerungen mit Bewußtsein zu durchdringen, in die Sphäre des Bewußten zu erheben, hat im Buddhismus eine tiefe Bedeutung. Schon mehrfach hat sich gezeigt, und bei der ferneren Betrachtung wird es sich immer wieder ergeben, wie das Ziel der im buddhistischen „Pfade“ zu verrichtenden Seelenarbeit die Beherrschung des *saṃskāra*, also desjenigen ist, was im gewöhnlichen Zustande des Leiblichen und Seelischen das Unterbewußte ist, die im Unterbewußten wirksamen Bildekräfte darstellt. In diesem *saṃskāra* liegt ja nach der indischen Auffassung letzten Endes auch der Keim zur Wiedergeburt, den der Jünger vernichten will. Es muß daher sein Bestreben dahin gehen, aus dem Unterbewußten gleichsam alles heraufzuholen und in die Sphäre des Bewußtseins zu erheben. Darum ist es für ihn wichtig, daß er alles, was er tut, mit wachem Bewußtsein begleite. Von der größten Bedeutung vollends ist die Wahrung des besonnenen Bewußtseins in den verschiedenen Stufen der geistigen Konzentration und Meditation. Wer, so wird gesagt, in dieser wichtigen Eigenschaft sich schwach zeigt, fällt vor allen anderen leicht in Māra’s Schlingen. (Vgl. Majjh. III, p. 94.) In der achtgliedrigen Formel geht darum *sammāsati*, die „rechte Besonnenheit“ der „rechten Versenkung“ oder Meditation *(sammāsamādhi)* unmittelbar voran. Sie steht als Vorstufe der Meditation schon in engster Beziehung zu demjenigen Gebiet, dessen Betrachtung der folgende Abschnitt gewidmet ist. (Auch in der beachtenswerten Konkordanz Majjh. I, p. 301 wird, wie rechtes Wort, rechte Tat, rechtes Leben zu *sīla*, so rechtes Streben und rechtes Sichbesinnen zur Meditation zum *samādhi*-Abschnitt gestellt.)

c) Zweite Stufe des Pfades: Meditation *(samādhi)*

Schon die achtgliedrige Formel, die die Meditation oder Versenkung *(samādhi)* als die oberste Stufe des Pfades hinstellt, für die alles andere nur Vorstufe ist, läßt den „Pfad“ als einen Pfad der Meditation erscheinen und bringt damit die Bedeutung der Meditation innerhalb der buddhistischen Norm klar zum Ausdruck. Durch die Meditation hindurch geht im Buddhismus der Weg zur Erkenntnis, sie ist der Schlüssel zum höheren Bewußtsein, das eigentliche Mittel, durch das sich der Jünger die Befreiung aus den Fesseln des sinnlichen Daseins erkämpft. Dabei muß aber zu einem richtigen Verständnis immer das Verhältnis dieser Meditation zu der im vorausgehenden Abschnitt geschilderten Ethik im Gedächtnis behalten werden: nur wenn sie „vom rechten Verhalten getragen und durchdrungen ist, kann Meditation segensreich und fruchtbringend sein“, lehrt Buddha die Jünger. Die Ziele, die der Buddhismus in Aussicht stellt, können also nicht durch eine im Widerspruch mit jener sittlichen Zucht geübte Meditation erschlichen werden. Wer ohne rechte innere Vorbereitung und ohne die rechten Wege zu kennen, die Meditation suchen wollte, gliche, so wird von Buddha in einem bemerkenswerten Gleichnisse (Aṅguttara IV, p. 418) ausgeführt, der ungeschickten Gebirgskuh *(gāvī pabbateyyā)*, die in jugendlicher Unreife, ohne Ortskenntnis und Erfahrung im Wandeln rauher Bergespfade, von der Begierde getrieben, neue unbekannte Gegenden aufzusuchen, neue ungewohnte Kräuter zu fressen und an fremden Wässern sich zu laben, es nicht verstünde, sachgemäß Schritt für Schritt zu machen. Sie würde weder zu den erträumten Kräutern und Wässern gelangen, noch auch würde sie heil sich zurückfinden zu ihrer Alm, von der sie ihr neugieriger Drang in die Ferne getrieben. „Und warum dies, ihr Jünger? Weil sie eben die jugendliche, unreife, nicht ortskundige Gebirgskuh ist, die es nicht versteht, rauhe Bergespfade zu wandeln.“ Ebenso, wie dieser ungeschickten Almkuh, meint Buddha, erginge es dem Jünger, der, ohne die rechten Wege zu kennen, zu den vier Stufen der Meditation sich erheben wollte. Er würde nicht nur die geistigen Höhen, die er sucht, nicht erreichen, sondern ernstlich Schaden nehmen und nicht mehr heil dahin, von wo er ausgegangen (d. h. zu der Stätte seines früheren Bewußtseins) zurückfinden. So würde er, wie Buddha es ausdrückt, dastehen als einer, der „nach beiden Richtungen hin (d. h. sowohl für das gewöhnliche Weltleben wie für das höhere geistige Leben) alle Chancen verloren hat" *(ubhato parihīno)*. Hinter der Nüchternheit und scheinbaren Trivialität solcher Gleichnisse Buddhas verbergen sich oft bemerkenswerte Tiefen, wie hier der Vergleich des Emporstrebens zu den geistigen Höhen der Meditation mit dem Wandeln rauher Bergespfade, und noch manches andere, was dem oberflächlichen Hörer durch die gewählte groteske Ausdrucksform des Gedankens vielleicht gerade mit Absicht verschleiert werden sollte. Nur wer ganz und gar fest steht im ethischen Verhalten, in der sittlichen Zucht, und genau die vorgezeichneten Wege kennt und beachtet, hat im Sinne Buddhas die Möglichkeit, schon in diesem gegenwärtigen Leben zu dem zu gelangen, was im Buddhismus die „rechte Meditation" genannt wird. Es ist schon betont worden, daß in diesem seinem Verhältnisse zur Ethik der buddhistische Pfad der Meditation mit dem Pfade des Yoga übereinstimmt.

Zwischen die schon erörterten Stufen des *yama* und *niyama* (von denen die erste auch im buddhistischen Pfade ganz, die zweite mit Einschränkungen enthalten ist) und die eigentliche Meditation stellt das Yogasystem noch drei Vorstufen: *āsana*, *prāṇāyama* und *pratyāhāra*, deren erste die Körperhaltung, die zweite die Beherrschung des Atems, die dritte die Beherrschung der Sinne betrifft. Sie sind der Sache nach auch im Buddhismus vorhanden, im Heilspfadschema des Dīghanikāya werden aber nur die erste und die dritte dieser Vorstufen, und zwar in umgekehrter Reihenfolge, erwähnt. Die Lehre von der Körperhaltung bei der Meditation, vom sog. „Sitz" *(āsana)* ist von den Indern mit großer Künstlichkeit entwickelt worden und hat namentlich in den Lehrbüchern des Haṭhayoga eine nur für indische Verhältnisse passende eigenartige Ausgestaltung erfahren. Von diesen Künstlichkeiten sieht das Yogasystem des Patañjali ab, es verlangt nur die Festigkeit und Behaglichkeit der Haltung, wie sie insonderheit durch die Vorstellung des Unendlichen eingegeben werde (II, 46. 47). Der Buddhismus, der, seinem Grundsatz getreu, nur dem Geistigen entscheidenden Wert beizumessen, auf Künstlichkeit der Körperhaltung keinen Wert legen kann, stimmt also in dieser Hinsicht mit dem Yogasystem überein, und wie in diesem System, so wird auch im Heilspfadschema des Dīghanikāya (S.Ph.S. 67) der „Sitz" *(pallaṅka)* als eine Voraussetzung der Meditation immerhin erwähnt. Die Sitte des Sitzens mit unterschlagenen Beinen *(paryaṅka*, Pali *pallaṅka)* war auch bei den indischen Buddhisten eine weit verbreitete. Buddha selbst wird in zahllosen Abbildungen und Skulpturen in diesem Sitze dargestellt. Die Legende erzählt, wie er schon als Kind unter dem Rosenapfelbaume meditierend unwillkürlich die Haltung des Paryaṅka-Sitzes einnimmt, und der an der Nairañjanā sich kasteiende, wie der unter dem Bodhibaume zum Buddha erwachende Bodhisattva werden durchaus in jener Stellung des Sitzens mit untergeschlagenen Beinen vorgestellt. Wenn auch in dem betreffenden Abschnitt des Dīghanikāya (S.Ph.S. 67) der Paryaṅka-Sitz erwähnt wird, so geschieht dies, weil im ganzen Zusammenhange von indischen Verhältnissen die Rede ist. Daß der Buddhismus auch hier bei seiner universalen Tendenz auf die Festhaltung des spezifisch Indischen keinen Wert legt, erhellt am besten die Tatsache, daß Maitreya, der Buddha der Zukunft, nach europäischer Art sitzend dargestellt wird. Von allgemeinerer Bedeutung ist im Dīghanikāya die Vorschrift der geraden Körperhaltung *(uju-kāya)*. Der ganze Absatz ist als Parallele zum Yogasūtra von Interesse. – Nicht erwähnt wird in jenem Abschnitte der *prāṇāyāma*, die Atembeherrschung bzw. Atemhemmung des Yoga. Aus anderen Stellen des Kanons geht aber hervor, daß auch Buddha dem körperlichen Atem Aufmerksamkeit geschenkt und anderen ein Gleiches empfohlen hat. Daß ein Zusammenhang zwischen der Konzentration des Geistes und der Beherrschung des Atems besteht, scheint eine allgemein-indische Yogaerfahrung zu sein (vgl. Y.S. II, 53) und wird schon in den Upanischaden ausgesprochen. (Chāndogya-Upaniṣad 6, 8, 2: *prāṇabandhanaṃ manaḥ* „das Geistige [*manas*] ist verbunden mit dem Atem [*prāṇa*].“) Auf die Einzelheiten der Lehre kann hier nicht eingegangen werden, hingewiesen sei nur darauf, daß im Buddhismus der Atem als *kāyasaṅkhāra*, als Saṃskāra des Körpers bezeichnet wird (Majjh. I, p. 301). In diesem Ausdruck liegt, daß, wie nach indisch-buddhistischer (und Yoga-) Anschauung im Unterbewußtsein die Bildekräfte *(saṃskāra)* für das bewußte Geistige liegen, so im Atem die Bildekräfte, die Saṃskāra's für die Gestaltung des Körperlichen. In alle diese Saṃskāra's, diese Bildekräfte hineinzuarbeiten und sie zu beherrschen, ist aber Ziel des Buddhismus wie des Yoga. Der Saṃskāra wird im Buddhismus (vgl. Dhammapada 154) geradezu als der Baumeister hingestellt, der das Haus der Körperlichkeit gezimmert hat. Ihm gilt es, um die Befreiung zu erreichen, vor allem beizukommen. So erklärt es sich, daß auch im Buddhismus der Beherrschung des Atems, weil dieser auch mit dem Saṃskāra etwas zu tun hat, eine gewisse, nur aus den Tiefen der Yogalehre heraus zu verstehende Bedeutung beigemessen wird. Von künstlicher Atemhemmung (wie im Yoga) ist dabei im Buddhismus nicht eigentlich die Rede. (Sie spielt nur eine Rolle in der Askese, die Buddha vor seiner Erleuchtung eine Zeitlang geübt, dann aber verworfen hat [siehe S. 57 f.].) Es heißt zunächst nur, daß der Übende die einzelnen Atemzüge mit seinem Bewußtsein begleiten soll. (So schon Vinaya III, p. 70, ähnlich Saṃy. V, p. 323, Aṅg. V, p. 311. In Saṃyuttanikāya ist ein längeres Kapitel, das Ānāpāna-Saṃyutta „der Abschnitt vom Aus- und Einatmen", ganz diesem Gegenstand gewidmet; p. 315 ist von dem günstigen Einfluß der Atemübung auf die Ruhe des Körpers die Rede.) Es handelt sich also um eine spezielle Anwendung der „besonnenen Bewußtheit" *(satisampajañña)*, von der oben die Rede war, auf das Gebiet des Atems. Über das Unbewußte, das in ihm als Bildekraft *(saṃskāra)* wirkt, gewinnt der Jünger die Herrschaft, sowie er es „erschaut", d. h. es sich zum Bewußtsein bringt. Insofern ist Buddhas Ermahnung zur „besonnenen Bewußtheit" nichts Untergeordnetes oder Nebensächliches, sondern etwas, das zur eigentlichen Hauptsache des ganzen Heilsstrebens in unmittelbarster Beziehung steht. Bewußte Beherrschung der Atemerscheinungen also ist es, was der buddhistische Jünger zunächst anstrebt, die völlige Hemmung oder Unterdrückung des Atems (entsprechend dem *prāṇāyāma* des Yoga, Y. S. II, 49) ergibt sich dann nach der buddhistischen Lehre von selbst, wenn die vierte Meditationsstufe (das vierte Dhyāna) erreicht ist (Aṅg. IV, p. 409).

Die fünfte Stufe des Yogapfades, *pratyāhāra*, die Beherrschung der Sinne oder Zurückziehung der Sinnesorgane von den Sinnesobjekten (Y.S. II, 54. 55) ist ein von der ganzen Yogaentwicklung nicht zu trennendes, allgemein indisches Bestreben, von dem z. B. in gewissen Abschnitten des Mahābhārata fast auf jeder Seite die Rede ist (im Yogasūtra handelt es sich ja nur um eine bestimmte Art der Festlegung von Lehren, die schon lange existierten, und nur unter diesem Gesichtspunkte wird hier immer der Vergleich mit jenem Texte gezogen). Wir werden daher nicht überrascht sein, der „Beherrschung der Sinnesorgane" auch im Heilspfadschema des Dīghanikāya zu begegnen. Sie wird dort (S.Ph.S. 64) in bildhafter Anschaulichkeit die „Bewachung der Tore der Sinne" genannt (bzw. in verbaler Wendung: *bhikkhu indriyesu guttadvāro hoti)* und schon vor der „besonnenen Bewußtheit", der Zufriedenheit und der Körperhaltung *(pallaṅka)*, also an einer etwas anderen Stelle als im Yogasūtra, erwähnt. Auch im Buddhismus ist das Streben, ganz wie im Yoga, bis auf die vollständige Ausschaltung aller Eindrücke des Gesichts, Gehörs, Geruchs usw. gerichtet, und im Mahāparinibbānasutta (ed. Childers, p. 44f., siehe oben S. 78f.) ist davon die Rede, wie Buddha es in dieser Kunst, die Tore der Sinne zu verschließen, zur Meisterschaft gebracht hat, so daß er einmal, wie bei einem starken Gewitter der Blitz in seiner unmittelbaren Nähe einschlägt und zwei Bauern und vier Ochsen tötet, in der Meditation nichts von all dem hört und sieht. Damit ist die unmittelbare Vorstufe der geistigen Konzentration erreicht, deren Erörterung die folgenden Abschnitte (S.Ph.S. 75 ff.) gewidmet sind.

Im Yoga werden die bisher erörterten Stufen als die Vorstufe, der Vorhof *(bahiraṅga)* bezeichnet (vgl. Y.S. III, 7), so daß die eigentliche Meditation (bzw. deren höchste Stufe, der *nirbīja-samādhi*, III, 8) im Sinne jener Lehren gewissermaßen als das Allerheiligste, als das Innere *(antaraṅga)* des Yoga zu betrachten ist. Daher wird auch im Buddhismus der Jünger ermahnt, diesem Gebiete nur in einem Zustande vollkommener Läuterung des Innern zu nahen, und der Meditationsabschnitt des Dīghanikāya nennt an dieser Stelle (S.Ph.S. 68) noch fünf Fesseln oder störende Gemütsaffekte, von denen der Jünger sich vor dem Eintritt in die Meditation völlig befreit haben muß: alle (etwa noch versteckt in ihm vorhandene) weltliche Begierde *(abhijjhā loke)*, aller Wunsch, anderen Wesen zu schaden und aller Haß *(vyāpāda-padosa)*, Trägheit und Verschlafenheit *(thīna-middhaṃ*, vgl. *styāna* und *ālasya* des Y.S. I, 30), Eitelkeit und Geringschätzung *(uddhaccakukkucca*, andere verstehen vielleicht richtiger: „Ängstlichkeit und Unruhe"), und endlich aller Zweifel *(vicikicchā)* hinsichtlich des rechten Weges. (In der Buddha-Legende erscheinen die hier genannten feindlichen Mächte als das Heer des Māra, das der Bodhisattva in die Flucht schlägt, ehe er sich unter dem Bodhibaum zur ersten Stufe der Beschauung erhebt.) Der Jünger vertreibt die Feinde seines Innern, indem er „lichtbewußt" *(ālokasaññī)*, in wachsamer Besinnung, beruhigten Geistes durch Gedanken des Mitgefühls mit allen Wesen seine Seele läutert. Hat er sich dann durch solche (gewissermaßen vorbereitende) Betrachtung von allen störenden Regungen des Gemüts befreit, so ist ihm – es wird das in einer Reihe von Gleichnissen anschaulich ausgemalt – zumute, wie einem, der eine drückende Schuld abgetragen hat, oder von schmerzhafter, die Körperkräfte aufzehrender Krankheit genesen, oder aus Gefängnis oder Leibeigenschaft frei geworden ist, oder der aus öder, gefahrvoller Waldwildnis glücklich den Weg in das heimliche sichere Dorf zurückgefunden hat (S. Ph. S. 69–74). So erwächst ihm aus dem Bewußtsein der Überwindung jener Hindernisse zuerst ein Gefühl von Befriedigung *(pāmujjaṃ)*, aus der Befriedigung Freude *(pīti)*, aus der Freude Ruhe des Körpers, aus der Ruhe Wohlbehagen *(sukhaṃ)*, und indem der Geist also von Seligkeit durchdrungen ist, erreicht er die Konzentration *(samādhiyati* als Zeitwort zu *samādhi)*. In diesem Zustande der Konzentration erhebt er sich dann von der ersten bis zur vierten Stufe der Beschauung, des „Sinnens" *(dhyāna*, Pali *jhāna)*. Die Schilderung jener vier Stufen der Meditation wird, wie in jenem Hauptabschnitte des Dīghanikāya, so noch an vielen anderen Stellen des Kanons in stereotyper Formel gegeben (z. B. Aṅg. III, p. 25 ff., IV, p. 410; 419 ff). Auch die nördlichen Sanskrittexte stimmen überein; so werden im Lalitavistara sowohl bei der Meditation des jugendlichen Bodhisattva unter dem Rosenapfelbaum wie bei der Meditation des unter dem Bodhibaum zum Buddha erwachenden Bodhisattva die vier Stufen im wesentlichen in demselben Wortlaute beschrieben wie im Palikanon. Auf der ersten Stufe, so wird gesagt, ist Abgeschiedenheit von allen niederen Begierden erreicht, aber noch eine Vorstellung von Objekten vorhanden, und den ganzen Körper durchdringt ein aus der Abgeschiedenheit *(viveka)* entsprungenes Gefühl freudigen Behagens *(pītisukha)*, das mit dem von einem Bader künstlich angeriebenen Schaum verglichen wird. Auf der zweiten Stufe macht sich der Meditierende keine Vorstellung von Gegenständen mehr, und der Geist ist in voller Beruhigung auf Einswerdung konzentriert *(ekodibhāva)*. Auch hier durchdringt den Körper ein aus der Konzentration *(samādhi)* entspringendes seliges Behagen. Es wird verglichen mit einem kühlen Strome, der im Innern eines nicht durch äußere Zuflüsse gespeisten Teiches seinen Ursprung hat. Auf der dritten Stufe schwindet jenes Gefühl freudigen Behagens; der Meditierende verharrt in Gleichmut und besonnner Bewußtheit *(sato sampajāno)*, und den Körper durchdringt „Seligkeit, die über Freude erhaben ist". Der Zustand wird verglichen mit dem von Lotosblumen, die, ohne die Oberfläche des Wassers zu erreichen, ganz von kühlem Wasser umspült sind. Auf der vierten Stufe endlich läßt der Meditierende alle Empfindungen von Lust und Leid hinter sich, er verharrt in der Lauterkeit besonnenen Gleichmuts, der ganze Körper ist von geistiger Helle und Reinheit durchstrahlt. In diesem Zustande, so wird dann im Gleichnisse gesagt, ist der Jünger wie mit einem weißen Kleide angetan, das ihn vom Kopfe bis zu den Füßen ganz umhüllt, so daß auch nicht die kleinste Stelle des Körpers vom Weißen unbedeckt bleibt.

Das schon mehrfach zum Vergleiche mit der buddhistischen Lehre herangezogene Yogasūtra – III, 1 ff. – unterscheidet zunächst drei Stufen der Konzentration: *dhāraṇā* „Konzentration" (i. e. S.), das Richten des Geistes auf e i n e n Punkt, *dhyāna* „Sinnen", das Verharren in diesem Zustand, die Meditation i. e. S., *samādhi* „Versenkung", „Kontemplation", „Andacht", die höchste Stufe. Der Ausdruck „Sinnen" *(dhyāna*, Pali *jhāna)*, den der Buddhismus für alle vier Hauptstufen der Meditation gebraucht, steht also im Yogasūtra in einem bestimmten engeren Sinne. Ebenso ist *samādhi*, im

Yogasūtra nur die Bezeichnung der obersten Stufe der Meditation, der eigentlichen „Versenkung", im Buddhismus die allgemeine Bezeichnung für das Gesamtgebiet der geistigen Konzentration und Meditation im weitesten Sinne, im wesentlichen also gleichbedeutend mit *dhyāna* bzw. *jhāna*. So wird im Pañcaṅgikavagga des Aṅguttaranikāya (Bd. III, p. 25 f.) ausgeführt, wie *sammāsamādhi*, die „rechte Versenkung", die vier Stufen des *jhāna* in sich schließt, die dort mit genau denselben Ausdrücken und Gleichnissen beschrieben werden wie im Dīghanikāya. Jene an so zahlreichen Stellen des Kanons mit dem gleichen Wortlaute wiederkehrende Schilderung der Meditation gehört zu den in allen buddhistischen Texten am häufigsten berührten Gegenständen. Aus der Nichtfesthaltung der im Yoga üblichen Unterscheidung von *dhyāna* und *samādhi* im Buddhismus darf nicht gefolgert werden, daß die Lehre von der Meditation im Buddhismus etwa weniger durchgebildet wäre als im eigentlichen Yogasystem. Vielmehr weist der Buddhismus gerade in diesem Kapitel einen größeren Reichtum yogatechnischer Einzelheiten auf als etwa das Yogasūtra des Patañjali. – Dem Yogasystem gehören auch an die Ausdrücke *savitarka* und *savicāra*, die im Buddhismus als Merkmale der ersten Meditationsstufe gebraucht werden. *savitarka* bedeutet hier: „wobei noch eine Vorstellung sinnlicher Objekte vorhanden ist", während *vicāra*, wenigstens im Yogasūtra, sich auf die Vorstellung übersinnlich-ätherischer *(sūkṣma)* Objekte bezieht (Y. S. I, 44, 45). Die Meditation – das gilt für den Buddhismus wie für den Yoga im Sinne des Yogasystems – nimmt von einem bestimmten Gegenstande, auf den die geistige Konzentration zu richten ist, ihren Ausgang, und früher (siehe S. 123) war davon die Rede, wie Buddha in dieser Hinsicht den Jüngern nach ihrer individuellen Veranlagung verschiedene Konzentrationsübungen oder Aufgaben (sog. *kammaṭṭhāna)* gibt. Auf den höheren Stufen der Meditation werden diese Anhaltspunkte der Konzentration dann fallen gelassen, bis sich zuletzt der Zustand der reinen, von allem äußeren Sinnlichen abgezogenen geistigen Versenkung ergibt. Mit einer noch mehr als in jenem Hauptabschnitte an das Yogasūtra sich anschließenden Terminologie werden im Buddhismus zuweilen (z. B. Aṅg. IV, p. 300; Dīgh. III, p. 219; Majjh. III, p. 162) auch drei Stufen des *samādhi* unterschieden: eine erste Stufe, die noch mit der Vorstellung sinnlicher und übersinnlicher Objekte verbunden ist *(savitakko savicāro samādhi)*, eine zweite Stufe, wo bloß noch die Vorstellung übersinnlich-ätherischer Gegenstände vorhanden ist *(avitakko vicāramatto samādhi)*, und eine dritte Stufe, auf der beides abgestreift wird *(avitakko avicāro samādhi)*, die also alles dasjenige in sich begreifen würde, was im Sinne jener anderen Terminologie über dem ersten *jhāna* liegt. Im Buddhismus ist auch (z. B. Aṅg. III, p. 25) vom „fünfgliedrigen“ *(pañcaṅgika) samādhi* die Rede. Die Glieder sind die vier *jhāna*-Stufen, zu denen als fünftes „das Zeichen der Betrachtung“ *(paccavekkhanānimittaṃ)* hinzukommt. Unter dem „Zeichen“ *(nimittaṃ)* versteht die buddhistische Meditationslehre eine bestimmte übersinnliche Erscheinung, die sich als unmittelbares Ergebnis der Meditation einstellt und dem Meditierenden den Erfolg seines Übens bestätigt. Bei den untauglichen Konzentrationsversuchen des mit der unerfahrenen, nicht ortskundigen Gebirgskuh verglichenen Jüngers, der die rechten Wege der Meditation nicht kennt, ist von dem Ausbleiben des „Zeichens“ als einem charakteristischen Umstande die Rede (Aṅg. IV, p. 418). Als einst Buddha den Anuruddha und andere Jünger in ihrer Einsiedelei besucht (siehe S. 122) und die Jünger nach dem Erfolge ihrer Übungen fragt, klagt ihm Anuruddha, daß sie mit der Erfassung des *nimittaṃ* nicht zurechtkämen; sie hätten zwar die fraglichen Erscheinungen zum Teil, könnten sie aber nicht festhalten. Da erzählt ihnen Buddha, wie er vor seiner Erleuchtung mit ähnlichen Schwierigkeiten zu kämpfen hatte und erst dann zu den richtigen Ergebnissen gelangte, als er der Reihe nach alle Hindernisse und Störungen rechter Meditation – Zweifel, Unaufmerksamkeit, Trägheit und Verschlafenheit, starre Benommenheit *(chambhitattaṃ)*, mangelndes seelisches Gleichgewicht, Schwerfälligkeit, übermäßige Energie, zu geringe Energie, Zerstreutheit, übermäßige Selbstversunkenheit – durch beharrliches angestrengtes Ringen in sich überwunden hatte (Majjh. III, p. 157 ff). Einige der genannten Seelenfeinde werden von Buddha durch anschauliche Gleichnisse verdeutlicht. So gleicht die „starre Benommenheit“ dem lähmenden Schreck des Wanderers, der auf einsamer Straße von zwei Mördern, einem zur Rechten und einem zur Linken, angefallen wird; mit der „übermäßigen Energie“ ist es so, wie wenn jemand eine Wachtel allzu fest mit beiden Händen packt, so daß er sie totdrückt; bei der „zu geringen Energie“, wie wenn die Wachtel nicht fest genug gehalten würde, so daß sie wieder den Händen entflattert. Mangelndes seelisches Gleichgewicht wird verglichen mit der allzu freudigen Erregtheit dessen, der einen Schatz sucht und gleich fünf auf einmal findet. Diese Bedeutung des „inneren Gleichgewichts“ recht zu erfassen, ist für das Verständnis der buddhistischen Meditation von Wichtigkeit. Es handelt sich bei dieser Meditation im Sinne Buddhas nicht um irgendwelche Herabdämpfung des normalen Bewußtseins, also nicht um „ekstatische“ oder „pathologische“ Zustände, sondern um eine auf seelischer Läuterung und innerer Abgeklärtheit beruhende lichtvolle und kraftvolle Verstärkung und Konzentration der geistigen Kräfte.

Über den drei Stufen der Konzentration, Meditation und Kontemplation steht im Yogasystem noch der *nirbīja-samādhi*, durch den auch die unterbewußten Bildekräfte *(saṃskāra)* getroffen werden, womit dann der Keim zu wiederholtem Dasein vernichtet wird. Der technische Ausdruck für die Vernichtung des *saṃskāra* ist *nirodha*. Der buddhistische Pfad erstrebt dasselbe Ziel. Der Weg zur Erreichung des Zieles führt im Buddhismus aber noch durch eine ganze Stufenleiter von Bewußtseinszuständen *(viññāṇaṭṭhitiyo*, Aṅg. IV, p. 39), die über die vierte Meditationsstufe hinausliegen. Es sind jene schon im Mahāparinibbānasutta (siehe S. 83) erwähnten Zustände, durch welche Buddha vor seinem Eingehen ins Parinirvana der Reihe nach hindurchgeht. Sie werden nicht in dem Meditationsabschnitte des Sāmaññaphala-Sutta, wohl aber sonst an zahlreichen Stellen des Kanons erwähnt und beschrieben. Auf das 4. Dhyāna folgt zunächst die Erhebung zur „Sphäre der Unendlichkeit des Raumäthers" *(ākāsānañcāyatana)*, dann die Erhebung zur „Sphäre der Unendlichkeit des geistigen Bewußtseins" *(viññāṇañcāyatana)*, die nächste Stufe heißt die Erhebung zur „Sphäre des Nichts" *(ākiñcaññāyatana)*, ihr folgt die Erhebung zur „Sphäre jenseits von Bewußt und Nichtbewußt" *(nevasaññānāsaññāyatana)*. Die darauf folgende letzte Stufe, die den Jünger zur Erreichung des höchsten im irdischen Körper erreichbaren Zieles führt, heißt *saññāvedayitanirodha* „die (durch den Willen bewirkte) Auflösung von Wahrnehmungsbewußtsein *(saññā)* und Empfindung" oder „Auflösung" *(nirodha)* schlechtweg. So erhebt sich der Meditierende von Stufe zu Stufe zu immer höheren Bewußtseinszuständen, und im Poṭṭhapāda-Sutta des Dīghanikāya (Abschnitt 16 und 17) ist davon die Rede, wie diese Entwicklung höherer und immer höherer Bewußtseinszustände (vgl. in 17: *tato amutra tato amutra anupubbena saññaggaṃ phusati)* durch die Vernichtung des jeweils vorausgehenden Bewußtseinszustandes im Wege methodischer Schulung *(sikkhā)* erreicht werden kann. Aṅg. IV, p. 410 ff. werden die vier Dhyāna- und die anschließenden vier Āyatana-Stufen (bis *nirodha)* als die neun Zustände des „Nacheinanderverweilens" *(anupubbavihārasamāpatti)* beschrieben. Den Ausdruck *samāpatti* (eigentlich „Erlangung, Erlangen einer Vollkommenheit") im Sinne einer Meditationsstufe kennt auch das Yogasūtra (I, 41–44). Was oben (siehe S. 137) als wesentliches Merkmal des Yoga hingestellt wurde, daß er nicht, wie die Philosophie und alles sonstige menschliche Erkenntnisstreben, innerhalb des gegebenen Bewußtseinszustandes verweilen und unter Zuhilfenahme der in ihm möglichen Erfahrungen und Vernunftschlüsse zu Erkenntnissen aufsteigen will, sondern, daß er gerade den gegebenen Bewußtseinszustand zu überschreiten trachtet, trifft, wie sich aus all dem ergibt, voll und ganz auch für den Buddhismus, für das sich in dem buddhistischen „Pfade" auslebende Erkenntnis- und Heilsstreben zu, und in der Schilderung der Bewußtseinsstufen geht der Buddhismus sogar viel mehr ins einzelne als das Yogasūtra. Bei dem Bewußtseinsproblem verweilen die buddhistischen Texte, oder, wie wir wohl sagen dürfen, die Unterweisungen Buddhas mit besonderer Ausführlichkeit.

Weil die Erreichung jeder höheren Bewußtseinsstufe die Überwindung der vorausgehenden in der Weise zur Voraussetzung hat, daß alles, was den Inhalt jener früheren Bewußtseinsstufe bildete, als nicht mehr vorhanden, als wesenlos empfunden wird (vgl. Majjh. III, p. 104; Aṅg. IV, p. 410 f.), werden die einzelnen Stufen auch als Stufen der Lösung oder Loslösung *(vimokha)* bezeichnet. Als solche begegnen sie auch im Mahāparinibbānasutta (p. 30 ed. Childers). Der Erhebung zur „Sphäre der Unendlichkeit des Raumäthers" gehen hier drei Stufen voraus, bei denen noch ein Schauen von Formen- (oder Farben-) Erscheinungen vorhanden ist, auf der dritten Stufe ist der Meditierende ganz der Betrachtung der Schönheit dieser Erscheinungen hingegeben *(subhaṃ adhimutto)*. Bei dem Schauen von Farbenerscheinungen kann das Bewußtsein des Meditierenden eine ganze Farbenskala durchlaufen; so ergeben sich dann die „acht Stufen des Überwindens" *(abhibhāyatanāni)*, von denen a. a. O. p. 28 (und auch anderwärts vielfach) die Rede ist. Es handelt sich hier durchweg um ein Schauen übersinnlicher Erscheinungen, die sich im Zusammenhang mit dem als Ausgangspunkt der Meditation gewählten Gegenstande der Konzentration *(kammaṭṭhāna)* ergeben. Eine spezielle technische Bezeichnung für ein solches *kammaṭṭhāna* ist *kasiṇa* (Aṅg. I, p. 41 f. u. a.).

Die Stufenleiter der Bewußtseinszustände wird auch so aufgestellt, daß ausgegangen wird vom Bewußtsein der Elemente. Der Meditierende nimmt dabei den Ausgangspunkt vom Elemente Erde *(paṭhavī)*; nachdem er eine Zeitlang auf die Erde sein Bewußtsein konzentriert, im Erdenbewußtsein *(paṭhavīsaññā)* verweilt hat, erhebt er sich entweder unmittelbar zum Bewußtsein der Unendlichkeit des Raumäthers (so z. B. Majjh. III, p. 105 ff.) oder er durchläuft in seinem Bewußtsein der Reihe nach die Stufen der Elemente Erde, Wasser *(āpo)*, Luft *(vāyo)*, Feuer *(tejo)* in der Weise, daß er der Reihe nach die Empfindungen der Erde, des Wassers, der Luft, des Feuers in seinem Bewußtsein auslöscht. (So z. B. Aṅg. V, p. 7, 318, 353 u. a.) An das Feuer schließt sich dann (gewissermaßen als fünfter Aggregatzustand) das Element Äther *(ākāsa)*: zum Bewußtsein dieses Elementes erhebt sich der Meditierende, wenn er aus dem Feuerbewußtsein *(tejosaññā)* übergeht zur

„Sphäre der Unendlichkeit des Raumäthers“ *(ākāsānañcāyatana)*. Auf der nächsten Stufe *(viññāṇañcāyatana)* hat er dann auch dieses Bewußtsein des Äthers in sich ausgelöscht und nur noch die Empfindung der Unendlichkeit des geistigen Bewußtseins. Indem er auch diese Stufe hinter sich läßt, steht er dann auf der nächsten, der „Erhebung zur Sphäre des Nichts“ *(ākiñcaññāyatana)*, dem Nichts gegenüber. Dieses „Gegenüberstehen dem Nichts“ bedeutet im Buddhismus aber noch keineswegs einen endgültigen Zustand, sondern nur einen Durchgangspunkt zu weiteren Stufen des Bewußtseins. Auch diese Empfindung des Nichts muß der Meditierende in sich auslöschen, und wenn ihm dies gelungen ist, weilt er im *nevasaññānāsaññāyatana*, auf der „Stufe jenseits von Bewußt und Nichtbewußt“. Wenn er dann „nicht mehr das Bewußtsein dieser und nicht mehr das Bewußtsein jener Welt hat“, erhebt er sich zur letzten und höchsten Stufe der Auslöschung, des *nirodha;* diese Stufe, so wird in den Texten (Aṅg. V, p. 7, 354 u. a.) gesagt, ist bereits „das Friedvolle, Hocherhabene *(paṇītaṃ)*, die Auslöschung der Saṃskāra's *(sabbasaṅkhārasamatho)*, die restlose Vernichtung aller Leidenschaft, das Nirvana *(nibbāna)*.“

Der Anfang dieser Bewußtseins-Stufenleiter zeigt, wie Stufen des Bewußtseins sich berühren mit den Sphären der einzelnen Elemente, und dieser Gesichtspunkt wird im Buddhismus auch weiterhin festgehalten: die einzelnen Bewußtseinssphären erscheinen zugleich als bestimmte Weltsphären *(dhātu)*. Die Begriffe „Bewußtseinsstufen“ und „Welten“ oder „Weltsphären“ gehen im Buddhismus vollständig ineinander über, und alles, was Buddha in scheinbar so phantastischer Weise über verschiedene Weltensphären lehrt, bezieht sich eben nur auf die geschilderten Erfahrungen des meditativen Bewußtseins. Es hat darum auch gar keinen Sinn, wie manche, z. B. Spence Hardy, getan haben, das buddhistische „Weltsystem“ vom Standpunkte der modernen Astronomie zu kritisieren und ins Lächerliche zu ziehen, denn der Standpunkt des äußeren Bewußtseins, den die Astronomie diesen Dingen gegenüber einnimmt, ist eben gar nicht derjenige des Buddha. Alles, was für die moderne Wissenschaft das Stoffliche, das Reale ist, erscheint dem Buddhisten schon auf der zweiten Meditationsstufe ausgelöscht, ins Nichts versunken, und ebenso sind alle die geistigen Erlebnisse, denen der buddhistische Jünger auf diesen Stufen der Meditation begegnet, für den Astronomen ein Nichts. Indem der Meditierende zu bestimmten höheren Stufen des Bewußtseins aufsteigt, erhebt er sich dabei im Sinne Buddhas zu ebenso vielen Weltensphären oder Weltenplänen. Und zu jeder dieser Weltensphären gehört eine entsprechende Kategorie von Weltwesen, ja wir dürfen vom Standpunkte des Buddhismus wohl sagen, sie besteht im Grunde aus nichts anderem als solchen geistigen Wesenheiten. Denn jede materialistische Vorstellung ist dem Buddhismus fremd, auch bei den Weltsphären ist also nur an Geistiges, nicht an irgendwie Materielles zu denken. In den buddhistischen Texten selbst tritt die Beziehung deutlich hervor, so wird z. B. im Saṅkhāruppatti-Sutta des Majjhimanikāya (III, Nr. 120) erklärt, wie zu jeder der Āyatana-Bewußtseinsstufen eine bestimmte Klasse von Göttern *(deva)* gehört (in deren Bewußtsein der Meditierende auf der betreffenden Stufe gewissermaßen eintaucht). In diesem Sinne werden die einzelnen Bewußtseinsstufen auch als Wesensstufen *(sattāvāsā)* unterschieden (z. B. Dīgh. III, p. 263, Aṅg. IV, p. 401). Zunächst gibt es gewisse niedere Elementarwesen, die das Bewußtsein der betreffenden Elementarstufe (z. B. das Erdbewußtsein, *paṭhavīsaññā)* in sich verkörpern. Im Mahāparinibbānasutta (p. 63 ed. Childers) werden sie erwähnt als Wesen, die mit teilnehmen an den Gefühlen der Menschen. Ihnen übergeordnet sind die eigentlichen höheren Götterhierarchien, deren in Sanskrit- wie Palitexten in der Regel neun unterschieden werden. Sie werden (in der Reihenfolge von unten nach oben) gewöhnlich aufgezählt als: 1. die Scharen der vier Großkönige oder Weltenhüter (Pali Cātummahārājikā devā), 2. die dreiunddreißig Götter (Pali Tāvatiṃsā) mit Indra *(Sakko devānaṃ indo)* an der Spitze, 3. Yāma-Götter, 4. Tusita-Götter, 5. Nimmānarati (sanskr. Nirmāṇarati, „die am schaffenden Gestalten Freude haben"), 6. Paranimmitavasavatti (sanskr. Paranirmitavaśavartin, „die über dem Schaffen der anderen walten"), 7. die Götter des Brahmanhimmels (Brahmakāyikā), 8. Ābhassarā (sanskr. Ābhāsvarāḥ, die „Lichtstrahlenden"), 9. Suddhāvāsakāyikā („Götter des reinen Aufenthalts"). Außer den Genannten begegnen noch verschiedene Zwischenkategorien, auf die hier nicht eingegangen werden kann. Alle diese Wesen gehören den Welten an, die über der Sinneswelt, der Sphäre der sinnlichen Begierde *(kāmadhātu)* gelegen sind, den Welten, zu denen man sich in der Meditation, in der ersten Stufe des Dhyāna erhebt. Zum Unterschied von *kāmadhātu,* der Sinneswelt, wird diese höhere geistige, erst in der Meditation zu realisierende Sphäre *rūpadhātu,* d. i. „Formbezirk" oder „Welt der Form" genannt. Sie steht mit den vier Stufen des Dhyāna in Wechselbeziehung und umfaßt die unteren Götterhierarchien. (Die Einzelheiten übersichtlich bei Köppen, Bd. I, S. 260 f.) Über *rūpadhātu* erhebt sich *arūpadhātu,* „die Sphäre des Formlosen". Der Eintritt in diese Sphäre erfolgt mit der „Erhebung zur Unendlichkeit des Raumäthers" und umfaßt die verschiedenen als *āyatana* bezeichneten Stufen der Versenkung. Auch dieser Sphäre gehören, wie erwähnt, bestimmte göttliche Wesenheiten an. *kāmadhātu*, *rūpadhātu* und *arūpadhātu* (vgl. Dīgh. III, p. 275, Aṅg. I, p. 223) stellen gewissermaßen die buddhistische Dreiwelt dar, aus der der Jünger des Pfades den Ausweg sucht. Er hat ihn gefunden, wenn er in der Meditation die als *nirodha* bezeichnete Stufe erreicht hat, von der es heißt: sie ist das Friedvolle, Hocherhabene, die Beruhigung der Saṃskāra's, die Vernichtung der Weltenbegierde, das Nirvana *(nibbāna)*. Dem Bewußtseinszustand entspricht auch hier die geistige Sphäre: über den drei Weltensphären der Sinnlichkeit, der Form und der Formlosigkeit *(kāmadhātu, rūpadhātu, arūpadhātu)* erhebt sich als die Sphäre der höchsten Transzendenz *nirodhadhātu* (Itivuttaka 51, 73 u. a.). In sie tritt der Jünger ein, wenn er sich über alle niederen Stufen der Meditation erhoben und die Nirvanastufe erreicht hat. Sie wird darum auch als die Nirvana-Sphäre oder das Nirvana-Element *(nibbānadhātu)* bezeichnet, und es wird, je nachdem die Substrate der Körperlichkeit noch vorhanden oder abgestreift sind, *upādisesa-* und *anupādisesa-nibbānadhātu* unterschieden (vgl. Itivuttaka 44). In die Sphäre des substratlosen Nirvana *(anupādisesa-nibbānadhātu)* geht der Buddha mit dem physischen Tode, mit dem Abwerfen der Leiblichkeit *(parinibbāna)* ein. Die Nirvanasphäre heißt auch *amatā dhātu*, „die unsterbliche (oder ‚todentrückte') Sphäre" (Aṅg. IV, p. 423 f., Itivuttaka 73 u. a.), denn sie liegt außerhalb der Sphären, in denen der Kreislauf des Geborenwerdens und Sterbens sich vollzieht. Sie ist die Sphäre des ganz über aller Zeitlichkeit liegenden unsterblichen Heiles *(amṛta*, Pali *amata)*, das Buddha unter dem Bodhibaum gefunden hat. Alle Sphären, mit denen der Jünger in den niedrigeren Stufen der Meditation in Berührung kommt, nehmen noch in irgendeiner Weise teil an der Zeitlichkeit. Daher wird den diesen verschiedenen Sphären zugehörigen Götterklassen, zu deren Bewußtsein sich der Meditierende in den Stufen des Dhyāna erhebt, auch eine verschiedene Lebensdauer, die mit einem bestimmten, von dem der Menschen verschiedenen Zeitbewußtsein zusammenhängt, zugeschrieben. So sind fünfzig menschliche Jahre nur ein Tag (Zeitraum von Tag und Nacht) für die *Cātummahārājika*-Götter, hundert menschliche Jahre ein Tag der Götter in Indras Paradies, zweihundert Jahre ein Tag der Yāma-Götter, vierhundert Jahre ein Tag der Tusita-Götter, achthundert Jahre ein Tag der Nimmānarati-Götter, eintausendsechshundert Jahre ein Tag der Paranimmitavasavatti-Götter usw. (Aṅg. IV, p. 252 ff.)

Es ist für das ganze Verständnis des Buddhismus wichtig, den Gedanken festzuhalten, daß der Meditierende sich zu dem Bewußtsein dieser verschiedenen Götterhierarchien d u r c h d i e M e d i t a t i o n erhebt. Im Aṅguttaranikāya (Bd. IV, p. 302) findet sich ein recht bemerkenswertes (schon von E. Hardy angeführtes) Sutra, in dem Buddha in anschaulicher Weise schildert, wie er in der Zeit vor seiner Erleuchtung, als er noch Bodhisattva war, indem er durch angestrengte Meditationsübung seine Hellsichtigkeit von Stufe zu Stufe steigerte, allmählich zu einem immer deutlicheren Schauen jener als die „Götter“ *(deva)* bezeichneten übersinnlichen Wesen gelangte. Zuerst, so erzählt Buddha, vermochte er (in der Meditation) nur einen Lichtglanz *(obhāsa)* wahrzunehmen. Durch Steigerung der Konzentration erhebt er sich zu einem höheren Grade hellsichtigen Schauens *(ñāṇadassanaṃ parisuddhataraṃ)*, und nun hat er auch Imaginationen von Gestalten und Farben, aber noch vermag er nicht, mit den (durch diese Farben- und Gestalten-Imaginationen sich kundgebenden) geistigen Wesenheiten Zwiesprache zu halten. Weitere beharrliche Übung bringt ihn dann dahin, daß er nicht nur den Lichtglanz sieht und die Farben- und Gestalten-Imaginationen hat, sondern mit den durch jene Imaginationen sich kundgebenden göttlichen Wesenheiten Zwiesprache halten kann *(tāhi ca devatāhi saddhiṃ santiṭṭhāmi sallapāmi sākacchaṃ samāpajjāmi)*, aber noch fehlt ihm die Inspiration, zu erkennen, welcher Götterhierarchie *(devanikāya)* die einzelnen dieser Wesen angehören. Indem er das angestrengte meditative Ringen fortsetzt, kommt ihm auch die gesuchte Inspiration, er weiß jetzt, welcher Götterhierarchie die übersinnlichen Wesenheiten, mit welchen er Zwiesprache hält, angehören, aber noch fehlt ihm das Wissen, durch welches Karma jene Wesenheiten ihre Entwicklung bis zu der betreffenden Stufe gebracht haben. Durch eine letzte Steigerung der Übungen gewinnt er dann auch diese höchste Intuition, sein hellsichtiges Schauen hat jetzt einen solchen Grad erlangt, daß er nicht nur einen Lichtglanz wahrnimmt, Farben- und Gestalten-Imaginationen hat, mit den durch diese Erscheinungen sich kundgebenden göttlichen Wesenheiten Zwiesprache hält und weiß, welcher Hierarchie sie angehören, sondern er weiß jetzt auch, durch welches Karma jene Wesenheiten eine bestimmte frühere Daseinsstufe verlassen haben und zu ihrer jetzigen Stufe gelangt sind, wie lange ihre Lebensdauer ist, welche Erfahrungen von Lust oder Schmerz ihren Lebensinhalt ausmachen, und ob er selbst schon auf irgendeiner früheren Entwicklungsstufe zu jenen Wesen in irgendeiner Beziehung stand. Buddha schließt mit einem Hinweis darauf, daß er erst dann, als er es zu einem solchen klaren, hellsichtigen Schauen in bezug auf die göttlichen Wesenheiten *(adhidevañāṇadassanaṃ suvisuddhaṃ)* gebracht hatte, imstande war, zur höchsten vollkommenen Erleuchtung eines Buddha zu erwachen.

Diese dem Buddha in den Mund gelegte Schilderung des Aṅguttaranikāya läßt besonders deutlich erkennen, daß es sich bei den „Göttern" *(deva)* des Buddhismus um etwas nur im Zusammenhang mit der Meditation zu Verstehendes, rein geistig Erlebtes handelt, also um etwas wesentlich anderes als dogmatische Erfindungen oder „Konzessionen an den Volksglauben" (wenn auch die Benennungen jener Wesenheiten zum Teil aus der brahmanischen Religion entlehnt sind). Richtig ist es, daß im Buddhismus die „Götter" eine grundsätzlich andere Rolle spielen als in sog. polytheistischen Religionen, daß der Buddhismus eine eigentliche Götterverehrung in dem Sinne, wie dieses Wort in solchen Religionen gemeint ist, nicht kennt (wenn Buddha auch gelegentlich empfiehlt, jenen Wesenheiten gegenüber eine verehrende Haltung einzunehmen, vgl. Mahāparinibbānasutta, p. 14, ed. Childers). Aber nichts wäre unrichtiger, als darum etwa zu glauben, daß die „Götter" überhaupt keine Bedeutung im Buddhismus hätten. In Wahrheit ist nichts so sehr geeignet, uns über das wahre Wesen des Buddhismus tieferen Aufschluß zu geben, als gerade sein Verhältnis zu jenen „Göttern". Das ist ja eben das Bedeutungsvolle und vor allem anderen Lehrreiche, daß der Buddhismus nicht das dogmatische Verhältnis zu „Gott" oder zu „Göttern" wie andere Religionen kennt und doch in seiner ganzen Erhebung zum Heiligen und Übersinnlichen so deutlich den Charakter einer Religion an sich trägt. Über das Schweigen von „Gott" und seine Bedeutung wurde schon in anderem Zusammenhange gehandelt (siehe S. 116 f.). Die „Götter" aber, die dafür eine um so größere Rolle spielen und in allen heiligen Texten so vielfach begegnen, sind nicht Wesen, zu denen der Buddhist „betet", oder die er um irgend etwas bittet, sondern sie sind Wesen, rein geistige, übersinnliche Wesenheiten, zu denen sich der Jünger des Pfades in der Meditation erhebt.

Man kann das Wesen des Buddhismus als einer Religion und zugleich seinen Unterschied von anderen Religionen auf keinem anderen Wege richtiger erfassen, als wenn man auf diese Bedeutung der Meditation hinweist und sie vergleicht mit der Rolle, die in anderen Religionen das Gebet spielt. Wie für andere Religionen das Gebet den Nerv des religiösen Lebens bildet, so ist für den Buddhisten dieser Nerv des religiösen Lebens die Meditation, die meditative Versenkung in das Geistige, Übersinnliche, in dasjenige, was dem modernen abendländischen Empfinden zunächst als ein „Nichts" erscheint. (Und in der Tat wird ja, wie wir gesehen haben, das „Gegenüberstehen dem Nichts" auf einer ganz bestimmten Stufe der buddhistischen Meditation auch erlebt.) Wenn wir von der hier zunächst dargestellten ursprünglichen Lehre Buddhas absehen und die Formen ins Auge fassen, die der Buddhismus als eine äußere Religion in den verschiedenen Ländern Asiens angenommen hat, so tritt uns ein Durchdrungensein des gesamten religiösen Lebens von der Meditation nirgends mehr entgegen als in Tibet. Die Formel ‚*oṃ maṇi padme huṃ*' „Om (ja), das Kleinod (der Tautropfen) im Lotos, amen", die dort von den Gläubigen in allen Lebenslagen „gebetet" wird, enthält keine an irgendeine kosmische Macht gerichtete Bitte um irgend etwas, sondern ist die einfachste, schlichteste Meditation, ein *kammaṭṭhāna*, durch welches sich der Andächtige im heiligen Sinnbilde zum Bodhisattva Avalokiteśvara, und durch ihn zu Amitābha, dem Buddha des unermeßlichen Lichtes erhebt. So fremdartig, ja vielleicht lächerlich dem Abendländer die Formen erscheinen mögen, in welchen in jenem Lande die an die genannte Formel geknüpfte Erhebung zum Göttlichen, Übersinnlichen sich vollzieht (vgl. Pischel, S. 98; Waddell a. a. O. S. 572; Sven Hedin, Transhimalaya, Bd. I, S. 324, II, S. 174 ff), so liegt doch andererseits in der Art, wie gleichsam die ganze Atmosphäre des Landes mit jener Meditation durchdrungen erscheint, eine gewisse Erhabenheit. Eine Empfindung dafür hat Sven Hedin, wenn er a. a. O. von jenen Worten *(Oṃ maṇi padme huṃ)* sagt: „Sie gehören zu Tibet, diese Worte, sie sind eins mit Tibet, ohne sie kann ich mir die schneebedeckten Gebirge und die blauen Seen nicht denken, sie sind ebenso eng mit diesem Lande verknüpft wie das Summen mit dem Bienenstock, wie das Wimpelgeflatter mit dem Paß, wie der ewige Westwind mit seinem Geheul."

Was dem an der Materie haftenden Empfinden als Nichts erscheint, gewinnt Realität in der Meditation. Auf diesem Wege der Meditation gelangt der Buddhismus also dazu, von „Göttern" als von wirklichen übersinnlichen Wesen zu reden. (An der Beibehaltung der Bezeichnung „Götter" ist dabei nichts gelegen. Sie hat sich eingebürgert, weil das indische *deva* dem lateinischen deus entspricht. Auch kommt außerhalb des Buddhismus der Begriff *deva* dem landläufigen Begriffe von „Gott" oder „Göttern" vielfach ganz nahe. Aber die „Götter" des Buddhismus sind viel eher etwa mit den Engeln des Neuen Testaments als mit den Göttern einer polytheistischen Religion zu vergleichen, und so hat die Gepflogenheit mancher Übersetzer, wie Rhys Davids, das Wort *deva* mit „Engel" [angel] wiederzugeben, manches für sich.)

Wie unmittelbar das Erlebnis der Begegnung mit den Göttern im Sinne des Buddhismus mit der Meditation, mit der eigenen seelischen Arbeit des Meditierenden zusammenhängt, zeigt noch ein anderes Sutra des Aṅguttaranikāya (Bd. IV, p. 262), wo der Jünger Anuruddha erzählt, wie die Farbenerscheinungen, in denen ihm einst Götter sich manifestierten, sich nach seinem eigenen seelischen Vorstellen gestalteten, wie jene übersinnlichen Wesen ihm jeweils in der Farbe sich zeigten, in welcher er sie zu sehen wünschte.

Wie die Meditation den Menschen im Leben zu der geschilderten Gemeinschaft und Zwiesprache mit den Göttern führt, so gelangt er auch nach dem Tode zu dieser Gemeinschaft, vorausgesetzt, daß „rechtes Streben" im Sinne Buddhas während der Zeit seines irdischen Lebens ihn zu diesem „guten Gang" *(sugati)*, dem Eingehen in die Seligkeit der himmlischen Welt *(svarga*, Pali *sagga-loka)* bestimmte. Vor allem ist es die hingebende Verehrung für Buddha, die eine solche Anwartschaft auf die Himmelswelt sichert (vgl. Dīghanikāya II, p. 212; Mahāparinibbānasutta ed. Childers, p. 51, dazu oben S. 80). Diese „Himmelswelten" sind nichts anderes, als die oben (S. 173) geschilderten Sphären der Götter – es ist also die Welt, in die der Mensch nach dem Tode gelangt, die gleiche wie diejenige, die er schon während seiner Erdenzeit in der Meditation betritt –, und von dem Grade der inneren Entwicklung, der im Augenblicke des Todes erreichten Bewußtseinshöhe hängt es ab, zu welcher Göttersphäre sich der Mensch im Jenseits erhebt (siehe Dīgh. II, p. 212, 250 und besonders Aṅg. II, p. 129). Zur Brahmanwelt, einer der höchsten Göttersphären, geht der Mensch nach dem Tode dadurch ein, daß er in der Meditation mit Gedanken der Liebe *(mettā)* zu allen Wesen alle Himmelsrichtungen durchdrungen hat (Aṅg. a. a. O.), und schon in diesem Erdenleben ist die von Liebe und Mitgefühl mit allen Wesen durchstrahlte Meditation der Weg zu Brahman (so Mahāgovinda-Sutta Dīgha II, p. 250 und besonders Tevijja-Sutta Dīgha I, p. 249 ff.). Als die höchste Vollendung der Meditation wird es in diesem Sutra hingestellt, wenn der Jünger, nachdem er alle Stufen des Pfades zurückgelegt hat und aller Errungenschaften der Meditation teilhaftig geworden ist, in seiner inneren Versenkung jene Stimmung der Liebe, des Mitleids, der Mitfreude, des Gleichmuts über die ganze Welt hin ausstrahlen läßt. Man versteht das Wesen der buddhistischen Meditation überhaupt nur dann richtig, wenn man sie nicht als ein kaltes, liebloses oder nur der eigenen persönlichen Vervollkommnung dienendes geistiges Streben auffaßt, sondern als ein Streben, das der ganzen Welt oder doch „vielen Wesen" zum Heil und Segen dient, und wir finden diesen Gedanken, daß von dem geistigen Streben des in die Pfade des heiligen Lebens *(brahmacariya)* eingetretenen Jüngers Segen für alle Geschöpfe ausstrahlt, immer wieder in den Texten von Buddha ausgesprochen. Der Gedanke, daß die Meditation eines Heiligen in weitem

Umkreis alle Wesen schützt und segnet, ist allgemein indisch (vgl. den Eingang der Mṛcchakaṭikā, ins Deutsche übersetzt als „Vasantasena"). Von Buddha wird im Sonadaṇḍa-Sutta (Dīgha I, p. 116) gesagt, wie Götter und Menschen ihm zugetan seien, und wie an dem Orte, den des Heiligen Fuß betritt, keinerlei übersinnliche bzw. dämonische Wesen *(amanusse)* den Menschen Schaden zufügen, wie durch Buddhas Anwesenheit gewissermaßen die geistige Atmosphäre von allen schädlichen Einflüssen gereinigt wird. Schon früher (S. 61, 125) war die Rede davon, wie insbesondere die Liebe *(mettā)* im Buddhismus eine durch Ausstrahlung wirkende geistige Macht ist, und die Götter des Brahmanhimmels sind es, die mit dieser Ausstrahlung gewissermaßen eine unmittelbare Berührung haben.

Indem der Jünger durch die Weltentsagung in das geistige Leben eintritt, dann nach Überwindung der ersten (vorbereitenden) Stufen des Pfades die geistige Versenkung erreicht und sich dann in der Meditation von Stufe zu Stufe erhebt, vollzieht sich mit ihm eine innere Entwicklung, an der die Götter aller Sphären Anteil nehmen. Diese Entwickelung und der Anteil, den die Götter an ihr nehmen, wird im Aṅguttaranikāya (Bd. IV, p. 117) durch ein eigenartiges und poesievolles Gleichnis veranschaulicht. Es ist dort die Rede von dem Kovidarabaume *(pāricchattako koviḷāro)* in Indras Paradies, und der Art, wie die Götter sein Wachstum verfolgen. Wenn sie die ersten lichtgelben Blätter *(paṇḍupalāsa)* erblicken, freuen sie sich auf das nun bald vollentwickelte Laub *(sattapalāsa)*, und mit derselben Freude sehen sie, wenn dieser Zeitpunkt erreicht ist, dem Ansatz der ersten zarten Blütenknospen *(jālaka)*, dann dem der entwickelten *(khāraka)*, dann dem der sich öffnenden Knospen *(kuḍumala)* entgegen. Dann warten sie mit froher Spannung auf die ersten halboffenen Blüten, und wenn endlich der Baum in voller Blüte *(sabbaphāliphulla)* steht, feiern sie durch vier Göttermonate hindurch ein hohes Freudenfest, und der blühende Baum verbreitet weithin ausstrahlenden Lichtglanz, und sein Duft erfüllt den ganzen Umkreis des Himmels. Ein solcher sich in fortschreitendem Wachstum entwickelnder Kovidarabaum ist für die Götter der den Pfad der Meditation wandelnde Jünger. Wenn er in seinem Innern den Gedanken der Weltentsagung faßt, dann setzt der Baum der Götter die ersten lichtgelben Blätter an, wenn der Jünger den Entschluß zur Ausführung bringt und durch die Weltentsagung in das geistige Leben eintritt, sind die Blätter voll entwickelt, wenn er die erste Stufe der Meditation *(jhāna)* erreicht, hat sich der erste zarte Ansatz der Blütenknospen gebildet, in der zweiten Meditationsstufe sind die Knospen weiter entwickelt, und in der dritten Stufe beginnen sie sich zu öffnen. Ist die vierte Stufe der Meditation erreicht, so fängt die Blüte an, sich zu erschließen, und wenn endlich im Nirvana alle sündige Leidenschaft erloschen, die Herzens- und Wissensbefreiung gefunden ist, steht der Baum im Paradiese der Götter in voller Blüte, und eine Götterhierarchie verkündet das freudige Ereignis der anderen, und der Jubel dringt hinauf bis zu den Göttern des Brahmanhimmels.

Auch sonst nehmen die Götter am Seelenleben des Menschen intimen Anteil. So im Mahāparinibbānasutta an der Trauer um den Tod Buddhas. Bevor Buddha ins große Nirvana eingeht, kommen sie von allen Weltgegenden herbeigeströmt und scharen sich um ihn, um zum letzten Male mit ihm Zwiesprache zu halten. In dem gleichen Texte ist davon die Rede, wie die Neigungen und Willensentschlüsse der Menschen von jenen übersinnlichen Wesen gelenkt werden. Die (im ersten Teile erzählte) Buddhageschichte zeigt, welchen Anteil die Gottheiten an der ganzen Laufbahn des werdenden Buddha nehmen, wie sie ihn auf allen Wegen geleiten, ihm den Entschluß eingeben, den Pfad der Weltentsagung zu betreten, und jede seiner Überwindungen, jeden inneren Sieg mit Freudenjubel begrüßen. Diese göttliche Führung kommt an einen wichtigen Wendepunkt in dem Augenblick, in dem der Bodhisattva unter dem Bodhibaum zum Buddha erwacht. Die Gottheiten, die ihn bis dahin geführt haben, neigen sich nun vor ihm. Es ist ein wichtiger Gedanke des Buddhismus, daß der Mensch in gewisser Hinsicht ein erhabeneres Wesen als alle Gottheiten ist, denn nur er hat die Möglichkeit, die höchste Wesensstufe, die eines weltbefreienden Buddha, zu erreichen. Um Buddha zu werden, müssen die Götter selbst aus ihren Himmelssphären wieder zu menschlicher Geburt herabsteigen, nur in einem menschlichen Leibe können sie des höchsten Heiles, der höchsten Vollendung teilhaftig werden. In diesem Sinne gilt menschliche Geburt im Buddhismus als die vorzüglichste aller Geburten, als ein unschätzbar hohes Gut, und wie bei Menschen der Eingang in die Himmelswelt nach dem Tode der „gute Gang" *(sugati)* genannt wird, so heißt bezeichnenderweise umgekehrt bei Göttern die Menschwerdung der „gute Gang" (Itivuttaka 83: *manussattaṃ ... devānaṃ sugatigamanasaṅkhātaṃ).* Ohne jenen Gedanken der Wechselbeziehung zwischen Göttern und Menschen ist ein tieferes Verständnis des Buddhismus, insonderheit der Lehre vom Wesen eines Buddha, nicht zu gewinnen. Es ist eine wesentliche Grundanschauung des Buddhismus, daß Buddha, wie er als menschlicher Lehrer im Kreise der Menschen auftritt, so auch als Lehrer der Götter, der Māra-Wesen usw. im Kreise übersinnlicher Wesen wirkt, und daß er, wie er den Menschen als Mensch erscheint, so von jeder dieser übersinnlichen Wesensklassen für einen der ihrigen gehalten wird. (MPS. p. 28.)

Außer den Göttern *(deva, devatā)* kennt der Buddhismus noch zahlreiche Kategorien niedrigerer, übersinnlicher Wesenheiten (z. B. Yakṣa, Gandharva und viele andere), die in den Texten keine geringe Rolle spielen. (Siehe u. a. L.V. ed. Lefm. p. 71.) Im einzelnen kann hier nicht auf sie eingegangen werden. Nur einer jener Wesenheiten sei hier gedacht, weil sie in einer besonders engen und wichtigen Beziehung zur Meditation steht: der Wesenheit des Māra, des buddhistischen Versuchers, der bei der Erzählung der Buddhageschichte im ersten Teile schon mehrfach begegnet ist. Abendländischem Denken liegt es nahe, diese Gestalt Māra's als etwas nur Subjektives, als die bloße Personifizierung gewisser Seelenerlebnisse und Anfechtungen des Heiligen aufzufassen. Es entspricht dieses aber nicht der Anschauungsweise Buddhas. Auch die Wesenheit des Māra ist nur aus den Gesichtspunkten der Meditation heraus zu verstehen, und dieser Meditation im Sinne Buddhas ist es ja eben eigentümlich, daß Dinge, die der gegenständlichen Betrachtung als ein Nichts oder etwas bloß Subjektives erscheinen, den Charakter objektiver äußerer Wirklichkeit annehmen, während vorher für wesenhaft Gehaltenes als wesenlos erscheint. Es geschieht daher mit Vorbedacht, wenn das Māra-Problem hier im Zusammenhang mit der Meditation erörtert wird. Es ist anzunehmen, daß Buddha, ähnlich wie meditierende Heilige anderer Religionen und Geistesrichtungen, die Erscheinung des Versuchers gehabt hat. Māra steht im Buddhismus auf jeden Fall auf einer Stufe der Realität mit den „Göttern", die dem Jünger ja auch in der Meditation in der geschilderten Weise als übersinnliche Wesenheiten sich kundgeben. In den Texten werden auch die Scharen des Māra vielfach unter den Götterklassen aufgezählt und Māra selbst als *devaputta* „Gott" bezeichnet. Wie die Götter den Entschluß des Jüngers, sich den geistigen Höhen der Meditation zuzuwenden, mit Freude begrüßen und an seinem Bestreben freundlichen Anteil nehmen, so ist Māra der Widersacher, der dem Meditierenden den Weg zu jenen geistigen Höhen gewissermaßen zu verlegen sucht. Schon die im ersten Teil erzählte Buddhageschichte hat gezeigt, wie dadurch, daß Buddha unter dem Bodhibaume sich zur Meditation niedersetzt, Māra mit seinen Scharen zum Widerstande aufgerufen wird. In den Palitexten ist ganz unmittelbar davon die Rede, wie Māra sich immer an den meditierenden Jünger mit seinen Einflüsterungen herandrängt, um die Meditation zu stören. Immer, wenn der Meditierende nicht fest im wachen Bewußtsein verharrt, wenn er die als Hindernisse der Meditation genannten feindlichen Seelenregungen nicht kraftvoll überwindet, gewinnt Māra eine Gelegenheit, ihm beizukommen (*labhati tassa Māro otāraṃ, labhati tassa Māro ārammanaṃ*, Majjh. III, p. 94). Besonders wichtig zur Abwehr Māra's ist die auf den Körper sich richtende „besonnene Bewußtheit" (*kāyagatā sati*). Daher vor allem die von Buddha immer wiederholte Ermahnung zur wachen Bewußtheit, die ein buddhistisches Gegenstück zu dem christlichen „Wachet und betet" darstellt (an Stelle des Gebets hat, wie oben gezeigt, der Buddhismus die Meditation). Die Māra-Episoden des Kanons sind zahlreich und in vieler Hinsicht interessant. Eine besonders bemerkenswerte enthält das Mahāparinibbānasutta (siehe oben S. 75f.). Im Saṃyuttanikāya findet sich ein ganzer Abschnitt solcher Episoden (das Māra-Saṃyuttaṃ, Bd. I, p. 103–127; vgl. auch noch das folgende bis p. 135). Auf die reichen Einzelheiten kann hier nicht eingegangen werden. Von allgemeinerer Bedeutung ist auch hier wieder ein mancherlei Tiefen enthaltendes Sutra des Aṅguttaranikāya (Bd. IV, p. 432), durch welches das Māra-Problem insonderheit in seinem Verhältnis zum Problem der Meditation beleuchtet wird. Einstmals vor Zeiten, so wird dort erzählt, kämpften die Götter mit ihren Gegnern, den Dämonen (Asura). Der Sieg neigte sich bald der einen, bald der anderen Partei zu. Aber die Götter waren sicher vor den Dämonen, als sie sich nach unglücklichem Kampfe zuletzt in ihre Götterburg im Norden zurückzogen. Und ebenso waren die Asuras sicher vor den Göttern in ihrer Dämonenburg im Süden. In gleicher Weise, so wird nun weiter gesagt, ist der Jünger, wenn er, losgelöst von sinnlicher Begierde, die Meditation erlangt hat, wie in einer sicheren Burg, wo ihm die Gewalt Māra's nichts mehr anhaben kann, und hat er die höchste Stufe der Auslöschung erreicht, so ist Māra's Macht völlig gebrochen. Hier ist bemerkenswert zunächst der Vergleich der Meditation mit einer sicheren Burg, in die die feindlichen Seelenmächte keinen Eintritt mehr finden. Aber nicht ohne Bedeutung ist es auch, daß gerade in diesem Zusammenhange von dem Kampfe der Götter mit den Göttergegnern, den feindlichen Engeln oder Asuras, die Rede ist. Freilich dient dieser Kampf zunächst nur zur Ausmalung des Vergleichs, und tertium comparationis ist lediglich die Sicherheit, die die feste Burg gegen die andringenden Feinde gewährt. Aber man würde Buddhas Gleichnisse nicht richtig verstehen, wenn man sie in dieser Weise nur nach Gesichtspunkten formaler Logik beurteilen wollte. Die tiefsten Beziehungen enthalten jene Gleichnisse vielmehr gerade häufig in dem, was scheinbar nur zur konkreten Ausmalung des Bildes dient. Und bei dem hier angeführten Gleichnisse ist der tiefere Gedanke der, daß die Anfechtungen, die der Jünger von seiten feindlicher Seelenmächte zu bestehen hat, ehe er die sichere Burg der Meditation erreicht, gleichsam ein Spiegelbild der Kämpfe sind, die in der Zeiten Urbeginn in übersinnlichen Sphären zwischen Göttern und götterfeindlichen Dämonen ausgekämpft wurden. (Auch in alten vedischen Texten ist von jenen Kämpfen vielfach die Rede.)

Ein gewöhnlicher Beiname Māra's ist im Pali *pāpimā*, was gewöhnlich „der Böse" übersetzt wird. (In den Sanskrittexten entspricht das adjektivische *pāpīyān.)* Ursprünglich ist *pāpimā* aber Substantiv und bedeutet „das Übel" (sanskr. *pāpman)*, die richtigere Übersetzung wäre also „Māra, das Übel". Forscht man nach, welches Übel gemeint ist, so stößt man auf eine eigentümliche Doppelnatur Māra's, es ergibt sich, daß es eigentlich zwei Hauptübel sind, als deren Verkörperung Māra sich darstellt. Auf der einen Seite ist Māra der Herr der Sinne und Repräsentant der sinnlichen Begierde *(tṛṣṇā*, Pali *taṇhā)*, die im Buddhismus ja die Ursache des Weltübels ist. In der Kassaka-Episode des Māra-Saṃyutta (Saṃy. I, p. 115) naht Māra in Gestalt eines Landmanns *(kassaka)* mit einem Pflug dem Buddha und fragt ihn: „Hast du die Stiere gesehen?" Buddha antwortet: „Was hast du, Arger, mit Stieren zu tun?" Māra: „Mein das Auge, mein die Farben . . ., mein das Ohr, mein die Töne, mein der Geruch . . ., mein der Körper usw. (mit der in den buddhistischen Texten üblichen rhythmischen Aufzählung aller Einzelheiten), wohin willst du gehen, um von mir loszukommen?" Buddha erwidert: „Dein das Auge . . ., dein das Ohr usw. (folgt wieder die gleiche lange Aufzählung der Sinnesorgane und Sinnesobjekte). Wo es aber, du Arger, ein Auge . . ., ein Ohr . . . usw. nicht gibt, dort hast du keinen Zutritt." (Übersetzung bei Windisch: Māra und Buddha, S. 104f.) In der Region der Sinnlichkeit *(kāmadhātu*, siehe oben S. 173), so wird gesagt (L. V., p. 299), waltet Māra als der unumschränkte Herrscher. In diesem Sinne wird Māra auch Namuci genannt, was ursprünglich der Name eines von Indra besiegten Dämons der Sinnlichkeit ist, und er wird geradezu als der Liebesgott mit den Pfeilen dargestellt. Auf der anderen Seite ist Māra der Herr des Todes, also derjenigen Macht, in der für den Buddhisten das Weltleiden seinen unmittelbarsten und schmerzlichsten Ausdruck findet. Das ist auch der ursprüngliche Wortsinn von *māra* (das Wort enthält dieselbe Wurzel wie das lateinische mors. Anders, aber wenig einleuchtend, erklärt das Wort Kern, Buddhismus, Bd. I, S. 302). Dem buddhistischen *Māro pāpimā* entspricht in den alten Brāhmaṇa-Texten *mṛtyuḥ pāpman* „der Tod, das Übel". Zwischen den beiden Seiten dieser Doppelnatur Māra's besteht nun ein tiefer innerer Zusammenhang, denn die sinnliche Begierde *(taṇhā)* ist im Buddhismus als

Ursache des Weltübels auch die des Todes. Durch die Begierde wird der Mensch an die Sinneswelt gefesselt, in der er dem Kreislauf von Geburt und Tod unterworfen ist. Durch die Überwindung der Begierde befreit er sich von dieser Fessel, erreicht er die Stätte jenseits von Geburt und Tod. Der Weg zur Überwindung der Begierde ist aber einzig jener Pfad, der, wie wir gesehen haben, ein Pfad der Meditation ist. So führt also auch eine Betrachtung des Wesens Māra's von dieser Seite her zurück zur Meditation, es wird verständlich, warum Māra ein Interesse daran hat, die Meditation zu stören, und die Begegnung mit ihm gerade bei dem Versuche, sich zur Meditation zu erheben, erlebt wird.

Auch ein Sieg über Māra, wie ihn Buddha unter dem Bodhibaume erkämpft hat, hält den Versucher nicht dauernd von der Sphäre des Heiligen fern, sondern immer wieder sucht er die Gelegenheit, an ihn heranzukommen, und das Mahāparinibbānasutta erzählt, wie Māra noch in der allerletzten Lebenszeit des Buddha Versuche unternimmt, seine Zwecke bei dem Heiligen zu erreichen. Auch sonst ist der Kanon voll von Episoden, die sich zwischen Māra und dem schon vollendeten Buddha abspielen. Auch wenn die Meditation erreicht ist, versucht Māra doch immer aufs neue, in ihren Kreis einzudringen, und es bedarf fortgesetzter kraftvoller Anspannung des Jüngers, um das Gewonnene zu behaupten und in der Meditation fest zu bleiben. Darum Buddhas ständige, noch unmittelbar vor seinem Hinscheiden wiederholte Ermahnung, ohne Unterlaß zu ringen.

Der Meditationsabschnitt des Dīghanikāya (Sāmaññaphala-Sutta 64 ff.), von dem die gegenwärtige Darstellung zunächst ausgegangen ist, verfolgt die Stufen der Meditation nur bis zum vierten Dhyāna *(jhāna)*, während die sich anschließenden Bewußtseins- und Meditationsstufen *(āyatana)* im Poṭṭhapāda-Sutta und anderwärts erörtert sind. Jene vierte Stufe des Dhyāna oder „Sinnens“ ist im Buddhismus von besonderer Wichtigkeit und Vornehmheit. Nachdem Buddha vor seinem Hinscheiden schon alle Bewußtseinsstufen bis zur Höhe des *nirodha* durchlaufen hat, kehrt er rückläufig bis zur ersten Dhyāna-Stufe zurück, um sich dann nochmals bis zum vierten Dhyāna zu erheben, und von dieser vierten Stufe der Meditation aus geht er dann in das große jenseitige Nirvana ein. Auch was im Sāmaññaphala-Sutta an „Errungenschaften“ des Pfades, die schon in diesem sichtbaren Daseinszustande ihre Verwirklichung finden *(diṭṭh' eva dhamme sandiṭṭhikaṃ sāmaññaphalaṃ)*, weiterhin noch aufgezählt wird, hat alles diese vierte Dhyāna-

Stufe zum Ausgangspunkt und zur Voraussetzung. Es ist die Stufe des völligen Losgelöstseins von allen Leidenschaften, von allen Vorstellungen sinnlicher und übersinnlicher Gegenstände und allen Empfindungen von Seligkeit und Schmerz, jener Zustand, von dem gesagt wird, der Jünger sei in ihm wie in ein fleckenloses weißes Gewand von oben bis unten ganz und gar eingehüllt. Aus diesem Zustande geht alles hervor, was das Sāmaññaphala-Sutta als Fähigkeiten des Hellsehens und der höheren Geistesmacht oder übersinnlichen Vollkommenheit *(iddhi)* beschreibt, wie auch alle Erkenntnisse des Buddhismus, die sich auf dasjenige beziehen, was gewöhnlich als der dogmatische Inhalt dieser Religion hingestellt wird. – „Wenn“, so heißt es im Meditationsabschnitte des Dīghanikāya (S. Ph. S. 83), „das geistige Element *(cittaṃ)* also konzentriert, geläutert und von Helligkeit durchstrahlt, frei von aller Unreinheit und irdischen Leidenschaft, gefügig und bildsam *(kammaniya)*, standhaft und regungslos geworden ist, dann lenkt er dieses geistige Element hin auf das erkennende Schauen (oder ‚schauende Erkennen‘, *ñāṇadassanaṃ)*“. Was sich seinem Schauen da zunächst darbietet, ist der eigene Körper, die eigene Wesenheit, die er dann wie in eine Zweiheit zerspalten erblickt: eine leibliche, aus den vier Elementen aufgebaute, das Ergebnis der physischen Vererbung darstellende *(mātāpettikasambhava)*, die Bedingungen des Zerfalles und der Auflösung in sich tragende Wesenheit, und eine andere, ein Prinzip des geistigen Bewußtseins *(viññāṇa)*, das jene Körperlichkeit so durchdringt wie ein durch einen reinen, fleckenlosen, geschliffenen achtkantigen Edelstein hindurchgezogener farbiger Faden, und es wird gesagt, daß er wie von außen auf diesen seinen dem Zerfall unterworfenen, vom Faden der Bewußtseinsseele durchzogenen physischen Körper hinblickt, so wie ein Mensch einen Edelstein in die Hand nimmt und sich sagt: das ist ein Edelstein mit diesen und jenen Eigenschaften, und hier ist ein bunter Faden durch ihn hindurchgezogen. Eine Voraussetzung der Ausübung höherer Fähigkeiten ist dann noch ein weiterer Schritt, der das Wesen der Meditation und der dabei im Sinne des Buddhismus sich abspielenden übersinnlichen Vorgänge charakteristisch beleuchtet und im Meditationsabschnitt des Dīghanikāya (S. Ph. S. 85, 86) wie folgt beschrieben wird: Hat der Geist jene lautere, helle, leidenschaftslose und regungslose Konzentration erreicht, dann, so heißt es weiter, lenkt der Jünger das geistige Element hin auf die Gestaltung eines anderen, geistigen (geistig-ätherischen) Körpers *(manomayakāya)*, der mit allen Haupt- und Nebengliedern und mit vollständigen Sinnesorganen ausgerüstet ist. Diesen mit allen Haupt- und Nebengliedern und mit vollständigen Sinnesorganen ausgestatteten geistig-ätherischen Körper zieht er dann aus seinem physischen Körper heraus, wie einen Halm aus der Blattscheide, oder wie ein Schwert aus der Scheide, oder wie eine Schlange aus dem Korbe (nach andern: Balg), und diese Doppelheit seines Wesens hat der Meditierende dann wie ein äußeres Bild vor sich (S. Ph. S. 86). Es werden mit diesen Bildern nicht nur gewöhnliche Vergleiche gegeben, sondern bestimmte Imaginationen beschrieben, die den (übersinnlich gedachten) Vorgang der Loslösung eines Geistkörpers aus dem physischen Körper begleiten. Diese yogatechnisch interessanten Bilder sind wohl nicht von Buddha erdacht, sondern älteren Ursprungs, das Bild vom Herausziehen des Muñja-Grashalmes aus der Blattscheide *(muñjād iṣīkāṃ)* findet sich schon am Ende der Kāṭhaka-Upaniṣad (in der so vieles an den Buddhismus erinnert). Es bedarf kaum noch eines Hinweises, daß der Buddhismus sich hier ganz und gar in der Sphäre des Yoga bewegt.

Im Zusammenhange mit diesem Problem der ineinander steckenden mehrfachen, durch die Meditation aus ihrem Zusammenhange gelösten Wesenshüllen fällt auch Licht auf die buddhistische Lehre vom Ich oder Selbst, die in dem (nicht mehr zum Kanon gehörigen) Paliwerke Milindapañha in jener Unterredung zwischen dem König Milinda (Menander) und dem buddhistischen Weisen Nāgasena ihren bekanntesten Ausdruck gefunden hat. (Siehe Oldenberg a. a. O. S. 299 f., Pischel a. a. O. S. 71.) Man spricht vielfach von einer buddhistischen „Leugnung des Ich", sachgemäßer und zutreffender wäre von einem „Nichtvordringen bis zum Ich" zu reden. Eine tiefere, an die erwähnten Meditationsprobleme sich anschließende Erörterung des Gegenstandes enthält das Poṭṭhapāda-Sutta des Dīghanikāya (I, p. 195). Dort wird zunächst ein dreifaches Selbst *(attā,* sanskr. *ātman)* oder Ich unterschieden: ein grobmaterielles *(oḷārika)*, der physische Körper, ein höheres geistiges *(manomaya)*, das mit dem im S. Ph. S. beschriebenen, durch die Meditation herausgezogenen Geistkörper in seinen Attributen *(manomayo sabbaṅga-paccaṅgī ahīnindriyo)* übereinstimmt, und ein noch höheres, als *arūpī saññāmayo* bezeichnet. Das dem zweiten dieser Selbste beigelegte Attribut *rūpī*, „gestaltet", bezieht sich darauf, daß es der (übersinnlichen) Form-Sphäre *(rūpadhātu)* angehört, die mit der ersten Stufe der Meditation betreten wird (siehe oben S. 173 f.). Das nächsthöhere Selbst *(arūpī saññāmayo,* d. h. das „ungestaltete, aus Bewußtsein bestehende") gehört dann, wie der Ausdruck ergibt, der *arūpa*-Sphäre an, die mit der meditativen Erhebung zur „Unendlichkeit des Raumäthers" *(ākāsānañcāyatana)* betreten wird (siehe oben S. 170). Alle diese „Selbste" haben aber im Buddhismus nur eine scheinbare und relative Gültigkeit, und die fortschreitende Meditation ist es, die den jeweiligen Schein zerstört. Es ist nämlich, so lehrt das Poṭṭhapāda-Sutta, der Meditation eigentümlich, daß das auf irgendeiner Stufe als wesenhaft empfundene Ich gleichsam in die nächsthöhere Stufe nicht mitgenommen werden kann, daß es dort als wesenlos erlebt wird (Poṭṭh. S. 48, p. 199). Im gewöhnlichen Zustande des sinnlichen Daseins wird im Sinne jener Ausführungen der grobmaterielle *(olārika)* Körper als das Ich oder Selbst empfunden, diese Ich-Vorstellung wird dann als nichtig erlebt, wenn in der Meditation (von der ersten bis zur vierten Stufe) das ätherisch-geistige Selbst *(manomaya)* realisiert wird, und diese Ich-Vorstellung wird wieder in der *arūpa*-Sphäre zunichte. Auch das dort erlebte Selbst oder Ich hat die gleiche nur relative Natur. Der meditierende Jünger verliert auf jeder Stufe der Meditation dasjenige, was er auf der früheren Stufe als sein Ich empfunden hat. Und nun ist es dem Buddhismus durchaus wesentlich, daß er sich über diese relativen „Selbste" nicht erhebt, zu einem absoluten höchsten Selbst oder Ich nicht vordringt. Es wird ein solches Ich nicht geleugnet, sondern nur gesagt, daß alles, was auf irgendeiner Stufe als Ich erlebt wird, in Wirklichkeit nicht das Ich sei. Vgl. Majjh. III, p. 19 und andere Stellen, wo von jedem der fünf Skandha's gesagt wird, daß er „nicht das Ich sei" *(rūpaṃ anattā vedanā anattā saññā anattā saṅkhārā anattā viññāṇaṃ anattā)*. Die drei ersten dieser Skandha's oder menschlichen Wesensgrundteile stehen zu den erwähnten drei „Selbsten" in Beziehung, die beiden letzten gehören noch tieferen seelischen Untergründen an. So kann auch die buddhistische Ich-Lehre nur aus dem Meditationsproblem heraus recht verstanden werden.

Durch jene im Meditationsabschnitte des Dīghanikāya beschriebene Herausziehung eines „mit vollständigen Sinnesorganen ausgerüsteten" ätherisch-geistigen Körpers aus dem physisch-materiellen Körper hat der Meditierende nunmehr auch das Werkzeug erlangt, um dasjenige zu wirken, was in jenem Abschnitte des Dīghanikāya (S. Ph. S. 87 ff.) wie überall in den buddhistischen Texten als die übersinnlichen Vollkommenheiten, die Phänomene der höheren Geistesmacht *(ṛddhi*, Pali *iddhi*, *iddhi-pāṭihāriya)* beschrieben wird. Schon in der äußeren Anordnung des Stoffes zeigt sich auch hier wieder die überall bemerkte Übereinstimmung jenes buddhistischen Meditationsabschnittes mit dem Yogasūtra. Wie sich im Yogasūtra an die Erörterung der Meditationsstufen im dritten Kapitel diejenige der Yoga-Vollkommenheiten oder höheren Kräfte *(vibhūti)* anschließt, so geht auch der Meditationsabschnitt des Dīghanikāya, nachdem im Zusammenhange mit der Meditation die Herausziehung des übersinnlichen Körpers geschildert worden ist, dazu über, als eine durch jenen Vorgang gewonnene weitere Errungenschaft des Pfades hinzustellen die Möglichkeit, jene Phänomene der überirdischen Macht *(iddhi)* zu wirken. „Ist", so heißt es (S. Ph. S. 87), „das geistige Element *(cittaṃ)* durch die Konzentration abgeklärt und geläutert, frei von Unreinheit und irdischer Leidenschaft, gefügig und bildsam, beständig und regungslos geworden, so lenkt und leitet er dieses geistige Element hin zur Betätigung der verschiedenen übersinnlichen Vollkommenheiten *(iddhividhāya cittaṃ abhinīharati abhininnāmeti)*". Das Wort *cittaṃ*, in der Sāṃkhya- (wie auch Yoga-) Philosophie das ätherisch-stofflich vorgestellte Gedankenelement, ist im Buddhismus nicht mit irgendwelchen naturalistischen Vorstellungen zu verbinden, es bedeutet hier nur, daß etwas Geistiges wie bildsamer Ton durch den Meditierenden geformt, zu mannigfaltiger Gestalt und Wirkungsweise gebracht wird. Es wird dieser Gedanke im Sāmaññaphalasutta (88) in drei Gleichnissen hingestellt: wie der Töpfer aus wohlzubereitetem Ton nach Belieben Gefäße formt, wie der Elfenbeinschnitzer und der Goldarbeiter ihr Material nach Belieben bearbeiten und Gegenstände aller Art daraus bilden, also arbeitet gleichsam der Jünger des Pfades in den (durch die Meditation bildsam gemachten) Stoff seines Geistkörpers hinein, um die *iddhi*-Gestaltungen, die übersinnlichen Phänomene hervorzubringen. Die rhythmische Wiederholung eines und desselben Gedankens in drei ähnlichen Gleichnissen scheint gewissermaßen das Hineinarbeiten in den Wesensstoff des übersinnlichen Körpers versinnbildlichen zu wollen (vgl. das S. 105f. über die Rhythmik in den Reden Buddhas Gesagte). War schon in den vorausgegangenen Erörterungen für abendländische Begriffe vieles befremdend, so muß vollends die Art, wie über jene *iddhi*-Phänomene in den buddhistischen Texten geredet wird, abendländischem Empfinden wie höchster Wahnwitz, als der nicht mehr zu überbietende Gipfel des Aberwitzes erscheinen. Aber auch hier darf erinnert werden an jene bemerkenswerte Stelle im Pāyāsi-Sutta (Dīgha II, p. 329), wo Kassapa dem an der Realität der übersinnlichen Welt und übersinnlichen Erscheinungen und Wesenheiten zweifelnden Adeligen Pāyāsi zu bedenken gibt, nicht so, wie er es sich vorstelle, mit Augen des Fleisches *(maṃsacakkhunā)*, könne jene übersinnliche Welt erschaut werden, dazu führe nur die Läuterung des geistigen Schauens in einsamer, stiller, weltabgeschiedener Meditation. Entsprechendes gilt auch für die *iddhi*-Phänomene. Es handelt sich um Vorgänge, die, zunächst wenigstens, als in dem Medium jenes feinen Geistkörpers, nicht in der Sphäre des Physisch-Sinnlichen sich abspielend gedacht werden. Der eigentliche Aberwitz läge nur darin, wenn man solche Dinge, wie das „Berühren von Sonne und Mond" (wovon in dem *iddhi*-Abschnitte u. a. die Rede ist), im wörtlichen, grobmateriellen Sinne nehmen und glauben wollte, Buddha hätte wirklich ein Hinaufgreifen mit Sinneshänden zu Sonne und Mond (als materiellen Gestirnen) für möglich gehalten. In dem schon erwähnten Pāyāsi-Sutta (Dīgha II, p. 319) heißt es ausdrücklich, daß unter „Sonne" und „Mond" göttliche Wesenheiten einer übersinnlichen Welt zu verstehen seien. Also offenbar ist hier von bestimmten übersinnlichen Schauungen und Yogaerlebnissen die Rede, die durch eine mit Absicht gewählte groteske Ausdrucksweise dem naiven weltlichen Verständnis verschleiert werden sollten. Im Vinaya-Piṭaka (Cullavagga II, p. 112) findet sich eine wichtige Stelle, wo Buddha die Jünger ermahnt, die auf übermenschlicher Gesetzmäßigkeit beruhenden *(uttarimanussadhamma)* Phänomene der höheren Geistesmacht *(iddhipāṭihāriya)* nicht Laienaugen preiszugeben. *iddhi* galt also im Buddhismus als etwas Hocherhabenes, profanen Augen streng zu Entziehendes. Der bloßen Neugierde hat Buddha die Vorführung irgendwelcher Phänomene stets verweigert (vgl. das Kevaddha-Sutta, Dīgha I, p. 211).

Der Abschnitt, in dem die einzelnen übersinnlichen Vollkommenheiten *(iddhi)* geschildert werden (S. Ph. S. 87. 88), gehört zu denjenigen, die in den verschiedensten Teilen des Kanons häufig, und stets mit dem gleichen, stereotypen Wortlaut wiederkehren. Die dort aufgezählten Phänomene lassen sich zusammenfassen unter den Gesichtspunkten der Vervielfältigung der Erscheinung, Ausschaltung der Sehwirkung, Überwindung der Erdenschwere. Daran schließt sich jenes schon erwähnte seltsame Phänomen, das also beschrieben wird: „Mond und Sonne, jene zaubergewaltigen, wundermächtigen *(ime pi candimasuriye evam-mahiddhike evaṃ-mahānubhāve)* berührt und streift er mit der Hand, bis zur Welt des Brahman wirkt er mit seinem Körper." Daß es sich hier um rein übersinnliche Dinge handelt, daß es jener früher erwähnte „Geistkörper" sein muß, dem hier ein Ausstrecken geistiger Fühlhörner zu fernen, übersinnlichen Welten zugeschrieben wird, ist schon hervorgehoben worden. Ebenso liegt die Vervielfältigung der Gestalt (die im indischen Yoga eine große Rolle spielt, vgl. Yogasūtra IV, 4), zunächst in der Sphäre jenes übersinnlichen Körpers, und ein gleiches gilt von den verschiedenen Elevationserscheinungen (vgl. Yogasūtra III, 38), der Überwindung der Erdenschwere und der durch die Meditation bewirkten Empfindung ätherischer Leichtigkeit. Saṃy. V, p. 283 wird gesagt, daß durch die geistige, auch den Körper ergreifende Konzentration und Meditation der Körper des Tathāgata eine erhöhte Leichtigkeit gewinnt, daß er gefügiger, bildsamer und lichtstrahlender dadurch wird. Für die Ausschaltung der Sehwirkung findet sich eine theoretische Erklärung im Yogasūtra (III, 20). Es spielen diese Dinge im Buddhismus kaum eine geringere Rolle als im eigentlichen Yoga. Im Saṃyuttanikāya wird in einem langen Abschnitte (dem Iddhipāda-Saṃyutta, Bd. V, p. 253–293) eine eigene umfassende Theorie des Gegenstandes entwickelt. In der Mitte aller dieser Erörterungen steht die Lehre von den vier *iddhipādā*, den Elementen oder Voraussetzungen der übersinnlichen Vollkommenheit: *chando* „Wille", *viriyaṃ* „Energie", *cittaṃ*, das geistige oder Gedankenelement, *vimaṃsā* (etwa: „bildendes Schaffen"). Es sind jene vier Elemente, von denen es im Mahāparinibbānasutta und anderwärts heißt, daß, wer sie durch Meditation in sich stark werden läßt, sich in ihnen zu bewegen weiß *(yānikatā)*, sie verwirklicht, handhabt und bemeistert, dadurch auch die Macht hat, das Leben im physischen Körper über seine natürliche Dauer zu verlängern. Was mit jenen vier Elementen oder Voraussetzungen eigentlich gemeint ist, wird durch die näheren Erläuterungen, an denen im Kanon kein Mangel ist (vgl. Saṃy. V, p. 268, 273 u. a.), kaum deutlicher, doch geht aus diesen Erläuterungen wenigstens so viel hervor, daß zwei jener Elemente der Willensseite, zwei der Seite des Vorstellens angehören. Daß sie einen Gegenstand der Meditation bilden müssen, wird deutlich gesagt (vgl. a. a. O., p. 258, 268, wo von *chanda-samādhi*, *viriya-samādhi* usw. die Rede ist), und der eigentliche Weg zu ihrer Erlangung ist kein anderer, als eben der schon gekennzeichnete Weg der Meditation, der „vornehme achtfache Pfad" (a. a. O., p. 286). Zur Meditation muß hinzutreten die beharrliche Anstrengung *(padhāna)*, daraus entsteht dann eine (aus dem Unterbewußten heraufgeholte) bildende Kraft *(saṅkhāra)*, die das eigentlich Wirksame bei den Phänomenen darstellt. (In diesem Sinne Saṃy. V, p. 258 u. a.: *chandasamādhipadhānasaṅkhārasamannāgato iddhipādo* usw.) Der Tathāgata, so wird gesagt, bemeistert jene Elemente der überirdischen Macht, darum eben heißt er der Tathāgata (a. a. O., p. 257), sie gehören also im Sinne des Buddhismus zu den von ihm nicht wegzudenkenden Vollkommenheiten eines Buddha. Das gleiche gilt nach dem Iddhipāda-Saṃyutta (a. a. O., p. 274) von allen wahrhaften Asketen und Brahmanen der Vergangenheit und Zukunft. Auch das höchste Befreiungsziel, so wird weiterhin gesagt (p. 257), haben alle Jünger durch die *iddhipāda*-Meditation (die ja mit derjenigen des achtfachen Pfades letzten Endes identisch ist) erreicht. „Und wie die Gaṅgā unaufhaltsam nach Osten in ihrem

Laufe gerichtet ist, dem Osten sich zuwendet, nach Osten strömt, also auch ist der jene vier Voraussetzungen übersinnlicher Vollkommenheit meditierende Jünger dem Nirvana zugewendet, zum Nirvana hineilend" (a. a. O., p. 290). In diesem Sinne gelten diese Dinge im Buddhismus als eine der höchsten Errungenschaften des Pfades *(sāmaññaphala)*. Sie sind nicht das Ziel, aber eine Erscheinung, die auf dem Wege zur Erreichung des Zieles nach der Lehre Buddhas mit Gewißheit sich einstellt, und ein Mittel zur Erreichung dieses Zieles. Durch Meditation von *iddhipāda* werden auch die Fesseln, die den Jünger an das sinnliche Dasein ketten, zerschnitten (Saṃy. V, p. 292).

Im übrigen ist *iddhi* i. e. S. nur eine von fünf oder sechs, gewöhnlich *abhiññā* (sanskr. *abhijñā)* genannten höheren Seelenfähigkeiten, die auch im Meditationsabschnitte des Dīghanikāya (wo das Wort *abhiññā* nicht gebraucht wird) als weitere (noch über *iddhi* stehende) Errungenschaften des Pfades genannt werden, die sich einstellen, wenn die Trennung des ätherisch-geistigen Körpers vom physisch-materiellen erreicht ist. Im Iddhipāda-Saṃyutta werden die vier Voraussetzungen von *iddhi* auch als der Weg zur Erlangung jener weiteren Geisteskräfte hingestellt (Saṃy. V, p. 263 ff.). Die erste dieser Fähigkeiten ist *dibbaṃ sotaṃ* (dem *divyaṃ śrotram* des Yogasūtra – III, 41 – entsprechend), das „himmlische Gehör" oder Hellhören, das als ein Hören von menschlichen (auch entfernten) und himmlischen Tönen „in dem himmlischen, geläuterten, über menschliches [Hören] hinausgehenden Tonelemente" *(dibbāya sota-dhātuyā visuddhāya atikkanta-mānusikāya*, pythagoräisch ausgedrückt: in der Sphärenharmonie) beschrieben wird. Dem Hellhören schließt sich an das Erkennen fremder Gedanken und Herzensregungen *(cetopariyañāṇa=paracittajñāna* des Yogasūtra III, 19). Beispiele, daß Buddha die Gedanken anderer durchdringt, finden sich in den Texten zahlreich (z. B. Dīgha I, p. 119, Aṅg. III, p. 408, V, p. 160). Insbesondere aber ist unter jener Fähigkeit gemeint ein Erkennen des Charakters anderer, ihrer Gemüts- und Sinnesart, des Maßes ihrer Freiheit von sündigen Leidenschaften, des von ihnen erlangten Grades geistiger Konzentration usw. Die in Rede stehende Fähigkeit wird anderwärts bezeichnet als *ādesanā-pāṭihāriyaṃ* „das Wunder der Auskunft", worunter nach Kevaddha-Sutta 6 (Dīgha I, p. 213) verstanden wird, daß der Jünger imstande ist, die Gedanken und Gesinnungen, Vorstellungen und Überlegungen eines anderen zu erkennen, und ihm sagen kann: „so ist dein Gedanke, so ist dein Herz".

Die beiden noch verbleibenden höheren Fähigkeiten, die als weitere Errungenschaften der Meditation im Meditationsabschnitte des Dīghanikāya

(S. Ph. S. 93–96) genannt werden, sind die Erinnerung an frühere Existenzen (vgl. Yogasūtra III, 18) und das göttliche (oder: himmlische) Auge des hellsichtigen Schauens *(dibbaṃ cakkhuṃ visuddhaṃ atikkantamānusakaṃ*, eigentlich: „das himmlische Auge, das geläuterte, [dessen Schauen] über menschliches [Schauen] hinausgeht)". Insoweit diese letztere Fähigkeit zum Schauen übersinnlicher Wesen verhilft, wurde ihrer schon Erwähnung getan. Im Meditationsabschnitte des Dīghanikāya ist davon die Rede, wie die Kraft des göttlichen Auges zum Schauen der Schicksale der Wesen in den verschiedenen Daseinssphären zwischen Tod und Wiedergeburt dient. Hierbei handelt es sich dann schon um eine der drei hauptsächlichen höheren „Erkenntnisse" *(paññā)* des Buddhismus, der Erkenntnis von Karma und Wiedergeburt. Dasselbe gilt von der Erinnerung an frühere Existenzen. Die Erörterung jener „höheren Fähigkeiten" gehört daher bereits zum Thema des folgenden Abschnitts.

d) Dritte Stufe des Pfades: Erkenntnis *(paññā)*

Bei diesem Abschnitte ist von vornherein festzuhalten, daß die Erkenntnis, von der hier die Rede ist, ganz ebenso wie alles Vorausgegangene im Zusammenhange mit der Meditation verstanden werden muß. Es handelt sich bei dieser Erkenntnis *(paññā)* im Sinne Buddhas nicht um irgendwelche Kombinationen des spekulierenden Verstandes *(tarka)*, sondern um Ergebnisse eines höheren hellsichtigen Schauens *(abhiññā)*, das nur durch „rechte Meditation" *(sammāsamādhi)* zu gewinnen ist, durch diejenige Meditation, die ihrerseits wiederum das im ersten Hauptstücke geschilderte „rechte ethische Verhalten" *(sīla)* zum notwendigen Fundamente hat. Hat der Meditierende im vierten Dhyāna jene Stufe der inneren Reinheit, Geisteshelle und Konzentration erreicht, die mit einem den Jünger von oben bis unten einhüllenden weißen Gewande verglichen wird, ist er weiterhin bis zu dem Punkte gelangt, wo sich der „mit vollständigen Organen versehene geistige Körper" *(manomaya-kāya)* aus dem physisch-materiellen Körper herauslöst wie der Halm aus der Blattscheide, und der Jünger wie von außen auf seine vom geistigen Prinzip wie von einem Faden durchzogene Leiblichkeit blickt, so hat er in jenem geistgewobenen Körper das Organ für die Betätigung jener (sonst als *abhiññā* bezeichneten) höheren Seelenfähigkeiten, von welchen drei, nämlich *iddhi*, Hellhören und das Durchdringen fremder Gedanken schon im vorigen Abschnitt beschrieben worden sind. Ihnen schließen sich drei weitere, im Sinne des Buddhismus ganz ebenso auf der Meditation beruhende Fähigkeiten an, mit denen der Meditierende schon das Gebiet der höheren Erkenntnis, des Wissens betritt. Sie sind identisch mit dem dreifachen Wissen, dessen der Tathāgata unter dem Bodhibaume teilhaftig geworden, und durch dessen Erlangung er vom Bodhisattva zum Buddha aufgestiegen ist (vgl. oben S. 64ff. und Lalitavistara, p. 344f., wo nur die Reihenfolge der Erkenntnisse eine andere ist).

Die erste jener Erkenntnisse (S.Ph.S. 93) ist die Erinnerung an frühere Lebensläufe, d. h. jenes Seelenerlebnis, das diejenigen, die es in verschiedenen Ländern und zu verschiedenen Zeiten hatten, übereinstimmend als eine Erinnerung an frühere Existenzen beschrieben haben. In der Sumaṅgalavilāsinī, Buddhaghoṣa's Kommentar zum Dīghanikāya, findet sich bei der Erklärung des Einganges des Mahāpadānasutta eine bemerkenswerte Stelle, wo davon die Rede ist, wie jenes Seelenerlebnis bei verschiedenen Graden der Heiligkeit mit verschiedener Deutlichkeit auftritt. Bei gewöhnlichen Asketen der verschiedenen Schulen, so wird gesagt, ist jene Erinnerung, wenn sie überhaupt vorhanden ist, nur so schwach wie der Schein eines Glühwürmchens, bei Jüngern des Buddha wie der Schein einer Lampe, bei erlesenen Jüngern wie der Glanz des Morgensterns, bei einem Buddha, der nur für sich selbst die Erleuchtung gefunden hat, ist sie wie Mondlicht, und bei einem weltbefreienden Buddha ist die Erinnerung an das frühere Leben so hell wie der Glanz von tausend Sonnen. Einmal (Itivuttaka, p. 99) spricht Buddha von dem wahren Brahmanen als demjenigen, der nicht nur von allen möglichen Dingen des geistigen Gebiets bloß redet, sondern der selbst die Erinnerung an sein früheres Leben hat. Es ist für das Verständnis des Buddhismus von Wichtigkeit, daß man jene Lebenserinnerung zunächst nur als dasjenige auffaßt, als was sie sich nach dem ganzen Charakter des betreffenden Abschnittes deutlich kundgibt, nämlich als Meditationserlebnis, nicht als Dogma, und anstatt daß man jenes Reden von der früheren Existenz, wie es ja auch dem Buddha in den Mund gelegt wird (siehe oben S. 108), auf vorhandene Dogmen zurückführt, müßte man fragen, ob jene Dogmen nicht vielleicht dadurch entstanden sind, daß einzelne das fragliche Meditationserlebnis hatten und auf ihre Weise beschrieben. Für die theoretische Betrachtung dieser Dinge bleibt es ein merkwürdiger Widerspruch, daß der Buddhismus, der doch zu einem Ich oder Selbst, das zur Herstellung der Verbindung zwischen den verschiedenen Existenzen als das von Leben zu Leben gehende Subjekt von unserer Logik gefordert würde, nicht vordringt, gleichwohl eine Wiederverkörperung, ja eine Erinnerung an frühere Existenzen kennt, und den Buddha am Ende vieler Erzählungen sprechen läßt: „damals (in jenem früheren Leben) war ich der und der".

Die Wesenheit des Menschen wird vom Buddhismus in fünf Hauptteile oder Skandha's (Pali *khandha)* zerlegt: *rūpa* die körperliche Erscheinung, *vedanā* Empfindung, *saññā* Wahrnehmungsbewußtsein, *saṅkhāra* Unterbewußtsein (latente Bildekräfte), *viññāṇa* geistiges Bewußtsein. Von allen diesen fünf Wesensgrundteilen wird gesagt, daß sie „nicht das Selbst" *(anattā)* seien (Majjh. III, p. 19 u. a.). Die Annahme, etwa *viññāṇa* als die durch eine Reihenfolge von Verkörperungen hindurchgehende einheitliche Wesenheit anzusehen, wird von Buddha ausdrücklich zurückgewiesen (Majjh. I, 38, p. 256 ff.; es ist dabei Nachdruck zu legen auf das Wort *anaññaṃ* „unverändert": was zurückgewiesen wird, ist, daß das *viññāṇa* als eine unveränderliche Ich-Einheit das Band zwischen den verschiedenen Existenzen bilde). Es ist zwar häufig die Rede davon, wie dieses Prinzip des geistigen Bewußtseins beim Tode den physischen Körper verläßt, und wie es bei der Geburt bzw. Empfängnis mit dem Seelenwesen wieder in den Mutterleib einzieht, aber da es selbst der ursächlichen Entstehung und dem Wandel unterliegt, ist es im Sinne des Buddhismus nicht das Ich. Die frühere Betrachtung (S. 186) hat gezeigt, wie eine Beziehung besteht zwischen den Skandha's und dem, was in der Meditation als höhere, geistkörperhafte „Selbste" gewissermaßen aus der Gesamtwesenheit des Menschen sich herauslöst, wie *olāriko attā*, das grobsinnliche Selbst, dem physischen Körper *(rūpa-khanda)*, *saññāmayo attā* (Poṭṭhapāda-Sutta 39) dem dritten Skandha *(saññā)*, *manomayo attā* also wohl dem zweiten Skandha entspricht, und es ist wahrscheinlich, daß jene in der Meditation wie eine geistkörperhafte Verselbständigung der Skandha's erlebte Spaltung der Gesamtwesenheit überhaupt den Antrieb zu der eigenartigen, für den Buddhismus so wichtigen Skandha-Lehre gegeben hat. Es hat sich weiterhin ergeben, wie keines dieser „Selbste" als das eigentliche wahre Ich erlebt wird, sondern wie das auf irgendeiner Stufe der Meditation gefundene Selbst in der nächsthöheren Stufe überwunden wird (Poṭṭh. 48), ohne daß die buddhistische Meditation zu einem absoluten Ich vordringt, und wie aus diesen Verhältnissen heraus die Nicht-Ich-Lehre *(anattavāda)* des Buddhismus zu verstehen ist.

Einen Ersatz für das fehlende Ich, das die Verbindung zwischen den einzelnen Verkörperungen herzustellen hätte, bietet im Buddhismus also einzig die Erinnerung, die Möglichkeit, in der Meditation bis an den Punkt zu dringen, wo die Erinnerung erwacht: damals war ich der und der (S. Ph. S. 93). Diese Erinnerung liegt beim gewöhnlichen Menschen gewissermaßen im Unbewußten und wird durch die Meditation aus dem Unterbewußtsein *(saṃskāra,* Pali *saṅkhāra)* heraufgehoben. Im Yogasūtra, von dem aus auch hier Licht auf den Buddhismus fällt, wird (III, 18) direkt ausgesprochen, daß die Lebenserinnerung dadurch zustande gebracht wird, daß der *saṃskāra,* also das zunächst Unterbewußte, sichtbar gemacht, ins Bewußtsein erhoben wird. In diesen unterbewußten Bildekräften *(saṃskāra)* wirkt sich aus, was als das Karma, die Summe der Taten der einen Inkarnation, wie eine unterbewußte Lebenserinnerung in die spätere Verkörperung mit herübergenommen wird. Dringt die Meditation also ein in diejenigen Regionen des Unterbewußten, in denen der als übersinnlich-geistiger Keim des späteren Lebens fortwirkende Same der früheren Inkarnation gewissermaßen aufbewahrt ist, so eröffnet sich ihr damit der Ausblick in jenes frühere Leben selbst. So etwa läßt sich das Wesen jener buddhistischen Lebenserinnerung erfassen, und es muß immer wieder darauf hingewiesen werden, daß es sich dabei im Sinne des Buddhismus nicht um Dinge handelt, die als Philosophie gelten wollen und mit dem Maße philosophischen Denkens zu messen sind, sondern um Zusammenhänge, die nur in der Meditation durchdrungen werden können, so wie Buddha sie unter dem Bodhibaume durchdrungen hat.

Im Meditationsabschnitt des Dīghanikāya (S. Ph. S. 93) wird die Lebenserinnerung dahin beschrieben, daß der Meditierende, wenn er jenen Zustand der inneren Klarheit im vierten Dhyāna erreicht hat und seinen Geist auf die Erinnerung der früheren Geburten *(pubbenivāsānussati)* hinlenkt, auf diese Verkörperungen so zurückschaut, wie jemand, der auf Reisen war, wenn er in sein Heimatdorf zurückgekehrt ist, auf die Aufenthalte in den Dörfern unterwegs und die dort gehabten Erlebnisse zurückblickt. Also, so wird gesagt, erinnert er sich an eine, an mehrere, an zahllos viele Geburten in Zeitaltern der Weltenentstehung, der Weltauflösung oder des Höhepunktes von Weltenaltern: „Dort (in jener Geburt) war ich der und jener, hatte jenen Namen, gehörte jenem Geschlechte, jener Kaste an, lebte in solchen und solchen Verhältnissen, hatte diese und jene Erfahrungen von Glück und Leid, diese und jene Lebensdauer. Von dort kam ich dann in jene andere Verkörperung usw., bis ich zuletzt zu diesem Erdenleben gelangt bin." (Die Lehre von der periodisch-rhythmisch sich wiederholenden Weltauflösung und Welterneuerung in aufeinanderfolgenden, durch ungeheure

Zeiträume sich erstreckenden Weltenaltern [*kalpa*, Pali *kappo*] ist allgemein indisch).

In engem Zusammenhange mit dieser das eigene frühere Leben umfassenden Erkenntnis steht die zweite der großen Erkenntnisse, die sich auf die Schicksale der Wesen im Kreislaufe der Wiedergeburten *(saṃsāra)* bezieht. War bei der Lebenserinnerung von früheren Erdenleben oder doch von physischen Verkörperungen die Rede, so handelt es sich bei der zweiten Erkenntnis um die übersinnlichen Daseinsstufen, zu denen die verschiedenen Wesen nach ihrem Tode, oder zwischen dem Tode und einer neuen physischen Verkörperung eingehen, infolge ihres Karma (Pali *kamma)*, der Tat des früheren Lebens, die die Schicksale in allen Daseinssphären bestimmt. Auch hier ist nicht von einem abstrakten Erkennen die Rede, sondern es wird gesagt, daß der Meditierende mit dem „himmlischen hellsichtigen übermenschlichen Auge" die verschlungenen Pfade aller jener Wesen durch die verschiedenen Weltsphären wie im Bilde schaut. (Vgl. auch Pāyāsi-Sutta, Dīgha II, p. 329.) Wie jemand von hoher Warte aus, so wird im Gleichnisse ausgeführt, die Menschen auf Straßen und Plätzen dahinwandern, in Häuser hinein- und wieder herausgehen sieht, also sieht der Meditierende, wie die Wesen durch üble Gedanken, Worte und Werke, durch mangelnde Ehrfurcht, durch falsche Weltanschauung und dadurch, daß ihr Tun von dieser falschen Ansicht bestimmt wird, nach dem Zerfall des Körpers im Tode den „schlimmen Gang" *(duggati)* gehen, in dunkle Qualorte versetzt werden, und wie sie durch gute Gedanken, Worte und Werke, durch Verehrung Erhabener, durch richtige Weltanschauung und dadurch, daß ihr Tun mit dieser richtigen Anschauung im Einklang steht, nach dem Tode den „guten Gang" gehen, zu lichten Himmelswelten sich erheben. Von diesem Eingehen in die (übersinnlichen) Götterwelten ist schon im Meditationsabschnitte (oben S. 178f.) die Rede gewesen. Der im rechten Streben Wandelnde gelangt also nach dem Tode in diejenigen Sphären, zu welchen er sich durch die Meditation im Sinne des Buddhismus schon in diesem Leben erheben kann. Dementsprechend ist jenes Eingehen zu den Götterwelten allen denjenigen beschieden, die hier als Jünger des Buddha im rechten Verhalten sich bewährten (Dīgha II, p. 212) und den Pfad der Meditation wandelten, und von der geistigen Höhe, die sie hier erreicht haben, von dem Grade ihrer Erkenntnis und Liebe hängt es ab, mit welcher Hierarchie von Göttern (Engeln) sie nach dem Tode in Gemeinschaft, in geselligen Verkehr *(sahavyatā)* treten (Aṅg. II, p. 128f. u. a.). Zum Eingehen in die himmlischen Freudenreiche der Götter führt insbesondere die hingebende Verehrung für den Meister, für

Buddha. Wer hier auf frommer Pilgerfahrt, so heißt es im Mahāparinibbānasutta, mit bewegtem Herzen die Stätten schaut, wo der Tathāgata geboren ist, wo er zur Buddhaerleuchtung erwachte, wo er das Rad der Norm in Bewegung setzte, und wo er in die Sphäre des großen Nirvana einging, der wird, wenn er mit abgeklärtem Geiste durch die Todespforte geschritten ist, nach dem Zerfall des Körpers zur Seligkeit der himmlischen Welt *(sugatiṃ saggaṃ lokaṃ)* eingehen. Diese ist keine ewige Seligkeit, sondern gleichwie das Leben der einzelnen Götterklassen an eine bestimmte, wenn auch menschliche Lebenszeit weit übersteigende Zeitdauer gebunden ist (siehe oben S. 174), so erreicht auch jenes Verweilen in den Göttersphären, wenn das entsprechende Karma aufgezehrt ist, sein Ende, und in einem bestimmten Zeitpunkte muß das betreffende Wesen, sofern es nicht in tiefere Sphären herabsinkt (Aṅg. II, p. 127), wieder als Mensch in eine physische Verkörperung eingehen. Die Erlösung, der endgültige Ausweg aus dem Kreislaufe *(saṃsāra)* kann nur von einer solchen menschlichen Verkörperung aus gefunden werden (siehe oben S. 180). Die Stufen, durch welche hindurch eine physische Verkörperung zustande kommt, bilden den Gegenstand der dritten großen Erkenntnis (von der im Folgenden noch die Rede sein wird). Damit ist gewissermaßen der „normale Gang" dessen, der hier im rechten Streben wandelte, geschildert. Dem gegenüber steht der „abnorme" oder „abwärts führende" Gang *(apāya)*, zu dem die anderen sich durch ihre verkehrten Gedanken, Worte und Werke verdammen. Er führt in die Höllenreiche *(naraka* oder *niraya)*, das Schattenreich *(petaloka)*, die Dämonenwelt *(asuraloka)* oder in Tierleiber *(tiracchāna)*. Die eigentlichen Qualorte oder Höllen werden, wenn sie auch für den (in der Meditation) geistig Erkennenden als übersinnliche Zustände zu denken sind (vgl. Waddell, Buddhism of Tibet, S. 89), im Buddhismus doch wie äußere Örtlichkeiten geschildert und genau klassifiziert, und ihre Schrecknisse werden in grausigen Bildern des sinnlichsten Realismus ausgemalt. Ein Zwischenzustand ist der des Schattenreichs *(petaloka)*, das mit dem „Fegefeuer" verglichen werden kann. In ihm befinden sich die Seelen (d. h. hier: Reste der übersinnlichen Wesensbestandteile) Abgeschiedener, die nicht ins Höllen-, Dämonen- oder Tierreich eingegangen, aber auch nicht oder noch nicht zu Himmelswelten aufgestiegen sind. Sie müssen in jener Sphäre die ihnen von den im Menschenleibe begangenen Sünden anhaftende Unreinheit hinwegläutern. Durch ihre noch nicht überwundenen sinnlichen Begierden kommen sie noch immer in den Anziehungsbereich der Sinneswelt *(kāmadhātu)* und erscheinen dort als gespenstische Wesen *(peta)*. Im Palikanon ist ein ganzes von den Geschichten solcher Seelen Verstorbener handelndes Buch enthalten (das Petavatthu des Khuddakanikāya). – Unmenschliche Taten führen im Buddhismus nach dem Tode auch in unmenschliche Sphären, in die Welt der Dämonen *(asuraloka)* oder in Tierleiber. Von den Dämonen *(asura)* als Gegnern der Götter ist oben (S. 182f.) schon die Rede gewesen. Dämonische Besessenheit (ähnlich wie im Neuen Testament) wird im Lalitavistara (und anderwärts) erwähnt (siehe oben S. 40). Die Vorstellung des Eingehens in Tierleiber ist allgemein indisch und vom Buddhismus voll und ganz übernommen. Im Aṅguttaranikāya (Bd. I, p. 35ff.) ist davon die Rede, daß die Fälle der Verkörperung in den Unterwelten, im Dämonen- und im Tierreich viel zahlreicher sind als die der Verkörperung im Menschenreich. (Menschliche Geburt gilt im Buddhismus als eine besonders kostbare Errungenschaft, siehe oben S. 180.) Der „abnorme Gang" *(apāya)* spielt also im Sinne des Buddhismus in der Wirklichkeit eine größere Rolle als der gute oder normale. Der entscheidende Gesichtspunkt des Buddhismus ist aber der, daß es auch in jenen dunklen Reichen eine dauernde (ewige) Verdammnis nicht gibt, der Aufenthalt dort kann durch gewaltig lange Zeiträume sich erstrecken (an Beispielen dafür ist in der buddhistischen Erzählungsliteratur kein Mangel), aber wenn das fragliche üble Karma sich ausgewirkt hat, aufgezehrt (wie der technische Ausdruck lautet) oder abgearbeitet ist, steht dem Betreffenden die Möglichkeit der Verkörperung in höheren Reichen, im Menschenreich, ja selbst in Göttersphären offen, und wenn er menschlicher Geburt teilhaftig geworden ist, hindert ihn nichts, sogar Jünger des Buddha zu werden und damit den Pfad zu betreten, der ihn, wenn auch erst nach vielen weiteren Verkörperungen, von der Notwendigkeit der Wiedergeburt endgültig befreit.

Als das unmittelbare Ergebnis der im Vorausgehenden erörterten buddhistischen Erkenntnisse von wiederholten Erdenleben, von Karma und Kreislauf der Wiedergeburten *(saṃsāra)* stellt sich im Sinne des Buddhismus dar die dritte große Erkenntnis, die Erkenntnis vom Leiden und seiner Überwindung, jene Erkenntnis, die in dem Satze vom Leiden, von der Entstehung des Leidens, von der Vernichtung des Leidens und vom Weg zur Vernichtung des Leidens ihren bekannten Ausdruck gefunden hat. Auch der Meditationsabschnitt des Dīghanikāya nimmt auf den als bekannt vorausgesetzten Wortlaut des Satzes vom Leiden Bezug, wenn er (S. Ph. S. 98) die dritte große Erkenntnis (die sechste der sonst als *abhiññā* bezeichneten, durch die Loslösung des Geistkörpers in der Meditation gewonnenen höheren Fähigkeiten) dahin schildert, daß der Meditierende in dem (wie früher beschriebenen) Zustand der Konzentration des vierten Dhyāna den Geist hinlenkt auf das Wissen von der Vernichtung des Wahnes der irdischen Leidenschaft *(āsava)*, und alsdann erkennt: Dies ist das Leiden, dies die Entstehung des Leidens, dies die Vernichtung des Leidens, dies der Weg zur Vernichtung des Leidens. Daß es sich auch bei dieser „Erkenntnis" nicht um Spekulation, nicht um ein abstraktes Werturteil über das irdische Dasein, sondern um das unmittelbare Ergebnis meditativen Schauens handelt, wird im Meditationsabschnitte des Dīghanikāya (S.Ph.S. 98) ganz besonders betont und durch ein konkretes Gleichnis veranschaulicht: Wie in einem Gebirgssee mit klarem Wasser, in dem man bis auf den Grund sehen kann, jemand, der ein gutes Auge hat, Muschelschalen, Kieselsteine und Fischschwärme wahrnimmt und sich sagt: dies ist der reine, klare Gebirgssee, dies sind die Kieselsteine und Muschelschalen auf seinem Grunde und die Fischschwärme, die in ihm ihr Wesen treiben — ebenso erkennt der Meditierende, wenn er in reiner, lauterer Konzentration das von aller irdischen Unreinheit und sündigen Leidenschaft befreite, gefügig und bildsam gewordene geistige Element hinlenkt auf die Zerstörung des irdischen Wähnens: dies ist das Leiden, dies die Entstehung, dies die Vernichtung des Leidens, dies der zur Wende des Leidens führende Weg; dies ist das irdische Wähnen, dies die Entstehung, dies die Vernichtung des Wähnens, dies der zur Vernichtung des Wähnens führende Weg. Indem er solches erkennt, „wird er selber frei von dem Wahne der Weltlust *(kāmāsava)*, vom Wahne des Weltenseins *(bhavāsava)*, vom Wahne des Weltirrtums *(avijjāsava)*, und indem er solchermaßen befreit ist, weiß er auch: das ist die Befreiung; vernichtet ist die Geburt, zu Ende gegangen der heilige Wandel, erfüllt die Pflicht, nicht gibt es hinfort eine Wiederkehr zum irdischen Dasein" (S.Ph. S. 98). Diese Erkenntnis wird dann im Sāmaññaphalasutta als die höchste aller schon in diesem irdischen Leben erreichbaren Errungenschaften des geistlichen Lebens bezeichnet, über die hinaus es eine höhere und ausgezeichnetere nicht mehr gibt.

Indem der Erkenntnispfad in der geschilderten Weise zuletzt bei der Erkenntnis der Leidenswahrheit einmündet, schließt sich dieses Ende zusammen mit dem Ausgangspunkt, denn dieselbe „Wahrheit vom Leiden" ist ja das Grunddogma des Buddhismus, von dem, wie dies früher gezeigt worden ist, auch der Jünger des Pfades seinen Ausgang nimmt. Und doch ist ein sehr bedeutender Unterschied zwischen jenem Ausgangspunkt und dem, was auf der nunmehr geschilderten Stufe des Pfades erreicht ist, und es ist wichtig, diesen Unterschied festzuhalten. Auf jener Stufe, die dem eigentlichen Betreten des Pfades vorausgeht – jener Stufe, bei der alle, die sich Buddhisten nennen, ohne Jünger des Pfades zu sein, überhaupt stehen bleiben – handelte sich um ein gläubiges Hinnehmen der von einem anderen, dem Buddha, gefundenen Erkenntnis, um eine allenfalls gefühlte, aber noch nicht erkannte Wahrheit. Mochte auch der Eindruck jener Wahrheit den Hörer vielleicht zum Betreten des Pfades bestimmen, so ist er doch im Sinne des Buddhismus noch keine Erkenntnis. Nur durch den Pfad selbst, so lehrt der Buddhismus, kann jener Glaube zur Erkenntnis werden. Nur indem der Jünger den ganzen, in den vorausgehenden Abschnitten beschriebenen Weg wirklich wandelt, indem er sich Festigkeit erwirbt in all dem, was als das „rechte Verhalten“ das Fundament des Pfades bildet, indem er sich zu Mitleid und Selbstlosigkeit, Wahrhaftigkeit, Keuschheit und Enthaltsamkeit erzieht, indem er die „Tore der Sinne verschließt“ und immer in wachsamer Besinnung verharrt, indem er sich Zufriedenheit mit dem Schicksal und ruhige, feste äußere Haltung erwirbt, und dann, indem er sich von allem befreit, was noch von irdischer Leidenschaft in ihm sein Wesen treibt, das geistige Element in ihm soweit läutert, daß es ihm möglich ist, in „rechter Versenkung“ den Weg in das eigene Innere zu finden und so nach und nach von Stufe zu Stufe der Meditation sich zu erheben, indem er dann in der Meditation seine Leiblichkeit wie von außen anschaut, und den ätherisch-geistigen Körper aus dem materiellen Körper herauszieht wie den Schilfhalm aus der Blattscheide oder das Schwert aus der Scheide, und sich so die Fähigkeit des hellsichtigen Schauens gewinnt, nur dadurch wird er im Sinne Buddhas zuletzt in den Stand gesetzt, jene „Wahrheit vom Leiden“, von deren bloßer gläubiger Hinnahme er ehedem ausgegangen war, nun als eine w i r k l i c h e E r k e n n t n i s innerlich zu erleben. Es mag sein, daß unsere zu einseitig theoretischer Betrachtung neigende Zeit Schwierigkeit hat, solche Unterschiede festzuhalten, aber für ein wirkliches Verständnis des Buddhismus ist es von größter Wichtigkeit, daß sie festgehalten werden. Man wird dann auch nicht mehr in den Irrtum verfallen können, in der Aufstellung jenes „Satzes vom Leiden“ einen Ausfluß pessimistischer Seelenstimmung zu sehen. Ein solcher Pessimismus lag dem Buddha – und liegt dem Buddhismus, wie das schon früher erörtert wurde – ganz fern, und wer sein Urteil nicht aus zweiter Hand, sondern aus den urtextlichen Quellen schöpft, wird sich bei unbefangener Betrachtung gestehen müssen, daß von einer eigentlichen pessimistischen Stimmung, wie wir ihr etwa bei Schopenhauer oder Hartmann begegnen, in diesen Quellen nicht das Geringste zu finden ist. Die Stimmung des Buddhismus ist überall eine schlichte, ruhige Heiterkeit, nicht ohne das ausgesprochene Bewußtsein (vgl. Dhammapada 197–200), daß auch an wahrer irdischer Glückseligkeit dem Jünger des Pfades ein weit höheres Maß beschieden ist, als dem in der Weltlichkeit Verharrenden, wenn auch dem letzteren zur Erkenntnis dieser Tatsache jeder Maßstab fehlen mag. Nicht die Empfindung des Weltleidens, sondern der Sieg, den er über dieses Leiden errungen hat, gibt der Stimmung des buddhistischen Jüngers ihr charakteristisches Gepräge. Der „Satz vom Leiden" aber ist nichts anderes als das Werturteil, welches das durch den Pfad gewonnene höhere Bewußtsein im Sinne des Buddha über die Welt des gewöhnlichen Bewußtseins abgeben muß. Auch hier stimmt der Buddhismus überein mit dem Yogasūtra, wo (II, 15) der Satz ausgesprochen wird, daß „für den Erkennenden alles Leiden ist". Nicht weil bei einem Abwägen von Lust und Schmerz des Daseins (so wie diese Worte im gewöhnlichen Weltsinne verstanden werden) die Waagschale des Schmerzes tiefer sinkt (dieses Problem wird im Buddhismus kaum berührt), sondern wegen des in allem Irdischen enthaltenen Todeskeimes wendet sich der Buddhismus von diesem Irdischen ab, als das eigentliche Leiden gilt ihm Tod und Vergänglichkeit, jene Vergänglichkeit, von der auch die Freuden der Götterhimmel nicht ausgenommen sind. Mit dem Begriffe des Nichtewigen ist für Buddha untrennbar verbunden der des Leidvollen. Die Vorstellung, daß das Nichtewige leidvoll ist *(anicce dukkhasaññā)*, so wird gesagt (Aṅg. IV, p. 51), soll dem Jünger immer in seinen Gedanken, in seiner Meditation gegenwärtig sein, und ebenso die weitere Vorstellung, daß das Leidvolle nicht das Selbst, nicht das wahre Ich ist *(dukkhe anattasaññā*, p. 53); beide Vorstellungen sind zum unsterblichen Ziele führend *(amatapariyosāna)*. (Der Zusammenhang der Begriffe des Nichtewigen, Leidvollen und Nicht-Selbstes findet sich ebenso im Yogasūtra [II, 5], wo *avidyā* [= Pali *avijjā*], der Irrtum, als die Verwechslung des Nichtewigen, Unreinen, Leidvollen und Nicht-Selbstes mit dem Ewigen, Reinen, Leidlosen und wahren Ich erklärt wird.) Den stärksten Ausdruck hat der buddhistische Gedanke des Sichabwendens vom Vergänglichen, von allem, was den Todeskeim in sich birgt, in der Buddhalegende gefunden. Diese Legende behandelt im Grunde dasselbe Problem wie der Meditationsabschnitt des Dīghanikāya, nur bildhaft, in konkreter Form. Durch tiefe meditative Versenkung in das eigene Innere ist Buddha zu seinem Erlebnisse der Vergänglichkeit des Irdischen, des Leidens von Geburt, Alter, Krankheit und Tod gekommen. Das Problem, ob wir nicht heute den Sinn der Vergänglichkeit und des Leidens, ob wir nicht gerade den Tod noch tiefer verstehen können, als ihn Buddha verstanden hat, kann nicht mehr den Gegenstand dieser nur der Darstellung des Buddhismus gewidmeten Schrift bilden. Sie muß sich bescheiden mit einem Hinweis darauf, wie Buddha diese Dinge erlebt hat und wie er sie nach der ganzen Zeitentwicklung und seiner eigenen seelischen Entwicklung erleben mußte.

Inwiefern sich äußerlich der Satz vom Leiden mit seiner vierfachen Gliederung – Leiden, Entstehung des Leidens, Vernichtung des Leidens, Weg zur Vernichtung des Leidens – an alte medizinische Ausdrucksweisen anlehnt, wurde bereits erörtert. Wir finden die gleiche Ausdrucksweise auch im Yogasūtra, wo den vier „vornehmen Wahrheiten" des Buddhismus die folgenden Sutras entsprechen: II, 15 Satz vom Leiden, II, 24 mit 17 Entstehung des Leidens – nur daß die auf der Sāṃkhya-Philosophie beruhende Unterscheidung von Geist und Stoff dem Buddhismus fremd ist –, II, 25 Aufhebung des Leidens, II, 28 mit 26 der zur Aufhebung des Leidens führende Weg. In der abendländischem Denken vielleicht nicht ohne weiteres einleuchtenden Unterscheidung der dritten und vierten Wahrheit („Vernichtung des Leidens" und „Weg zur Vernichtung des Leidens") zeigt sich wieder die klare praktische Tendenz des Buddhismus. Buddha wollte eben gar nicht nur eine Theorie über den Zusammenhang des Weltleidens mit der sinnlichen Begierde *(taṇhā)* aufstellen, sondern der Menschheit ein wirklich zu gewinnendes Heilsziel weisen. Er hat wohl gewußt, daß es nicht so ohne weiteres möglich ist, *taṇhā* zu vernichten, sich von der Verstrickung des Irdischen zu lösen. Er mußte, wenn er das, worum es ihm letzten Endes einzig zu tun war, überhaupt sagen wollte, deutlich angeben, auf welchem Wege der zur Überwindung der irdischen Leidenschaft notwendige Kampf zu einem siegreichen Ende durchgekämpft werden kann. In dem „Pfade" gipfelt ja, wie die bisherigen Ausführungen gezeigt haben, die ganze Norm, es war daher selbstverständlich, daß auch der den Inbegriff der gesamten Norm in sich schließende „Satz vom Leiden" den Hinweis auf den Pfad enthalten mußte, auf den Pfad der Meditation, durch den, wie wir gesehen haben, wiederum der „Satz vom Leiden" als eine Erkenntnis gewonnen werden kann. So ist in der „Wahrheit vom Leiden" der „Pfad", und im Pfade wiederum die Wahrheit vom Leiden enthalten, die theoretische und die praktische Seite des Buddhismus schließen sich zu einem Kreise zusammen.

Daß der Satz vom Leiden wirklich den Inbegriff der gesamten buddhistischen Erkenntnisnorm enthält, hat Buddha in der unzweideutigsten Weise ausgesprochen. Nicht, als ob in Buddhas Sinne überhaupt alle Erkenntnis in ihm beschlossen wäre. Davon ist keine Rede und kann keine Rede sein.

Buddha selber sagt, daß er vieles erkannt habe, was er nicht verkündigt habe, weil es der Menschheit nicht zum Heile gereichen würde (siehe oben S. 111). Auf die von ihm selbst gestellte Frage, was er denn verkündigt habe, ist dann die stetige Antwort: „Dies ist das Leiden ... dies die Entstehung ... dies die Vernichtung des Leidens ... dies der Weg zur Vernichtung des Leidens; dieses habe ich euch verkündigt, weil es die Voraussetzung des heiligen Wandels ist, weil es zur Entsagung, zur Leidenschaftslosigkeit, zur Ursachenvernichtung, zum inneren Frieden, zur hellsichtigen Erkenntnis, zum Erwachen, zum Nirvana führt."

Mag die in dem buddhistischen Leidenssatze ausgesprochene „Wahrheit" auch ein Tiefstes, Wichtigstes enthalten für den, der sie in dem von Buddha geforderten praktischen Sinne ernst nimmt, so erscheint doch in theoretischer Hinsicht der Ausdruck jener „Wahrheit", wie er in der viergliedrigen Formel gegeben ist, dürftig und in vieler Beziehung unbefriedigend. Ein Versuch, durch eine logische Zergliederung des Satzes zu weiteren, tieferen Aufschlüssen zu gelangen, würde zu keinen positiven Ergebnissen führen. Es ist ja auch jener Satz von Buddha gar nicht gegeben worden, damit er „wissenschaftlich" zergliedert oder über ihn spekuliert werde, sondern damit durch Meditation (siehe darüber den vorigen Abschnitt) in seine Tiefen eingedrungen werde. Daß diese Tiefen dem gewöhnlichen Verstande, der spekulativen Betrachtung *(tarka)* gar nicht erreichbar seien, hat Buddha in bezug auf die von ihm gefundene „Wahrheit" mit der größten Entschiedenheit ausgesprochen (siehe oben S. 68f.). In angespannter geistiger Versenkung sollte der Jünger jene „Wahrheit" auf sich wirken lassen (vgl. Saṃy. V, p. 414, wo Buddha die Jünger ermahnt, durch Meditation in die „Wahrheit vom Leiden" einzudringen), und schon bei der Fassung der Worte ist auf diese meditative Wirkung Rücksicht genommen, jene Wirkung, die auch im Klang der Worte, in der Rhythmik der urtextlichen Formel ihren Ausdruck findet und in der Übersetzung nur sehr zum Teile wiedergegeben werden kann.

Im übrigen ist die von Buddha gefundene Wahrheit noch in einer anderen Formel ausgesprochen, die dem theoretischen Bedürfnis mehr gibt, als der „Satz vom Leiden". Es ist jene zwölfgliedrige Formel der ursächlichen Entstehung (Pratītyasamutpāda, Pali Paṭiccasamuppāda), die in der Buddhalegende als die ursprüngliche Fassung der dritten jener drei großen unter dem Bodhibaume gewonnenen Erkenntnisse erscheint, der Erkenntnis von der Entstehung und Überwindung des Leidens, und aus der der viergliedrige Satz vom Leiden usw. dann erst abgeleitet wird. So verfährt nicht nur der Mahāyāna-Text Lalitavistara, sondern auch der Palikanon geht da, wo die Erlebnisse unter dem Bodhibaume erzählt werden, zunächst von der in der zwölfgliedrigen Formel gegebenen Form der Buddhaerkenntnis aus, ja es ist sehr bedeutsam, daß gerade der allererste Text dieses Kanons, der Mahāvagga des Vinayapiṭaka, mit dieser zwölfgliedrigen Formel anhebt. Sie steht also an der Spitze des Kanons, und diese äußere Stellung entspricht durchaus ihrer inneren Bedeutung und Wichtigkeit. Enthält der viergliedrige „Satz vom Leiden" gewissermaßen die volkstümliche, die von jedem leicht zu behaltende und zu meditierende Fassung der von Buddha gefundenen Erkenntnis, so stellt die zwölfgliedrige Formel der ursächlichen Entstehung die – im Sinne der damaligen Zeit – „wissenschaftliche" Formulierung jener Erkenntnis (vgl. S. 104) dar. Daß die Leidenswahrheit (bzw. der zweite und dritte jener vier Sätze) und die zwölfgliedrige Formel des Pratītyasamutpāda letzten Endes nur verschiedene Ausdrucksformen derselben Erkenntnis sind, war auch den Verfassern der buddhistischen Texte (bzw. Sammlern der Reden Buddhas) bewußt. So wird im Aṅguttaranikāya (Bd. I, p. 177) die eine Seite des Pratītyasamutpāda mit dem Satze von der Entstehung des Leidens, die andere Seite mit dem Satze von der Vernichtung des Leidens unmittelbar gleichgestellt. (In ähnlicher Weise hat die vorausgehende Betrachtung des Meditationspfades ergeben, wie die in der vierten der „vornehmen Wahrheiten" enthaltene achtgliedrige Formel zusammenzustellen ist mit dem Meditationsabschnitte des Dīghanikāya, wie sie dasjenige andeutet, was in jenem Abschnitte dann vollinhaltlich beschrieben wird, vgl. Majjh. I, p. 301.)

Der Wortlaut der Formel ist schon oben (S. 64f.) mitgeteilt. Den dort im Anschluß an den Sanskrittext Lalitavistara gegebenen Sanskritbezeichnungen für die zwölf Glieder *(nidāna)* der Kette des ursächlichen Entstehens *(pratītyasamutpāda)* entsprechen im Pali die Ausdrücke 1. *avijjā* der Irrtum (= sanskr. *avidyā)*, 2. *saṅkhārā* die Bildekräfte im Unterbewußtsein (Plural von *saṅkhāra* = sanskr. *saṃskāra)*, 3. *viññāṇa* Bewußtsein (= *vijñāna)*, 4. *nāmarūpa* Name und Form (sanskr. gleichlautend), 5. *salāyatana* die Sinne (eigentlich „die sechs Gebiete", sankr. *ṣaḍāyatana)*, 6. *phassa* Berührung (sanskr. *sparśa)*, 7. *vedanā* Empfindung, 8. *taṇhā* sinnliche Begierde (eigentlich „Durst", sanskr. *tṛṣṇā)*, 9. *upādāna* das Ergreifen des Sinnlichen (als des Brennstoffes der Begierde), 10. *bhava* Sein, physisches Dasein, 11. *jāti* Geburt, 12. *jarāmaraṇa-sokaparidevadukkhadomanassupāyāsā* Alter und Tod, Kummer und Wehklagen, Leiden, Trübsinn und Verzweiflung (sanskr. *jarāmaraṇa-śokaparidevaduḥkhadaurmanasyopāyāsāḥ*. Die Namen des 4., 7., 9., 10. und 11. Ursachengliedes lauten in Sanskrit und Pali gleich.) Im Indischen ist der Wortlaut der Entstehungsformel: *avijjāpaccayā saṅkhārā* (sanskr. *avidyā-pratyayāḥ saṃskārāḥ*) „aus dem Irrtum entstehen die Saṃskāra's", *saṅkhāra-paccayā viññāṇaṃ* usw. durch alle Ursachenglieder hindurch bis zum zwölften Gliede der Reihe (Alter, Tod und Leiden). Das Wort *paccaya* hängt zusammen mit dem Worte *paṭicca* (sanskr. *pratītya*) in *paṭiccasamuppāda* (*pratītyasamutpāda*) und bedeutet die ursächliche Beziehung (das „Zurückgehen" auf ein anderes). Die folgenden Betrachtungen werden noch ergeben, daß der hier gemeinte Begriff „Ursache" mit dem uns in unserer Naturwissenschaft und Logik geläufigen nicht so ganz identisch ist. Es handelt sich bei diesem Ursachenbegriff nicht darum, innerhalb des „Seins" die einzelnen „Erscheinungen" unter sich zu verknüpfen, sondern dieses „Sein" selbst an etwas anzuknüpfen, was noch nicht das „Sein" ist; man könnte also *paccaya*, um der indischen Begriffsnuance näher zu kommen, auch in Anlehnung an ein von einem deutschen Mystiker geprägtes Wort mit „Urstand" wiedergeben, also übersetzen: „im Irrtum haben ihren Urstand (urständen) die Bildekräfte des Unterbewußten, im Unterbewußten urständet das Bewußtsein" usw. In der rückläufigen (*paṭiloma*) Formel des Pratītyasamutpāda (siehe oben S. 65) tritt dann an die Stelle des Wortes *paccaya* das Wort *nirodha* „Hemmung, Unterdrückung, Vernichtung, Auslöschung, Überwindung": *avijjānirodhā saṅkhāranirodho*, „durch die Vernichtung des Irrtums [wird bewirkt] die Vernichtung des Saṃskāra's" usw. bis zur Vernichtung des Leidens. Oft heißt es: *avijjāyā asesavirāganirodhā* „durch die auf vollkommener Leidenschaftslosigkeit beruhende Vernichtung des Irrtums". Wir können die positive (*anuloma* „rechtläufige") erste Formel des Pratītyasamutpāda auch die Formel des Werdens, die negative, rückläufige Formel, wiederum in Anlehnung an ein von einem deutschen Mystiker geprägtes Wort, sachentsprechend auch die Formel des Entwerdens nennen. Der eigentliche Sinn und die Rechtfertigung dieser Ausdrücke wird sich aus der folgenden Darstellung ergeben.

Der Schwierigkeit und metaphysischen Dunkelheit der Formel waren schon die Inder, die ältesten Buddhisten selbst, sich bewußt. Als einst, so erzählt das Mahānidāna-Sutta (Dīgha II, p. 55), Ānanda dem Buddha gegenüber äußert, die Formel des Pratītyasamutpāda erscheine ihm jetzt leicht verständlich und einleuchtend, tritt ihm der Meister entgegen: „Rede nicht also, Ānanda, rede nicht also. Tief verschlungen ist jener Pratītyasamutpāda, eine tiefe Offenbarung enthält er. Dadurch, daß die Menschheit diese Norm (*dhamma*) nicht erkennt und durchdringt, sinkt diese Menschheit, in

Leiden verstrickt, zu niederen Wesensstufen herab und überschreitet nicht den Kreislauf der Wiedergeburten.“ Erklärungen der Formel sind in überaus zahlreichen Texten des Palikanons (und anderen buddhistischen Quellen) enthalten, doch sind diese (wohl schwerlich von Buddha selbst gegebenen) Erklärungen vielfach wenig besagend, zum Teil auch sich widersprechend. In dem eben erwähnten Mahānidāna-Sutta wird sogar die Formel selbst abweichend überliefert, die Ursachenverkettung wird dort nur bis *viññāṇa* zurückgeführt, und nachdem gesagt worden ist, daß *nāmarūpa* seinen Grund und Urstand im *viññāṇa* habe, wird auf die Frage, worin dann weiterhin *viññāṇa* begründet sei, gegen alle Logik geantwortet: in *nāmarūpa!* Wohl findet sich in jenen Erläuterungen auch mancher wertvolle und beachtenswerte Gesichtspunkt, aber auf die eigentlichen Tiefen und Schwierigkeiten des Problems wird kaum irgendwo eingegangen. (In dankenswerter Weise zusammengestellt hat die verschiedenen indischen Erklärungsversuche De la Vallée Poussin in der Schrift Théorie des douze Causes, Gent 1913.) – Auch für die abendländische Wissenschaft enthält, soweit es sich dabei um die Erforschung der Buddha l e h r e handelt, der Pratītyasamutpāda die schwierigsten und umstrittensten aller Fragen, das eigentliche Hauptproblem. Nur auf die wichtigsten Gesichtspunkte kann im folgenden hingedeutet werden.

Von vornherein ist dabei festzuhalten, daß es sich auch bei dieser Formel nicht um eine „Philosophie“ in unserem Sinne handelt, sondern daß sie der Meditation entsprungen ist und der Meditation auch wiederum dienen soll. Immerhin liegt in den einzelnen technischen Ausdrücken – die von Buddha gewiß nicht selbst geprägt, sondern vorhandenen Systemen entlehnt worden sind – zugleich ein nicht zu übersehendes begriffliches Element. Es handelte sich für Buddha darum, dasjenige, was in seinem Sinne höhere Wahrheit war, nun auch in der Form des logischen Gedankens zum Ausdruck zu bringen, und insofern hat jene zwölfgliedrige Formel für uns auch ein gewisses kulturgeschichtliches Interesse, als wir in ihr eines der frühesten Denkmäler des logischen Bemühens, einen der ersten Versuche der Menschheit, über Daseinsprobleme in abstrakt begrifflicher Form zu denken, vor uns haben. Manches, was wir nach unseren Begriffen als einen logischen Mangel der Formel ansehen möchten (wie die schon oben erwähnte Wendung im Mahānidānasutta), wird unter diesem Gesichtspunkte verständlich. Wir stehen bei den Anfängen des Buddhismus in einer Zeit, wo die alte mystisch-bildhafte Form des Denkens und Vorstellens, von der uns im Veda und in der alten Brāhmaṇa-Literatur noch bemerkenswerte Überreste erhalten sind, den Übergang sucht zu einem mehr begrifflich-abstrakten Denken. (Die

Ausführungen über diesen Gegenstand im Anfange des Buches „Die Rätsel der Philosophie" von Rudolf Steiner verdienen mehr Beachtung, als sie bisher gefunden haben.) Die ersten Anfänge jenes späteren Denkens lassen sich bis in den Veda hinein verfolgen. Die Entstehung der eigentlichen philosophischen Systeme – es ist, was man hier Philosophie nennt, von unseren Begriffen philosophischen Denkens noch weit verschieden – steht den Anfängen des Buddhismus nahe (siehe S. 104), d.h. sie muß ihr zeitlich etwas vorausgehen, weil der Buddhismus von dorther seine Terminologie entlehnt hat. Besonders kommt hier das auch für das Verständnis des Pratītyasamutpāda wichtige Sāṃkhya-System in Betracht, das gewissermaßen die theoretische Seite des Yoga darstellt. Es wird in der älteren Zeit, vor allem im Mahābhārata, meist mit Yoga zusammen genannt, so daß in jener Zeit Sāṃkhya-Yoga nicht viel mehr bedeutet als „Theorie und Praxis" (in bezug auf das Verhältnis des Menschen zu metaphysischen Dingen). So erklärt es sich dann auch, daß späterhin jene mit der buddhistischen Terminologie übereinstimmenden Begriffe in das (theoretische) Yogasystem, das Yogasūtra, Aufnahme gefunden haben, das ja nach neueren Forschungen einer viel späteren Zeit als Buddha angehört. Auf die Bekanntschaft Buddhas aber mit dem, was das ältere Sāṃkhya und der ältere Yoga genannt wird, deutet schon die Buddhalegende hin. Das Verdienst, die Zusammenhänge des Buddhismus, speziell des Pratītyasamutpāda, mit jenem Sāṃkhya-Yoga in das rechte Licht gesetzt zu haben, gebührt besonders Hermann Jacobi (Der Ursprung des Buddhismus aus dem Sāṃkhya-Yoga. Aus den Nachrichten der Königl. Gesellschaft d. Wissenschaften zu Göttingen, Phil.-hist. Klasse 1896, Heft 1.) Bei der folgenden Erörterung wird sich mehrfach Anlaß ergeben, auf jenen Zusammenhang zurückzukommen. Die Heranziehung des Sāṃkhya-Yoga wird sich für das Verständnis der Pratītyasamutpāda-Formel in vieler Hinsicht als eine Hilfe erweisen. Dabei darf aber nicht vergessen werden, daß gerade die Grundvoraussetzung des Sāṃkhya-Systems, die Zweiheit von Geist und Materie, dem Buddhismus fremd ist (der eine Realität der Materie gar nicht annimmt), daß also gleiche oder doch äußerlich sich entsprechende termini hier und dort nicht dasselbe bedeuten, daß das Gerüst der materiellen Vorstellungen des Sāṃkhya-Systems, das sich zunächst als eine gute Stütze erweist, um zu den steilen Höhen des buddhistischen Pratītyasamutpāda emporzuklimmen, hinterher wieder weggezogen werden muß, wenn von der buddhistischen Lehre ein richtiges Bild gewonnen werden soll.

Gehen wir mit unseren Begriffen, mit unserer Art des Denkens an die buddhistische Formel heran, so erscheint zunächst am einleuchtendsten deren mittlerer Teil vom fünften bis zum neunten Gliede der Reihe: aus den Sinnen entsteht Berührung *(phassa)*, aus Berührung Empfindung *(vedanā)*, aus Empfindung sinnliche Begierde *(taṇhā)*, aus der sinnlichen Begierde das Ergreifen des Sinnlichen *(upādāna)*. Nun lag es den Erklärern immer nahe zu denken, wenn von Sinnesorganen, Empfindung, Begierde usw. die Rede ist, so müsse schon ein nach unserer Erfahrung organisiertes individuelles menschliches Wesen vorhanden sein, das jene Sinne und jene Empfindung hat, jene sinnliche Begierde entwickelt und jenes Ergreifen des Sinnlichen betätigt. Nun aber folgt in der Reihe erst nachher das S e i n *(bhava,* eigentlich „Werden"; wie das Wort zu verstehen ist, wird später erklärt werden) und die Geburt, aus der dann Alter, Tod und Leiden als das abschließende Glied der Reihe hervorgeht. Wenn also ein vollorganisiertes individuelles menschliches Wesen erst im elften Gliede der Reihe ins Dasein tritt, kann es, so meinte man, nicht vorher schon vorhanden gewesen sein, es sei denn, man nimmt zu der Wiederverkörperungslehre seine Zuflucht, man bezog also *bhava* und *jāti* auf die durch die sinnliche Begierde in dem einen Leben erzeugte spätere Wiedergeburt. Es hat sogar Erklärer gegeben, welche die Notwendigkeit herausrechneten, die ganze Formel, um die zwölf Glieder in einer nach ihren Begriffen logischen Weise richtig unterzubringen, über drei Inkarnationen hin zu verteilen. (Erwähnt bei De la Vallée Poussin, S. 36.) Von all dem weiß der ursprüngliche Sinn der Formel nichts. Buddha sitzt unter dem Bodhibaum und sinnt über den Ursprung des (ihm jetzt in hellsichtigem, meditativem Schauen vor Augen liegenden) Weltleidens. In der Meditation findet er den Ursprung in jener zwölfgliedrigen Reihe. Von Wiederverkörperung wird in der Reihe direkt nichts gesagt. Es wird nur auf die Frage geantwortet: wie entsteht d i e s e s p h y s i s c h e D a s e i n überhaupt und das mit ihm verbundene Leiden? Das Wort *bhava*, das manchen Erklärern Schwierigkeiten bereitet hat, von einigen als Saṃsāra, künftige Wiedergeburt u. dergl. verstanden worden ist, bedeutet einfach S e i n, zunächst also physisches oder irdisches Dasein. Der erste Anfang dieses physischen Seins, in welches der Mensch voll und ganz erst mit der Geburt eintritt, ist die Empfängnis; wir dürfen das Wort *bhava* in diesem Sinne im Pratītyasamutpāda geradezu mit „Empfängnis" übersetzen (wie es viele Erklärer auch richtig verstanden haben). Mit *bhava-jāti* also erfolgt erst der Eintritt in das sinnlich-physische Dasein, und daraus folgt dann logisch, daß die vorausgehenden Stufen der Begriffsreihe überhaupt noch gar nicht dem „Sein", dem sinnlich-physischen Dasein angehören. Der Pratītyasamutpāda bzw. der erste, positive Teil der Formel (die Formel des Werdens) handelt von gar nichts anderem, als davon, wie ein Übersinnliches, das noch kein „Sein" im physischen Sinne ist, zum Physisch-Sinnlichen, zum „Sein", wird, gleichsam sich verdichtet, und wie dadurch das Weltleiden entsteht. Daraus folgt dann, daß es sich bei *saḷāyatana*, *phassa*, *vedanā*, *taṇhā* noch nicht um die Sinne eines physisch organisierten individuellen menschlichen Wesens, sondern höchstens des übersinnlichen Seelenwesens handelt, das erst in der Empfängnis zum „Sein", zur Vereinigung mit dem sinnlich-stofflichen Dasein gelangt. (Vgl. De la Vallée a. a. O. S. 38.) Dieses Seelenwesen, das die vor der irdischen Empfängnis vorhandenen übersinnlichen Wesensteile (Skandha's) des Menschen in sich hat, heißt im Buddhismus *gandharva* (Pali *gandhabba)*, und es ist bemerkenswert, daß ein wichtiges, hauptsächlich vom Pratītyasamutpāda handelndes Sutra des Majjhimanikāya (Nr. 38) auch den *gandhabba* erwähnt (siehe Majjh. I, p. 265 f.), wo davon die Rede ist, wie bei der Entstehung eines physischen Menschenwesens nicht nur Vater und Mutter zusammenwirken, sondern als drittes noch das aus höheren Welten herabsteigende übersinnliche Seelenwesen dazukommt. In der Sāṃkhya-Lehre, auf die schon oben S. 207 Bezug genommen wurde, entspricht diesem buddhistischen Seelenwesen „der feine Leib" oder „innere Körper" *(liṅga)*, der aus den feinen *(sūkṣma)* Elementen, den Sinnesorganen *(indriya*, entsprechend dem buddh. *saḷāyatana)* und den höheren Wesensgliedern (im Buddhismus: Skandha) bis zur *buddhi* hinauf gewoben ist. (Vgl. Garbe, Sāṃkhya, S. 267.) Auch im Buddhismus besteht ja (siehe oben S. 185) die Vorstellung, daß ein solcher feiner geistiger Leib durch die Übungen der Meditation aus dem sinnlich-physischen Körper herausgelöst wird. Der große Unterschied zwischen Sāṃkhya und Buddhismus ist aber der, daß jene höheren Wesensglieder im Sāṃkhya immer noch als aus einer höheren, feinen *(sūkṣma)*, übersinnlich-realen Stofflichkeit gewoben vorgestellt werden, während dem Buddhismus die Vorstellung einer solchen Stofflichkeit, wie jeder Materie überhaupt, fremd ist. Real ist im Buddhismus nur das Werden, das Geschehen, und zwar haben wir bei diesem Geschehen an ein geistiges Geschehen zu denken. So heißt auch *bhava*, wenn es schon dem entspricht, was wir „Sein" nennen, ursprünglich „Werden". Es wäre also im Sinne der Sāṃkhya-Philosophie der Pratītyasamutpāda ein Herabsteigen eines Übersinnlichen durch eine Stufenfolge zunächst noch übersinnlicher, aber dichter und immer dichter sich gestaltender Werdezustände bis herab zur Verkörperung in der sinnlich-sichtbaren groben Materie, in der physischen Leiblichkeit. Zwischen den einzelnen Stufen des Pratītyasamutpāda und den Kategorien des Sāṃkhya besteht nun, wie Jacobi gezeigt hat, eine weitgehende Entsprechung, nur daß im Buddhismus nicht, wie im Sāṃkhya, von übersinnlich feiner Stofflichkeit, sondern nur von einer Stufenfolge geistigen Geschehens die Rede ist. Darum erscheint auch als Endglied der Reihe nicht „physische Materie" oder „materielle Verkörperung", sondern nur der geistige Begriff des Leidens. Das Leiden ist für den Buddhismus das eigentliche Reale an dem, was wir die physische Materie nennen; nicht der Gegenstand, an dem wir uns stoßen, sondern der Schmerz, den der Stoß verursacht, ist für den Buddhisten die Wirklichkeit. Wenn wir dieses uns recht vergegenwärtigen, kann das Gegenüberstellen von Buddhismus und Sāṃkhya keine Gefahr eines Mißverständnisses mehr in sich schließen. Wir wissen dann, daß ein Vergleich, das Aufstellen gegenseitiger Entsprechungen, keine Gleichsetzung bedeutet und doch für das Verständnis der buddhistischen Formel sich nützlich erweisen kann.

Auch die Sinnesorgane *(saḷāyatana*, im Sāṃkhya: *indriya*, wie sonst auch im Buddhismus), von denen bei der Betrachtung (siehe oben S. 208) zunächst ausgegangen wurde, sind im Buddhismus wie auch im Sāṃkhya nicht physische Nervensubstanz, sondern etwas Übersinnliches *(atīndriya*, siehe Garbe a. a. O. S. 258). Wir können also, um abendländischer Vorstellungsweise einigermaßen verständlich zu bleiben, auch von „überphysischem Substrat der Sinnesorgane" reden. Außer den bekannten fünf Sinnen umfaßt *saḷāyatana* („die sechs Gebiete") noch einen sechsten inneren Sinn, das *manas* (ebenso im Sāṃkhya, Pali *mano;* vgl. *manomaya-kāya*, den „aus *manas*, d. h. geistiger Wesenheit gewobenen Körper", von dem im S. Ph. S. die Rede ist, siehe oben S. 185). Für den Buddhismus sind also die Sinne nicht nur ein Etwas am Körper, sondern etwas schon vor der physischen Verkörperung in der übersinnlichen Wesenheit selbständig Vorhandenes. Als solches begegnen sie uns auch in der Kosmogonie des Manu.

Das höhere Wesensglied, in dem die Sinne „urständen", heißt im Pratītyasamutpāda *nāmarūpa* „Name und Form". In der Psychologie des Sāṃkhya entspricht *ahaṃkāra*, das Ich, eigentlich „der Ichmacher". Schon im Sāṃkhya nämlich gilt dieses „Ich" nur als illusorisch, es ist, wie es Jacobi definiert (zitiert bei Garbe a. a. O. S. 248), „das Prinzip, vermöge dessen wir uns für handelnd und leidend usw. halten, während wir selbst, d. h. unsere Seele, davon ewig frei bleiben". Diese höchste Seele *(puruṣa)*, die im Sinne des Sāṃkhya und Yoga das wahre (transzendente) Ich ist, schließt der Buddhismus aus dem Bereiche dessen, wovon gesprochen wird, aus, auch jedes andere empirische „Ich" gilt ihm, in Übereinstimmung mit dem Sāṃkhya-Yoga, als illusorisch, und es wurde oben gezeigt, wie dieser „Wahn des Ich" in der Meditation stufenweise zerstört wird. Es ist daher nur folgerichtig, wenn der Buddhismus für dieses im Sāṃkhya *ahaṃkāra* genannte Prinzip eine Bezeichnung wählt, die zum Ausdruck bringt, daß es sich um kein wirkliches Ich, sondern nur um den Schein und Schatten der Persönlichkeit handelt, deren Einheit gewissermaßen nur durch den „Namen" und die „Form", die äußere Erscheinung, vorgetäuscht wird, während es sich in Wirklichkeit hier wie bei allen anderen Gliedern der Reihe um geistige Vorgänge, um Werdeprozesse handelt. – Waren die bisher betrachteten Glieder der Reihe Werdevorgänge, die wenigstens noch scheinbar einer bestimmten Individualität, einem individuellen Seelenwesen anhingen, so fällt auch dieser Schein der Individualität bei den noch verbleibenden Gliedern weg. So ist *viññāṇa*, das geistige Bewußtsein, in dem „Name und Form" ihren Urstand haben, bereits etwas Überpersönliches, entsprechend der *buddhi* des Sāṃkhya, von der ja dort auch als einer „kosmischen Buddhi" die Rede ist (Garbe a. a. O. S. 234). Und ein Gleiches gilt dann auch für *saṅkhāra* und *avijjā*. Das Bewußtsein *(viññāṇa)* „urständet" nach der buddhistischen Entwicklungsreihe im Unterbewußten, wo die Bildekräfte *(saṅkhāra)* wirken, die im Sinne des Buddhismus der „„Hauserbauer" sind, der dieses Haus der Leiblichkeit und des Leidens gezimmert hat; vgl. die berühmten Strophen 153, 154 des Dhammapada: „Hauserbauer, du bist erschaut, du wirst hinfort dieses Haus nicht mehr zimmern . . . Der Geist, der von den Saṃskāra's frei geworden ist *(visaṅkhāragataṃ)*, hat die Vernichtung der sinnlichen Begierde erreicht." Seine hauptsächliche Rolle spielt der Begriff *saṃskāra* (Pali *saṅkhāra)* nicht im Sāṃkhya, sondern im Yoga, denn im Yoga, in der praktisch geübten Meditation, wird in jenes Unterbewußte hineingearbeitet, das bis dahin Unbewußte ins Bewußtsein erhoben. Dementsprechend wird das wichtige *saṃskāra*-Problem des Buddhismus hauptsächlich durch das Yogasūtra beleuchtet. Auch der Zusammenhang von *saṅkhāra* und *avijjā* (sanskr. *avidyā)*, wie er im ersten Satze der buddhistischen Entwicklungsreihe ausgesprochen ist, ergibt sich aus dem Yogasūtra. Dort heißt es im Sutra II, 12: „Im Wahne *(kleśa)* wurzelt das (übersinnliche) Residuum des Karma *(karmāśaya = saṃskāra)* . . .", alle Formen des Wahnes aber – Ichwahn, leidenschaftliche Liebe, Haß, Hängen am Irdischen – beruhen nach II, 4 auf der *avidyā*, dem (metaphysischen) Irrtum. Im Buddhismus wird *avijjā*, der Irrtum, gewöhnlich erklärt als das Nichtwissen von den vier vornehmen Wahrheiten des Satzes vom Leiden (z. B. Saṃy. II, p. 4). In jener – dem Buddhismus fremden – Vorstellung des Sāṃkhya, die in der Entwicklungsreihe einen materiellen Verdichtungsprozeß sieht, die einzelnen Glieder als aus einer, wenn auch übersinnlich fein gedachten Stofflichkeit gewoben betrachtet, entspricht der *avijjā* des Buddhismus die (übersinnliche) Urmaterie *(mūlaprakṛti)*, die in einer zwischen Sāṃkhya und Vedānta vermittelnden Richtung mit der *māyā*, der kosmischen Illusion, identifiziert wird. Wenn solche Vorstellungen vom Buddhismus auch zunächst fernzuhalten sind, so muß doch auch in der Werdensformel des Buddhismus der *avijjā* eine überpersönliche, also kosmische Natur aus dem einfachen Grunde zugeschrieben werden, weil die Persönlichkeit, soweit der Buddhismus überhaupt eine solche kennt, erst mit dem drittnächsten Gliede der Reihe, mit *nāmarūpa*, erreicht wird. Was vorangeht, spielt sich noch jenseits der Persönlichkeit ab. Das Dasein einer solchen Sonderpersönlichkeit ist für den Buddhismus selbst etwas durch jenen Urirrtum Veranlaßtes, er kann also noch nicht selber in jener Einzelpersönlichkeit sich abspielen. In der Formel des Werdens ist also *avijjā* diejenige Irrtumsmacht, die da, wo sie im Individuum sich spiegelt, als das Nichtwissen der Wahrheit vom Leiden erscheint. Im rückläufigen Pratītyasamutpāda, in der Formel des Entwerdens, die schon in ihrem Anfang diese Einzelpersönlichkeit voraussetzt, ist *avijjā* dann jenes im Individuum auftretende Nichtwissen der Leidenswahrheit unmittelbar. Wir können auch sagen: Dadurch, daß im Geistigen an einem Punkte, der der Entstehung der Persönlichkeit noch vorausgeht, ein Nichtwissen der Leidenswahrheit vorhanden war, ist jener Werdeprozeß heraufbeschworen worden, der durch die verschiedenen Stufen des geistigen Werdens und Gestaltens hindurch schließlich zum Leiden des physischen Daseins, der irdischen Geburt geführt hat, und der durch die Vernichtung jenes Irrtums gewissermaßen an seiner Wurzel getroffen, wieder zum Aufhören gebracht wird. Wir dürfen bei der Formel überhaupt nicht in zu konkreter Weise an die Schicksale der Einzelpersönlichkeit, des Seelenwesens usw. denken; sie enthält für den Buddhisten zunächst weiter nichts als einen geistig-abstrakten Zusammenhang geistiger Werdevorgänge, Vorgänge, wie sie sich (für den Meditierenden) in der weltabgeschiedenen Höhe des geistigen Schauens abspielen. Aber natürlich muß die also geschaute Wahrheit dann auch auf den konkreten Fall jeder einzelnen Menschwerdung bzw. Wiedergeburt (im Sinne des Buddhismus) anwendbar sein. Es steht da nichts im Wege, auch jene andere Deutung der Formel zuzulassen und *avijjā* als den schon aus dem früheren Leben in die neue Inkarnation mitgebrachten Keim des Irrtums anzusehen, als den Keim des Irrtums, der diese neue Inkarnation nach dem Karmagesetze eben herbeiführen mußte. Diese wirkende, bildende, formende

Kraft des Irrtums stellt sich dar im *saṃskāra (avijjāpaccayā saṅkhārā*, ebenso Yogasūtra II, 12, siehe oben S. 211). Wie (nach der Yogalehre) aktuelle Vorstellungen *(vṛtti)*, wenn sie vergessen werden, also ins Unterbewußtsein hinuntersinken, dort als Bildekräfte *(saṃskāra)* weiterwirken, um bei gegebener Anregung wieder die bewußte Erinnerung herauszugestalten, so hinterlassen auch alle Regungen der Leidenschaft und des Wahnes *(kliṣṭa-vṛtti*, Y. S. I, 5) ihre Spuren im Unterbewußtsein und wirken dort gleich einer unterbewußten Lebenserinnerung als bildende, gestaltende Kräfte für das künftige Leben und Schicksal (Y. S. II, 12). Das ist in kürzesten Worten der Sinn jener auch im Buddhismus vorausgesetzten Lehre von *karma* und *saṃskāra*. Nur die auf dem Sāṃkhya beruhende Auffassung, die den *saṃskāra* übersinnlich-stofflich *(sūkṣma)* denkt, gilt nicht für den Buddhismus. Im Buddhismus sind die Begriffe rein geistiger Art. Überall aber bedeutet *saṃskāra* das Unsichtbare, Feinere, Unterbewußte, aus dem später das Wahrnehmbare, Gröbere, Bewußte sich herausgestaltet (so z. B. auch, wenn von Buddha gelehrt wird, daß die gestaltenden Kräfte *[saṅkhāra]* für die Körperlichkeit im Atem liegen, Majjh. I, p. 301).

Die nächste Schöpfung des *saṅkhāra* ist dann jenes schon bewußte, aber noch überpersönliche geistige Prinzip, *viññāṇa;* es entspricht, wie wir gesehen haben, der (kosmischen) *buddhi* des Sāṃkhya, die dort (nicht im Buddhismus) zugleich als die feinste Entwicklungsform der Materie, als die erste Entfaltung der Urmaterie gilt (Garbe a. a. O. S. 189, 288). Erst daraus entwickelt sich dann „Name und Form", der Schein und Schatten der Persönlichkeit, und weiter die (überphysischen) Sinnesorgane. Wie die (immer noch übersinnliche) Wesenheit gleichsam zum Eintauchen in das sinnliche Element gebracht wird, schildern dann die folgenden Glieder der Reihe: aus den Sinnen entsteht Berührung, aus der Berührung Empfindung, aus der Empfindung sinnliche Begierde *(taṇhā)*, aus *taṇhā* sodann das Ergreifen des Sinnlichen *(upādāna*, das Ergreifen des Brennstoffs). Auch hier liegt noch ein Vorgang in der übersinnlichen Wesenheit vor, die jetzt eben im Begriffe steht, durch die Berührung mit dem sinnlichen Elemente in die physische Verkörperung einzugehen. Aber dieser Vorgang fällt zusammen mit jenem anderen Vorgange, der auch in der irdischen Sphäre als die Befriedigung der Sinnlichkeit sich darstellt. Aus diesem Ergreifen des Sinnlichen entsteht dann der Eintritt in das physische Dasein *(bhava)*, die Empfängnis, aus der Empfängnis die Geburt, aus der Geburt Alter, Tod und Leiden.

Nicht ohne Interesse ist die Art und Weise, wie in Tibet auf dem bei den Lamas gebrauchten „Lebensrade" (abgebildet bei Waddell, Buddhism of

Tibet, S. 108) die abstrakten Begriffe des Pratītyasamutpāda bildlich dargestellt werden. *avijjā*, der Irrtum, erscheint dort als blindes Weib, *saṅkhāra*, die bildende, formende Kraft, sehr bezeichnend als Töpfer, der Tongeräte auf seiner Töpferscheibe modelliert, *viññāṇa* als Affe, *nāmarūpa* als ein das Meer überkreuzendes Schiff, *saḷāyatana* als Haus (das „leere Haus" der Sinne), in anderen Darstellungen: Augen, die durch eine Maske sehen, *phassa*, die Berührung: der Kuß eines Liebespaares, *vedanā*, das Gefühl: ein das Auge treffender Pfeil, *taṇhā:* ein trinkender Durstiger, *upādāna:* das Pflücken einer Frucht von einem Baume, *bhava:* eine schwangere Frau, *jāti:* eine Gebärende, *jarāmaraṇa:* ein alter Mann, in anderer Darstellung eine Leiche, die zum Begräbnisplatz getragen wird. Für die Begriffe selbst enthalten solche bildliche Darstellungen einer späteren Zeit zunächst selbstverständlich nichts Beweisendes, sie sind aber nicht ohne Wert, wenn, wie hier, die auf anderem Wege gefundenen Ergebnisse durch sie bestätigt werden. Es ist das namentlich bei *saṅkhāra*, *upādāna* und *bhava* von Wichtigkeit.

So schildert die Formel des Werdens, wie sozusagen ein für allemal in der Welt der geistigen Zusammenhänge, und sodann auch konkret im Falle jeder einzelnen Menschwerdung (d. h. im Sinne des Buddhismus: Wiederverkörperung) das Übersinnliche zum Sinnlichen, das Makrokosmische zum Mikrokosmischen, das Geistige zum Physischen und damit zum Leiden von Geburt und Tod herabsteigt, und wie der Irrtum in bezug auf die Leidenswahrheit am Ausgangspunkte dieses Falles steht. Wir können dies die psychologische Seite des Pratītyasamutpāda nennen. Dieser psychologischen Seite steht auch eine kosmogonische gegenüber. Denn nicht immer war nach der Lehre des Buddhismus das Leiden von Alter und Tod in der Welt, wie es ja vorhanden sein muß in einem Zeitalter, in dem ein Buddha in der Welt erscheint. (Vgl. Aṅg. V, p. 144.) Einstmals in ferner Vorzeit, so erzählt die buddhistische Paradieseslegende des Aggaññasutta (siehe oben S. 35, Anm., und Dīgh. III, p. 84 ff.), als nach dem Vergehen des letzten Weltenalters (Kalpa) wieder ein Zeitalter der Welterneuerung angebrochen war, lebten die Menschen noch als Lichtwesen in paradiesischer Unschuld und Seligkeit im Luftumkreise der Erde in geistgewobenen *(manomaya)*, strahlenden Körpern. Erst als sie sich durch die sinnliche Begierde *(taṇhā)* verleiten ließen, von der Erdoberfläche, die damals noch süßer Rahm war, zu kosten, wurden sie in das Erdenelement verstrickt, durch immer gröbere Nahrung bildete sich allmählich die grobe irdische Leiblichkeit aus, die (ursprünglich nicht vorhandene) Geschlechtlichkeit trat auf und in ihrem

Gefolge schlechte Handlungen aller Art und der ganze leidenvolle Zustand der Menschheit. Was hier wie ein buddhistischer Sündenfall geschildert wird, ist gewissermaßen ein kosmologischer Pratītyasamutpāda; wenn auch nicht alle einzelnen Glieder der Reihe festgehalten sind, so schimmert doch der Grundgedanke, die durch die sinnliche Begierde bewirkte Verstrickung aus einem übersinnlichen Zustande in das irdische Element des Leidens und Todes, klar hindurch. In dem „Kosten des süßen Rahmes" wäre *upādāna*, das Ergreifen des Sinnlichen, gegeben. *upādāna*, von den Lamas bezeichnend durch das Ergreifen einer Frucht dargestellt, ist gewissermaßen der buddhistische „Apfelbiß", der eigentliche „Sündenfall", insoweit im Buddhismus von einem solchen geredet werden kann. Wir können auch sagen: der Pratītyasamutpāda bringt in einer abstrakten Begriffsreihe dasjenige zum Ausdruck, was in anderen Religionen der „Sündenfall" genannt wird, was man auch einen „Fall in die Materie" zu nennen versucht sein könnte. Dabei ist jedoch wohl zu beachten, daß die Kategorie der „Materie" dem Buddhismus fremd ist. Auch von „Sünde" wird im Buddhismus nicht eigentlich gesprochen, sondern nur von Irrtum, von Nichtwissen. Was von anderem Standpunkte aus als ein „Fall durch die Sünde in die Materie" erscheinen könnte, ist für den Buddhismus ein Fall durch den Irrtum in das Leiden, ein Fall, der sich in jeder individuellen Menschwerdung (Wiedergeburt) wiederholt. Wie also der positive Pratītyasamutpāda, die Formel des Werdens, mit dem „Sündenfall" nicht identifiziert werden darf, aber verglichen werden kann, so erscheint das buddhistische Gegenstück zur „Erlösung" gegeben in dem negativen oder rückläufigen Pratītyasamutpāda, der Formel des Entwerdens, die von der Vernichtung des Irrtums durch alle einzelnen Glieder hindurch bis zur Vernichtung des Leidens und Todes führt. Was oben als die psychologische und als die kosmogonische Seite des Pratītyasamutpāda unterschieden wurde, ist letzten Endes identisch. Denn in der Vertiefung in das eigene Innere findet der meditierende Buddhist im Geheimnis der Entstehung seines eigenen persönlichen Seins zugleich das Geheimnis des ganzen Weltenentstehens und Weltenvergehens. Man hat den Pratītyasamutpāda nicht verstanden, wenn man nicht sieht, wie in ihm Menschwerdung, Weltenwerden und Entstehung des Leidens und Sterbens eigentlich in eins zusammenfließen. (So heißt es Aṅg. II, p. 23 in sehr bemerkenswerter Weise, daß die Entstehung der Welt *[lokasamudaya]*, die Auflösung der Welt *[lokanirodha]*, und der Weg, der zur Auflösung der Welt führt *[lokanirodhagāminī paṭipadā]* vom Tathāgata erkannt und geoffenbart worden ist.) Auch die Rückgängigmachung des großen kosmischen

Prozesses, die Aufhebung des Weltleidens, kann nur dadurch geschehen, daß der Mensch in sich den Irrtum vernichtet, zur Erkenntnis der Leidenswahrheit vordringt, und selbst die Götter müssen als Menschen geboren werden, um die befreiende Erkenntnis zu finden. Wie im Leiden selbst die Kraft liegt, die den Menschen dazu bringen kann, nachdem er den abwärts ins Leiden und Sterben führenden Weg bis zum tiefsten Punkt gegangen ist, nun den Weg des Entwerdens zu finden, der wieder aus dem Leiden und Sterben herausführt, bringt schön zum Ausdruck jene (schon oben S. 150f. erwähnte) Fortsetzung der Formel, in der gesagt wird, wie aus dem Leiden Glaube, aus Glaube Beseligung, aus der Beseligung Freude, aus Freude Seelenruhe, aus Seelenruhe Wohlbehagen, aus Wohlbehagen geistige Konzentration, aus der Konzentration die wahrhafte schauende Erkenntnis, und daraus weiter die Abwendung vom Irdischen, die Leidenschaftslosigkeit, und zuletzt die Befreiung *(vimutti)* und das Wissen von der Befreiung entspringt (Saṃy. II, p. 31, 32). Damit ist die Betrachtung bereits an dem Punkte angelangt, von dem im folgenden Abschnitte noch näher gehandelt werden soll.

e) Vierte Stufe des Pfades: Befreiung *(vimutti)*

Das Ziel des im Vorausgehenden geschilderten „Pfades" heißt im Buddhismus die „Befreiung" *(vimutti)*. Wie das ethische Verhalten *(sīla)* dazu dienen soll, die rechte Meditation *(samādhi)* vorzubereiten und zu tragen, und wie diese Meditation das Mittel und die Vorstufe zur Erlangung höherer Fähigkeiten, insbesondere des höheren Wissens *(paññā)* ist, so sind auch diese höheren Fähigkeiten und dieses Wissen nichts, was der Buddhist um seiner selbst willen erstrebt, sondern sie bilden nur einen Durchgangspunkt, eine Vorstufe und ein Mittel zur Gewinnung dessen, was als ein erhabenes Ziel dem Jünger winkt, der in rechtem Streben den Pfad bis zu Ende gegangen ist, zur Befreiung, und die letzten Betrachtungen haben gezeigt, wie durch die Erkenntnis der Leidenswahrheit im Sinne des Buddhismus unmittelbar jene Läuterung der Seele herbeigeführt wird, die in der Befreiung und im „Wissen von der Befreiung" *(vimuttasmiṃ vimuttaṃ iti ñāṇaṃ)* ihren abschließenden Höhepunkt findet (S. Ph. S. 98, Dīgha I, p. 84). Diese Befreiung ist also kein Nichts der Bewußtlosigkeit, sondern ein Zustand höchster Bewußtheit, der Befreite, so wird immer gesagt, weiß auch, daß er befreit ist, befreit von der „Gewalt, die alle Wesen bindet" (wie wir in Anlehnung an ein zur Kennzeichnung des buddhistischen Strebens nicht ungeeignetes, schon früher einmal angeführtes Wort eines großen Dichters sagen können), d. h. im Sinne des Buddhismus von der Gewalt, die die Wesen im Saṃsāra, im Kreislaufe der Wiedergeburten, der stetigen leidvollen Wiederholung von Geborenwerden, Altern und Sterben gefesselt hält. In dem „Lebensrade" der tibetischen Lamas (abgebildet bei Waddell, Buddhism of Tibet, S. 108) wird diese „Gewalt, die alle Wesen bindet" dargestellt als ein entsetzlicher Dämon, der die Wesen der verschiedenen Daseinsbereiche mit seinen Krallen und mit den Zähnen seines furchtbaren Rachens festhält. Diese Daseinsbereiche – die Welt der Götter, Dämonen, Menschen, Tiere, Fegfeuer und Hölle – befinden sich auf der inneren Fläche des Rades (oder Kreises), im äußeren Umkreis sind die zwölf Glieder der Ursachenreihe in der schon erwähnten bildlichen Darstellung veranschaulicht. Der Buddha aber, der die Befreiung aus dem Saṃsāra gefunden hat, sitzt außerhalb des Kreises auf einem Lotosthrone in ruhevoller Meditation. Jene von den Buddhisten in so krasser Symbolik versinnbildlichte „Gewalt, die alle Wesen bindet" ist im Sinne der Leidenswahrheit (Vinaya I, S. 10 f.) *taṇhā*, die sinnliche Begierde, die die stete Erneuerung des sinnlichen Daseins zum Ziele hat *(ponobbhavikā)*, und nach der „Formel des Werdens" (Pratītyasamutpāda) im Irrtum *(avijjā)*, der eben das Nichtkennen der Leidenswahrheit ist, „urständet". Das Ziel der Befreiung *(vimutti)*, dem der Jünger in beharrlichem Ringen zustrebt, ist also die Vernichtung der sinnlichen Begierde *(taṇhakkhaya)*, die nach der „Formel des Entwerdens", dem rückläufigen Pratītyasamutpāda, erreicht wird durch die „Vernichtung des Irrtums in vollkommener Leidenschaftslosigkeit" *(avijjāyā asesavirāganirodha)*, und diese Vernichtung ist, wie schon der erwähnte Zusatz andeutet, im Sinne des Buddhismus nicht möglich durch bloße Vorstellung, Einbildung oder philosophische Überzeugung, sondern nur dadurch, daß jener entsagungsvolle Weg der Meditation, der von der sittlichen Läuterung im „rechten Verhalten" seinen Ausgang nimmt, durch die übersinnlichen Vollkommenheiten *(iddhi)* und die höhere Erkenntnis *(paññā)* hindurchgeht und unter Umständen erst nach vielen Inkarnationen zum Ziele führt, wirklich beschritten wird. Der Vorgang, der sich dann bei dieser „Befreiung" abspielt, ist, wie er in der „Formel des Entwerdens" (siehe oben S. 203) geschildert wird, im einzelnen der, daß durch die Vernichtung des Irrtums die im Unterbewußten wirksamen Bildekräfte *(saṅkhāra)* zerstört werden, durch die das Gewebe des Karma gesponnen und durch die verschiedenen übersinnlichen Zwischenglieder der Ursachenreihe hindurch zuletzt die sinnliche Daseinsform, das Haus des Leidens, gezimmert wird. Sind die Saṃskāra's *(saṅkhāra)* vernichtet, so werden auch alle jene Zwischenglieder der Reihe, die (übersinnlichen) Substrate *(upadhi)* der Körperlichkeit, die Skandha's *(khandha)*, der Reihe nach vernichtet bzw. verhindert, weiterhin ins Dasein zu treten; aus der Vernichtung der unterbewußten Gestaltungskräfte folgt die Vernichtung des (übersinnlichen) Substrats des äußeren Bewußtseins *(viññāṇa)*, aus ihr die Vernichtung des Persönlichen *(nāmarūpa)* und des Substrates der Sinnesorgane *(saḷāyatana)*, aus ihr die Vernichtung von Berührung *(phassa)* und Empfindung *(vedanā)*, und daraus die Vernichtung der „Gewalt, die alle Wesen bindet", der sinnlichen Begierde *(taṇhā)*. Damit ist das „Ergreifen des Brennstoffes des Sinnlichen" *(upādāna)* aufgehoben, und mit ihm die Voraussetzung für ein weiteres „Sein" bzw. physisches Dasein *(bhava)*, für Geburt, Alter und Tod. „Entwurzelt ist die Daseinsbegierde, vernichtet, die zum Dasein führt, nicht gibt es hinfort eine Wiedergeburt" *(ucchinnā bhavataṇhā khīṇā bhavanetti n'atthi dāni punabbhavo)* lautet der an zahllosen Stellen des Kanons wiederkehrende formelhafte Spruch. Der wesentliche Vorgang bei der „Befreiung" ist nach dem Pratītyasamutpāda also der, daß der Saṃskāra, der Hauserbauer, vernichtet und damit die Axt an die Wurzel des Seins gelegt wird. Der technische Ausdruck für diese „Vernichtung" ist in der „Formel des Entwerdens" wie überall sonst in der Ausdrucksweise der heiligen Texte *n i r o d h a* („Unterdrückung, Vernichtung, Rückgängigmachung, Aufhebung, Überwindung" u. dgl.); dieser Ausdruck *nirodha* ist zugleich der eigentliche Hauptbegriff, in dem sich Buddhismus und Yoga begegnen. Wie im Buddhismus ist das eigentliche Endziel im Yoga die Vernichtung *(nirodha)* des Saṃskāra (Yogasūtra I, 51), und darin liegt auch der eigentliche Schlüssel für das Verständnis des Yogaweges wie des Buddhaweges, daß es sich darum handelt, durch die Meditation *(samādhi)* in jene Tiefen des Unterbewußten, des Saṃskāra, hinunterzuwirken. Mit dem Saṃskāra ist zugleich derjenige Faktor vernichtet, der in der buddhistischen Schicksalsmacht, im Karma (Pali *kamma)*, der „Tat", das eigentlich Wirksame ist (vgl. Yogasūtra II, 12), so daß also „Vernichtung der Saṃskāra's" und „Vernichtung des Karma" praktisch zusammenfällt. Daher wird das Befreiungsziel des Buddhismus auch als die „Vernichtung jeglichen Karmas" *(sabbakammakkhaya)* bezeichnet (z. B. Aṅg. II, p. 24). Alle aus der bisherigen Erörterung sich ergebenden wesentlichen Merkmale und Bezeichnungen der „Befreiung" erscheinen zusammengefaßt in jener häufig in den Texten (z. B. Aṅg. IV, p. 423, V, p. 320, 322, 354, 355, 358 u. a.) wiederkehrenden Formel: „das ist das Friedvolle *(santaṃ)*, Hocherhabene *(paṇītaṃ)*, die Beruhigung (d. i. Aufhebung) aller Saṃskāra's *(sabbasaṅkhārasamatho)*, die Auflösung aller Substrate *(upadhi*, d. h. der Substrate der Persönlichkeit oder Skandha's, *sabbūpadhipaṭinissaggo)*, die Vernichtung der sinnlichen Begierde *(taṇhakkhayo)*, die Leidenschaftslosigkeit *(virāgo)*, die Ursachenvernichtung *(nirodho)*, das Nirvana *(nibbāna[ṃ]*, das „Verlöschen", sanskr. *nirvāṇa.* Zunächst ist *nirvāṇa* Partizip „erloschen, ausgeweht", von der Wurzel *vā* „wehen")." Unter diesem letzteren Namen ist das buddhistische Befreiungsziel im Abendlande am bekanntesten geworden. Die Frage, was unter Nirvana *(nibbāna)* zu verstehen sei, ist in den vorausgehenden Erörterungen zum großen Teil schon beantwortet. Es ist eben jenes dem Buddhisten vorschwebende, vielleicht schon bald, vielleicht erst nach vielen Inkarnationen in angespanntem Ringen zu erreichende erhabene Ziel der Befreiung, „um des willen Söhne aus edler Familie aus der Heimat in die Heimatlosigkeit ziehen *(agārasmā anagāriyaṃ pabbajanti)*, die höchste Erfüllung des heiligen Wandels" *(anuttaraṃ brahmacariyapariyosānaṃ)*, wie es in einer der ebenfalls am häufigsten wiederkehrenden Formeln in den heiligen Texten heißt (z. B. M. P. S. p. 60 ed. Childers; Aṅg. III, p. 70, 399 u. a.). Ist jenes Ziel, um des willen „Söhne aus edler Familie aus der Heimat in die Heimatlosigkeit ziehen", ist die Befreiung, das Nirvana das „Nichts"? Daß diese im Abendland viel erörterte Frage, wenn sie so gestellt wird, im Sinne des Buddhismus nicht zu bejahen ist, ergibt sich schon mit aller Deutlichkeit aus der eben erwähnten, besonders in Bekehrungsgeschichten auftretenden Formel, deren stereotype Fortsetzung dahin lautet, daß der Bekehrte jenes erhabene Ziel, die „höchste Erfüllung des heiligen Wandels" s c h o n i n d i e s e r s i c h t b a r e n d i e s s e i t i g e n W e l t, in der „sichtbaren Ordnung der Dinge" *(diṭṭhe dhamme)* erreicht und verwirklicht. Nirvana ist also ein positiver Zustand, der von dem Jünger in der sichtbaren Welt des Diesseits, noch in der physischen Leiblichkeit erlebt werden kann, und von dem „diesseitigen Nirvana" *(diṭṭhadhammanibbāna)* ist in diesem Sinne oft genug die Rede (z. B. Aṅg. IV, p. 454). Anderwärts wird dieser Zustand als die höchste Gesundheit *(ārogyaṃ)* hingestellt (z. B. Majjh. V, p. 511), und wie die Sinnenlust *(kāma)* mit einem großen, tiefen Sumpf, Zorn und Verzweiflung mit einem jähen Abgrund, so wird das Nirvana mit einem sanften, lieblichen Gefilde *(samo bhūmibhāgo ramaṇīyo)* verglichen (Saṃy. III, p. 109). Daß es sich um einen p o s i t i v e n Z u s t a n d *(ṭhānaṃ)* handelt, sagt uns vor allem jene wichtige Stelle gleich im Beginn des Palikanons (Vinaya I, p. 5), wo Buddha Bedenken hat, die von ihm gefundene Norm, die „tiefe, schwer zu erschauende, schwer zu erkennende, friedvolle, erhabene, dem verstandesmäßigen Denken unerreichbare *(atakkāvacara)*, subtile, nur von Weisen zu wissende" der Welt zu verkünden (vgl. oben S. 68), und zwar erblickt er die eigentliche Schwierigkeit im Pratītyasamutpāda (siehe oben S. 205f.) und in dem, was gewissermaßen die Krönung der Lehre bildet, im Nirvana. Der Sinnlichkeit hingegeben, so meint er, sei die Menschheit und würde daher nicht imstande sein, jenen „schwer zu erschauenden Standort" *(duddasaṃ idaṃ ṭhānaṃ)* – gemeint ist eben Nirvana – in der rechten Weise zu erfassen. Buddhas Jünger Sāriputta spricht von Nirvana als einer Seligkeit *(sukhaṃ)*, und als ihm eingewendet wird, wie da von einer Seligkeit die Rede sein könne, wo doch keine Empfindung *(vedayitaṃ)* mehr sei, erwidert er: darin bestehe gerade die Seligkeit, daß keine Empfindung mehr vorhanden sei (Aṅg. IV, p. 415), und im folgenden wird ausdrücklich geschildert, wie durch die schon früher erörterte Stufenleiter der Bewußtseinszustände hindurch jene Seligkeit des Nirvana erreicht wird. Daß jene „Abwesenheit von Empfindung" nicht absolute Bewußtlosigkeit bedeutet, ergibt sich schon aus dem oben (S. 216) Ausgeführten, denn das Wissen von der Befreiung, das Bewußtsein des *nirodha (nirodhasaññā)*, wie auch gesagt wird (Aṅg. V, p. 111), ist ja im Zustande der Befreiung klar vorhanden, wer jenen Zustand erreicht hat, weiß auch – so wird immer gesagt –: „dies ist das Friedvolle, Erhabene usw., die Vernichtung der sinnlichen Begierde, das Nirvana." Insofern also, als der Buddhismus ein solches „diesseitiges Nirvana" kennt, ein Nirvana, das schon in diesem physischen Körper erlebt wird – es findet sich sogar der Ausdruck: „die unsterbliche Sphäre *(amata-dhātu)* mit dem Körper berühren" (Aṅg. III, p. 356) – kann die Frage, ob Nirvana im Sinne des Buddhismus das Nichts ist, jedenfalls nicht bejaht werden, und es war diese Tatsache in der abendländischen Forschung im wesentlichen auch immer bekannt und anerkannt. Aber der eigentliche Kernpunkt des Problems ist damit nicht getroffen. Freilich, so hat man gesagt – und der um die Feststellung buddhistischer Begriffe in vieler Hinsicht verdiente Childers hat diese Ansicht in seinem Paliwörterbuch unter dem Worte „*nibbānaṃ*" mit großer Beredsamkeit verfochten – wird Nirvana als eine positive Seligkeit schon in diesem Leben erfahren von dem, der die Stufe des Heiligen oder Arhat erreicht hat, dieses diesseitige Nirvana, so meinte er, ist also gleichbedeutend mit Arhatschaft; aber da im Nirvana ja der Keim der Wiedergeburt zerstört ist, so hat der Arhat nur noch die Spanne seines Lebens im physischen Körper auszuleben; wenn dann im physischen Tode, im sog. Parinirvana *(parinibbāna)* die „Substrate", die Skandha's, abfallen, ist der noch verbleibende Rest das Nichts, die absolute Vernichtung („annihilation",

„extinction“, „cessation of being“). Nach dieser Anschauung gäbe es also ein doppeltes Nirvana: ein diesseitiges Nirvana = Arhatschaft, und ein mit dem Tode des Arhat eintretendes jenseitiges Nirvana (Parinirvāṇa) = absolute Vernichtung, ewiger Tod. Das Ziel, „um des willen Söhne aus edler Familie aus der Heimat in die Heimatlosigkeit ziehen“, wäre also im Sinne jener Auffassung letzten Endes in der Tat das Nichts, der ewige Tod, nur daß dieses Nichts eben nicht sofort mit der Erlangung der Nirvana- oder Arhatstufe, sondern erst mit dem leiblichen Tode realisiert würde (während andere Wesen, die weniger hoch stehen als der Arhat, noch einem wiederholten Leben in künftigen Wiederverkörperungen entgegensehen). Es wäre gewiß nicht am Platze, dieser Anschauung in schroffer und übereilter Weise zu widersprechen. Denn vom Standpunkte abendländischen Denkens, abendländischer Weltanschauung und Logik ist sie recht wohl zu verstehen. Aber die Frage ist, ob die Voraussetzungen dieses abendländischen Denkens für den Buddhismus zutreffen, und diese Frage ist zu verneinen. Daß Nirvana die Vernichtung der weltlichen Existenz, des „Seins“ *(bhava)* ist, wird ja mit aller Klarheit ausgesprochen (Aṅg. V, p. 9: *bhavanirodho nibbānaṃ)*, und derselbe *bhavanirodha* ergibt sich nach dem Pratītyasamutpāda auch aus der „Vernichtung der sinnlichen Begierde“ *(taṇhakkhaya)*, die einen wesentlichen Inhalt des Nirvana ausmacht. Auch wenn von dem zu Lebzeiten erlangten Nirvana die Rede ist, wird immer der Zusatz daran geknüpft, daß der Betreffende das Bewußtsein hat: „vernichtet ist die Geburt, vollendet der heilige Wandel, erfüllt die Pflicht, nicht bedarf es weiterhin des Lebens in dieser Welt“ *(khīṇā jāti vusitaṃ brahmacariyaṃ kataṃ karaṇīyaṃ nāparaṃ itthattāya)*. Daß also im Nirvana die Axt an die Wurzel des Weltenseins, der physischen Existenz gelegt ist, kann auch im Sinne des Buddhismus nicht bestritten werden, und für das materialistische abendländische Denken, für ein Denken, das alle Realität nur eben in der physischen Existenz, im „Sein“ erfassen kann, bedeutet das auf das diesseitige Nirvana folgende Parinirvana also ganz zweifellos das Nichts. Aber schon aus den früheren Erörterungen (siehe oben S. 209 f.) ist klar, daß der Buddhismus der Frage der Realität gegenüber eine völlig andere Stellung einnimmt. *bhava* entspricht zwar unserem „Sein“ oder physischen Dasein, aber der Buddhismus nennt es eben anders, er spricht nur von „Werden“ (dies ist die ursprüngliche Bedeutung von *bhava)*, er erblickt darin keine absolute Realität eines „Seins“, sondern nur die relative Realität des „Werdens“, einen Werdeprozeß. Und alle Glieder der Ursachenreihe, so haben wir gesehen, sind im Grunde nur solche Werdeprozesse, und in bezug auf Realität oder Nichtrealität hat *bhava* nichts vor den anderen Gliedern der Ursachenreihe voraus. (Darum ist ja der Pratītyasamutpāda für europäische Begriffe so schwer verständlich, weil man immer ein physisch organisiertes Wesen voraussetzen zu müssen glaubt, in dem der „Irrtum" vorhanden ist, dem das „Bewußtsein", die „Sinne" angehören, das die „Berührung", „Empfindung", „Begierde" erlebt, das „Ergreifen des Sinnlichen" usw. betätigt, während für den Buddhismus diese Begriffe alle durchaus selbständige, von einem physischen Individuum völlig unabhängige geistige Wesenheiten sind, die unter sich in einem übersinnlichen, geistigen Zusammenhange stehen, und deren wechselweise Verkettung erst das Rätsel der physischen Existenz [des „Seins" oder „Werdens"] und ihres Wurzelns in einem Außerphysischen und Überphysischen klar machen soll.) Nicht in dem, was wir die „Materie" nennen, sondern in den geistigen Zusammenhängen eines übersinnlichen Geschehens, den sog. „Gesetzmäßigkeiten" *(dhamma)*, liegt für den Buddhismus das Reale. Ein solcher Zusammenhang besteht z. B. zwischen den verschiedenen Wiederverkörperungen eines Wesens, obwohl von irgendeinem für ein sinnliches Denken erfaßbaren, wenn auch noch so schattenhaften stofflichen Band zwischen den verschiedenen Verkörperungen im Buddhismus nicht die Rede ist. Hier berühren wir das eigentliche Geheimnis des Buddhismus, ein Geheimnis, das ewig unergründlich bleiben wird, solange wir im Banne des sinnlich-materialistischen Denkens verharren. Und in demselben Geheimnis wurzelt das Problem des Nirvana, jenes „Standortes" *(ṭhānaṃ)*, von dem Buddha sagt, daß er von der an das Sinnliche hingegebenen, im Sinnlichen ihr Behagen findenden *(ālayarāma ālayarata ālayasammudita)* Menschheit so schwer zu erschauen sei (Vinaya I, p. 4, 5). Es ist oft in dieser Darstellung die Rede davon gewesen, daß Buddha es nicht als seine Aufgabe betrachtet hat, philosophische Theorien über solche transzendenten Probleme aufzustellen. Sie sollten durch Meditation ergründet, in der Meditation erlebt werden. So wird direkt gesagt, daß der Jünger in Meditation warten soll, bis Nirvana sich auf ihn herabsenke (Aṅg. IV, p. 111 f.: *„jhānaṃ upasampajja viharati ... okkamanāya nibbānassa")*, und die der ganzen bisherigen Erörterung zugrunde gelegte Schilderung des Meditationspfades im Dīghanikāya handelt ja im wesentlichen davon, wie der dort vorgezeichnete Weg durch die verschiedenen „Errungenschaften" des Jüngertums hindurch schließlich zum Bewußtsein der Befreiung, zum Nirvana führt. Dieser Zustand selbst wird dann (a. a. O.) als die höchste aller Errungenschaften des geistigen Strebens bezeichnet, „über welche hinaus es eine höhere und erhabenere nicht mehr gibt" (S.Ph.S. 98). In diesem Sinne ist Nirvana für den Jünger des Buddhismus die höchste aller Realitäten. Für diese Realität ist es dann im Sinne des Buddhismus völlig belanglos, ob der durch den Zusammenhang der Skandha's vorgetäuschte Schatten der irdischen Persönlichkeit noch fortbesteht, oder ob mit dem leiblichen Tode die erwähnten „Substrate" *(upadhi)* in Wegfall kommen. Nichts ist vom Standpunkte des Buddhismus verkehrter als die Anschauung, daß durch den Fortbestand dieser Substrate dem erreichten Zustande eine Realität verbürgt werden könnte, die mit dem Wegfall der Substrate aufgehoben wäre. Der auf dieser Voraussetzung beruhende, von abendländischen Forschern konstruierte tiefgreifende Unterschied von Nirvana (= Arhatschaft, d. i. höchste erreichbare Wesensstufe) und Parinirvana (= absolute Vernichtung) ist dem Buddhismus gänzlich fremd, es findet sich davon in den Texten auch nicht die leiseste Andeutung. So wenig Parinirvana (Pali *parinibbāna)*, im ursprünglichen Buddhismus wenigstens, einen über Nirvana *(nibbāna)* hinausliegenden höheren Grad bedeutet, so wenig drückt es einen von Nirvana toto genere verschiedenen Begriff aus, das Zeitwort *parinibbā* (Substantiv *parinibbāna)* bedeutet einfach den Tod desjenigen, der im Leben Nirvana erreicht hat (also etwa dasjenige, was in der brahmanischen Religion das „Sterben des Erlösten" genannt wird), den Wegfall der „Substrate". Die Realität des Nirvana selbst aber wird durch diesen Wegfall der Substrate in keiner Weise berührt. Je nachdem diese Substrate noch bestehen oder nicht, wird *saupādisesa-nibbāna* und *anupādisesa-nibbāna* unterschieden, daß *nibbāna* selbst aber in beiden Fällen etwas grundsätzlich Verschiedenes wäre, wird durch keine Äußerung Buddhas angedeutet. Für die Realität des Nirvana ist es eben einfach gleichgültig, ob die „Substrate" fortbestehen oder nicht. Daß ein materialistisches Denken, das in der Existenz der Substrate, in dem, was der Buddhismus *bhava* nennt, das einzig mögliche Reale erblickt, das „substratlose" Nirvana, die Aufhebung des *bhava*, für das „Nichts" halten muß, ist selbstverständlich. Aber es braucht dieses Denken nicht erst bis zum „Nirvana" (oder Parinirvana) vorzudringen, um vor dem „Nichts" zu stehen, sondern es steht im Grunde schon bei allem anderen, was der Buddhismus sonst zu sagen weiß, vor dem Nichts; denn auch alle Götter und übersinnlichen Welten, alle „übersinnlichen Vollkommenheiten" und „höheren Erkenntnisse" des Buddhismus sind für jenes abendländische materialistische Denken ein Nichts, ein leerer Wahn (ebenso wie jenes materialistische Denken selber für den Buddhismus ein leerer Wahn ist). Auch der Buddhismus kennt ein „Stehen vor dem Nichts". Aber dieses „Gegenüberstehen der Sphäre des Nichts" *(ākiñcaññāyatana)* wird nicht im Nirvana, sondern auf einer früheren, niedrigeren Stufe des Seelenpfades erlebt (siehe oben S. 170 f.), es bildet nur eine bestimmte Meditationsstufe, eine in der Meditation erlebte vorübergehende Erfahrung, aus welcher sich der Meditierende dann wiederum erhebt, um zu anderen, höheren Bewußtseinszuständen aufzusteigen, und der höchste Zustand, für den im Buddhismus noch ein Name geprägt wird, ist eben *nirodha* oder Nirvana *(nibbāna)*. Von der Lehre des Ārāḍa Kālāpā, für den jenes „Gegenüberstehen dem Nichts" *(ākiñcaññāyatana)* die höchste Stufe der seelischen Erhebung war, zu der er den Schüler führen konnte, hat Buddha sich abgewendet, weil ihm jene Stufe als kein befriedigendes Ziel erschien (siehe oben S. 55, 92). Noch unmittelbar vor seinem Hinscheiden ist Buddha zweimal (in aufsteigender und absteigender Richtung) durch jene „Sphäre des Nichts" hindurchgegangen, und nicht von ihr, sondern von der vierten Dhyāna-Stufe, dem Ausgangspunkte aller übersinnlichen Vollkommenheiten (siehe oben S. 187f.) hat er dann den Eingang ins substratlose Nirvana gefunden. Es ist also wichtig, festzuhalten, daß für den Buddhismus das „Nichts" keineswegs das ersehnte letzte und höchste Ziel ist, sondern nur ein vorübergehendes Erlebnis, daß die Seele in ihrem meditativen Ringen sich allerdings bis zu dieser Sphäre des Nichts hinarbeiten, ihr gegenüberstehen muß, aber nur, um sich wieder aus ihr zu erheben und zu höheren geistigen Sphären aufzusteigen. Das Sehnen derer, die im Sinne des Buddhismus „aus der Heimat in die Heimatlosigkeit ausziehen", ist also keine „Sehnsucht nach dem Nichts". Auch für die aus Daseinsüberdruß entspringende „Sehnsucht nach dem Nichts" ist im Buddhismus ein Name geprägt, sie heißt *vibhavataṇhā* (in Itivuttaka 49 im Gegensatze zu anderen vielleicht als möglich erscheinenden Auffassungen ausdrücklich als das Verlangen derjenigen definiert, die ein Nichtsein nach dem Tode als das Höchste ersehnen und dadurch das Ziel verfehlen), und diese *vibhavataṇhā* wird von Buddha schon in der Predigt von Benares als unedel und nicht zum Ziele der Befreiung führend ausdrücklich verworfen (Vinaya I, p. 10, Saṃy. V, p. 421). In jenem Daseinsüberdrusse, jener Sehnsucht nach Nichtsein sieht der Buddhismus nur eine ins Negative umgeschlagene sinnliche Begierde, die mit den anderen Arten der sinnlichen Begierde, mit dem Verlangen nach Sinnenlust *(kāmataṇhā)* und dem Verlangen nach physischem Dasein *(bhavataṇhā)* durchaus auf eine Stufe gestellt wird und gleich diesen Arten des „Durstes" als ein Hindernis der wahren Befreiung wirkt. Es ist daher ein vollkommenes Mißverständnis des Buddhismus, die Lehre des Buddha als ein Evangelium des Weltekels oder Daseinsüberdrusses zu betrachten. Nicht „Sehnsucht nach dem Nichts" ist das den Jünger des Buddhismus beherrschende Gefühl, sondern die Sehnsucht nach dem Ewigen bzw. im Sinne der negativ gehaltenen buddhistischen Ausdrucksweise: ein Sichwenden von allem, was nicht das Ewige ist. (Majjh. II, p. 263: *Yad aniccaṃ taṃ nālaṃ abhinandituṃ nālaṃ abhivadituṃ nālaṃ ajjhosituṃ* „was nicht das Ewige ist, das ist nicht wert, daß man in ihm Behagen finde, nicht wert, daß man es begrüße, nicht wert, daß man sich ihm zuwende"). Das eigentliche Leiden, das der Buddhismus zu überwinden trachtet, ist die Vergänglichkeit, und alles, was vergänglich ist, gilt ihm als leidvoll. (Mit größter Bestimmtheit ausgesprochen Majjh. III, p. 20 oben.) Dementsprechend ist also Nirvana, die Befreiung, im Sinne des Buddhismus ein Entrinnen aus dem Bereiche des Vergänglichen, aus allen jenen (sinnlichen und übersinnlichen) Sphären des „Seins", in welchen sich der Kreislauf der Wiedergeburten *(saṃsāra)* vollzieht, jenen Sphären, die unter den Namen *kāmadhātu*, *rūpadhātu*, *arūpadhātu* zusammengefaßt werden (siehe oben S. 173f.). Darum entschwindet der Buddha, indem er in das substratlose Nirvana eingeht, auch allen Gottheiten, die noch am Irdischen Anteil nehmen, den erwähnten niedrigeren Sphären des Übersinnlichen angehören (siehe oben S. 80). Jenen drei Sphären gehört in weiterem Sinne alles an, was der Buddhismus als *bhava* bezeichnet (Mahānidānasutta, Dīgha II, p. 57: *kāma-bhavo*, *rūpa-bhavo*, *arūpa-bhavo)*. Die über *kāmadhātu*, *rūpadhātu* und *arūpadhātu* hinausliegende, dem *saṃsāra* entrückte Sphäre, die im Nirvana betreten wird, die erhabene Sphäre der ewigen Befreiung, heißt im Buddhismus *nirodhadhātu* oder *nibbānadhātu*, die „Nirvanasphäre" oder das „Nirvanaelement", und von dem Heiligen, der im irdischen Leben Nirvana erlangt hat, wird gesagt, daß er bei seinem Hinscheiden in dem „substratlosen Nirvanaelemente" *(anupādisesāya nibbānadhātuyā)* aufgehe. Auch der Ausdruck *amatā dhātu*, die „unsterbliche Sphäre" oder „todentrückte Sphäre", wird in den heiligen Texten häufig gebraucht (z. B. Aṅg. IV, p. 423f., wo *amatā dhātu* und *nibbāna* identifiziert werden, ähnlich Saṃy. V, p. 139, 232 u.a.), und an zahllosen Stellen wird Nirvana das *amṛta* (Pali *amata)*, d. h. das Unsterbliche (oder „unsterbliche Heil") genannt. Buddha kleidet seinen Entschluß, die von ihm gefundene Wahrheit der Welt zu verkünden, in die Worte: „Geöffnet ist jenen das Tor der Unsterblichkeit, wer Ohren hat, zu hören, der glaube" (Vinaya I, p. 7). Buddhaghoṣa spricht in der Sumaṅgalavilāsinī im Kommentar zu Poṭṭhapādasutta 34 von dem „großen todentrückten Nirvana" *(amata-mahānibbāna)*. Schon erwähnt wurde die Stelle, wo von einem „Berühren des unsterblichen Elementes mit dem Körper" die Rede ist (Aṅg. III, p. 356). Mit all dem wird doch klar ausgedrückt, daß Nirvana diejenige Sphäre ist, in welcher die buddhistische Sehnsucht, dem Leiden der Vergänglichkeit und des Todes zu entrinnen, ihre ewige Befriedigung findet. Im Sinne jenes oben (S. 199) erwähnten Gleichnisses aus dem Sāmaññaphalasutta ist jenes Nirvanaelement *(nibbānadhātu)*, jene todentrückte Sphäre *(amatā dhātu)* gewissermaßen der kristallklare, durchsichtig reine Gebirgssee, in dem alle irdischen Realitäten, das „Leiden“ im Sinne des Buddhismus, nur wie die Muschelschalen oder Kieselsteine auf dem Grunde des klaren Wasserspiegels von dem Erkennenden, der die Befreiung erlangt hat, geschaut werden (Dīgha I, p. 84). Einem materialistischen Denken mag jener „kristallklare See“ als das Nichts erscheinen. Aber der Buddhismus ist eben von den Voraussetzungen jenes Denkens so weit wie irgend möglich entfernt, jener kristallklare See, jenes „Nichts“ ist für ihn die höchste Realität, die Sphäre des Unsterblichen, Ewigen *(amatā dhātu)*. Allerdings darf diese „Unsterblichkeit“ des Buddhismus nicht mit der Idee des Fortbestandes von irgendetwas Persönlichem (also im Sinne des Buddhismus mit *bhavataṇhā)* verquickt werden. Daher gehört die Frage, ob der Tathāgata nach dem Tode fortexistiere, zu denjenigen, auf welche Buddha die Antwort versagte (siehe oben, S. 112f.). Sie beruht eben auf der Voraussetzung eines Denkens, welches den Menschen abzugewöhnen Buddhas ganzes Bemühen war. Alles, was mit dem Schein und Schatten der Persönlichkeit zu tun hat, erfährt im Nirvana, und zwar schon im diesseitigen, in der physischen Leiblichkeit erlebten Nirvana, die denkbar vollständigste Vernichtung, und alle materialistisch-persönlich gefärbten Unsterblichkeitshoffnungen werden in keiner Religion mit größerer Entschiedenheit zurückgewiesen als im Buddhismus. Das Nirvanaelement, so wird gesagt, verhält sich gegen alles Persönliche indifferent, es ist darüber erhaben und bleibt davon unberührt: „So wie alle Wasserströme der Erde und der Luft sich in das große Meer ergießen, und das große Meer doch nie weder voller noch leerer wird, also wird, ob auch noch so viele Jünger den Eingang in das substratlose Nirvanaelement finden, dieses Nirvanaelement *(nibbānadhātu)* doch niemals weder leerer noch voller.“ (Aṅg. IV, p. 202, Udāna, p. 55). Wie bei dem Vergleiche mit dem Gebirgssee die kristallene Reinheit, so ist bei dem Meeresgleichnis die Unendlichkeit, die Indifferenz gegen alles Irdisch-Persönliche das tertium comparationis.

Es liegt nahe, das buddhistische Nirvana mit dem zusammenzustellen, was man in der brahmanischen Religion und Mystik das Aufgehen in Brahman usw. nennt. (Vgl. über diese Frage Oldenberg, Buddha, S. 334 der 5. Auflage.) Dort findet sich auch der Ausdruck *brahma-nirvāṇam* „das Erlöschen (Verwehen) in Brahman“ im Sinne des Einswerdens mit der höchsten Gottheit. Es ist kaum ein Zweifel, daß der Buddhismus in der Prägung des technischen Ausdrucks „Nirvana“ *(nibbāna)* ebensowenig wie mit anderen Ausdrücken schöpferisch gewesen ist, sondern ihn einer schon vorhandenen brahmanischen Terminologie entlehnt hat, und in dem bloßen Weglassen von *brahma*, also in etwas rein Negativem, besteht, äußerlich betrachtet, das einzige Besondere des Buddhismus. Dieses Weglassen des Wortes *brahma* hängt mit dem innersten Wesen des Buddhismus zusammen. Hätte Buddha nach irgendeiner Bezeichnung für eine Gottheit, einen höchsten göttlichen Urgrund der Welt gesucht, so hätten sich ihm in der brahmanischen Rüstkammer der Begriffe Dutzende von Ausdrücken dargeboten. Nichts hätte ihm als Inder näher liegen können, als in einer solchen Ausdrucksweise zu reden. Er hat nicht so geredet. Daß jene Abneigung Buddhas, die „letzten Gründe des Daseins“, den „göttlichen Urgrund alles Seins“ in Wort und Begriff einzuspannen, nicht als eine Leugnung eines solchen Urgrundes aufgefaßt zu werden braucht, wurde früher schon erörtert (siehe oben S. 117; treffend wird jene Abneigung Buddhas von Oltramare in seiner Schrift: La Formule bouddhique des douze causes, Genève 1909, auf S. 49 als „son antipathie naturelle pour le finalisme“ bezeichnet). Buddha wollte verhindern, daß sich theoretische Bequemlichkeit mit einem Worte oder Begriffe begnüge, wo von seinem Standpunkte aus nur das wirkliche Erleben in meditativer Anstrengung einen Wert hat. Auf diese Erfahrung im meditativen Erleben ist der ganze Buddhismus abgestimmt, und für das Nirvanaproblem gilt dieser Gesichtspunkt in ganz besonderem Maße. „Bleibet fest in der Meditation, ihr Jünger“ *(jhāyatha bhikkhū mā pamādattha)*, lautet Buddhas Ermahnung, „auf daß ihr nicht später von Reue ergriffen werdet“ (Aṅg. III, p. 87). Wie theoretische Systeme mit Vorliebe von den allgemeinsten, abstraktesten und leersten Begriffen ihren Ausgang nehmen und gerade da, wo es sich um die Benennung des Letzten und Höchsten, des „Urgrunds alles Seins“ handelt, am allerwenigsten um Wort und Begriff verlegen sind, zeigt die indische Philosophie mit besonderer Deutlichkeit. Aber der Weg Buddhas ist eben kein Weg des Spintisierens, Spekulierens und Kombinierens, sondern des unmittelbaren meditativen Erlebens, und ein solches Erleben kann – im Sinne aller derjenigen, die solche Wege lehrten – nur von Stufe zu Stufe weiterdringend dem Innern der Dinge sich nähern, ohne jemals die letzten Geheimnisse des Daseins zu umfassen. – Aus allen diesen Gründen hat jenes für unsere Begriffe monotone und ermüdende Reden von den höchsten Dingen, wie Brahman, Ātman usw., worin die brahmanische Philosophie und Mystik sich gefiel, in Buddhas Lehre keine Stätte gefunden. Das Wort *nirvāṇa* „erloschen, verweht“ bedeutet im Buddhismus etwas anderes, nämlich zunächst nur das Erloschensein des Feuers der Begierde, der Leidenschaft, des Wahnes (vgl. Jātaka I, S. 61). Insofern liegt dem Worte *nirvāṇa* die gleiche bildhafte Vorstellung zugrunde, die auch in dem technischen Ausdruck *upādāna* „Ergreifen des Brennstoffs", d. i. Ergreifen des Sinnlichen gegeben ist. In der Predigt von Gayā (Vinaya I, p. 34) spricht Buddha davon, wie alles in Flammen steht, alle Sinnesorgane stehen in Flammen und mit ihnen alles durch die Sinnesorgane vermittelte Wahrnehmen, es ist alles ergriffen von dem Feuer der Leidenschaft, des Hasses, des Wahnes, des Leidens der Vergänglichkeit. Durch die Abkehr von den Sinnen, so wird weiter gesagt, gelangt der Jünger zur Befreiung und zum Wissen von der Befreiung. Jenes Feuer, wodurch alles in Flammen stand, ist dann erloschen, ausgeweht *(nirvāṇa)*. Damit ist auf die praktische Forderung hingewiesen, auf die alles ankommt, die die Voraussetzung von allem andern ist, was im Sinne des Buddhismus nicht ergrübelt, sondern nur durch die Erfüllung jener praktischen Forderung erreicht werden kann. Es entspricht dem ganzen Grundcharakter des Buddhismus, daß mit dem Worte *nirvāṇa* gewissermaßen nur das Negative der Sache gegeben wird, und daß auf das dahinterliegende Positive (im Gegensatz zu den brahmanischen Gepflogenheiten) nur selten, und nur in dunklen Andeutungen hingewiesen wird, also stets nur so, daß dadurch nicht der Irrtum entstehen konnte, als ob ein Letztes und Höchstes ein für allemal in bestimmte Begriffe gefaßt werden sollte. Eine solche dunkle Andeutung eines Positiven, einer erhabenen Sphäre der ewigen Befreiung, eines todentrückten Unendlichen, ist schon in den oben erwähnten Ausdrücken *anupādisesā nibbānadhātu* und *amatādhātu* enthalten, und sie liegt vor allem in jenen Worten Buddhas: „Es gibt, ihr Jünger, jenes Reich *(āyatana)*, wo weder Erde, noch Wasser, noch Feuer, noch Luft, wo nicht die Sphäre der Unendlichkeit des Raumäthers, nicht die Sphäre der Bewußtseinsunendlichkeit, nicht die Sphäre des Nichts *(ākiñcaññāyatana)*, nicht die Sphäre jenseits von Bewußt und Unbewußt, wo nicht diese Welt und nicht jene Welt, wo weder Sonne noch Mond ist; dort, so sage ich euch, ist kein Hingehen, kein Fortgehen und kein Verweilen, kein Austritt und kein Wiedereintritt, keine Grundlage, keine Fortentwicklung, keine Stütze: das ist das Ende des Leidens." (Udāna, p. 80.) „Es gibt, ihr Jünger, ein Ungeborenes, Ungewordenes, Ungeschaffenes, nicht aus den bildenden Kräften Entstandenes; wenn es ein solches Ungeborenes, Ungewordenes, Ungeschaffenes nicht gäbe, könnte für das Geborene, Gewordene, Geschaffene, aus den bildenden Kräften Entstandene kein Entkommen erfunden werden" (Udāna, p. 80, Itivuttaka, p. 37). Jenes Reich, das für alle an die Materie als an das Reale sich anklammernde Vorstellungsweise das Nichts ist, wird in diesen Worten geradezu als eine höchste Wirklichkeit, ein Reich des Seins über dem Reiche des Werdens geschildert, während in dem, was für eine materialistische Vorstellungsweise reales Sein ist, der Buddhismus nur ein Werden *(bhava)*, also etwas Vergängliches, nicht im höchsten Sinne Wirkliches erblickt. Wir können auch sagen, der Buddhismus verlegt das Sein ins Transzendente, während er im Empirischen nur ein Werden und Vergehen anerkennt. Die Meditation erfüllt im Buddhismus den Zweck, das Transzendente wieder zu einem Empirischen (im höheren Sinne) zu erheben.

Ein nicht zu übersehender Unterschied des buddhistischen Nirvana von dem „Nichts" des materialistischen Denkens besteht auch darin, daß jenes „Nichts" einem jeden, dem größten Weisen oder Wohltäter der Menschheit wie dem Verbrecher oder Idioten, ganz in gleicher Weise mit dem physischen Tode unmittelbar gewiß ist, während das Nirvana im Sinne des Buddhismus nur in beharrlicher, innerer Anstrengung in der Regel erst nach vielen Inkarnationen von dem zur höchsten Wesensstufe Vorgeschrittenen errungen werden kann, als ein erhabener Siegespreis für den, der sich durch die höchsten Überwindungen der Seele von der „Gewalt, die alle Wesen bindet" befreit hat. Unermüdliche, energische Anstrengung, nicht Quietismus ist der Grundton des wahren Buddhismus. „Diese Norm, ihr Jünger, ist eine Norm für den sich energisch Anstrengenden, nicht für den Quietisten" *(āraddhaviriyassāyaṃ bhikkhave dhammo, nāyaṃ dhammo kusītassa*, Aṅg. IV, p. 232), sagt Buddha, und noch mit den letzten Worten vor seinem Hinscheiden ermahnt er die Jünger, festzuhalten am angestrengten Bemühen. In den heiligen Texten werden Fälle erzählt, wie einzelne besonders Begabte, zur geistigen Entwicklung Prädestinierte unter dem machtvollen Eindrucke der Worte Buddhas unmittelbar die Befreiung erlangen. Aber die Regel ist doch die, daß der Jünger das angestrengte Ringen erst durch viele Inkarnationen hindurch fortsetzen muß, bis er endlich das Ziel erreicht, und je nach dem Grade der Annäherung an das Ziel werden im Buddhismus vier Stufen unterschieden: 1. Srotāpanna (Pali *sotāpanna)*, der „in den Strom (der geistigen Entwicklung) Eingetretene", der Jünger, der den Pfad beschritten hat; 2. Sakṛdāgāmin *(sakadāgāmi)* der „einmal Wiederkehrende", d. h. der noch eine Wiedergeburt vor sich hat, in der nächsten Inkarnation das Ziel erreicht; 3. Anāgāmin *(anāgāmi)* der „nicht mehr Wiederkehrende", der schon in diesem Leben die Befreiung erlangt; 4. Arhat *(arahā)*, der Heilige, der das Ziel der Befreiung erreicht hat, der Notwendigkeit künftiger Verkörperung enthoben ist. In der Paliform *arahaṃ* ist das letztere Wort auch eines der gewöhnlichen Prädikate des Buddha (so in der häufigen Formel S. Ph. S. 40, Dīgha I, p. 62, siehe oben S. 130). Insofern beide das befreiende Wissen in vollem Umfange besitzen, stehen sich Buddha und Arhat gleich. Der Unterschied zwischen Buddha und Arhat liegt darin, daß dieser als ein Nachfolger des Buddha, jener aber aus sich selbst das befreiende Wissen *(bodhi)* gefunden hat. Hat der letztere überdies die Gabe, das befreiende Wissen der Welt zu verkünden, und macht er von dieser Fähigkeit Gebrauch, so heißt er ein „vollkommener Buddha" *(samyaksaṃbuddha,* Pali *sammāsambuddho),* im anderen Falle heißt er Pratyekabuddha (Pali *paccekabuddho),* ein „für sich allein Erwachter". Ein Wesen, das durch das Weltenkarma bestimmt ist, in Zukunft die Buddhaschaft zu erlangen, heißt Bodhisattva (Pali *bodhisatto).* Der Begriff Bodhisattva ist schon im ältesten Buddhismus vorhanden, hat aber in der späteren mystisch-esoterischen Mahāyāna-Lehre eine bemerkenswerte Ausgestaltung erfahren. Einen gewissen Begriff von jener Lehre vermag die in Anlehnung an einen Mahāyāna-Text mitgeteilte Buddhalegende zu geben. Daß die wesentlichen Elemente der Mahāyāna-Lehre im ursprünglichen Buddhismus schon im Keime enthalten sind, wurde früher bereits betont. Schon in alten Pali-Texten ist von den Buddhas früherer Weltenalter die Rede, und es wird genau bestimmt, an welche Voraussetzungen das Auftreten eines Buddha gebunden ist, und in welchen Zeitaltern ein Buddha erscheinen kann. Ein Zeitalter, in dem ein Buddha der Welt ersteht, wird ein „gesegnetes Zeitalter" *(bhaddakappa)* genannt. Im Mahāpadānasutta des Dīghanikāya werden sechs Vorgänger des letzterschienenen Buddha mit Namen genannt: Vipassī (= sanskr. Vipaśyin) Sikhī (Śikhin), Vessabhū (Viśvabhū), Kakusandha (Krakucchanda), Konagamana (Kanakamuni), Kassapa (Kāśyapa), und es wird die Lebensgeschichte eines von ihnen, des Buddha Vipassī, erzählt. Nach der Lehre des Buddhismus geht jeder Bodhisattva in dem Leben, in dem er das befreiende Wissen, die Bodhi, erlangt, durch eine Reihenfolge stereotyper Erlebnisse hindurch; die Entwickelung zum Buddha vollzieht sich in einem ein für allemal feststehenden, in den Weltgesetzen begründeten Werdegang. Daher stimmen die Lebensläufe aller Buddhas in allen wesentlichen Punkten überein, nur in gewissen Einzelheiten besteht eine Verschiedenheit. So findet jeder Buddha unter einem anderen Baume das befreiende Wissen, und die Lebensdauer eines Buddha ist je nach der allgemeinen Lebensdauer der Menschen in dem betreffenden Weltenzeitalter eine verschiedene (Dīgha II, p. 4).

Der jetzt noch als Bodhisattva im Tusita-Himmel weilende (siehe oben S. 36) Buddha des zukünftigen Weltenzeitalters führt den Namen Maitreya

(Pali Metteyo), „der Liebevolle". Es enthält dieser Name eine Hindeutung darauf, daß nach der buddhistischen Lehre in einem zukünftigen (noch fernen) Weltenzeitalter ein großer Weltlehrer erscheinen werde, dessen Mission es sein wird, der Menschheit die Liebe *(maitrī*, Pali *mettā)* zu verkünden, die Liebe unter den Wesen zur Geltung zu bringen. Nach der Lehre des Buddhismus kann diese Liebe nur auf einer hohen Wesensstufe verwirklicht werden, sie steht in einem engen, intimen Zusammenhange mit dem, was als das höchste Ziel des „Pfades", als die Befreiung in den heiligen Texten hingestellt wird. Wie im Buddhismus die niedere sinnliche Liebe *(kāma)*, die leidenschaftliche Liebe *(rāga)* als eine Fessel, als ein die Fesselung der Seele bewirkender Wahn *(āsava)* angesehen wird, also der „Gewalt, die alle Wesen bindet" angehört, gilt die hohe, alldurchdringende, kosmische Liebe, das erhabene Freundschaftsgefühl[1] zu allen Wesen, als eine Macht, die das Herz, die Seele von allen Fesseln befreit – *cetovimutti* „Befreiung des Herzens". Die Befreiung *(vimutti)*, das eigentliche Heilsziel des Buddhismus, dem dieser letzte Abschnitt gewidmet ist, hat nach den heiligen Texten eine doppelte Seite: *paññāvimutti* „Wissensbefreiung" und *cetovimutti* „Herzensbefreiung". Unter jener wird die Befreiung durch das Wissen, zugleich das Hinausgelangen über das Wissen in einem höheren Bewußtseinszustande zu verstehen sein (vgl. Aṅg. IV, p. 452); diese ist die Befreiung des Herzens von aller die Fesselung an das sinnliche Dasein bewirkenden Leidenschaft, dasjenige, was schon in den alten Upanischaden als „Lösung der Knoten des Herzens" bezeichnet wird. „Durch Zerstörung des Wahnes schon im sichtbaren Dasein erlangte wahnlose Herzensbefreiung und Wissensbefreiung" wird Nirvana an zahlreichen Stellen des Kanons genannt (z. B. Aṅg. III, p. 29, IV, p. 119). Nun ist es ein bedeutungsvoller Gedanke des Buddhismus, daß die Liebe, die keine sinnliche Liebe ist, das Freundschaftsgefühl zu allen Wesen *(maitrī, mettā)*, als eine solche „Befreiung des Herzens"

[1] Es ist wenig von Belang, ob das Wort *maitrī*, Pali *mettā* (von *mitra*, *mitto* „Freund") mit „Liebe" oder mit „Freundschaft" übersetzt wird. Als Maßstab wird immer hingestellt das Gefühl einer Mutter zu ihrem Kinde (vgl. Suttanipāta 149, 150; ähnliche Stellen auch häufig im Lalitavistara). Dieses Gefühl ist aber jedenfalls nicht bloß Freundschaft, sondern eben das, was wir Liebe nennen. Es ist daher die Übersetzung „Liebe" doch zu bevorzugen. Mit der „christlichen Liebe", der ἀγάπη des Apostels Paulus braucht die buddhistische *maitrī* deswegen nicht identifiziert zu werden, sondern ἀγάπη ist die christliche, *maitrī* die buddhistische Liebe; zwischen ἀγάπη und *maitrī* waltet dieselbe Verschiedenheit der Gefühlsnuancen, wie sie zwischen Christentum und Buddhismus überhaupt besteht. Immerhin ist *maitrī* derjenige Begriff, in dem der Buddhismus am nächsten an das Christliche herangerückt erscheint.

wirkt, die alles hinwegläutert, was die Seele an die niedere Sinnlichkeit fesselt, und dieser Gedanke findet darin seinen Ausdruck, daß *cetovimutti* „Herzensbefreiung" beinahe als stehendes Attribut von *mettā* in den heiligen Texten erscheint. Diese herzbefreiende Liebe bedarf, um wirksam zu sein, im Sinne des Buddhismus keiner äußeren Betätigung, sondern wirkt geistig-übersinnlich gleich einer Zaubermacht durch bloße Ausstrahlung oder wie ein Regen, der alle Ströme wachsen läßt, Segen über alle Geschöpfe ergießend, (in diesem Sinne das schöne Gleichnis Aṅg. I, p. 423), und immer ist davon die Rede, wie diese von dem Herzen ausstrahlende Liebe alle Himmelsrichtungen durchdringt, und wie das Herz, die Seele sich dabei selbst ins Unendliche ausbreitet, die ganze Welt mit Gedanken der Liebe erfüllend (so Dīgha II, p. 251; Majjh. I, p. 297, 351; II, p. 207; Aṅg. II, p. 129 u. a.). Dasselbe wird noch von drei anderen Seelenstimmungen gesagt: dem Mitleid *(karuṇā)*, der Mitfreude *(muditā)*, der gleichmütigen Gelassenheit (dem Gleichmute insonderheit gegenüber allem Unreinen und Bösen, *upekṣā*, Pali *upekkhā);* diese heißen darum, ebenso wie *mettā*, die „Unermeßlichen" (auch im Yogasūtra [I, 33] ist von der seelenläuternden Wirkung dieser vier Empfindungen die Rede); sie werden ebenfalls *cetovimutti* genannt und in den Texten der *mettā* äußerlich gleichgestellt. Tatsächlich ist wohl *karuṇā*, das Mitleid, die Empfindung, die im Buddhismus am meisten in den Vordergrund tritt, und es ist nicht ohne Bedeutung, daß *mettā*, die Liebe, mit dem Namen des zukünftigen Buddha verwoben erscheint. Daß trotz der erwähnten äußerlichen Gleichstellung der vier Seelenstimmungen in den Texten doch schon der Buddhismus eine gewisse Empfindung dafür zu haben scheint, daß *mettā*, die Liebe, „die größte unter ihnen" ist, zeigt vielleicht am schönsten jener (zuerst von Pischel beachtete und übersetzte) Abschnitt 27 des Itivuttaka (p. 19 f.), wo die Liebe *(mettā)* als etwas über alle äußere Werktätigkeit Hocherhabenes hingestellt wird: Wie der Mondschein den Glanz der Sterne überstrahlt, so heißt es dort, oder wie im Herbst, am Ende der Regenzeit, die Sonne am wolkenlosen Himmel aufgehend alle Finsternis verscheucht und glänzt und glüht und leuchtet, und wie am Ende der Nacht, bei Tagesanbruch, der Morgenstern leuchtet und strahlt, ebenso überstrahlt die „Liebe, die Befreiung des Herzens", alle der niederen Sphäre angehörige äußere Werktätigkeit und „glänzt und glüht und leuchtet". Die *mettā* des Buddhismus gehört also nicht dem Gebiete äußerer Betätigung, sondern dem des übersinnlichen Wirkens, der Meditation an, und sie wird (Aṅg. V, p. 360) geradezu unter den Meditationsstufen aufgezählt. Schon die bloße Konzentration auf Gedanken der Liebe führt zu hohen Götterhimmeln, zu Brahman

(Aṅg. II, p. 129), und in der wirklich erlebten *mettā* ist, wie schon das Attribut *cetovimutti* besagt, die Befreiung, insofern sie Herzensbefreiung ist, unmittelbar gegeben. Daß das wesentliche Merkmal der Befreiung, die Vernichtung des irdischen Karma, auch bei dieser Befreiung eintritt, wird in den heiligen Texten ebenfalls ausdrücklich gesagt: in der *mettā cetovimutti*, der herzbefreienden Liebe, wird ein Gebiet betreten, in welches die irdische Tat mit ihren Folgen nicht mitgenommen wird, die Unendlichkeit des Geistigen *(cittaṃ appamāṇaṃ)*, zu der die vier „unermeßlichen Empfindungen" *(appamaññā)* führen, wirkt auf alles der endlichen Sphäre angehörige irdische Karma auslöschend, vernichtend, und befreit von dem Zwange[1] der Rückkehr zum physischen Dasein (Aṅg. V, p. 300). In diesem Sinne ist auch von „unermeßlicher Herzensbefreiung" *(appamāṇā cetovimutti)* die Rede (Majjh. I, p. 291): indem sich der Jünger zu jener erhabenen, alldurchdringenden, hohen Weltenliebe erhebt, betritt er die unermeßliche Sphäre, Nírvana.

[1] Die irdische Verkörperung eines Buddha bzw. Bodhisattva geschieht nicht unter dem Zwange einer individuellen karmischen Notwendigkeit, sondern ist eine Tat der freien Liebe.

Abkürzungen

Aṅg.	Aṅguttaranikāya
Dīgha	Dīghanikāya
ed. Lefm.	Ausgabe von Lefmann
L. V.	Lalitavistara
Majjh.	Majjhimanikāya
MPS	Mahāparinibbānasutta
Poṭṭh. S.	Poṭṭhapādasutta
Saṃy.	Saṃyuttanikāya
S. Ph. S.	Sāmaññaphalasutta
Y. S.	Yogasūtra

Wo nichts anderes angeben ist, sind alle Texte des Suttapiṭaka nach den Ausgaben der Pali Text Society (abgekürzt P. T. S.) zitiert.

Literaturübersicht

In der Natur eines so kurzgefaßten Werkes liegt es, daß aus der unübersehbaren Fülle der Literatur nur das Allerwesentlichste, für weitere Kreise Wichtige herausgegriffen werden kann.

Zunächst ist der Arbeit derjenigen zu gedenken, die durch ihren auf die Herausgabe buddhistischer Texte gewendeten Fleiß für die wissenschaftliche Erforschung der Buddha-Religion die Grundlagen geschaffen haben. Als solche Herausgeber mögen hier genannt werden: Burnouf für Saddharmapuṇḍarīka, Fausböll für das Dhammapada und Jātaka, Foucaux für den tibetischen Lalitavistara, Senart für das Mahāvastu, Cowell für das Divyāvadāna und Buddhacarita, Childers für das Mahāparinibbānasutta, Oldenberg für das Vinayapiṭaka, Lefmann für den Sanskrittext von Lalitavistara. Das größte Verdienst um die Herausgabe von Texten und die Erforschung des Buddhismus überhaupt gebührt T. W. Rhys Davids, dem Begründer der Pali Text Society. Die weitaus meisten Texte des für die Erforschung der Buddhalehre in erster Linie wichtigen Palikanons sind durch Rhys Davids und seine Mitarbeiter in übersichtlichen, zuverlässigen Ausgaben den Fachgenossen zugänglich gemacht.

Das erste größere Werk über den Buddhismus war das Buch von Eugène Burnouf: Introduction à l'histoire du Buddhisme Indien (Paris 1844, Neudruck 1876). Es enthält eine reiche und gelehrte Zusammenstellung von Material, die geistigen Probleme des Buddhismus treten dabei noch zurück. Ähnliches gilt von den Büchern von R. Spence Hardy: Eastern Monachism (London 1850) und A Manual of Buddhism (London 1853). W. Wassiljew, Der Buddhismus, seine Dogmen, Geschichte und Literatur, 1. Teil: Allgemeine Übersicht (aus dem Russischen übersetzt von Schiefner, St. Petersburg 1860) ist Fragment geblieben. Das Buch gibt eine wertvolle und heute noch dem Spezialforscher unentbehrliche Übersicht der verschiedenen Schulen und Richtungen des nördlichen Buddhismus. Für den Buddhismus als Religion hatte der Verfasser nicht gleiches Verständnis. – Die erste großangelegte Gesamtdarstellung des Buddhismus enthält das Buch von Carl Friedrich Köppen: Die Religion der Buddha. Berlin 1857 (Neudruck 1906), 2. Band: Die Lamaische Hierarchie und Kirche, Berlin 1859 (Neudruck 1906). Wenn die Forschung heute auch in vielem weitergeschritten ist, so findet man doch in dem Buche mancherlei, was in neueren Werken nicht mehr in der gleichen Weise berücksichtigt wird, und die geistvolle, wenn auch durch mancherlei subjektive Eigentümlichkeiten beeinträchtigte Darstellungsweise des Verfassers übt auch heute noch ihren Reiz. Die Darstellung des tibetischen Buddhismus im zweiten Bande ist bis jetzt im ganzen noch nicht übertroffen. Eine umfassende Gesamtdarstellung gibt sodann das Buch von Heinrich Kern, Der Buddhismus und seine Geschichte in Indien, 2 Bände (deutsch von H. Jacobi, Leipzig 1882, 1884). Mönchtum und Kirche werden mit besonderer Ausführlichkeit darin behandelt, auch auf das Verhältnis des Buddhismus zum Yoga wird hingedeutet. Kürzer zusammengefaßt ist der Gegenstand in Kerns Manual of Indian Buddhism, Straßburg 1896 (im Grundriß der indo-arischen Philologie und Altertumskunde). – Der als Begründer der Pali Text Society schon genannte T. W. Rhys Davids handelte über den Buddhismus zuerst in dem Buche Buddhism, London 1877, das seitdem viele Auflagen erlebt hat, später in Buddhism, its History and Literature, New York 1896. – Den Standpunkt der modernen Wissenschaft entwickelt am vollkommensten das auch in weiteren Kreisen sehr bekannt gewordene Buch von Hermann Oldenberg: Buddha. Sein Leben, seine Lehre, seine Gemeinde. Berlin 1881; 5. Auflage, Stuttgart und Berlin 1906. Es stellt den älteren Buddhismus nach den Pali-Quellen dar. Der tiefe Gegensatz zwischen indischem und abendländisch-modernem Denken und Fühlen ist dabei eindrucksvoll herausgearbeitet. Auf der Bearbeitung desselben Quellengebiets beruht das Buch von Edmund Hardy: Der Buddhismus nach älteren Pali-Werken dargestellt, Münster 1890. Manchen Hinweis enthält auch das in der Sammlung Göschen von dem gleichen Verfasser erschienene Büchlein „Buddha“ (Neudruck Leipzig 1905). – Josef Dahlmann, Buddha, Ein Kulturbild des Ostens (Berlin 1898) gelangt bei der Abschätzung des Buddhismus im Verhältnis zum Brahmanismus zu verfehlten Ergebnissen, doch ist das (aus Vorträgen entstandene) Buch geistreich und fesselnd geschrieben und geeignet, zum Nachdenken über die tieferen Probleme des Buddhismus anzuregen. – In der Reihe kurzgefaßter Darstellungen des Buddhismus schließt sich an H. Hackmann, Der Buddhismus, 3 Teile, Halle 1905, 1906, worin besonders die Entwickelung des Buddhismus in den verschiedenen Ländern Asiens behandelt wird. – Durch schlichte und gediegene Wissenschaftlichkeit ausgezeichnet ist der in der Sammlung „Aus Natur und Geisteswelt“ erschienene Band von Richard Pischel, Leben und Lehre des Buddha, Leipzig 1910. Anderer Art ist die fesselnde Darstellung des Buches von Edw. Lehmann, Der Buddhismus als indische Sekte, als Weltreligion, Tübingen 1911, dem ein dänisches Buch (Buddha, Köbenhavn 1907) zugrunde liegt. – Auch von Rhys Davids und seiner Gattin sind in neuerer Zeit kurzgefaßte Darstellungen erschienen: J. W. Rhys Davids, Early Buddhism, London 1910; Mrs. Rhys Davids, Buddhism, A Study of the Buddhist Norm, London (ohne Jahreszahl).

Den tibetischen Buddhismus behandelt L. Austine Waddell, The Buddhism of Tibet or Lamaism, London 1895. Das Buch ist keine streng philologische

Arbeit, stellt aber ein reiches Tatsachenmaterial zusammen und enthält manches, was für das Verständnis des Buddhismus überhaupt von Wichtigkeit ist. Bei Albert Grünwedel, Mythologie des Buddhismus in Tibet und der Mongolei, Leipzig 1900, lernt man, wie auch bei Waddell, den Buddhismus vor allem in seinen bildlichen Darstellungen kennen, die auch für das Verständnis der geistigen Probleme vielfach von einer nicht zu unterschätzenden Bedeutung sind.

Die philosophische Seite des Buddhismus erörtert Max Walleser zunächst in dem Buche: Die philosophische Grundlage des älteren Buddhismus, Heidelberg 1904. Durch Übersetzung wenig bekannter Māhāyāna-Texte (Mādhyamikaśāstra und Prajñāpāramitā) schafft Walleser Grundlagen für eine weitere wissenschaftliche Erforschung der buddhistischen Philosophie. – Eine bemerkenswerte Erörterung haben die geistigen Probleme des Buddhismus gefunden in dem Buche von Louis de la Vallée Poussin, Bouddhisme, Opinions sur l'Histoire de la Dogmatique, Paris 1909. (Vom gleichen Verfasser das fortlaufende Abhandlungen enthaltende Werk Bouddhisme, Études et matériaux, London 1898. Ein für das Gesamtverständnis des Buddhismus besonders wichtiges Einzelproblem behandelt darin die ein reiches Material zusammenstellende Schrift Théorie des Douze Causes. Gand 1913, worüber auch von Oltramare und anderen Verfassern Monographien erschienen sind.)

Nicht zu vergessen in diesem Zusammenhang ist das Verdienst, das sich für die Erforschung der geistigen Probleme des Buddhismus der als Herausgeber von Texten schon genannte englische Gelehrte Childers erworben hat durch die verständnisvolle Analyse der technischen Begriffe des Buddhismus in seinem Pali-Wörterbuch (Robert Caesar Childers, A Dictionary of the Pali Language. London 1875). Es gehören diese bescheiden in die Form des Wörterbuchs eingekleideten Untersuchungen, wenn sie auch nicht überall in die letzten Tiefen dringen, doch zum Gediegensten, was über den Buddhismus gearbeitet worden ist.

Während in der deutschen Forschung zumeist die geschichtlichen Probleme und die Lehre des Buddha in den Vordergrund gestellt wurden, hat die französische Forschung schon seit längerer Zeit auch auf die Buddhalegende, die Erzählung der Geschichte des Buddhalebens, wie sie in Bildern des Mythus und der Mystik in den heiligen Texten besonders des sog. nördlichen Buddhismus gegeben wird, ein Hauptaugenmerk gerichtet. Viel Aufsehen erregte seinerzeit das Buch von É. Senart, Essai sur la Légende du Buddha, Paris 1882. Wenn Senart bei der Deutung der Bilder und Mythen auch viel zu äußerlich vorgegangen ist – seine Theorie von Buddha dem Sonnenheros, der noch Kern nahesteht, wird in neuerer Zeit kaum noch ernste Anhänger finden – so enthält das Buch doch eine Fülle geistreicher Einzelheiten und einen Hinweis auf interessante Probleme, deren tiefe Bedeutung vielen entgangen ist. Auf die Buddhalegende beziehen sich die beiden Abhandlungen von Ernst Windisch: „Māra und Buddha" (Leipzig 1895) und „Buddhas Geburt" (Leipzig 1908), die vieles enthalten, was für das Gesamtverständnis des Buddhismus wichtig und wertvoll ist.

In enger Beziehung zu den durch die Buddhalegende angeregten Problemen steht auch die Untersuchung der hypothetischen Zusammenhänge zwischen buddhistischen und neutestamentlichen Texten, besonders dem Lukasevangelium und späteren apokryphen Evangelien. Zuerst suchte Rudolf Seydel in seinem Buche „Das Evangelium Jesu in seinem Verhältnisse zur Buddha-Sage und Buddha-Lehre“ (Leipzig 1882) buddhistische Einflüsse auf die christlichen Evangelien darzutun. Eingeschränkt hat Seydel seinen Standpunkt in der späteren Schrift: Die Buddha-Legende und das Leben Jesu nach den Evangelien (Leipzig 1884, 2. Aufl. Weimar 1897). Noch vorsichtiger ist G. A. von den Bergh van Eysinga, Indische Einflüsse auf evangelische Erzählungen, Göttingen 1909. Neuerdings sind die Probleme auch berührt worden in dem Buche von Richard Garbe, Indien und Christentum, Tübingen 1914. Durch alle diese Untersuchungen wird der Eindruck bestärkt, daß es unmöglich ist, bei der Erforschung angeblicher indischer Einflüsse auf christliche Texte oder auch christlicher Einflüsse auf indische Texte über Mutmaßungen hinauszukommen, und daß für gesicherte wissenschaftliche Ergebnisse noch jede Unterlage fehlt. Daß tiefe Zusammenhänge zwischen Buddhismus und Christentum (besonders dem des Lukasevangeliums) wirklich bestehen, soll damit keineswegs in Abrede gestellt werden. Aber der Versuch, jene Beziehungen auf irgendwelche direkten äußeren Beeinflussungen und Entlehnungen zurückführen zu wollen, stellt sich mehr und mehr als verfehlt heraus. Eine Beziehung, wie sie z. B. zwischen der Simeon-Geschichte des Lukasevangeliums (2, 25–35) und der Asita-Geschichte der Buddhalegende für jeden unbefangenen Betrachter zweifellos vorhanden ist, als bedeutungslos hinzustellen, geht nicht an. Richtig ist es nur, zu sagen, daß jene Beziehung in Tiefen liegt, die mit den Mitteln äußerer wissenschaftlicher Forschung aufhellen zu wollen bis auf weiteres aussichtslos erscheinen muß. Es ist daher auch in diesem Buch davon Abstand genommen, auf jenes (immerhin interessante) Problem der christlich-buddhistischen Parallelen näher einzugehen.

Zur Information über die Literaturgeschichte des Buddhismus empfiehlt sich M. Winternitz, Geschichte der indischen Literatur. 2. Band 1. Hälfte, Leipzig 1913. Das in der Einleitung gekennzeichnete Bestreben, im Buddhismus eine Grundlage moderner Weltanschauung oder Religion zu gewinnen, verfolgen in neuerer Zeit die Schriften von Paul Dahlke: „Buddhismus als Weltanschauung“ und „Die Bedeutung des Buddhismus für unsere Zeit“, Breslau 1912.

Die „unübersehbare Fülle“ an Literatur zum Buddhismus, von der Beckh spricht, hat sich, seit er seine Literaturübersicht schrieb, noch vervielfacht.

Einige Werke der neueren Forschung seien angeführt. Quellensammlungen, die der weiteren Vertiefung des Lesers in die Texte selbst dienen, bieten: Moritz Winternitz, Der ältere Buddhismus nach Texten des Tipitaka. Tübingen 1929; Ernst Waldschmidt, Die Legende vom Leben des Buddha in Auszügen aus dem Sanskrit, Pali, Chinesischen übersetzt, Berlin 1929; Nyanatiloka, Das Wort des Buddha. Eine systematische Übersicht der Lehre des Buddha in seinen eigenen Worten, 3. Aufl. Konstanz 1953; Gustav Mensching, Buddhistische Geisteswelt. Vom historischen Buddha zum Lamaismus, Darmstadt 1955; Helmuth von Glasenapp, Der Pfad zur Erleuchtung. Grundtexte der buddhistischen Heilslehre, Düsseldorf 1956. Darstellungen von Leben und Lehre des Buddha erschienen nach Beckhs Buch noch eine ganze Reihe, u. a.: Alfred Hillebrandt, Buddhas Leben und Lehre, Berlin 1925; Helmuth von Glasenapp, Die Weisheit des Buddha, Baden-Baden 1946, und: Buddha. Geschichte und Legende, Zürich 1950; Max Ladner, Gotamo Buddha. Sein Werden, seine Lehre, seine Gemeinde, dargestellt an Hand des Pali-Kanons, Zürich 1948. Von den Gesamtdarstellungen des Buddhismus seien hervorgehoben: Johannes Witte, Buddhismus in Geschichte und Gegenwart, Leipzig 1930; Helmuth von Glasenapp, Der Buddhismus in Indien und im Fernen Osten. Schicksale und Lebensformen einer Erlösungsreligion, Berlin, Zürich 1936; Edward Conze, Der Buddhismus. Wesen und Entwicklung, Stuttgart 1953; Georg Grimm, Die Lehre des Buddho erschien 1957 in neuer Auflage. Zur Kunst des frühen Buddhismus sind zu vergleichen: William Cohn, Buddha in der Kunst des Ostens, Leipzig 1925; Ernst Waldschmidt, Buddhistische Kunst in Indien, Berlin 1932; Anil de Silvia-Vigier, Die Buddhalegende in der Kunst, Köln 1955; Heimo Rau, Die Kunst Indiens, Stuttgart 1958. Zur Frage der Beziehung zwischen Abendland und Buddhismus: Hans Haas, Bibliographie zur Frage nach den Wechselbeziehungen zwischen Buddhismus und Christentum, Leipzig 1922; Hermann Beckh, Von Buddha zu Christus, Stuttgart 1925; Georg Grimm, Buddha und Christus, Leipzig 1928; H. W. Schomerus, Buddha und Christus, Halle 1931.

H. R.

Register

A

Abendländisches Denken 221
– Empfinden 188
Abendland 19
Abhiniṣkramaṇasūtra 31, 44
abhiññā 191 f.
Adlerberg (Grdhrakuta) 72, 98
Äther 171
Aggaññasutta 35, 125, 129, 214 f.
ahaṃkāra 210
Ajataśatru 73
Alter und Tod 213 f.
Ambapālī 74, 98
Amitābha 177
amṛta 93
Anāgāmin 229
Ānanda 73, 78, 80, 124, 205
Ānanda und Prakṛti 20
Anfechtungen 181 f.
Antinomien 114 f.
anupādisesa-nibbānadhatu 174, 223 ff.
aparigraha 158
Ārāḍa Kālāpa 54, 92
Arhat, Arhatschaft 82, 220, 229
āsana 144, 163
Asita 42, 89
Askese 56, 159 f.
Aśoka (Blume) 38, 46
Aśoka (Kaiser) 16, 88
Asura 182
Aśvattha 93
Atembeherrschung 164 f.
Atheismus 20
Ātman 116, 227
Ausfahrten 91
Avalokiteśvara 177
avidyā 142
Āyatana 172 ff.

B

Barlaam und Josaphat 19
Befreiung 216 ff., 231 ff.
Begierdendurst 213 f.
Begriffliches 104
Begriffliches Element 206
Beluva 74
Benares 70
Berührung 213
Besessenheit 40, 198
Bewußtheit 216
– besonnene 160 f., 182
Bewußtsein 211 f., 218
– höheres 115
Bewußtseinsstufen 83, 171 f.
– zustände 137, 144 ff.
bhava 213 ff., 221, 229
Bildekräfte 65, 142, 161, 164, 195, 211 ff.
Bilder der Legende 27, 91
Bildhaftes Denken 206
Bimbisāra 55
Blütenbaum in Indras Paradies 179
Blumen, himmlische 53, 61
Blüten, unzeitige 79
Bodhi 64 ff., 92
Bodhibaum 61 ff.
Bodhisattva 37 ff., 193, 230
brahmacarya 140 f., 155 f.
Brahman 41, 83, 116, 140, 226 f.
Brahmanhimmel 173, 178 f.
Brahmanismus 17
Brunnen des Pfeiles 48
Buddha 135 ff., 174, 180 ff., 217
– des unermeßlichen Lichtes 177
– früherer Weltenalter 230
Buddhaghoṣa (Kommentator) 96, 103, 123, 193, 225
Buddhalegende 201

C

Chandaka, Channa 42, 53
Childers 220
China 18
Christentum 19, 22, 25, 127
Cunda 77 f.

D

Dämonen 179, 182
Daṇḍapāni 46 f.
Dasein, niederes 213
Daseinsleiden 213 ff.
De la Vallée Poussin 206, 209
Denken, philosophisches 195
Devadatta 47 f., 124
dharaṇa 144
dhyana 144, 166 f., 184 ff.
Dīghanikāya 146, 198
Dogmen 101, 116

E

Eberfleisch 77 f.
Element, geistiges 185
Elemente 171
Elementarwesen 173
Elevation 189
Energie 190
Engel 177
Erdbeben 76
Erde 63
Erdenelement 214
Erinnerung an frühere Erdenleben 191 ff.
Erkenntnis, schauende 107
Erleuchtung 64 f., 92
Erlösung 215 ff.
Ewiges 201, 225 f.

F

Fähigkeiten, übersinnliche 121
Fall in die Materie 215
Farbenerscheinungen 178
Fegefeuer 197
Feigenbaum, heiliger 92, 115
Formel der ursächlichen Entstehung 150, 203 ff.
– des Werdens und Entwerdens 205
Fragen, metaphysische 112 f., 138
Franziskus von Assisi 154
Frauen 126 ff.

G

Gāthā's 103
Gautama 70
Gayā 56, 92
Gebet 176
Gebirgskuh, im Gleichnis Buddhas 162
– -see 198
Gedanken, Worte und Werke 153
– -durchdringung 191
Geistesmacht 143, 185
Geistig-ätherischer Körper 185
Geschlechtlichkeit 214
Gespenstische Wesen 197
Glaube 135, 149 ff.
Gleichnisse 105 ff.
Gopā 46 f., 90
Gott 116
Götter 34 ff., 43, 53, 62, 66 ff., 80, 89, 97, 116, 173, 175 ff., 179 ff.
Göttlich-Geistiges 117

H

Hauserbauer 218
Heil, unsterbliches 93
Hellhören 191
Hellsichtiges Schauen 175, 192 f.
Herzensbefreiung 232 f.
Himalaya 42, 87, 108
Himmelswelt 178, 196
Himmlisches Auge 192
Hīnayāna 26
Hiranyavatī 79

I

Ich 186 f., 193, 201, 210
iddhapada 190
Imaginationen 175, 179
Indra 41, 83, 116, 179
Inspiration 175
Intuition 175
Irrtum 212
Isvara 158

J

Jaina 18, 87
jarāmarana 214 f.
Jātaka's 103
jati 214 f.
Jetavana 98
Josaphat (Joasaph) 19
Jünger 73 ff., 82, 122 ff.

K

Kalpa 196, 214
kāmadhotu 173
kammaṭṭhāna 168
Kant 137
Kaṇthaka 42, 53 f., 91
Kapilavastu 36, 40, 87
Karma 195 ff., 218 f., 233
Kāthaka-Upaniṣad 149
Keuschheit 30 f.
Khandha s. Skandha.
Kleinodien, drei 22
Knoten des Herzens 231
Konzentration 152
Konzentrationsübungen 46
Kosmogonie 214 f.
Krankenheilung 40
Krebs (Gestirn) 38 ff., 53
Kreislauf der Wiedergeburten 196
Kṣatriya 36
Kusināra 81

L

Laienanhänger 150
Lalitavistara 29
Lebensrad der tibetischen Lamas 217
Leiden, Wahrheit vom 64, 102
Leiden und Sterben 215
– Wahrheit vom 7 ff., 15, 86 ff.
Licchavi 74
Lichtglanz, überirdischer 37, 41, 71
Liebe 129 ff., 178, 231 ff.
Lotos, himmlischer 39 ff.
Lumbini-Hain 40, 88

M

Macht, überirdische 40
Mādhyamika-Philosophie 119
Magadha 56, 69
Mahāpadānasutta 32, 50
Mahāparinibbanasutta 32 f., 72 ff., 96, 171, 173, 180, 184, 190
Mahāprajapātī Gautamī 42 f., 54, 88
Mahāpuruṣa 15, 41 f., 61
Mahāvagga 204
Mahāvastu 31
Mahāyāna 26 f., 230
Maitreya 36, 230
maitri 153
Makkhali Gosāla 18, 126
Malla 81 f.
Manu 156
Mara 59 f., 62 f., 75, 93
Materie 215
Māyā (Wundernacht) 88
Māyā (Königin) 36 ff., 57 f., 88 f.
Meditation 45, 57 f., 92, 97, 136 ff., 145, 161 ff., 166 ff., 174, 181, 195
Meditationsstufen 167, 179 f.
– übungen 97, 123, 169, 175
Medizinische Ausdrucksweise 142, 202
Meidung berauschender Getränke 157
Menschtum 180
Mcru (Berg) 53
Milinda 186

Mitfreude 232
Mitleid 153, 232
Moggallona 124
Morgenstern 232
Mucilinda 67
Mutter des Buddha 36 ff.

N

Nāgasena 186
Nairañjana 60, 107
Name und Form 210
Natur, Verhältnis Buddhas zur 107 f.
nibbānadhatu 174, 225
Nicht-Ich-Lehre 194
Nichts 57, 172, 176 f., 216, 219 f.
Nidanakathā 32, 51
nimittaṃ 169
nirodha 170, 172, 174, 218 f.
Nirvana 49, 72 ff., 83, 125 ff., 171, 174, 219 f., 227 f.
– -element 174
niyama 144

O

Oṃ maṇi padme hum 177
Opfer 63

P

Palikanon 32, 103, 204
Palitexte 32, 94 ff.
Paradieseslegende, buddhistische 214 f.
Paradiesesmythe, buddhistische 35
Parinirvana 83, 211 f., 220 f., 226
Parsifal 20
Patañjali 119
Persönlichkeit 123
Pessimismus 136, 200
Peta, Petavatthu 197
Pfad 88 f., 91 f., 123 ff., 131, 135 f., 190, 199 f., 202
– achtgliedriger 144 f.
Phänomene 187 f.
Philosophie, theoretische 137, 206
prānayāma 144
Pratītyasamutpāda 203 f.
pratyāhāra 144, 165
Pratyekabuddha 230

Q

Qualorte 196 f.
– der Wesen 64
Quietismus 229

R

Rāhula 90 f.
River of the Arrow 48
Religiöser Charakter des Buddhismus 176 f.
Ṛgveda 139
Ṛṣi 139
Rudraka Rāmaputra 55 f, 92
Rummindēi 88

S

Sakṛdāgāmin 229
Śākya 36, 84, 86 f.
Salabäume 79
saḷāyatana 210 f.
samādhi 44 f., 144, 161 f., 166 f.
Sāmaññaphala Sutta 146
samāpatti 170
Sāṃkhaya-Philosophie 87
– System 207
Saṃsāra 196, 217 f.
Saṃskāra (Sañkhāra) 65, 75 f., 81, 142 f., 161, 164, 170, 194, 213, 218 f.
Sañkhāra s. Saṃskāra
Sāriputta 124
Schale von Beryll 39
Schneeberge 15, 87, 98
Schonung des Lebens 153

Schopenhauer 20
Schweigen 157, 176
Schweigen Buddhas 110 ff.
Segensstrahlen der Meditation 178 f.
Sehertum 139
Sein 127, 205, 221, 229
Selbst 186 f., 193, 201
Sieben Lehrer 18
sīla s. sittliche Selbsterziehung
sīla, samādhi, paññā, vimutti 146 f.
Sinnesänderung 101 f.
Sinnesorgane 210
Sinnlichkeit 213
Sittliche Selbsterziehung 151 ff.
Sitz 163
Skandha 187, 194, 220
Solarhypothese 85
Spaltung der eigenen Wesenheit 185
Srotāpanna 229
Strahlen der Liebe 232
Stufen des Bewußtseins 171 f.
– des Überwindens 171
Stūpa 84
Subhadda 82
Substrate 219, 223
Suddhodana 87
Sujātā 60
Sumañgalavilāsinī 96, 193, 225
Sündenfall, buddhistischer 215
Sutra's 103

T

taṇhā 202, 213, 217
Tapas 139 f., 158 f.
Terminologie 104
Tibet 177
Tod 180,183, 201, 223 f.
– Buddhas 180
Todentrückte Sphäre 226
Todeskeim des Irdischen 201
Trapuṣa und Bhailika 67, 94
Träume 38

U

Übersinnliche Objekte 168
– Wesen 180
Überwindung der Erdenschwere 189
Unendlichkeit des geistigen Bewußtseins 170
– des Raumäthers 170
Unermeßlichen, die vier 153, 232
Unsterbliche Sphäre 22
Unterbewußtsein 16, 61, 195
upādana 214 f.
Urbuddha 130
Urgrund des Seins 121
Urmaterie 224 f.
Ursachenbegriff, indischer 205
Ursachenreihe 64 f.
Ursächliche Entstehung 150
Urubilva (Uruvela) 57, 92

V

Vaisālī (Vesāli) 54, 74 f.
Verehrung 129 ff.
Verstrickung in die Sinneswelt 208 ff., 211 f.
vibhavatanha 224
viññana 194
Vipaśyin 32, 50
Vipaśyin (Vipassi) 230
Visvakarman 51, Anm.
Vorgeburtsgeschichten 103, 108
Vorstufen der Meditation 166

W

Wagner, Richard 20
Wahn 199, 231
Wahrhaftigkeit 156 ff.
Weg 135 ff., 200 f., 202 f.
Weltauflösung 195
Weltentsagung 15, 49 f.
Welterneuerung 195
– -lehren 230

– -sphäre 172
– -system, buddhistisches 172
– -wesen 173
Welt der Form 173
– der Formlosigkeit 173
Weltenalter 195, 230
Weltmeer 105
Wesensstufen 173
Widersacher zur Rechten und zur Linken 169
Wiederverkörperung 64, 108
Wille 190
Willensfreiheit 126
Wissensbefreiung 232 f.
Wort 157
Wortgewalt Buddhas 101 f.

Y

yama 144
Yaśodharā (Yaśovati) 90, 109
Yoga 26, 54 f., 64 ff., 75, 89, 97, 119 ff., 136 ff., 186, 211
– -erlebnisse 189
Yogasūtra des Patañjali 90, 142 f., 145, 152 ff., 158 ff., 167 ff., 189, 191, 201 f., 218
Yogasystem 138, 142 ff.

Z

Zauber 62
Zauberkraft s. Iddhi.
Zeitbewußtsein verschiedener Wesen 174
Zentrum der Existenz 218 f.
Zwiesprache mit geistigen Wesenheiten 175
Zwölfgliedrige Ursachenreihe 204 ff.
Zwölf Ereignisse im Buddhaleben 34 ff.

HERMANN BECKH

Die Sprache der Tonart

in der Musik von Bach bis Bruckner

Neuausgabe, mit einem einführenden Beitrag von *Lothar Reubke*
264 Seiten, 2 farbige Schemata, Leinen

»Neben mehreren anderen musikwissenschaftlichen Büchern war dieses das letzte, noch auf dem Sterbebett vollendete Werk Hermann Beckhs. Es ist bereits 1937 erschienen und seitdem eine gesuchte Rarität gewesen. Lothar Reubke stellt dazu fest, daß sich ›die Ergebnisse dieser Arbeit Hermann Beckhs als nicht mehr wegzudenkende Grundlage auf allen Gebieten erwiesen haben, auf denen schöpferisch oder forschend ein geisteswissenschaftlich begründetes Verständnis musikalischer Phänomene angestrebt wurde‹. Andererseits haben seit Erscheinen dieses Buches so bedeutende Entwicklungen auf dem Felde des Tonerlebens stattgefunden, daß Lothar Reubke es für notwendig erachtet hat, einiges darüber voranzuschicken. Das tut er in seinem höchst informativen Beitrag ›Die Sprache der Tonart und das Musikleben der Gegenwart‹.
Die Bedeutung von Beckhs Werk selbst liegt darin, daß es angesichts der großen Orientierungslosigkeit des modernen Musikschaffens den Blick dafür öffnet, daß Maßstäbe nicht mehr in der Tradition, sondern nur noch in den Grundelementen der Musik selbst gefunden werden können. Dazu dient ihm aufgrund seiner umfassenden Kenntnis des Werks Richard Wagners eine Gesamtschau über den Tonartenkreis. Er setzt die bekannte Anordnung der Tonarten im Quintenkreis in Beziehung zu den verschiedensten Erlebnismöglichkeiten der ›geistigen Zwölfheit‹, zum Tierkreis. In lebendigen Darstellungen werden vielfältige Bezüge zu den großen Rhythmen des Seelenlebens (Tages- und Jahreslauf, Lebenslauf) aufgezeigt, womit man einen völlig neuen Zugang zur geistigen Dimension der Musik findet.«
Mindener Tageblatt

»Ein ungemein fündiger Weg der deutenden Betrachtung«.
Reutlinger Generalanzeiger

VERLAG URACHHAUS STUTTGART

Ernst Bindel

Die Ägyptischen Pyramiden

als Zeugen vergangener Mysterienweisheit

5. Auflage. 316 Seiten mit vielen Abb., Leinen

»Bindel legt seiner Beurteilung der viel umrätselten Bauwerke die ›antike Bewußtseinslage‹ zugrunde. Seine sehr interessante Deutung geht von der Mysterienweisheit aus, die, wie er betonte, das ›Ferment aller antiken Kulturen‹ war. Schritt für Schritt vorgehend, legt er dar, daß diese Weisheit, die neben anderem auch eine Art von symbolischer Mathematik einschloß, sowohl die äußere Form als auch die innere Anlage der monumentalen Grabmäler bestimmt hat. Die Lektüre des Buches erfordert ein geduldiges Mitgehen und Mitdenken bis in mathematische, philosophische und religiöse Bezüge hinein. Doch die Anstrengung lohnt: viele Rätsel, die das Ägypten der Pharaonen uns aufgibt, werden gelöst. Durch die Einbeziehungen von Erkenntnissen Rudolf Steiners schlägt der Autor eine Brücke zur Gegenwart.« *Das Bücherschiff*

Renato Aprile

Die Etrusker

208 Seiten, zahlreiche, teils farbige Abbildungen und Zeichnungen. Leinen

Das Besondere dieses Werkes, das vorzugsweise italienische Originalarbeiten berücksichtigt, liegt darin, daß hier mit Hilfe von geisteswissenschaftlichen Methoden (die auch mythologische Motive mit einbeziehen) versucht wird, die dem historischen Werden dieses rätselhaften Kulturkreises verbundene Bewußtseinswandlung aufzuzeichnen, d. h. Kunst, Religion und Geschichte der Etrusker zu den Urbildern zurückzuführen, aus denen sie entstanden und an denen sie von einem mythischen Bewußtsein erlebt wurden.

Die vorliegende Arbeit möchte weder eine ästhetisch-formale Betrachtung noch eine theoretische Definierung des Etruskertums bieten. Sie möchte vielmehr einen ersten Schritt der Annäherung an sein Wesen und seine historische Mission wagen – somit ein Kapitel der Biographie Europas darstellen.